Grenzüberschreitende Einbringungen
in Kapitalgesellschaften

Europäische Hochschulschriften Recht

European University Studies in Law

Publications Universitaires Européennes de Droit

Band/Volume **6160**

Christoph Juhn

Grenzüberschreitende Einbringungen in Kapitalgesellschaften

Europarechtsbedingte Ertragsteuerneutralität in Steuerentstrickungsfällen

PETER LANG

Bibliografische Information der Deutschen Nationalbibliothek
Die Deutsche Nationalbibliothek verzeichnet diese Publikation in der Deutschen Nationalbibliografie; detaillierte bibliografische Daten sind im Internet über http://dnb.d-nb.de abrufbar.

Zugl.: Köln, Univ., Diss., 2020

Gedruckt auf alterungsbeständigem, säurefreiem Papier.
Druck und Bindung: CPI books GmbH, Leck

D 38
ISSN 0531-7312
ISBN 978-3-631-81898-5 (Print)
E-ISBN 978-3-631-82085-8 (E-PDF)
E-ISBN 978-3-631-82086-5 (EPUB)
E-ISBN 978-3-631-82087-2 (MOBI)
DOI 10.3726/b16908

Diese Publikation wurde begutachtet.

www.peterlang.com

Inhaltsverzeichnis

Abbildungsverzeichnis

Abkürzungsverzeichnis

a.A.	anderer Ansicht
ABl.	Amtsblatt
Abs.	Absatz
AEUV	Vertrag über die Arbeitsweise der Europäischen Union
Afa-Tabelle	Abschreibungstabelle „Absetzung für Abnutzung“
AmtshilfeRLUmsG	Amtshilferichtlinie-Umsetzungsgesetz
ÄndRL	Änderungsrichtlinie
AO	Abgabenordnung
AOA	Authorized OECD Approach
Art.	Artikel
Artt.	Artikel (Plural)
AStG	Außensteuergesetz
ATAD	Anti-Tax-Avoidance-Directive
Aufl.	Auflage
AUS	Ausland
Az.	Aktenzeichen
BB	Betriebsberater (Zeitschrift)
Begr.	Begründer
BEPS	Base Erosion and Profit Shifting
ber.	berichtigt
BFH	Bundesfinanzhof
BFH-PR	Entscheidungen des BFH für die Praxis der Steuerberatung
BGBl.	Bundesgesetzblatt
BMF	Bundesministerium der Finanzen
BS	Betriebsstätte
BStBl.	Bundessteuerblatt
BT-Drs.	Bundestagsdrucksache
bzw.	beziehungsweise
CIRS	Código do Imposto sobre o Rendimento das Pessoas Singulares (portugiesisches Einkommensteuergesetz)
d.h.	das heißt
DB	Der Betrieb (Zeitschrift)
DBA	Doppelbesteuerungsabkommen
DE	Deutschland
DStR	Deutsches Steuerrecht (Zeitschrift)
DStZ	Deutsche Steuer-Zeitung (Zeitschrift)
EFG	Entscheidungen der Finanzgerichte
EG	Europäische Gemeinschaft
EGV	Vertrag zur Gründung der Europäischen Gemeinschaft
ErbStG	Erbschaftsteuer- und Schenkungsteuergesetz

EStG	Einkommensteuergesetz
EU	Europäische Union
EUAHiG	EU-Amtshilfen-Gesetz
EuGH	Europäischer Gerichtshof
EUR	Euro
EuR	Europarecht (Zeitschrift)
EUV	Vertrag über die Europäische Union
EWR	Europäischer Wirtschaftsraum
f.	folgende
ff.	fortfolgende
FG	Finanzgericht
FGO	Finanzgerichtsordnung
Fn.	Fußnote
FR	Finanz-Rundschau (Zeitschrift)
FRL	Fusionsrichtlinie
FS	Festschrift
GBP	Great Britain Pound
gem.	gemäß
GewStDV	Gewerbesteuer-Durchführungsverordnung
GewStG	Gewerbesteuergesetz
ggf.	gegebenenfalls
GmbHR	GmbH-Rundschau (Zeitschrift)
h.M.	herrschende Meinung
HGB	Handelsgesetzbuch
Hrsg.	Herausgeber
Hs.	Halbsatz
i.d.F.	in der Fassung
i.d.R.	in der Regel
i.S.d.	im Sinne des/der
i.V.m.	in Verbindung mit
IDW	Institut der Wirtschaftsgüter
IFSt	Institut „Finanzen und Steuern“ e.V.
Intertax	International Tax Review (Zeitschrift)
IStR	Internationales Steuerrecht (Zeitschrift)
IWB	Internationale Wirtschaftsbriefe (Zeitschrift)
JStG	Jahressteuergesetz
JZ	JuristenZeitung (Zeitschrift)
KapG	Kapitalgesellschaft
KStG	Körperschaftsteuergesetz
lit.	littera
LP	Limited Partnership
m.E.	meines Erachtens
m.w.N.	mit weiteren Nachweisen

MoMiG	Gesetz zur Modernisierung des GmbH-Rechts und zur Bekämpfung von Missbräuchen
NJW	Neue Juristische Wochenschrift (Zeitschrift)
NLP	Niederländischer Gulden
Nr.	Nummer
NWB direkt	Neue Wirtschaftsbriefe (Zeitschrift)
OECD	Organisation für wirtschaftliche Zusammenarbeit und Entwicklung
OECD-MA	Musterabkommen der OECD zur Vermeidung der Doppelbesteuerung auf dem Gebiete der Steuern vom Einkommen und vom Vermögen
OECD-MK	Musterkommentar zum OECD-MA
OLG	Oberlandesgericht
PIStB	Praxis Internationale Steuerberatung (Zeitschrift)
REITG	Gesetz über deutsche Immobilien-Aktiengesellschaften mit börsennotierten Anteilen
RFH	Reichsfinanzhof
RIW	Recht der Internationalen Wirtschaft (Zeitschrift)
RL	Richtlinie
Rn.	Randnummer
Rs.	Rechtssache
Rz.	Randziffer
S.	Seite/Satz
SAM	Steueranwaltsmagazin (Zeitschrift)
SE	Europäische Gesellschaft
SEStBeglG	Regierungsentwurf des Gesetzes über steuerliche Begleitmaßnahmen zur Einführung der Europäischen Gesellschaft und zur Änderung weiterer steuerrechtlicher Vorschriften
SEStEG	Gesetz über steuerliche Begleitmaßnahmen zur Einführung der Europäischen Gesellschaft und zur Änderung weiterer steuerrechtlicher Vorschriften
Slg.	Sammlung
sog.	sogenannte/r/s
StandOG	Standortsicherungsgesetz
StuW	Steuern und Wirtschaft (Zeitschrift)
Tz.	Textziffer
u.a.	und andere; unter anderem
u.U.	unter Umständen
Ubg	Die Unternehmensbesteuerung (Zeitschrift)
UmwG	Umwandlungsgesetz
UmwStE	Umwandlungssteuererlass
UmwStG	Umwandlungssteuergesetz

USA	Vereinigte Staaten von Amerika
v.	vom
vgl.	vergleiche
WG	Wirtschaftsgut
WiSta	Wirtschaft und Statistik (Zeitschrift)
z.B.	zum Beispiel

Für sonstige Abkürzungen wird verwiesen auf *Kirchner, Hildebert/Böttcher, Eike*, Abkürzungsverzeichnis der Rechtssprache, 8. Auflage 2015.

Einleitung

Die Einbringung von Betriebsvermögen in Kapitalgesellschaften ist eine durch den Gesetzgeber privilegierte Form der Übertragung von Wirtschaftsgütern. Mit dem Ziel, betriebswirtschaftlich erwünschte Umwandlungsvorgänge nicht durch steuerliche Hemmnisse zu behindern, kann die Einbringung in Kapitalgesellschaften daher nach Maßgabe der §§ 20 ff. UmwStG steuerneutral erfolgen.[1] Im Rahmen des SEStEG wurden die Vorgaben der FRL in nationales Recht transformiert, wodurch auch Einbringungen mit EU-Auslandsbezug seit dem Jahr 2006 begünstigt werden. Dies ermöglicht beispielsweise international agierenden Unternehmen die steuerneutrale Einbringung selbstständiger Teilbetriebe in örtliche Landesgesellschaften.[2]

Nach der Gesetzesbegründung darf die Europäisierung des UmwStG *„allerdings nicht dazu führen, dass das deutsche Steueraufkommen gefährdet wird*"[3]. Daher wurde in § 20 Abs. 2 S. 2 Nr. 3 UmwStG eine spezielle Entstrickungsvorschrift aufgenommen, wonach die Steuerneutralität des Einbringungsvorgangs versagt wird, soweit das Recht der Bundesrepublik Deutschland hinsichtlich der Besteuerung des Gewinns aus der Veräußerung eines Wirtschaftsguts im Zuge der Einbringung ausgeschlossen oder beschränkt wird. Darüber hinaus kann sich eine Entstrickungsbesteuerung auch nach Maßgabe der allgemeinen Entstrickungsvorschrift des § 12 Abs. 1 KStG ergeben, wenn ein der Einbringung nachgelagerter tatsächlicher Vorgang auf Ebene der übernehmenden Kapitalgesellschaft die Entstrickung auslöst.

---

1 Entwurf eines Gesetzes über steuerliche Begleitmaßnahmen zur Einführung der Europäischen Gesellschaft und zur Änderung weiterer steuerrechtlicher Vorschriften (SEStEG) vom 25.9.2006, BT-Drs. 16/2710, Allgemeiner Teil, S. 25; S/H/S/*Hörtnagl*, Einführung in das UmwStG, Rn. 21.

2 Einer Schätzung zufolge weisen mehr als 75 Prozent aller Umstrukturierungen einen Bezug zum Ausland auf (vgl. IDW/*Gundel*, S. 279; *Brähler*, Steuerlich optimale Gestaltung von grenzüberschreitenden Umstrukturierungen, S. 1). Relevant ist das Rechtsinstitut der grenzüberschreitenden Einbringung insbesondere für rund 28.000 deutsche Unternehmen ausländischer Muttergesellschaften (davon 75 Prozent im EU-Ausland) sowie für rund 24.500 ausländische Tochtergesellschaften (davon 47 Prozent im EU-Ausland) deutscher Muttergesellschaften (*Nahm*, Statistisches Bundesamt, WiSta 6/2017, 26, 28; *Jung/Nahm/Söllner*, Statistisches Bundesamt, WiSta 12/2012, 1100, 1102; Intl. Umwandlungen/*Prinz*, Kapitel 1 Internationale Aspekte bei Umstrukturierungen, Rn. 1.1., Fn. 1.)

3 Entwurf eines Gesetzes über steuerliche Begleitmaßnahmen zur Einführung der Europäischen Gesellschaft und zur Änderung weiterer steuerrechtlicher Vorschriften (SEStEG) vom 25.9.2006, BT-Drs. 16/2710, S. 25.

Trotz dieser beiden Entstrickungsvorschriften kann sich die Steuerneutralität des Einbringungsvorgangs auf nationaler Ebene bereits aus dem geänderten Abkommensverständnis des BFH[4] ergeben, wonach der reine Transfer von Wirtschaftsgütern des Anlagevermögens in eine DBA-Betriebsstätte keinen Ausschluss des Besteuerungsrechts an den bis dahin entstandenen Wertzuwächsen auslöst.

Im Rahmen dieser Arbeit wird untersucht, ob das neue Abkommensverständnis auch auf Wirtschaftsgüter des Umlaufvermögens, auf Anrechnungsbetriebsstätten und insbesondere auf rechtsträgerübergreifende Entstrickungsvorgänge übertragbar ist. Ebenfalls wird die Bedeutung des im Jahr 2010 eingeführten Regelungsbeispiels für die allgemeinen und speziellen Entstrickungsvorschriften kritisch analysiert, das auch dann eine Entstrickungssteuer auslösen soll, wenn das deutsche Besteuerungsrecht in Überführungsfällen erhalten bleibt.

Der Schwerpunkt der Arbeit liegt auf der europarechtsbedingten Steuerneutralität. Eine im Zuge der Einbringung vorzeitig festgesetzte und erhobene Exitsteuer führt schließlich zu einer Benachteiligung grenzüberschreitender Einbringungsvorgänge gegenüber vergleichbaren nationalen Sachverhalten. Entsprechend wurden die in der Literatur seit der Einführung des SEStEG geäußerten Bedenken an der europarechtskonformen Ausgestaltung der betrieblichen Entstrickungsnormen[5] im Jahr 2011 durch den EuGH in der Rs. *National Grid Indus*[6] bestätigt, wonach nur eine Steuerfestsetzung mit unbefristeter Steuerstundung bis zum Realisationszeitpunkt den Grundsatz der Verhältnismäßigkeit wahrte. In zwei späteren Verfahren sah der EuGH dann die Steuererhebung in fünf bzw. zehn gleichen Jahresraten als verhältnismäßig an.[7]

Damit ist europarechtlich geklärt, dass grenzüberschreitende Einbringungen keine Sofortbesteuerung auslösen dürfen. Offen bzw. nicht eindeutig ist hingegen die Position des EuGH hinsichtlich der ratierlichen Steuerfestsetzung und -erhebung in Fällen, in denen (1) der Ursprungsstaat das Besteuerungsrechts an den in seinem Hoheitsgebiet entstandenen stillen Reserven auch nach der Entstrickung behält[8], (2) es sich um Wirtschaftsgüter des Umlaufvermögens handelt,

---

4 BFH v. 17.7.2008 – I R 77/06, BStBl. II 2009, 464, 3. Leitsatz, Rn. 45.

5 Z.B. *Benecke/Schnitger*, IStR 2007, 22, 28; *Dörfler/Adrian/Oblau*, RIW 2007, 266, 270; *Eicker/Orth*, IWB 2006, Gruppe 1, Fach 3, Deutschland Allgemeines, 2135, 2135 f.; *Förster*, DB 2007, 72, 75; *Hahn*, IStR 2006, 797, 803; H/H/R/*Musil*, § 4 EStG, Rn. 225; *Rödder/Schumacher*, DStR 2007, 369, 372; a.A. in Gesetzesbegründung: Entwurf eines Gesetzes über steuerliche Begleitmaßnahmen zur Einführung der Europäischen Gesellschaft und zur Änderung weiterer steuerrechtlicher Vorschriften (SEStEG) vom 25.9.2006, BT-Drs. 16/2710, S. 1, 25.

6 EuGH v. 29.11.2011 – C-371/10, *National Grid Indus*, EuZW 2011, 951.

7 Zur Erhebung in fünf Jahren siehe insbesondere EuGH v. 23.1.2014 – C-164/12, *DMC*, ECLI:EU:C:2014:20 und für zehn Jahresraten siehe EuGH v. 21.5.2015 – C-657/13, *Verder LabTec*, ECLI:EU:C:2015:331.

8 Bisher hat der EuGH in keiner Entscheidung das geänderte Abkommensverständnis des BFH berücksichtigt, selbst nicht in der zur deutschen Entstrickungsnorm ergangenen Rs. *Verder LabTec*.

die naturgemäß innerhalb eines Jahres verbraucht oder weiterveräußert werden, (3) die ratierliche Besteuerung im Ursprungsstaat nicht pro rata temporis per Abschreibung vom Verkehrswert im Zuzugsstaat kompensiert wird[9], (4) sich nach der Entstrickung weder der Informationsgehalt über den Verbleib des Wirtschaftsguts noch das Risiko der Steuerbeitreibung des Ursprungsstaats reduzieren[10] und (5) die Gesellschaft durch die mit der Steuerfestsetzung verbundene Passivierungspflicht von Steuerrückstellungen eine Verschlechterung ihrer Vermögens- und Ertragslage erleidet.

Die Arbeit setzt sich daher intensiv mit der Frage auseinander, ob die Beschränkung grenzüberschreitender Einbringungen mittels Steuererhebung in fünf Jahresraten auch dann durch zwingende Gründe des Allgemeininteresses gerechtfertigt werden kann, wenn das Besteuerungsrecht der Bundesrepublik Deutschland überhaupt nicht beschränkt oder ausgeschlossen wird. Darüber hinaus wird untersucht, ob bei Einbringungsvorgängen – anders als bei reinen Überführungsfällen – der Schutzbereich der Kapitalverkehrsfreiheit eröffnet ist und damit auch Drittstaateneinbringungen durch § 20 UmwStG zu begünstigen sind. Ebenfalls wird die Frage eruiert, ob der Grundfreiheitenverstoß zur Unanwendbarkeit der Entstrickungsvorschriften führt, mit der Folge, dass auch eine spätere Nachversteuerung im Rahmen einer europarechtskonformen Auslegung ausgeschlossen ist, und der Steuerpflichtige damit die Möglichkeit zum steuerfreien Exit aus der deutschen Steuerhoheit hat.[11] Abgerundet wird die Arbeit durch einen europarechtskonformen Gesetzesvorschlag unter Berücksichtigung des geltenden Primär- und Sekundärrechts, insbesondere der Niederlassungs- und Kapitalverkehrsfreiheit sowie der FRL[12] und ATAD[13].

---

9 Schließlich lagen auch den Rs. *DMC* und *Verder LabTec* jeweils Sachverhalte zugrunde, bei dem die Wirtschaftsgüter im Aufnahmestaat einer Abschreibung vom Verkehrswert zugänglich waren.

10 Beispielsweise durch den Verbleib des Stammhauses im Inland.

11 Ähnlich auch FG Rheinland-Pfalz v. 7.1.2011 – 1 V 1217/10, EFG 2011, 1096, Rn. 73.

12 Richtlinie 2009/133/EG des Rates v. 19.10.2009 über das gemeinsame Steuersystem für Fusionen, Spaltungen, die Einbringung von Unternehmensteilen und den Austausch von Anteilen, die Gesellschaften verschiedener Mitgliedstaaten betreffend, sowie für die Verlegung des Sitzes einer Europäischen Gesellschaft oder einer Europäischen Genossenschaft von einem Mitgliedstaat in einen anderen Mitgliedstaat, ABl. 2009 Nr. L 310, S. 34, zuletzt geändert durch Art. 1 ÄndRL 2013/13/EU vom 13.5.2013, ABl. 2013 Nr. L 141, S. 30.

13 Richtlinie 2016/1164/EU des Rates v. 12.7.2016 mit Vorschriften zur Bekämpfung von Steuervermeidungspraktiken mit unmittelbaren Auswirkungen auf das Funktionieren des Binnenmarkts, ABl. 2016 Nr. L 193, S. 1.

KAPITEL I: Grundlegendes nationales Umwandlungs- und Umwandlungssteuerrecht

A. Anwendbarkeit des UmwStG

I. Sachlicher Anwendungsbereich

1. Begriff der Einbringung

Eine Einbringung von Betriebsvermögen in Kapitalgesellschaften nach § 20 UmwStG ist dadurch gekennzeichnet, dass der einbringende Rechtsträger als Gegenleistung für die Hingabe seines Vermögens von der übernehmenden Gesellschaft mindestens einen neuen Geschäftsanteil erhält. Damit stellen die Vermögensübertragung ohne Gegenleistung (verdeckte Einlage) und der reine Verkauf des Vermögens an die übernehmende Kapitalgesellschaft keine privilegierte Einbringung in diesem Sinne dar.[14] Der Begriff der „*Einbringung*" i.S.d. § 20 UmwStG ist rein steuerlicher Natur und kann nach § 1 Abs. 3 UmwStG Ausfluss verschiedener zivilrechtlicher Rechtsakte sein[15]:

Zum einen kann die Übertragung des Einbringungsgegenstands nach § 1 Abs. 3 Nr. 4 UmwStG im Wege der Einzelrechtsnachfolge erfolgen. Dabei muss jeder zur Sachgesamtheit gehörende Vermögensgegenstand zivilrechtlich in einem einzelnen Übertragungsakt, wirtschaftlich aber in einem zeitlichen und sachlichen Zusammenhang auf die übernehmende Kapitalgesellschaft übertragen werden.[16]

Zum anderen führt auch die Übertragung des Einbringungsgegenstands im Wege der Gesamtrechtsnachfolge[17] nach dem UmwG zur Einbringung nach § 20 UmwStG wie insbesondere die Ausgliederung nach § 123 Abs. 3 UmwG.[18] Aber auch Verschmelzungs-, Abspaltungs- und Aufspaltungsvorgänge i.S.d. §§ 2 und 123 Abs. 1 und 2 UmwG werden steuerlich als Einbringung behandelt, wenn durch sie Sachgesamtheiten von einer Personenhandelsgesellschaft auf eine Kapitalgesellschaft übergehen.[19]

---

14 S/H/S/*Hörtnagl*, § 1 UmwStG, Rn. 102.

15 *Förster/Wendland*, BB 2007, 631, 632.

16 Haritz/Menner/*Menner*, § 20 UmwStG, Rn. 248; Blümich/*Nitzschke*, § 20 UmwStG, Rn. 27.

17 Zu den Details der Gesamtrechtsnachfolge siehe UmwG/*Marsch-Barner*, § 20, Rn. 4 ff.

18 S/H/S/*Hörtnagl*, § 1 UmwStG, Rn. 90.

19 Haritz/Menner/*Menner*, § 20 UmwStG, Rn. 236.

Davon abzugrenzen ist der Formwechsel einer Personengesellschaft in eine Kapitalgesellschaft nach § 190 ff. UmwG. Zivilrechtlich ist der Formwechsel durch Rechtsträgeridentität geprägt und stellt damit weder eine Form der Einzel- noch der Gesamtrechtsnachfolge dar.[20] Der Übergang des Betriebsvermögens von der Personengesellschaft auf eine Kapitalgesellschaft wird jedoch über § 25 UmwStG mit der Folge fingiert, dass auch der Formwechsel als Einbringung i.S.d. § 20 UmwStG zu beurteilen ist.

Während aus zivilrechtlicher Sicht an die Einbringung im Wege der Einzelrechtsnachfolge keine territorialen Anforderungen gestellt werden, kann die Einbringung im Wege der Gesamtrechtsnachfolge nach §§ 1, 3 UmwG grundsätzlich nur zwischen den dort genannten inländischen Rechtsträgern erfolgen. Daran ändert auch die im Zuge des SEStEG eingeführte grenzüberschreitende Verschmelzung nichts, da diese nach § 122b UmwG nur zwischen Kapitalgesellschaften verschiedener Mitgliedstaaten, nicht aber unter Beteiligung von Personengesellschaften möglich ist.[21] Zwar gelangen über § 1 Abs. 3 Nr. 1 und 2 UmwStG auch vergleichbare ausländische Umwandlungsvorgänge in den Genuss des privilegierenden § 20 UmwStG, doch verbleibt damit eine Anwendungslücke für Umwandlungsvorgänge im Wege der Gesamtrechtsnachfolge, die weder rein nationaler noch rein ausländischer Natur, mithin also grenzüberschreitender Art sind.[22] Der Vollständigkeit halber sei erwähnt, dass diese gesellschaftsrechtliche

20 Blümich/*Nitzschke*, § 25 UmwStG, Rn. 14.

21 Intl. Umwandlungen/*Sterner*, Kapitel 7 Umwandlungen von Personengesellschaften in Kapitalgesellschaften, Rn. 7. Im Rahmen des Brexit-Begleitgesetzes wurde zwar § 122b Abs. 1 UmwG dahingehend geändert, dass auch Personengesellschaften übernehmende Rechtsträger einer grenzüberschreitenden Verschmelzung sein können, doch ist die Möglichkeit den meisten ausländischen Regelungen unbekannt (vgl. *Bungert/Wansleben*, DB 2019, 49, 51 f.).

22 Ist dennoch eine grenzüberschreitende Gesamtrechtsnachfolge gewünscht, wird diese in der Praxis häufig durch eine grenzüberschreitende Einbringung von Mitunternehmeranteilen realisiert. So kann beispielsweise die grenzüberschreitende Verschmelzung von Personen- auf Kapitalgesellschaften durch die Einbringung aller Mitunternehmeranteile nach § 20 UmwStG in die übernehmende Kapitalgesellschaft umgangen werden, da diese für eine logische Sekunde alleinige Gesellschafterin der Personengesellschaft wird, bevor das Vermögen der eingebrachten Personengesellschaft nach § 738 BGB der Kapitalgesellschaft per Gesamtrechtsnachfolge anwächst. Das Ergebnis ist letztendlich kein anderes als das der Verschmelzung (vgl. Widmann/Mayer/*Widmann*, § 20 UmwStG, Rn. 126). Alternativ kann der zu verschmelzende Rechtsträger auch im Voraus in eine Kapitalgesellschaft umgewandelt werden, bevor er anschließend nach § 122a UmwG grenzüberschreitend auf die ausländische Kapitalgesellschaft verschmolzen wird (siehe hierzu auch Intl. Umwandlungen/*Sterner*, Kapitel 7 Umwandlungen von Personengesellschaften in Kapitalgesellschaften, Rn. 7).

Regelungslücke europarechtlich bedenklich ist[23] und durch einen Vorschlag der Europäischen Kommission zur Änderung der Richtlinie 2017/1132[24] mit sekundärrechtlichen Vorgaben zumindest für grenzüberschreitende Formwechsel und Spaltungen geschlossen werden soll.[25] Diese Thematik ist aber nicht Gegenstand dieser Ausarbeitung, deren Schwerpunkt ausweislich des Titels auf den Steuerentstrickungsfällen liegt.

2. *Einbringungsgegenstand*

Während auf der Basis der vorgenannten Einbringungswege zivilrechtlich auch einzelne Vermögensgegenstände übertragen werden können, setzt die steuerlich privilegierte Einbringung nach § 20 UmwStG darüber hinaus noch das Vorliegen einer Sachgesamtheit voraus. Dazu beinhaltet § 20 UmwStG eine abschließende Aufzählung der begünstigten Einbringungsgegenstände. Demnach ist ausschließlich die Einbringung von Betrieben, Teilbetrieben und Mitunternehmeranteilen begünstigt. Entsprechend scheidet die Anwendung des sechsten Teils für die Einbringung einzelner Wirtschaftsgüter bzw. einer Vielzahl einzelner Wirtschaftsgüter aus, wenn diese keinen (Teil-)Betrieb darstellen.[26]

a) Betrieb

Der Begriff des Betriebs i.S.d. § 20 Abs. 1 UmwStG ist identisch mit der Definition des Ertragsteuerrechts i.S.d. § 16 EStG.[27] Entsprechend kann es sich um einen Betrieb der Land- und Forstwirtschaft (§ 13 EStG), einen gewerblichen Betrieb (§ 15 EStG) oder um eine selbstständige Tätigkeit (§ 18 EStG) handeln.[28] Der Umfang des Betriebs ist jedoch normspezifisch auszulegen und umfasst im Gegensatz zu § 16 EStG nur die funktional wesentlichen Betriebsgrundlagen.[29] Auf die quantitative

---

23 Vgl. hierzu z.B. EuGH v. 12.7.2012 – C-378/10, *VALE*, ECLI:EU:C:2012:440; EuGH v. 25.10.2017 – C-106/16, *Polbud*, ECLI:EU:C:2017:804; OLG Nürnberg v. 19.6.2013 – 12 W 520/13, DStR 2014, 812; KG v. 21.3.2016 – 22 W 64/15, DStR 2016, 1427; S/H/S/*Hörtnagl*, § 1 UmwG, Rn. 52; Blümich/*Nitzschke*, § 25 UmwStG, Rn. 15.

24 Richtlinie 2017/1132/EU des Europäischen Parlaments und des Rates v. 14.6.2017 über bestimmte Aspekte des Gesellschaftsrechts, ABl. 2017 Nr. L 169, S. 46.

25 Vorschlag für eine Richtlinie des Europäischen Parlaments und des Rates zur Änderung der Richtlinie (EU) 2017/1132 im Hinblick auf den Einsatz digitaler Werkzeuge und Verfahren im Gesellschaftsrecht, COM (2018) 239 final v. 25.4.2018; vgl. hierzu auch ausführlich *Noack/Kraft*, DB 2018, 1577, 1577 ff.

26 Dötsch/Pung/Möhlenbrock/*Patt*, § 20 UmwStG, Rn. 20.

27 Dötsch/Pung/Möhlenbrock/*Patt*, § 20 UmwStG, Rn. 22.

28 S/H/S/*Schmitt*, § 20 UmwStG, Rn. 16.

29 Entwurf eines Gesetzes über steuerliche Begleitmaßnahmen zur Einführung der Europäischen Gesellschaft und zur Änderung weiterer steuerrechtlicher Vorschriften (SEStEG) vom 25.9.2006, BT-Drs. 16/2710, S. 42; BMF v. 11.11.2011 – IV C2 – S 1978 – b/08/10001, BStBl. I 2011, 1314, Rn. 20.06; Haritz/Menner/*Menner*, § 20

Betrachtungsweise kommt es bei der Bestimmung des Betriebs für Zwecke des § 20 UmwStG nicht an.[30] Zudem sind Wirtschaftsgüter des steuerlichen Privatvermögens keine privilegierten Einbringungsgegenstände.

Bei Personengesellschaften gilt die Besonderheit, dass diese auch bei nur vermögensverwaltender Tätigkeit einen Betrieb i.S.d. § 20 Abs. 1 UmwStG einbringen können, wenn sie nach § 15 Abs. 3 EStG gewerblich infiziert oder gewerblich geprägt sind. Besitzunternehmer verfügen ebenfalls über einen Betrieb i.S.d. § 20 Abs. 1 UmwStG, wenn die Voraussetzungen einer Betriebsaufspaltung[31] gegeben sind.[32] Das Gleiche gilt für unbeschränkt steuerpflichtige Kapitalgesellschaften. Sie erzielen aufgrund der Fiktion des § 8 Abs. 2 KStG stets gewerbliche Einkünfte nach § 15 EStG und verfügen damit – selbst bei ausschließlich vermögensverwaltender Tätigkeit – über einen Betrieb i.S.d. § 20 Abs. 1 UmwStG.[33] Zu beachten ist jedoch, dass die Fiktion des § 8 Abs. 2 KStG auf unbeschränkt steuerpflichtige Kapitalgesellschaften begrenzt ist, sodass die von einer ausländischen Kapitalgesellschaft gehaltene Sachgesamtheit nur dann begünstigt sein kann, wenn diese Sachgesamtheit einen originären Gewerbebetrieb nach § 15 Abs. 2 EStG oder einen Betrieb i.S.d. § 13 EStG oder § 18 EStG darstellt. Demnach scheidet die Einbringung von Gegenständen der Vermögensverwaltung aus dem Anwendungsbereich des § 20 UmwStG aus, wenn diese durch eine nicht unbeschränkt steuerpflichtige Kapitalgesellschaft übertragen werden.

An das eingebrachte Vermögen selbst werden keine territorialen Voraussetzungen geknüpft.[34] Damit ist auch die Einbringung von Betrieben, Teilbetrieben und Mitunternehmeranteilen vom sechsten Teil des UmwStG erfasst, wenn sich diese im EU-/EWR- bzw. Drittstaatenausland befinden. Ist der Anwendungsbereich des UmwStG aus anderen Gründen nicht erfüllt, führt der Einbringungsvorgang zwar nach nationalem Verständnis zu einer fiktiven Veräußerung und damit zur Aufdeckung der stillen Reserven.[35] Eine Besteuerung in Deutschland wird jedoch nur vorgenommen, wenn der Bundesrepublik Deutschland für die Einbringung bzw. den Verkauf des ausländischen Betriebsvermögens ein Besteuerungsrecht zusteht. Befindet sich das ausländische Vermögen demnach in einem DBA-Staat, stellt die Bundesrepublik Deutschland den Einbringungsgewinn nach Art. 13 Abs. 2

UmwStG, Rn. 153; Frotscher/Drüen/*Mutscher*, § 20 UmwStG, Rn. 76; S/H/S/*Schmitt*, § 20 UmwStG, Rn. 12.

30 Dötsch/Pung/Möhlenbrock/*Patt*, § 20 UmwStG, Rn. 41.

31 Grundlegend zur Betriebsaufspaltung: BFH v. 8.11.1971 – GrS 2/71, BStBl. I 1972, 63.

32 BFH v. 24.10.2000 – VIII R 25/98, BStBl. II 2001, 321; Dötsch/Pung/Möhlenbrock/*Patt*, § 20 UmwStG, Rn. 26; S/H/S/*Schmitt*, § 20 UmwStG, Rn. 16; Widmann/Mayer/*Widmann*, § 20 UmwStG, Rn. 8.

33 Frotscher/Drüen/*Mutscher*, § 20 UmwStG, Rn. 98; S/H/S/*Schmitt*, § 20 UmwStG, Rn. 16; a.A. Widmann/Mayer/*Widmann*, § 20 UmwStG, Rn. 5.

34 Prinz/Winkeljohann/*Prinz/Hütig*, § 19 Die GmbH im Internationalen Umwandlungssteuerrecht, Rn. 93.

35 Vgl. hierzu im Detail S. 41 ff.

OECD-MA steuerfrei, sodass in Deutschland keine Besteuerung vorgenommen wird. Die Frage der Anwendbarkeit des UmwStG wäre damit – zumindest bezogen auf das im DBA-Staat belegene Vermögen – obsolet.

b) Teilbetrieb

Ebenfalls vom sachlichen Anwendungsbereich des § 20 UmwStG ist die Einbringung eines Teilbetriebs umfasst. Bis zur Einführung des SEStEG kam der Bestimmung des Teilbetriebsbegriffs sowohl im UmwStG (§§ 15, 20 und 24) als auch im EStG (§§ 6, 16, 18) und ErbStG (§ 13b) zwar nicht das gleiche, sehr wohl aber ein ähnliches Verständnis zu. Mangels gesetzlicher Definition des Teilbetriebs wurde dieser unbestimmte Rechtsbegriff für alle Normen durch Rechtsprechung und Literatur konkretisiert. Danach liegt nach nationalem Verständnis ein Teilbetrieb vor, wenn dieser einen organisch geschlossenen Teil eines Gesamtbetriebs darstellt, als solcher alle Merkmale eines Betriebs i.S.d. EStG aufweist sowie selbstständig funktions- und lebensfähig ist.[36] Während der Teilbetrieb i.S.d. § 16 EStG sowohl quantitativ als auch funktional Betriebsgrundlagen umfasst, wird der umwandlungssteuerliche Teilbetrieb ausschließlich durch die funktionale Betrachtungsweise geprägt.[37]

Neben der durch Rechtsprechung geprägten nationalen Definition des Teilbetriebs enthält Art. 2 lit. j FRL eine hiervon abweichende Bestimmung. Dieser europäische Teilbetriebsbegriff ist danach „*die Gesamtheit der in einem Unternehmensteil einer Gesellschaft vorhandenen aktiven und passiven Wirtschaftsgüter, die in organisatorischer Hinsicht einen selbstständigen Betrieb, d.h. eine aus eigenen Mitteln funktionsfähige Einheit, darstellen*". Nach Auffassung der Finanzverwaltung ist der Teilbetrieb i.S.d. FRL damit insbesondere in zwei Punkten enger als der nationale Teilbetriebsbegriff. Zum einen muss die Teilbetriebsvoraussetzung zum steuerlichen Übertragungsstichtag vorliegen, sodass ein Teilbetrieb im Aufbau nicht ausreichend ist.[38] Zum anderen sind neben den funktional wesentlichen Betriebsgrundlagen nunmehr auch die „*nach wirtschaftlichen Zusammenhängen zuordenbaren Wirtschaftsgüter*" ebenfalls mit zu übertragen.[39] Aktive und

---

36 BFH v. 26.4.1979 – IV R 119/76, BStBl. II 1979, 557; BFH v. 3.10.1984 – I R 119/81, BStBl. II 1985, 245; BFH v. 12.4.1989 – I R 105/85, BStBl. II 1989, 653; BFH v. 13.2.1996 – VIII R 39/92, BStBl. II 1996, 409; BFH v. 5.6.2003 – IV R 18/02, BStBl. II 2003, 838; *Feldgen*, Ubg 2012, 459, 459; Dötsch/Pung/Möhlenbrock/*Patt*, § 20 UmwStG, Rn. 77; Mehr dazu: *Graw*, IFSt-Schrift Nr. 488 2013, S. 12.

37 Zur funktional wesentlichen Betrachtungsweise im ErbStG vgl. Troll/Gebel/Jülicher/Gottschalk/*Jülicher*, § 13b ErbStG, Rn. 57.

38 BMF v. 11.11.2011 – IV C2 – S 1978 – b/08/10001, BStBl. I 2011, 1314, Rn. 15.03; R/H/vL/*Schumacher*, § 15 UmwStG, Rn. 134; Hierzu kritisch *Graw*, IFSt-Schrift Nr. 488 2013, S. 28.

39 BMF v. 11.11.2011 – IV C2 – S 1978 – b/08/10001, BStBl. I 2011, 1314, Rn 15.02; so auch *Graw*, IFSt-Schrift Nr. 488 2013, S. 28; R/H/vL/*Schumacher*, § 15 UmwStG, Rn. 152.

passive Wirtschaftsgüter, die wirtschaftlich einem Teilbetrieb zuzuordnen sind, für diesen jedoch nicht betriebsnotwendig sind, müssen folglich nach europäischem Verständnis mitübertragen werden, nach früherem nationalen Verständnis jedoch nicht.[40]

Im Rahmen des SEStEG wurde die FRL in nationales Recht umgesetzt. Seither ist umstritten, ob dem Begriff des Teilbetriebs nach § 20 UmwStG für nationale und grenzüberschreitende Einbringungen unterschiedliche Definitionen zukommen oder dieser einheitlich auszulegen ist.[41]

aa) Rein nationale Einbringung

Für die Mitgliedstaaten bestand keine Pflicht, die FRL auch für rein inländische Einbringungsfälle in nationales Recht umzusetzen. Entsprechend musste der europäische Teilbetriebsbegriff nicht zwangsläufig in das deutsche UmwStG übernommen werden. Für rein nationale Einbringungen kann daher die Auffassung vertreten werden, dass (a) der nationale Teilbetriebsbegriff hierfür fortbesteht[42], (b) der deutsche Gesetzgeber den europäischen Teilbetriebsbegriff im Rahmen des SEStEG in nationales Recht importiert hat[43] oder (c) nach dem Prinzip der Meistbegünstigung stets die großzügigere Definition des Teilbetriebs gilt.[44]

Nach der hier vertretenen Auffassung ist inländischen Umwandlungsvorgängen weiterhin der nationale Teilbetriebsbegriff zugrunde zu legen. Dies liegt darin begründet, dass die generelle Übernahme des europäischen Teilbetriebsbegriffs für innerdeutsche Umwandlungen weder zwingend noch vom deutschen Gesetzgeber gewollt war.[45] Nach der Gesetzesbegründung wurden *„die Regelungen zur Spaltung [...] im Grundsatz materiell unverändert übernommen“*[46]; Abweichungen sollten nur dort vorgenommen werden, wo es europarechtlich geboten war. In seiner Gesetzesbegründung stellt der nationale Gesetzgeber klar, dass *„für die Beurteilung der*

40 Hierzu im Detail *Graw*, IFSt-Schrift Nr. 488 2013, S. 27.

41 *Feldgen*, Ubg 2012, 459, 461; Haritz/Menner/*Menner*, § 20 UmwStG, Rn. 102.

42 Vgl. hierzu *Graw*, DB 2013, 1011, 1013; *Graw*, IFSt-Schrift Nr. 488 2013, S. 36, 48; Schmitt/Hörtnagl/*Hörtnagl*, § 15 UmwStG, Rn. 56; Widmann/Mayer/*Schießl*, § 15 UmwStG, Rn. 25; *Schmitt*, DStR 2011, 1108, 1110.

43 Vgl. hierzu BMF v. 11.11.2011 – IV C2 – S 1978 – b/08/10001, BStBl. I 2011, 1314, Rn. 15.02; *Rasche*, GmbHR 2012, 149, 153.

44 Vgl. hierzu R/H/vL/*Herlinghaus*, § 20 UmwStG, Rn. 60; R/H/vL/*Schumacher*, § 15 UmwStG, Rn. 125.

45 S/H/S/*Schmitt*, § 20 UmwStG, Rn. 82; *Schmitt*, DStR 2011, 1108, 1109; Vgl. hierzu auch *Graw*, IFSt-Schrift Nr. 488 2013, S. 36; R/H/vL/*Schumacher*, § 15 UmwStG, Rn. 71.

46 Entwurf eines Gesetzes über steuerliche Begleitmaßnahmen zur Einführung der Europäischen Gesellschaft und zur Änderung weiterer steuerrechtlicher Vorschriften (SEStEG) vom 25.9.2006, BT-Drs. 16/2710, S. 35.

Frage, ob ein Wirtschaftsgut eine wesentliche Betriebsgrundlage eines Teilbetriebs darstellt, [...] die funktionale Betrachtungsweise maßgeblich"[47] ist und hält damit auch nach Einführung des SEStEG am nationalen Teilbetriebsbegriff fest.[48] Darüber hinaus lässt der Gesetzgeber auch nach Einführung des SEStEG den Mitunternehmeranteil und die das gesamte Nennkapital umfassende Beteiligung an einer Kapitalgesellschaft zumindest für Zwecke der Spaltung nach § 15 UmwStG weiterhin als fiktive Teilbetriebe zu, gleichwohl dies von der FRL nicht vorgesehen ist.

bb) Grenzüberschreitende Einbringung unter Beteiligung nur einer Kapitalgesellschaft

Sind neben einer übernehmenden Gesellschaft i.S.d. Art. 3 FRL (Kapitalgesellschaft) im Übrigen nur natürliche Personen an der Einbringung beteiligt, ist der Anwendungsbereich der FRL – mangels zweiter Kapitalgesellschaft in einem anderen Mitgliedstaat – nach Art. 1 lit. a FRL nicht eröffnet.[49] In diesem Fall wäre trotz des grenzüberschreitenden Charakters der Einbringung nach Abschnitt aa) zu verfahren.

cc) Grenzüberschreitende Einbringung unter Beteiligung zweier Kapitalgesellschaften

Sind an der Einbringung Kapitalgesellschaften aus zwei oder mehreren Mitgliedstaaten beteiligt, ist der Anwendungsbereich der FRL eröffnet und damit der europäische Teilbetriebsbegriff maßgebend.[50] Soweit der nationale Teilbetrieb vom europäischen Teilbetriebsbegriff abweicht, ist der nationale Teilbetriebsbegriff richtlinienkonform auszulegen.[51]

Problematisch sind jedoch grenzüberschreitende Umstrukturierungen, in denen der nationale Teilbetriebsbegriff für den Steuerpflichtigen günstiger ist als der Teilbetriebsbegriff der FRL. Während in solchen Fällen nationale Einbringungen nach § 20 UmwStG zu Buchwerten erfolgen könnten, bliebe ihrem grenzüberschreitenden Pendant die Anwendung des UmwStG verwehrt. Soweit der nationale Teilbetriebs-begriff daher günstiger als seine europäische Definition ist, wird hierin ein Verstoß gegen die Niederlassungsfreiheit (Artt. 49, 54 AEUV) gesehen.[52]

---

47 Entwurf eines Gesetzes über steuerliche Begleitmaßnahmen zur Einführung der Europäischen Gesellschaft und zur Änderung weiterer steuerrechtlicher Vorschriften (SEStEG) vom 25.9.2006, BT-Drs. 16/2710, S. 42.

48 So auch *Schmitt*, DStR 2011, 1108, 1110.

49 So auch *Graw*, IFSt-Schrift Nr. 488 2013, S. 41.

50 Widmann/Mayer/*Schießl*, § 15 UmwStG, Rn. 25; S/H/S/*Schmitt*, § 20 UmwStG, Rn. 84.

51 *Graw*, IFSt-Schrift Nr. 488 2013, S. 48.

52 *Rasche*, GmbHR 2012, 149, 149; S/H/S/*Schmitt*, § 20 UmwStG, Rn. 84.

dd) Ansässigkeit der beteiligten Gesellschaften in demselben Mitgliedstaat bei Einbringung von EU-/EWR-Auslandsvermögen

Sind die übertragende und die übernehmende Gesellschaft in demselben Mitgliedstaat ansässig, wäre die Einbringung nach dem Wortlaut selbst dann nicht von der FRL erfasst, wenn sich das eingebrachte Betriebsvermögen in einem anderen Mitgliedstaat befindet. Aufgrund des grenzüberschreitenden Charakters dieser Einbringung und dem Ziel der FRL, grenzüberschreitende Umstrukturierungen zwischen Kapital-gesellschaften zu begünstigen[53], ist es erforderlich, den Anwendungsbereich der FRL auf ebensolche grenzüberschreitende Einbringungsvorgänge zu erweitern.[54] Entsprechend kommt auch in diesen Fällen der europäische Teilbetriebsbegriff zur Anwendung.

c) Mitunternehmeranteil

Durch die FRL ist der deutsche Gesetzgeber nur verpflichtet, die Einbringung von Betrieben und Teilbetrieben innerhalb der EU steuerneutral zu ermöglichen.[55] Dennoch führt er insoweit die vor dem SEStEG geltende Rechtslage fort, als der Mitunternehmeranteil auch nach dem 13.12.2006 Gegenstand der Einbringung nach § 20 UmwStG sein kann.

Der Mitunternehmeranteil ist ein rein steuerlicher Begriff, sodass nicht ohne Weiteres auf die im Gesellschaftsrecht geltenden Grundsätze zum Gesellschaftsanteil zurückgegriffen werden kann. Mangels gesetzlicher Kodifizierung ist der Begriff des Mitunternehmeranteils durch Rechtsprechung geprägt und ihm wird durch eine (gesellschafts-) vertragliche Verbundenheit mehrerer oder einer Person mit anderen unter zeitgleicher Übernahme von Mitunternehmerrisiko und -initiative[56] Ausdruck verliehen.[57] Entsprechend können Anteile an gewerblichen Mitunternehmerschaften ebenso Einbringungsgegenstand sein wie Mitunternehmerschaften der Land- und Forstwirtschaft. Anteile an Personengesellschaften, die vermögensverwaltend tätig sind, können nur Gegenstand der Einbringung sein, wenn sie nach § 15 Abs. 3 Nr. 1 EStG gewerblich infiziert oder nach § 15 Abs. 3 Nr. 2 EStG gewerblich geprägt sind.[58] Das zwischen zwei oder mehreren Parteien bestehende Vertragsverhältnis muss nicht nach Maßgabe des Gesellschaftsrechts als Personengesellschaft klassifiziert werden. Damit kann auch die Beteiligung an einer stillen Gesellschaft Gegenstand der Einbringung sein, wenn sie atypisch

---

53 Vgl. hierzu auch SteuerBilanzLex/*Fey*, Fusions-Richtlinie, Rn. 25.

54 So auch EU-Wirtschaftsrecht/*Gröpl*, J. Steuerrecht, 268 f.

55 So auch Frotscher/Drüen/*Mutscher*, § 20 UmwStG, Rn. 128.

56 Vgl. hierzu Blümich/*Blümich*, § 15 EStG, Rn. 349 ff.; H 15.8 EStH.

57 BFH v. 25.6.1984 – GrS 4/82, BStBl. II 1984, 751; BFH v. 1.8.1996 – VIII R 12/94, BStBl. II 1997, 272; Dötsch/Pung/Möhlenbrock/*Patt*, § 20 UmwStG, Rn. 119.

58 R/H/vL/*Herlinghaus*, § 20 UmwStG, Rn. 92; Dötsch/Pung/Möhlenbrock/*Patt*, § 20 UmwStG, Rn. 117.

ist und damit eine Mitunternehmerstellung vermittelt.[59] Während das Vermögen eines Personenzusammenschlusses im Gesellschaftsrecht ausschließlich aus dem Gesamthandsvermögen besteht, umfasst das steuerliche Betriebsvermögen der Mitunternehmerschaft auch die wesentlichen funktionalen Betriebsgrundlagen im Sonderbetriebsvermögen des einbringenden Gesellschafters und bedarf zwingend der Mitübertragung.[60]

Ebenso wie beim Betrieb oder Teilbetrieb werden auch an den Mitunternehmeranteil keine territorialen Voraussetzungen geknüpft. Damit können auch im Ausland gegründete und ansässige Mitunternehmerschaften nach § 20 UmwStG eingebracht werden.

Ein Mitunternehmer verfügt über nur einen Mitunternehmeranteil. Selbst der sukzessive Zukauf weiterer Mitunternehmeranteile führt zur Vereinigung.[61] Anerkannt ist aber, dass es für die Anwendung des § 20 UmwStG nicht erforderlich ist, dass der Mitunternehmer seinen gesamten Anteil einbringt. Entsprechend kann der Bruchteil eines Mitunternehmeranteils Gegenstand einer Einbringung nach § 20 UmwStG sein, wenn das Sonderbetriebsvermögen quotal miteingebracht wird.[62]

d) Spezialfall: Hybride Gesellschaften

Hybride Gesellschaften sind dadurch gekennzeichnet, dass die Gesellschaft im ausländischen Ansässigkeitsstaat als Kapitalgesellschaft klassifiziert wird, gemessen an deutschen Maßstäben jedoch der Besteuerung als Mitunternehmerschaft unterliegt.[63] Klassische Beispiele hierfür sind die Limited Liability Company nach US-amerikanischem Recht und die Limited Liability Partnership nach englischem Recht.

aa) Einbringung hybrider Gesellschaften

Die ausländische hybride Gesellschaft kann nach § 20 UmwStG Gegenstand der Einbringung sein, wenn sie nach deutschen Maßstäben als Mitunternehmerschaft qualifiziert wird.[64] Eine mögliche Einstufung der ausländischen Gesellschaft in ihrem Heimatstaat als Kapitalgesellschaft ist unerheblich. Wird die ausländische

59 Dötsch/Pung/Möhlenbrock/*Patt*, § 20 UmwStG, Rn. 117.

60 S/H/S/*Schmitt*, § 20 UmwStG, Rn. 77.

61 BFH v. 13.2.1997 – IV R 15/96, BStBl. II 1997, 535; Dötsch/Pung/Möhlenbrock/*Patt*, § 20 UmwStG, Rn. 123.

62 R/H/vL/*Herlinghaus*, § 20 UmwStG, Rn. 111; Dötsch/Pung/Möhlenbrock/*Patt*, § 20 UmwStG, Rn. 143; S/H/S/*Schmitt*, § 20 UmwStG, Rn. 155.

63 Vgl. hierzu auch *Müller-Thomczik*, Umwandlungsbedingte Entstrickung, S. 229 m.w.N.

64 R/H/vL/*Herlinghaus*, § 20 UmwStG, Rn. 101; Frotscher/Drüen/*Mutscher*, § 20 UmwStG, Rn. 127; Dötsch/Pung/Möhlenbrock/*Patt*, § 20 UmwStG, Rn. 118; S/H/S/*Schmitt*, § 20 UmwStG, Rn. 135.

Gesellschaft nach Maßgabe des Typenvergleichs[65] aus deutscher Sicht als Mitunternehmerschaft beurteilt, sind auch die wesentlichen Betriebsgrundlagen des Sonderbetriebsvermögens miteinzubringen. Da ausländischen Steuersystemen das Prinzip des Sonderbetriebsvermögens sowohl bei Kapitalgesellschaften als auch bei Mitunternehmerschaften häufig fremd ist, werden die hieraus erzielten Sonderbetriebseinnahmen i.d.R. nicht im Ausland als Unternehmensgewinne i.S.d. Art. 7 OECD-MA, sondern über das Treaty Override des § 50d Abs. 10 EStG[66] beim deutschen Gesellschafter erfasst. Daraus ergeben sich zwei Probleme: Zum einen wird der Bundesrepublik Deutschland durch die Miteinbringung des inländischen Sonderbetriebsvermögens in eine EU-Kapitalgesellschaft i.d.R. das durch § 50d Abs. 10 EStG erlangte Besteuerungsrecht entzogen, was nach § 20 Abs. 2 Nr. 3 UmwStG zur Aufdeckung der stillen Reserven des Sonderbetriebsvermögens führt. Zum anderen ist die FRL nicht konsequent im Hinblick auf ausländische hybride Gesellschaften umgesetzt. Denn nach Art. 1 lit. a i.V.m. Art. 2 lit. c FRL muss die Einbringung von Anteilen an Kapitalgesellschaften in eine andere Kapitalgesellschaft steuerneutral möglich sein, wenn die übernehmende Kapitalgesellschaft nach der Einbringung die Mehrheit der Stimmrechte innehat (qualifizierter Anteilstausch). Zwar hat der deutsche Gesetzgeber diesen Austausch von Anteilen in nationales Recht (§ 21 UmwStG) umgesetzt, sieht dessen Anwendungsbereich jedoch dann nicht als erfüllt an, wenn die eingebrachte Gesellschaft zwar im Ausland der Körperschaftsteuer unterliegt, aus deutscher Sicht im Rahmen des Typenvergleichs aber als Mitunternehmerschaft beurteilt wird.[67]

Im Ergebnis können Anteile an hybriden Gesellschaften Gegenstand der Einbringung nach § 20 UmwStG sein, wenn sie aus deutscher Sicht als Mitunternehmerschaft beurteilt werden. Die Pflicht zur Mitübertragung der von dem Gesellschafter an der Gesellschaft überlassenen Wirtschaftsgüter ist nach nationalem Recht erforderlich, aber europarechtlich bedenklich.[68]

bb) Umqualifizierung hybrider Gesellschaften

Die Klassifizierung hybrider Gesellschaften wird nach Maßgabe des ausländischen Gesellschaftsrechts und des einschlägigen Gesellschaftsvertrags vorgenommen. Führt die Änderung des ausländischen Gesellschaftsrechts oder Gesellschaftsvertrags zu einer Umqualifizierung der hybriden Gesellschaft von einer Mitunternehmerschaft in eine Kapitalgesellschaft, ist fraglich, wie diese „*Umwandlung*" aus steuerlicher Sicht zu beurteilen ist und ob der Anwendungsbereich der §§ 20, 25 UmwStG eröffnet ist.

---

65 BMF v. 19.3.2004 – IV B 4-S 1301 USA-22/04, BStBl. I 2004, 411.

66 Hierzu ausführlich m.w.N. *Pohl*, DB 2013, 1572, 1572 ff..

67 Entwurf eines Gesetzes über steuerliche Begleitmaßnahmen zur Einführung der Europäischen Gesellschaft und zur Änderung weiterer steuerrechtlicher Vorschriften (SEStEG) vom 25.9.2006, BT-Drs. 16/2710, S. 42.

68 So auch Frotscher/Drüen/*Mutscher*, § 20 UmwStG, Rn. 129.

Der Formwechsel einer Personengesellschaft in eine Kapitalgesellschaft nach deutschem Gesellschaftsrecht (§ 190 Abs. 1 UmwG) wird durch den Verweis des § 25 UmwStG auf §§ 20 bis 23 UmwStG der Einbringung gleichgestellt. Für ausländische Vorgänge gilt dies nach § 1 Abs. 3 Nr. 3 UmwStG nur, soweit sie mit dem deutschen Formwechsel vergleichbar sind.

Durch den Verweis des § 25 S. 2 UmwStG auf § 9 S. 3 UmwStG, der zur Bestimmung des Rückwirkungszeitraums an die Anmeldung des Formwechsels in einem öffentlichen Register anknüpft, kann die Auffassung vertreten werden, dass der ausländische Vorgang nur dann mit einem inländischen Formwechsel vergleichbar ist, wenn dieser einer Anmeldung in einem öffentlichen Register bedarf.[69] Hierbei scheint es sich bei der Anmeldung der Umwandlung zum öffentlichen Register jedoch nicht um eine Voraussetzung zur Anwendung des UmwStG zu handeln, sondern vielmehr um einen zeitlichen Anknüpfungspunkt zur Bestimmung des Rückwirkungszeitraums. Andernfalls wären ausländische Vorgänge, die keiner Anmeldung zum Handelsregister bedürfen, nicht mit dem deutschen Formwechsel vergleichbar.[70]

Maßgeblich für eine Vergleichbarkeit des ausländischen Vorgangs mit dem inländischen Formwechsel ist vielmehr, dass die Umwandlung unter Wahrung der Identität des Rechtsträgers, d.h. ohne Übertragung des Vermögens, vorgenommen wird. Durch die Änderung des ausländischen Gesellschaftsrechts oder Gesellschaftsvertrags wird unter Wahrung der Identität des Rechtsträgers ausschließlich dessen Rechtskleid geändert. Wird die hybride Gesellschaft aufgrund dessen von einer Personen- in eine Kapitalgesellschaft umqualifiziert, ist nach der hier vertretenen Auffassung § 20 UmwStG über den Verweis in § 25 UmwStG anwendbar.[71]

II. Persönlicher Anwendungsbereich

Nach dem alten Umwandlungssteuerrecht war die steuerneutrale Einbringung – mit Ausnahme der besonderen Fälle des § 23 UmwStG 1995[72] für Einbringungen durch EU-Kapitalgesellschaften – faktisch auf Inlandssachverhalte beschränkt.[73] Dies lag darin begründet, dass nach § 20 Abs. 1 S. 1 UmwStG 1995 die unbeschränkte Körperschaftsteuerpflicht der übernehmenden Kapitalgesellschaft zwingende Voraussetzung war. Erfolgte die Einbringung in eine unbeschränkt körperschaftsteuerpflichtige Kapitalgesellschaft, durfte der Einbringende zwar im

69 So etwa Dötsch/Pung/Möhlenbrock/*Patt*, § 25 UmwStG, Rn. 11.

70 Haritz/Menner/*Bilitewski*, § 1 UmwStG, Rn. 16.

71 So auch *Benecke/Schnitger*, IStR 2006, 765, 770; S/H/S/*Hörtnagl*, § 1 UmwStG, Rn. 50; *Richter*, GmbHR 2012, 1117, 1127; für eine analoge Anwendung des § 25 UmwStG: W/R/S/*Benecke/Schnittker*, Grenzüberschreitende Umwandlungen, Rn. 13; a.A. Dötsch/Pung/Möhlenbrock/*Patt*, § 25 UmwStG, Rn. 11.

72 UmwStG 1995 i.d.F. v. 28.10.1994, BGBl. I 1994, S. 3267.

73 Vgl. hierzu auch S/H/S/*Schmitt*, vor § 20–23 UmwStG, Rn. 2; *Schonherr/Lemaitre*, GmbHR 2007, 459, 459.

Ausland ansässig sein, die Steuerneutralität kam nach § 20 Abs. 3 UmwStG 1995 jedoch nur zur Anwendung, wenn das Recht der Bundesrepublik Deutschland an der Besteuerung der erhaltenen Anteile nicht ausgeschlossen war. Damit schied die Steuerneutralität der Einbringung für all die Fälle aus, in denen die übernehmende Kapitalgesellschaft nicht unbeschränkt körperschaftsteuerpflichtig war oder der Ansässigkeitsstaat des Einbringenden mit der Bundesrepublik Deutschland ein dem OECD-MA ansprechendes DBA abgeschlossen hatte.

Durch die Europäisierung des UmwStG im Rahmen des SEStEG mit Wirkung zum 13.12.2006 wurde der sachliche und persönliche Anwendungsbereich des UmwStG auf Einbringungen innerhalb der EU und des EWR ausgedehnt. In bestimmten Fällen werden nunmehr auch Drittstaateneinbringungen erfasst:

1. *Übernehmende Gesellschaft*

a) *Inländische Rechtsträger*

Nach § 20 Abs. 1 S. 1 UmwStG muss das Betriebsvermögen in eine Kapitalgesellschaft oder Genossenschaft eingebracht werden. Als übernehmende Gesellschaft kommen demnach die nach deutschem Recht gegründete AG oder GmbH in Betracht, die ihren Sitz, Verwaltungssitz und Ort der Geschäftsleitung im Inland haben. Das Gleiche gilt für die nach deutschem Recht gegründete Genossenschaft sowie für die Europäische Gesellschaft und Europäische Genossenschaft.[74] Die KGaA kann übernehmende Gesellschaft i.S.d. § 20 Abs. 1 S. 1 UmwStG sein, wenn dem Einbringenden hierfür Aktien gewährt werden und keine Sacheinlage des persönlich haftenden Gesellschafters vorliegt.[75]

b) *Rechtsträger mit Auslandsbezug*

Vom sechsten Teil des UmwStG ist grundsätzlich auch die Einbringung in Rechtsträger mit Auslandsbezug umfasst, wenn diese nach dem Recht eines Mitgliedstaats der EU oder des EWR gegründet wurden (Gesellschaften i.S.d. Art. 54 AEUV) und als Körperschaftsteuersubjekt i.S.d. § 1 Abs. 1 KStG qualifiziert werden.[76] Ob der ausländische Rechtsträger als Körperschaftsteuersubjekt oder Mitunternehmerschaft zu behandeln ist, bestimmt sich nicht nach ausländischem Gesellschafts- und Steuerrecht, sondern nach den Wertungen des deutschen Steuerrechts. Im Rahmen des Rechtstypenvergleichs werden hierzu der Gesellschaftsvertrag und

---

74 Widmann/Mayer/*Widmann*, § 20 UmwStG, Rn. 8 ff.

75 S/H/S/*Schmitt*, § 20 UmwStG, Rn. 173; Widmann/Mayer/*Widmann*, § 20 UmwStG, Rn. 8. Die Einbringung in eine KGaA gegen Gewährung von Anteilen am Kommanditkapital an den persönlich haftenden Gesellschafter fällt hingegen unter § 24 UmwStG.

76 Prinz/Winkeljohann/*Prinz/Hütig*, § 19 Die GmbH im Internationalen Umwandlungssteuerrecht, Rn. 94; S/H/S/*Schmitt*, § 20 UmwStG, Rn. 173; Widmann/Mayer/*Widmann*, § 20 UmwStG, Rn. 10.

das ausländische Gesellschaftsrecht anhand von neun Kriterien mit dem Gesellschaftsrecht der deutschen Kapital- bzw. Personengesellschaften verglichen und die Gesellschaft entsprechend als transparentes oder als intransparentes Steuersubjekt qualifiziert.[77] Darüber hinaus muss der persönliche Anwendungsbereich nach § 1 Abs. 4 Nr. 1 i.V.m. § 1 Abs. 2 Nr. 1 UmwStG erfüllt sein, wonach der übernehmende Rechtsträger sowohl seinen Sitz als auch seinen Ort der Geschäftsleitung in einem Mitgliedstaat der EU oder des EWR zu unterhalten hat (doppelte Ansässigkeitsvoraussetzung). Folglich kann das Betriebsvermögen nach § 20 UmwStG grundsätzlich auch in ausländische EU-/EWR-Kapitalgesellschaften – wie beispielsweise eine niederländische besloten vennootschap (B.V.) oder eine spanische Sociedad Limitada (S.L.) – zu Buchwerten eingebracht werden. Die Einbringung in eine Drittstaatenkapitalgesellschaft ist de lege lata nicht möglich.[78]

Da es nicht erforderlich ist, dass sich der statuarische Sitz und der Ort der Geschäftsleitung in demselben Mitgliedstaat befinden, können auch doppelansässige Kapitalgesellschaften übernehmende Rechtsträger i.S.d. § 20 UmwStG sein. Doppelansässige Gesellschaften werden zunächst nach dem Recht eines Staats gegründet, bevor sie ihren Ort der Geschäftsleitung und damit i.d.R. auch ihren Verwaltungssitz in einen anderen Staat verlegen. Zu beachten ist jedoch, dass die Gesellschaft ihre Qualifikation als Kapitalgesellschaft durch die Verlagerung des Orts der Geschäftsleitung nicht verlieren darf.

Bei deutschen Kapitalgesellschaften führte die Verlegung des Verwaltungssitzes ins Ausland nach altem Recht bis 2008 zur Aberkennung der Rechtspersönlichkeit und damit zum Verlust der Qualifikation als Kapitalgesellschaft. Durch die Streichung des § 4a Abs. 2 GmbHG und des § 5 Abs. 2 AktG im Rahmen des MoMiG lässt der deutsche Gesetzgeber seit dem 1.11.2008 den Wegzug der deutschen GmbH und AG durch Verlagerung des Verwaltungssitzes ins EU-, EWR- und Drittstaatenausland \nunmehr zu.[79] Aufgrund der begünstigenden Rechtsprechung des EuGH in den Rs. *Centros*[80], *Überseering*[81] und *Inspire Art*[82] darf der EU-Zuzugsstaat die Rechtspersönlichkeit der deutschen Kapitalgesellschaft – unabhängig davon, ob er die Sitz- oder die Gründungstheorie anwendet – nicht aberkennen, sondern

77 Entwurf eines Gesetzes über steuerliche Begleitmaßnahmen zur Einführung der Europäischen Gesellschaft und zur Änderung weiterer steuerrechtlicher Vorschriften (SEStEG) vom 25.9.2006, BT-Drs. 16/2710, S. 42; Dötsch/Pung/Möhlenbrock/*Patt*, § 20 UmwStG, Rn. 10; Widmann/Mayer/*Widmann*, § 1 UmwStG, Rn. 85; vgl. hierzu auch BMF v. 19.3.2004 – IV B 4-S 1301 USA-22/04, BStBl. I 2004, 411.

78 *Förster/Wendland*, BB 2007, 631, 631.

79 GmbHG/*Fastrich*, § 4a GmbHG, Rn. 11; AktG/*Hüffer*, § 5 AktG, Rn. 1.

80 EuGH v. 9.3.1999 – C-212/97, *Centros*, Slg. 1999, I-1459.

81 EuGH v. 5.11.2002 – C-208/00, *Überseering*, Slg. 2002, I-9919.

82 EuGH v. 30.9.2003 – C-167/01, *Inspire Art*, Slg. 2003, I-10155.

muss die Kapitalgesellschaft als solche fortführen.[83] Entsprechend kann eine nach deutschem Recht gegründete GmbH oder AG auch dann übernehmende Gesellschaft i.S.d. § 20 UmwStG sein, wenn sich ihr Ort der Geschäftsleitung und damit ihr Verwaltungssitz im EU-/EWR-Ausland befinden.[84] Gleichwohl die Verlegung des Verwaltungssitzes nach deutschem Gesellschaftsrecht auch in einen Drittstaat möglich wäre, würde die deutsche Kapitalgesellschaft aufgrund des Drittstaatenbezugs der Geschäftsleitung damit ihre Möglichkeit verlieren, übernehmende Gesellschaft i.S.d. § 20 UmwStG zu sein.

Haben ausländische Kapitalgesellschaften ihren Ort der Geschäftsleitung und damit einhergehend ihren Verwaltungssitz in einen anderen Mitgliedstaat verlegt, bleibt die Rechtspersönlichkeit der ausländischen Kapitalgesellschaft i.d.R. nur dann erhalten, wenn der Wegzugsstaat die Gründungstheorie anwendet. Dies liegt darin begründet, dass bei Anwendung der Gründungstheorie die weggezogene Kapitalgesellschaft stets unter das Gesellschaftsrecht des Wegzugsstaats fällt, unabhängig vom tatsächlichen Ort des Verwaltungssitzes. Verfolgt der Wegzugsstaat hingegen die Sitztheorie, verliert die Kapitalgesellschaft durch ihren Wegzug den Schutzschirm des heimischen Gesellschaftsrechts und damit – in Übereinstimmung mit der Rechtsprechung des EuGH[85] – ihre Rechtspersönlichkeit mit der Folge eines Statutenwechsels. Einhergehend mit dem Verlust der Rechtspersönlichkeit entfällt für die wegziehende Kapitalgesellschaft damit auch die Möglichkeit, übernehmende Gesellschaft i.S.d. § 20 UmwStG zu sein.

2. *Einbringender*

Die Wirtschaftsgüter können grundsätzlich durch eine natürliche Person, Körperschaft, Personenvereinigung oder Vermögensmassen sowie durch eine Personengesellschaft nach § 20 UmwStG in die übernehmende Gesellschaft eingebracht werden:

a) Natürliche Personen

Nach § 1 Abs. 4 Nr. 2 lit. a lit. bb i.V.m. § 1 Abs. 2 Nr. 2 UmwStG kann eine natürliche Person Einbringender i.S.d. § 20 UmwStG sein, wenn sie ihren Wohnsitz (§ 8 AO) oder ihren gewöhnlichen Aufenthalt (§ 9 AO) am steuerlichen Übertragungsstichtag in einem EU-/EWR-Staat hat und nicht aufgrund eines DBA mit einem Drittstaat als dort ansässig gilt.[86] Entsprechend können nunmehr auch im Ausland

---

83 Siehe hierzu im Detail Sagasser/Bula/Brünger/*Abele*, § 32 Grenzüberschreitende Sitzverlegung, Rn. 79 ff.; Lutter/Hommelhoff/*Bayer*, § 4a, Rn. 15 ff.; *Gosch*, IWB 2012, 779, 783; *Kloster*, Grenzüberschreitende Unternehmenszusammenschlüsse, S. 264 f.

84 Widmann/Mayer/*Widmann*, § 20 UmwStG, Rn. 12.

85 EuGH v. 16.12.2008 – C-210/06, *Cartesio*, Slg. 2008, I-9641.

86 Entwurf eines Gesetzes über steuerliche Begleitmaßnahmen zur Einführung der Europäischen Gesellschaft und zur Änderung weiterer steuerrechtlicher Vorschriften (SEStEG) vom 25.9.2006, BT-Drs. 16/2710, S. 42.

ansässige natürliche Personen nach § 20 UmwStG Betriebsvermögen in eine Kapitalgesellschaft einbringen, wenn sie einen steuerlichen Anknüpfungspunkt – d.h. ihren Wohnsitz oder gewöhnlichen Aufenthalt – innerhalb der EU oder dem EWR haben. Bei doppelansässigen Personen, die auch einen steuerlichen Anknüpfungspunkt zu einem DBA-Drittstaat haben, ist die Tie Breaker Rule des jeweils einschlägigen DBA zu beachten. Danach kann sich nach Art. 4 Abs. 2 lit. a OECD-MA die Ansässigkeit im Drittstaat insbesondere in den Fällen ergeben, bei denen sich dort der Mittelpunkt der Lebensinteressen befindet. Der EU-/EWR-Ferienwohnsitz eines Drittstaatenansässigen würde demnach nicht ausreichen, um in den Anwendungsbereich des § 1 Abs. 4 Nr. 2 lit. a lit. bb UmwStG zu gelangen.

Sind die Ansässigkeitsvoraussetzungen des § 1 Abs. 4 Nr. 2 lit. a lit. bb UmwStG nicht erfüllt, kann sich die Anwendung des sechsten Teils aus der Sondernorm des § 1 Abs. 4 Nr. 2 lit. b UmwStG ergeben. Nach dieser Sonderregel können ausnahmsweise auch im Drittstaat ansässige Personen Betriebsvermögen in eine Kapitalgesellschaft nach § 20 UmwStG einbringen, wenn das Recht der Bundesrepublik Deutschland hinsichtlich der Besteuerung des Gewinns aus der Veräußerung der erhaltenen Anteile nicht ausgeschlossen oder beschränkt ist. Diese Regelung ähnelt § 20 Abs. 3 UmwStG a. F. und umfasst i.d.R. jene Fälle, bei denen die erhaltenen Anteile nach der Einbringung einer deutschen Betriebsstätte des Einbringenden zuzuordnen sind und damit das Besteuerungsrecht gem. Art. 13 Abs. 2 OECD-MA weiterhin der Bundesrepublik Deutschland verbleibt.[87] Besondere Bedeutung kommt diesem Fall zu, wenn das Betriebsvermögen durch eine inländische Personengesellschaft der Drittstaatengesellschafter in eine Kapitalgesellschaft eingebracht wird.[88] Weiterhin erfasst sind die seltenen Fälle, in denen eine inländische Kapitalgesellschaft übernehmende Gesellschaft ist und die Bundesrepublik Deutschland mit dem Ansässigkeitsstaat des Einbringenden entweder kein DBA abgeschlossen hat oder das DBA das Besteuerungsrecht ausnahmsweise in Abweichung von Art. 13 Abs. 5 OECD-MA dem Belegenheitsstaat (Bundesrepublik Deutschland) zuweist.

b) Körperschaften, Vermögensmassen und Personenvereinigungen

Körperschaften, Vermögensmassen und Personenvereinigungen, die nach § 1 Abs. 4 Nr. 1 i.V.m. § 1 Abs. 2 Nr. 1 UmwStG die Voraussetzungen als übernehmende Gesellschaft erfüllen, können gem. § 1 Abs. 4 Nr. 2 lit. a lit. aa UmwStG auch einbringende Gesellschaft sein.[89] Für einbringende Körperschaften, Vermögensmassen und Personenvereinigungen wird der Anwendungsbereich durch die Sonderregelung des § 1 Abs. 4 Nr. 2 lit. b UmwStG erweitert. Danach ist auch

---

87 Widmann/Mayer/*Widmann*, § 1 UmwStG, Rn. 106; vgl. auch Beispiel in BMF v. 11.11.2011 – IV C2 – S 1978 – b/08/10001, BStBl. I 2011, 1314, Rn. 01.53.

88 *Förster/Wendland*, BB 2007, 631, 632.

89 Siehe hierzu S. 36 ff.

Drittstaatenkapitalgesellschaften der Anwendungsbereich des sechsten Teils eröffnet, wenn das Recht der Bundesrepublik Deutschland hinsichtlich der Besteuerung der erhaltenen Anteile unbeschränkt ist.

c) Personengesellschaften

Auch in- und ausländische Personengesellschaften oder transparente Gesellschaften können Einbringende i.S.d. § 20 UmwStG sein.[90] Voraussetzung ist, dass die Gesellschaft nicht nur vermögensverwaltend tätig ist, sondern (auch) Einkünfte nach §§ 15 oder 18 EStG erzielt und nach der Einbringung mit einem Betriebsvermögen fortbesteht.[91] Aufgrund der transparenten Besteuerung der Personengesellschaften sind die Ansässigkeitsvoraussetzungen des § 1 Abs. 2 UmwStG sowohl durch die einbringende Personengesellschaft selbst als auch durch die unmittelbar und mittelbar über eine andere Personengesellschaft an ihr beteiligten natürlichen und juristischen Personen zu erfüllen.[92]

Bei inländischen Personengesellschaften mit Drittstaatengesellschaftern kommt der Sonderregelung des § 1 Abs. 4 Nr. 2 lit. b UmwStG besondere Bedeutung zu. Durch den Drittstaatenbezug der Gesellschafter werden die Ansässigkeitsvoraussetzungen des § 1 Abs. 4 Nr. 2 lit. a lit. bb UmwStG auf Gesellschafterebene nicht erfüllt, sodass insoweit eine Anwendung des UmwStG ausscheiden würde. Die neuen Anteile werden jedoch der inländischen Personengesellschaft ausgegeben und sind damit grundsätzlich dem inländischen Betriebsvermögen zugeordnet. Nach Art. 13 Abs. 2 OECD-MA bleibt das inländische Besteuerungsrecht daher bestehen und das UmwStG anwendbar.

3. Zeitpunkt, Sperrfrist

Die persönlichen Anwendungsvoraussetzungen i.S.d. § 1 Abs. 4 UmwStG für den Einbringenden und die Übernehmerin müssen zum steuerlichen Übertragungsstichtag vorliegen. Wurde die Übernehmerin im Zuge der Einbringung gegründet und die Einbringung nach § 20 Abs. 5 und 6 UmwStG steuerlich auf einen Übertragungsstichtag zurückbezogen, der vor der Gründung liegt, sind die persönlichen Anwendungsvoraussetzungen im Zeitpunkt der Wirksamkeit der Gründung zu erfüllen.[93]

---

90 Widmann/Mayer/*Widmann*, § 1 UmwStG, Rn. 33.

91 Dötsch/Pung/Möhlenbrock/*Patt*, § 20 UmwStG, Rn. 169; S/H/S/*Schmitt*, § 20 UmwStG, Rn. 179; Widmann/Mayer/*Widmann*, § 20 UmwStG, Rn. R49; für den Fall der Beendigung der Mitunternehmerschaft vgl. Widmann/Mayer/*Widmann*, § 20 UmwStG, Rn. 46.

92 BMF v. 11.11.2011 – IV C2 – S 1978 – b/08/10001, BStBl. I 2011, 1314, Rn. 01.53; Dötsch/Pung/Möhlenbrock/*Möhlenbrock*, § 1 UmwStG, Rn. 172; S/H/S/*Schmitt*, § 20 UmwStG, Rn. 179; Widmann/Mayer/*Widmann*, § 1 UmwStG, Rn. 41, 127.

93 BMF v. 11.11.2011 – IV C2 – S 1978 – b/08/10001, BStBl. I 2011, 1314, Rn. 01.52, 01.55.

Darüber hinaus sind die persönlichen Anwendungsvoraussetzungen durch den Einbringenden innerhalb der siebenjährigen Sperrfrist des § 22 Abs. 1 S. 1 UmwStG beizubehalten. Verliert der Einbringende innerhalb der siebenjährigen Sperrfrist – z.B. durch Wegzug, Sitzverlegung oder Änderung des maßgebenden DBA – seinen steuerlichen Anknüpfungspunkt im EU-/EWR-Bereich, führt der Wegfall der persönlichen Voraussetzungen nach § 22 Abs. 1 S. 6 Nr. 6 UmwStG zur rückwirkenden Besteuerung des Einbringungsgewinns nach § 22 Abs. 1 S. 1 UmwStG (Einbringungsgewinn I).[94]

B. Einbringungen außerhalb des Anwendungsbereichs des UmwStG

Ist der Anwendungsbereich des UmwStG nicht eröffnet, können die steuerbegünstigenden Regelungen des UmwStG nicht in Anspruch genommen werden. Es ist dann auf die allgemeinen ertragsteuerlichen Grundsätze zurückzugreifen[95], wobei zu unterscheiden ist, ob der Einbringende für die Hingabe seines Vermögens eine Gegenleistung in der Gestaltung von Gesellschaftsrechten erhält oder die Übertragung unentgeltlich erfolgt. Dies wird in den folgenden Abschnitten I. und II. erläutert.

I. Einbringung gegen Gewährung neuer Anteile

Gewährt die übernehmende Kapitalgesellschaft dem Einbringenden im Gegenzug für die Übertragung seines Betriebsvermögens (neue) Gesellschaftsrechte, stellt dies nach h.M. einen tauschähnlichen Veräußerungsvorgang dar.[96] Ist Gegenstand des Veräußerungsvorgangs ein Betrieb, Teilbetrieb oder Mitunternehmeranteil, ist § 16 EStG anwendbar. Bei Einbringungsfällen einzelner Wirtschaftsgüter handelt es sich um laufenden Gewinn nach § 15 oder § 18 EStG. Für solche tauschähnlichen Veräußerungsvorgänge enthalten weder § 16 noch §§ 15 und 18 EStG eine Ermittlungsmethode zur Bestimmung des Veräußerungspreises. Da § 6 Abs. 6 S. 1 EStG bestimmt, dass die Anschaffungskosten des Einbringenden für die erhaltenen Anteile mit dem gemeinen Wert des hingegebenen Einbringungsgegenstands zu

---

94 BMF v. 11.11.2011 – IV C2 – S 1978 – b/08/10001, BStBl. I 2011, 1314, Rn. 22.27; Prinz/Winkeljohann/*Prinz/Hütig*, § 19 Die GmbH im Internationalen Umwandlungssteuerrecht, Rn. 100.

95 S/H/S/*Schmitt*, vor § 20–23 UmwStG, Rn. 9.

96 BFH v. 5.6.2002 – I R 6/01, BFH/NV 2003, 88; BFH v. 7.4.2010 – I R 55/09, BStBl. II 2010, 1094; BFH v. 19.5.2010 – I R 70/09, BFH/NV 2010, 2072; BMF v. 11.11.2011 – IV C2 – S 1978 – b/08/10001, BStBl. I 2011, 1314, Rn. 20.01; R/H/vL/*Herlinghaus*, § 20 UmwStG, Rn. 3; Haritz/Menner/*Menner*, § 20 UmwStG, Rn. 3; Dötsch/Pung/Möhlenbrock/*Patt*, vor § 20–23 UmwStG, Rn. 52; S/H/S/*Schmitt*, § 20 UmwStG, Rn. 12; Schmidt/*Wacker*, § 16 EStG, Rn. 200.

bemessen sind, scheint es sachgerecht, ebendiesen gemeinen Wert auch für die Festsetzung des Veräußerungspreises heranzuziehen.[97] Damit führen die allgemeinen ertragsteuerlichen Grundsätze zu einer Aufdeckung und sofortigen Besteuerung der stillen Reserven in dem eingebrachten Betriebsvermögen.[98]

II. Einbringung ohne Gewährung neuer Anteile

Erhält der Einbringende für die Übertragung seines Betriebsvermögens keine neuen Anteile an der übernehmenden Gesellschaft, liegt eine verdeckte Einlage vor, deren steuerliche Auswirkungen für den Gesellschafter nicht gesetzlich geregelt sind. Da der Einbringende keine Gegenleistung erhält, liegt nach Auffassung des BFH kein Tauschgeschäft, sondern eine unentgeltliche Übertragung des Betriebsvermögens auf die Kapitalgesellschaft vor.[99] Konsequenterweise müsste die unentgeltliche Übertragung damit nach § 6 Abs. 3 EStG zu Buchwerten möglich sein. Ob die Buchwertfortführung des § 6 Abs. 3 EStG in Fällen der verdeckten Einlage – und damit auch auf gesellschaftsrechtliche Vorgänge – Anwendung findet, ist in der Literatur umstritten und kann im vorliegenden Fall dahingestellt bleiben.[100]

Denn hält der Einbringende die neuen Anteile an der Kapitalgesellschaft in seinem Privatvermögen, dient das eingebrachte Betriebsvermögen seiner Einbringung nicht länger seinem Ursprungsbetrieb. Handelt es sich bei dem Einbringungsgegenstand um einen Betrieb, Teilbetrieb oder Mitunternehmeranteil, führt dies zwangsläufig zu einer Betriebsaufgabe i.S.d. § 16 Abs. 3 EStG.[101] Werden einzelne Wirtschaftsgüter in die Kapitalgesellschaft eingelegt, werden diese zunächst nach § 4 Abs. 1 S. 2 EStG zu betriebsfremden Zwecken in das Privatvermögen entnommen. Damit führt bereits die Betriebsaufgabe nach § 16 EStG bzw. die Entnahme nach § 6 Abs. 1 Nr. 4 EStG zur Besteuerung der stillen Reserven, bevor anschließend die verdeckte Einlage in die Kapitalgesellschaft erfolgt.[102]

Hält der Einbringende die neuen Anteile an der Kapitalgesellschaft hingegen in seinem Betriebsvermögen, kann die Auffassung vertreten werden, dass die Wirtschaftsgüter auch nach der Einbringung mittelbar ihrem Ursprungsbetrieb dienen, sodass eine Entnahme nach § 4 Abs. 1 S. 2 EStG und damit eine daraus resultierende

---

97 So auch H/H/R/*Eckstein*, § 6 EStG, Rn. 1720.

98 R/H/vL/*Herlinghaus*, § 20 UmwStG, Rn. 3; Haritz/Menner/*Menner*, § 20 UmwStG, Rn. 2; R/H/vL/*Ritzer*, Anhang 6 Umwandlungen und Sitzverlegung von Kapitalgesellschaften außerhalb des UmwStG, Rn. 86; S/H/S/*Schmitt*, vor § 20–23 UmwStG, Rn. 9.

99 BFH v. 24.3.1987 – I R 202/83, BStBl. II 1987, 705; BFH v. 18.12.1990 – VIII R 17/85, BStBl. II 1991, 512.

100 Ausführlich zum Meinungsstreit des § 6 Abs. 3 EStG bei verdeckten Einlagen: *Koch*, Gewinnrealisierungen anlässlich der unentgeltlichen Übertragung betrieblicher Einheiten, S. 78.

101 Schmidt/*Wacker*, § 16 EStG, Rn. 201.

102 BFH v. 18.12.1990 – VIII R 17/85, BStBl. II 1991, 512; BFH v. 14.1.1993 – IV R 121/91, BFH/NV 1993, 525.

Gewinnrealisierung ausscheidet. In diesem Fall ergibt sich die Gewinnrealisierung jedoch aus § 6 Abs. 6 S. 2 EStG. Danach erhöhen sich bei der verdeckten Einlage die Anschaffungskosten der Beteiligung um den Teilwert des eingelegten Wirtschaftsguts. Entsprechend sind die eingebrachten Wirtschaftsgüter in der Steuerbilanz des Einbringenden auszubuchen und durch einen erhöhten Beteiligungsansatz an der übernehmenden Kapitalgesellschaft zu ersetzen.[103] Die bilanzsteuerrechtlichen Grundsätze verlangen, dass die Differenz zwischen dem Buchwert der eingebrachten Wirtschaftsgüter und der Erhöhung des Beteiligungsansatzes – der nach § 6 Abs. 6 S. 2 EStG schließlich dem Teilwert der eingebrachten Wirtschaftsgüter entspricht – erfolgswirksam zu erfassen ist und letztendlich zur Aufdeckung der stillen Reserven in den eingebrachten Wirtschaftsgütern führt.

III. Zwischenergebnis

Im Ergebnis ist außerhalb des Anwendungsbereichs des UmwStG eine steuerneutrale Einbringung nicht möglich und stets mit einer Sofortbesteuerung verbunden.

C. Einbringungen innerhalb des Anwendungsbereichs des UmwStG

I. Steuerliche Verknüpfung vom Einbringenden und übernehmender Kapitalgesellschaft

Auch im Anwendungsbereich des UmwStG erzielt der Einbringende im Rahmen des tauschähnlichen Veräußerungsgeschäfts einen Veräußerungsgewinn i.S.d. § 16 EStG. Schließlich überträgt er sein Betriebsvermögen auf die übernehmende Kapitalgesellschaft und erhält von dieser als Gegenleistung neue Anteile an ebendieser. Dabei stellt der Wert, mit dem die Kapitalgesellschaft das übernommene Betriebsvermögen ansetzt, nach § 20 Abs. 3 S. 1 UmwStG den Wert dar, der für den Einbringenden als Veräußerungspreis gilt.[104] Grundsätzlich hat die Kapitalgesellschaft das Betriebsvermögen nach § 20 Abs. 2 S. 1 UmwStG mit seinem gemeinen Wert anzusetzen, was auf Ebene des Einbringenden zur Aufdeckung der in dem Betriebsvermögen verhafteten stillen Reserven führt. Damit löst die Einbringung nach § 20 UmwStG die Besteuerung der stillen Reserven aus, wie die Einbringung nach allgemeinen ertragsteuerlichen Grundsätzen.[105]

Nach § 20 Abs. 2 S. 2 UmwStG hat die übernehmende Gesellschaft jedoch das Wahlrecht, auf Antrag auch den Buchwert oder Zwischenwert anzusetzen und damit den Veräußerungsgewinn entsprechend bis auf null zu reduzieren. Diese

103 Vgl. hierzu auch Schmidt/*Wacker*, § 16 EStG, Rn. 201.

104 *Ley*, FR 2007, 109, 113 f.

105 Vgl. hierzu S. 41 ff.

sogenannte Buchwertfortführung führt damit zur Ertragsteuerneutralität des Einbringungsvorgangs, ist aber – ebenso wie der Ansatz eines Zwischenwerts – an nachfolgende Voraussetzungen geknüpft.

II. Voraussetzungen der Buchwertfortführung

1. Körperschaftsteuerpflicht bei der aufnehmenden Gesellschaft

Nach § 20 Abs. 2 S. 2 Nr. 1 UmwStG muss sichergestellt werden, dass das Betriebsvermögen später bei der übernehmenden Kapitalgesellschaft der Besteuerung mit Körperschaftsteuer unterliegt. Dabei ist es nach h.L. unerheblich, ob das Betriebsvermögen bei der übernehmenden Körperschaft der Besteuerung mit in- oder ausländischer Körperschaftsteuer unterliegt.[106] Damit beruht die Norm nicht auf einem Inlandsbezug, sodass auch eine (gebietsfremde) Kapitalgesellschaft, die im Ausland der Besteuerung mit Körperschaftsteuer unterliegt, grundsätzlich die Voraussetzungen der Nr. 1 erfüllt.

Ist die übernehmende Kapitalgesellschaft jedoch nach § 5 KStG von der Körperschaftsteuer befreit, kann dies zur Aufdeckung der stillen Reserven im eingebrachten Betriebsvermögen führen, wenn der eingebrachte Betrieb, Teilbetrieb oder Mitunternehmeranteil bei der Übernehmerin keinen wirtschaftlichen Geschäftsbetrieb begründet.[107]

Wird das Einkommen der übernehmenden Gesellschaft aufgrund eines Organschaftsverhältnisses dem Organträger zugewiesen, ist dem Grunde nach eine Körperschaftsteuerpflicht der übernehmenden Organgesellschaft gegeben und nach h.L. die Voraussetzung der Nr. 1 erfüllt.[108] Die Finanzverwaltung sieht jedoch auch die Körperschaftsteuerpflicht des Organträgers als Voraussetzung der Nr. 1 an.[109] Unterliegt der Organträger hingegen der Einkommensteuer, kann die Aufdeckung der stillen Reserven nach Auffassung der Finanzverwaltung nur durch eine Billigkeitsmaßnahme und unter weiteren Voraussetzungen vermieden werden.[110]

106 R/H/vL/*Herlinghaus*, § 20 UmwStG, Rn. 160; Dötsch/Pung/Möhlenbrock/*Patt*, § 20 UmwStG, Rn. 225; Prinz/Winkeljohann/*Prinz/Hütig*, § 19 Die GmbH im Internationalen Umwandlungssteuerrecht, Rn. 104; Schmitt/Hörtnagl/*Schmitt*, § 20 UmwStG, Rn. 327; BMF v. 11.11.2011 – IV C2 – S 1978 – b/08/10001, BStBl. I 2011, 1314, Rn. 20.19 i.V.m. 03.17; a.A. Frotscher/Drüen/*Mutscher*, § 20 UmwStG, Rn. 202; Widmann/Mayer/*Widmann*, § 20 UmwStG, Rn. 540.

107 Dötsch/Pung/Möhlenbrock/*Patt*, § 20 UmwStG, Rn. 225; S/H/S/*Schmitt*, § 20 UmwStG, Rn. 328; Widmann/Mayer/*Widmann*, § 20 UmwStG, Rn. 541.

108 R/H/vL/*Herlinghaus*, § 20 UmwStG, Rn. 160a; *Rödder*, DStR 2011, 1059, 1062; Widmann/Mayer/*Schießl*, § 11 UmwStG, Rn. 32; S/H/S/*Schmitt*, § 20 UmwStG, Rn. 330.

109 BMF v. 11.11.2011 – IV C2 – S 1978 – b/08/10001, BStBl. I 2011, 1314, Rn. 20.19.

110 BMF v. 11.11.2011 – IV C2 – S 1978 – b/08/10001, BStBl. I 2011, 1314, Rn. 20.19.

Zur Versagung der Steuerneutralität führt das Tatbestandsmerkmal in Nr. 1 hingegen häufig bei der Einbringung in Real-Estate-Investment-Trusts, die nach § 16 Abs. 1 REITG von der Körperschaftsteuer befreit sind.[111]

2. *Positiver Wert des eingebrachten Betriebsvermögens*

Nach § 20 Abs. 2 S. 2 Nr. 2 UmwStG ist die Steuerneutralität nur möglich, soweit das steuerliche Eigenkapital des eingebrachten Betriebsvermögens nicht negativ ist. Dabei werden alle im Inland steuerverstrickten Wirtschaftsgüter berücksichtigt, einschließlich derer, die im Zuge der Einbringung auf Ebene der Übernehmerin steuerverstrickt werden.[112] Dem deutschen Besteuerungsrecht entzogene Wirtschaftsgüter sind nicht in die Ermittlung des Kapitals einzubeziehen.[113] Das eingebrachte Betriebsvermögen einer DBA-Freistellungsbetriebsstätte kann daher auch negativ sein, ohne eine Auswirkung auf die Buchwerteinbringung zu haben. Das scheint nur sachgerecht zu sein, da der Bundesrepublik Deutschland für solches Betriebsvermögen ohnehin kein Besteuerungsrecht zusteht und ein Buchwertansatz keine Auswirkung auf die Einbringungsgewinnbesteuerung hätte.

3. *Kein Ausschluss und keine Beschränkung des deutschen Besteuerungsrechts*

Ferner ist die Buchwertfortführung für das eingebrachte Betriebsvermögen gem. § 20 Abs. 2 S. 2 Nr. 3 UmwStG nur insoweit möglich, als das Recht der Bundesrepublik Deutschland hinsichtlich der Besteuerung des Gewinns aus der Veräußerung des eingebrachten Betriebsvermögens bei der übernehmenden Gesellschaft nicht ausgeschlossen oder beschränkt wird. Voraussetzung für die Versagung der Steuerneutralität nach § 20 Abs. 2 S. 2 Nr. 3 UmwStG ist folglich, dass der Bundesrepublik Deutschland bisher ein Besteuerungsrecht an den betroffenen Wirtschaftsgütern zustand und dieses im Zuge der Einbringung ausgeschlossen oder eingeschränkt wird. Eine umwandlungsbedingte Steuerentstrickung kann daher nur bei inländischem Vermögen und bei ausländischem Betriebsvermögen ausgelöst werden, das in einem Nicht-DBA-Staat oder in einem DBA-Staat mit Anrechnungsmethode belegen ist.[114] Für ausländisches Betriebsvermögen einer Freistellungsbetriebsstätte steht der Bundesrepublik Deutschland kein Besteuerungsrecht zu, das ausgeschlossen oder beschränkt werden könnte.[115]

---

111 So auch Widmann/Mayer/*Widmann*, § 20 UmwStG, Rn. 541.

112 R/H/vL/*Herlinghaus*, § 20 UmwStG, Rn. 162; S/H/S/*Schmitt*, § 20 UmwStG, Rn. 332; Widmann/Mayer/*Widmann*, § 20 UmwStG, Rn. 559.

113 Widmann/Mayer/*Widmann*, § 20 UmwStG, Rn. 564.

114 S/H/S/*Schmitt*, § 20 UmwStG, Rn. 351.

115 *Benz/Rosenberg*, BB Special 8/2006, 51, 55; *Voß*, BB 2006, 469, 471.

Verliert die Bundesrepublik Deutschland im Zuge der Einbringung das Besteuerungsrecht an den eingebrachten Wirtschaftsgütern, führt § 20 Abs. 2 S. 2 Nr. 3 UmwStG grundsätzlich zur Besteuerung des Einbringungsvorgangs. Maßgebend für die Frage, ob das deutsche Besteuerungsrecht im Zuge der Einbringung ausgeschlossen oder beschränkt wird, ist der steuerliche Übertragungsstichtag.[116] Das bedeutet, dass nicht der Übergang des wirtschaftlichen Eigentums entscheidungserheblich ist, sondern der nach § 20 Abs. 5 und 6 UmwStG grundsätzlich frei wählbare Übertragungsstichtag.[117]

Die als Gegenleistung erhaltenen Anteile an der übernehmenden Kapitalgesellschaft müssen beim Einbringenden grundsätzlich nicht dem deutschen Besteuerungsrecht unterliegen. Die Sicherstellung des deutschen Besteuerungsrechts für die erhaltenen Anteile ist nur erforderlich, wenn der Einbringende nicht in einem Mitgliedstaat ansässig ist (§ 1 Abs. 4 Nr. 1 lit. a UmwStG) und sich der Anwendungsbereich des sechsten Teils daher aus der Sondernorm des § 1 Abs. 4 Nr. 1 lit. b UmwStG ergibt.[118]

D. Zwischenergebnis

Erfolgt die Einbringung außerhalb des Anwendungsbereichs des UmwStG stellt dies einen veräußerungsähnlichen Vorgang dar, der stets die Aufdeckung der stillen Reserven begründet. Nur wenn das UmwStG Anwendung findet und die Voraussetzungen des § 20 Abs. 2 S. 2 Nr. 1 bis 3 UmwStG erfüllt sind, kann die Einbringung zu Buchwerten erfolgen. Die Ertragsteuerneutralität grenzüberschreitender Einbringungen ist demnach insbesondere davon abhängig, ob die Bundesrepublik Deutschland das Besteuerungsrecht an den im Inland oder in einer Anrechnungsbetriebsstätte entstandenen stillen Reserven behält. Wird das deutsche Besteuerungsrecht für das eingebrachte Betriebsvermögen durch die Einbringung zum steuerlichen Übertragungsstichtag ausgeschlossen oder beschränkt, ist die Ertragsteuerneutralität des Einbringungsvorgangs de lege lata nach § 20 Abs. 2 S. 2 Nr. 3 UmwStG zu versagen. Dies gilt auch bei rückwirkenden Einbringungen.[119]

---

116 S/H/S/*Schmitt*, § 20 UmwStG, Rn. 346.

117 Zur Anwendung der allgemeinen Entstrickungsnormen auf rückwirkende Einbringungen vgl. S. 91 ff.

118 Dötsch/Pung/Möhlenbrock/*Patt*, § 20 UmwStG, Rn. 229; S/H/S/*Schmitt*, § 20 UmwStG, Rn. 266; Widmann/Mayer/*Widmann*, § 20 UmwStG, Rn. R611.

119 R/H/vL/*Rödder*, § 11, Rn. 116; Widmann/Mayer/*Schießl*, § 11 UmwStG, Rn. 50; S/H/S/*Schmitt*, § 20 UmwStG, Rn. 346; *Viskorf/Philipp*, DStR 2010, Beihefter zu Heft 46, 75, 76.

KAPITEL II: Umwandlungsbedingte Steuerentstrickung

A. Themeneinführung

Bei rein nationalen Einbringungsvorgängen ist eine Steuerentstrickung ausgeschlossen. Nur bei grenzüberschreitenden Einbringungen kann eine Entstrickung eintreten. Grenzüberschreitende Einbringungen sind dadurch gekennzeichnet, dass sich mindestens zwei der drei steuerlichen Anknüpfungspunkte (Einbringender, übernehmende Kapitalgesellschaft und eingebrachtes Betriebsvermögen) in unterschiedlichen Staaten befinden. Hieraus ergeben sich insgesamt sechs Szenarien:

Inländisches Betriebsvermögen kann demnach (1) durch einen Inländer in eine ausländische Kapitalgesellschaft, (2) durch einen Ausländer in eine ausländische Kapitalgesellschaft oder (3) durch einen Ausländer in eine inländische Kapitalgesellschaft eingebracht werden. Grafisch stellen sich diese drei Szenarien wie folgt dar:

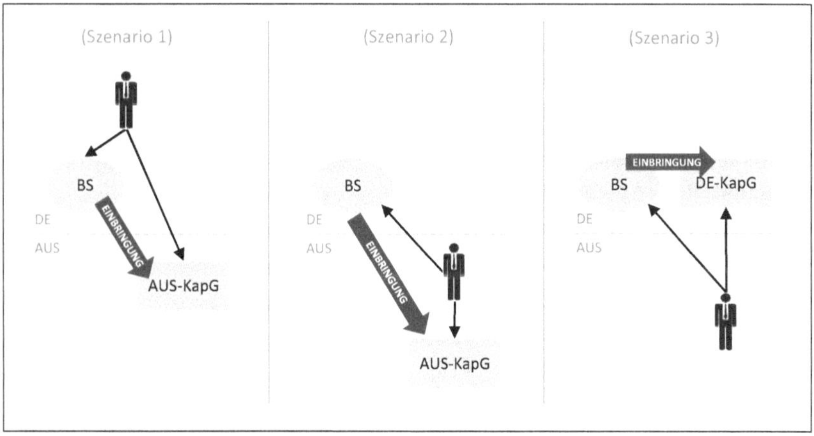

Abbildung 1: *Mögliche Szenarien der Einbringung inländischen Vermögens*

Ausländisches Betriebsvermögen kann (4) durch einen Inländer in eine ausländische Kapitalgesellschaft, (5) durch einen Inländer in eine inländische Kapitalgesellschaft oder (6) durch einen Ausländer in eine inländische Kapitalgesellschaft eingebracht werden. Grafisch stellen sich diese drei Szenarien wie folgt dar:

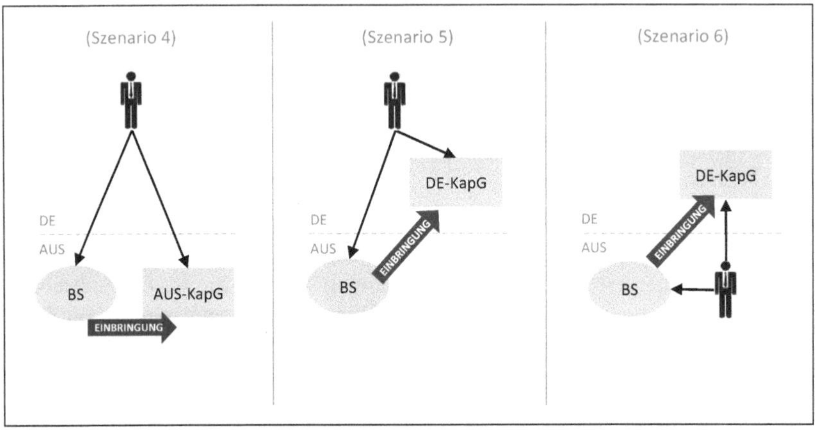

Abbildung 2: *Mögliche Szenarien der Einbringung ausländischen Vermögens*

Grundsätzlich wird das unternehmerische Handeln dem Stammhaus zugerechnet, es sei denn, das Unternehmen übt seine Tätigkeit in einer in einem anderen Staat belegenen Betriebsstätte aus. In den nachfolgenden Abschnitten wird zunächst dargestellt, welche Kriterien für die Existenz einer Betriebsstätte erfüllt sein müssen (Abschnitt I.) und wie die Besteuerungsbefugnisse an dem Veräußerungsgewinn eines Wirtschaftsguts zwischen Stammhaus und Betriebsstätte aufzuteilen sind (Abschnitt II.). Anschließend wird beschrieben, unter welchen Voraussetzungen der Bundesrepublik Deutschland ein Besteuerungsrecht zusteht (Abschnitt III.) und wie dieses Besteuerungsrecht durch DBA-Vorgaben ausgeschlossen oder beschränkt wird (Abschnitte B. und C.).

I. Betriebsstättenbegriff

Der Begriff der Betriebsstätte ist rein steuerlicher Natur. Er ist weder dem Handels- noch dem Gesellschaftsrecht bekannt.[120] Dabei unterscheidet sich die Betriebsstättendefinition im nationalen Steuerrecht und im Abkommensrecht. Sowohl dem nationalen als auch dem abkommensrechtlichen Verständnis der Betriebsstätte ist gemein, dass ein Unternehmen stets ein Stammhaus hat und über eine Vielzahl von Betriebsstätten verfügen kann. Bilden dabei mehrere Einrichtungen eines Unternehmens in einem (ausländischen) Staat wirtschaftliche, technische und organisatorische Einheiten, sind jeweils einzelne Betriebsstätten in diesem Staat gegeben. Jede Betriebsstätte ist rechtlich unselbstständig und bildet zusammen mit

120 Vielmehr stellt das Handelsrecht auf Haupt- und Zweigniederlassungen ab, die für steuerliche Zwecke nach § 12 S. 2 Nr. 1 und 2 AO, Art. 5 Abs. 2 lit. b OECD-MA als Betriebsstätten klassifiziert werden.

dem Stammhaus das Gesamtunternehmen. Mangels eigener Rechtspersönlichkeit können weder zwischen zwei Betriebsstätten noch zwischen dem Stammhaus und einer Betriebsstätte Vertragsbeziehungen geschlossen werden.[121]

1. *Betriebsstätten i.S.d. § 12 AO*

Bedeutung kommt dem nationalen Betriebsstättenbegriff insbesondere für die Frage der beschränkten Steuerpflicht im Inland zu. Nach § 1 Abs. 4 i.V.m. § 49 Abs. 1 Nr. 2 lit. a EStG sind Personen ohne Wohnsitz und gewöhnlichen Aufenthalt bzw. ohne inländischen Sitz und Ort der Geschäftsleitung insoweit in Deutschland steuerpflichtig, als sie Einkünfte aus einer inländischen Betriebsstätte beziehen. Das bedeutet, dass die Bundesrepublik Deutschland grundsätzlich nur bei Vorliegen einer inländischen Betriebsstätte auf die Wirtschaftsgüter und die Einkünfte eines Ausländers zugreifen kann.[122]

Nach nationalem Verständnis liegt eine Betriebsstätte vor, wenn eine feste Geschäftseinrichtung oder Anlage gegeben ist, die der Tätigkeit eines Unternehmens dient (§ 12 S. 1 AO). Für das Vorliegen einer Geschäftseinrichtung oder Anlage reichen körperliche Gegenstände oder eine Zusammenfassung mehrerer körperlicher Gegenstände aus[123], sodass bereits Wirtschaftsgüter mit geringer Bodenfläche und ohne bauliche Vorrichtung eine Betriebsstätte begründen können.[124] Zudem muss diese Geschäftseinrichtung oder Anlage eine feste Beziehung zu einem bestimmten Punkt der Erdoberfläche aufweisen.[125] Dem Tatbestandsmerkmal „*fest*" kommt nicht die Bedeutung einer mechanischen Verbindung zwischen Geschäftseinrichtung und Erdoberfläche zu, sondern eine örtliche und zeitliche Komponente.[126] Dies bedeutet, dass die Bindung zur Erdoberfläche sowohl räumlich konstant als auch auf eine gewisse Dauerhaftigkeit mit einer Stetigkeit

---

121 Vgl. hierzu ausführlich *Wassermeyer*, DB 2006, 1176, 1177.

122 Vgl. hierzu auch S. 61 ff.

123 BFH v. 3.2.1993 – I R 80–81/91, BStBl. II 1993, 462, 465.

124 FG Münster v. 6.11.2000 – 9 K 6931/98 K, EFG 2001, 234; Tipke/Kruse/*Drüen*, § 12 AO, Rn. 4; z.B. ein einfacher Lagerplatz (Tipke/Kruse/*Drüen*, § 12 AO, Rn. 5), eine Abstellkammer für Arbeitsmittel (FG Hessen v. 26.3.1982 – VIII 326/78, EFG 1983, 34) oder eine Büroecke mit Schreibtisch und Aktenschrank (BFH v. 15.7.1986 – VIII R 134/83, BStBl. II 1986, 744).

125 Einrichtungen, die sich auf dem Grund und Boden befinden, sind mit dem Erdboden grundsätzlich auch dann verbunden, wenn sie nicht verankert, sondern sich nur lose darauf befinden, wie z.B. auf den Boden installierte Computer (FG Hessen v. 21.1.1998 – 3 K 1535/96, EFG 2001, 1535). Bei Laptops hingegen fehlt es an einem festen Bezug zur Erdoberfläche, um eine Betriebsstätte begründen zu können, ebenso wie bei Flugzeugen (BFH v. 13.2.1974 – I R 218/71, BStBl. II 1974, 416) und bei Schiffen (BFH v. 26.6.1996 – XI R 18/94, BStBl. II 1998, 278). Für gewerbesteuerliche Zwecke wird nach §§ 5 und 6 GewStDV eine Betriebsstätte auf dem Schiff bzw. im Heimathafen fingiert.

126 Beermann/Gosch/*Buciek*, § 12 AO, Rn. 10; Klein/*Gersch*, § 12 AO, Rn. 2.

bzw. Regelmäßigkeit angelegt sein muss.[127] Neben der Bindung zur Erdoberfläche muss der Geschäftsherr zudem eine gewisse Verfügungsmacht über die Geschäftseinrichtung innehaben.[128] Andernfalls kann die Geschäftseinrichtung dem Unternehmen nicht auf Dauer dienen.

Darüber hinaus muss die Geschäftseinrichtung oder Anlage einen Bezug zur Tätigkeit des Unternehmens haben. Hierzu muss die Geschäftseinrichtung oder Anlage dazu bestimmt sein, den Unternehmenszweck unmittelbar zu fördern.[129] Grundsätzlich ist dieses Tatbestandsmerkmal sehr weit gefasst. Der unmittelbare Bezug ist aber beispielsweise bei einer inländischen Kontroll- und Koordinationsstelle nicht gegeben, wenn diese ausschließlich ausländische verbundene Konzerngesellschaften überwacht und damit nicht dem inländischen Unternehmen unmittelbar dient.[130] Auch dienen soziale Einrichtungen für das Personal eines Unternehmens nicht unmittelbar dem Unternehmenzweck und können damit keine Betriebsstätten sein.[131] Ebenfalls dienen Wirtschaftsgüter nicht unmittelbar dem eigenen Unternehmenszweck und können damit keine Betriebsstätte begründen, wenn sie vermietet oder verpachtet werden.[132]

Zudem hält § 12 S. 2 AO einen Positivkatalog vor. Die darin genannten Geschäftseinrichtungen gelten stets als Betriebsstätte, auch wenn im Übrigen die Voraussetzungen des allgemeinen Betriebsstättenbegriffs nicht gegeben sind. Entsprechend hat der BFH für die Stätte der Geschäftsleitung (Nr. 1) entschieden, dass diese auch dann eine Betriebsstätte darstellt, wenn es im Übrigen an einer festen Geschäftseinrichtung fehlt.[133] Dass die übrigen Voraussetzungen auch für die in Nr. 2 bis Nr. 8 des § 12 S. 2 AO genannten Einrichtungen für das Vorliegen einer Betriebsstätte nicht erforderlich sind, ergibt sich aus § 12 S. 2 Nr. 8 AO, wonach eine Bauausführung oder Montage unabhängig von einer festen Geschäftseinrichtung als Betriebsstätte gilt.[134]

Insgesamt ist der nationale Betriebsstättenbegriff in § 12 S. 1 AO weit gefasst und wird zudem durch die Rechtsprechung des BFH[135] großzügig ausgelegt. Hinzu kommt der Positivkatalog des § 12 S. 2 AO mit Betriebsstättenfiktion für acht Einrichtungen, ohne dass die übrigen Voraussetzungen erfüllt sein müssen. All dies

---

127 BFH v. 28.8.1986 – V R 20/79, BStBl. II 1987, 162; BFH v. 3.2.1993 – I R 80–81/91, BStBl. II 1993, 462.

128 BFH v. 17.3.1982 – I R 189/72, BStBl. II 1982, 624; Beermann/Gosch/*Buciek*, § 12 AO, Rn. 12; Tipke/Kruse/*Drüen*, § 12 AO, Rn. 11.

129 BFH v. 30.10.1996 – II R 12/92, BStBl. II 1997, 12.

130 BMF v. 24.12.1999 – IV B 4 – S 1300 – 111/99, BStBl. I 1999, 1076, Tz. 4.4.2.

131 Schaumburg/von Freeden/Häck/*Schaumburg*, Kapitel 6, 6.168.

132 Beermann/Gosch/*Buciek*, § 12 AO, Rn. 22; Koenig/*Koenig*, § 12 AO, Rn. 19.

133 BFH v. 28.7.1993 – I R 15/93, BStBl. II 1994, 148.

134 Koenig/*Koenig*, § 12 AO, Rn. 23.

135 So kann eine Betriebsstätte auch bei Anlagen in fremden Räumlichkeiten (BFH v. 25.5.2000 – III R 20/97, BStBl. II 2001, 365), bei Wochenständen und transportablen Zeitungsständen (BFH v. 9.10.1974 – I R 128/73, BStBl. II 1975, 203) vorliegen.

dient der Begründung inländischer Betriebsstätten und damit der Sicherung von inländischem Besteuerungssubstrat im Rahmen der beschränkten Steuerpflicht.

2. Betriebsstätten i.S.d. Art. 5 OECD-MA

Ist nach nationalem Recht eine Betriebsstätte und damit ein steuerlicher Anknüpfungspunkt eines im Ausland ansässigen Steuerpflichtigen gegeben, werden damit nach nationalem Recht im Inland steuerpflichtige Einkünfte begründet. Hat die Bundesrepublik Deutschland mit dem ausländischen Staat hingegen ein DBA abgeschlossen, muss auch im abkommensrechtlichen Sinn eine Betriebsstätte vorliegen. Andernfalls würde das DBA im Quellenstaat den notwendigen örtlichen Anknüpfungspunkt negieren und damit den Quellenstaat nicht zur anteiligen Besteuerung des auf seinem Hoheitsgebiet erwirtschafteten Gewinns berechtigen.[136]

Hierzu enthält das OECD-MA in Art. 5 eine eigene abkommensrechtliche Betriebsstättendefinition. Danach umfasst der Begriff der Betriebsstätte eine feste Geschäftseinrichtung, durch die die Geschäftstätigkeit eines Unternehmens ganz oder teilweise ausgeübt wird. Aufgrund der eigenständigen Betriebsstättendefinition im OECD-MA kann bei deren Auslegung nur so weit auf die Auslegungsergebnisse des § 12 AOzurückgegriffen werden, wie der Wortlaut der verwendeten einzelnen Begriffe in beiden Vorschriften identisch ist.[137] Folglich sind die Anforderungen an die im OECD-MA genannte *„feste Betriebseinrichtung“* mit § 12 S. 1 AO identisch.[138] Ebenfalls identisch ist die sowohl im nationalen Recht als auch im Abkommensrecht geforderte Verfügungsmacht über die Geschäftseinrichtung.[139]

Während § 12 S. 1 AO darüber hinaus jedoch voraussetzt, dass die Geschäftseinrichtung dem Unternehmen zu *„dienen“* hat, kann eine abkommensrechtliche Betriebsstätte nur dort vorliegen, wo die Tätigkeit des Unternehmens ganz oder teilweise *„ausgeübt“* wird. Damit ist der Wortlaut beider Normen unterschiedlich, sodass die abkommensrechtlichen Vorgaben enger gefasst sind.[140]Anders als nach § 12 S. 1 AO reicht nämlich die bloße Existenz und die Nützlichkeit der Geschäftseinrichtung nicht aus, eine Betriebsstätte i.S.d. Art. 5 OECD-MA zu begründen. Vielmehr muss die Geschäftseinrichtung der Tätigkeit des Unternehmens auch tatsächlich ganz oder teilweise ausgeübt werden.[141] Das bedeutet, dass

136 Schönfeld/Ditz/*Hruschka*, Art. 5 DBA, Rn. 7.

137 Flick/Wassermeyer/Kempermann/*Häck*, Art. 5 DBA Schweiz, Rn. 11 f.; Schaumburg/von Freeden/Häck/*Schaumburg/Häck*, Kapitel 19, 19.241; Wassermeyer/*Wassermeyer*, Art. 5 OECD-MA, Rn. 8.

138 BFH v. 30.10.1996 – II R 12/92, BStBl. II 1997, 12; Flick/Wassermeyer/Kempermann/*Häck*, Art. 5 DBA Schweiz, Rn. 17; Schönfeld/Ditz/*Hruschka*, Art. 5 DBA, Rn. 36.

139 Schönfeld/Ditz/*Hruschka*, Art. 5 DBA, Rn. 57.

140 Flick/Wassermeyer/Kempermann/*Häck*, Art. 5 DBA Schweiz, Rn. 12.

141 So auch Flick/Wassermeyer/Kempermann/*Häck*, Art. 5 DBA Schweiz, Rn. 30; Schönfeld/Ditz/ *Hruschka*, Art. 5 DBA, Rn. 58.

die geforderte Tätigkeit in der Geschäftseinrichtung verrichtet werden muss. Dies kann durch Personen geschehen, muss es aber nicht. Es ist nunmehr anerkannt, dass die Tätigkeit auch durch automatisch arbeitende Maschinen[142] erledigt werden kann.[143]

Ähnlich wie § 12 S. 2 AO enthält auch Art. 5 Abs. 2 OECD-MA einen Positivkatalog. § 12 S. 2 AO enthält jedoch eine Begriffserweiterung zu § 12 S. 1 AO, während der Absatz 2 des Art. 5 OECD-MA den Grundtatbestand des Absatz 1 nur konkretisiert.[144] Deutlich wird dies in der Entscheidung des BFH[145], wonach die Stätte der Geschäftsleitung auch beim Fehlen einer festen Geschäftseinrichtung stets eine Betriebsstätte i.S.d. § 12 S. 2 Nr. 1 AO darstellt. Eine Betriebsstätte i.S.d. OECD-MA stellt der Ort der Geschäftsleitung jedoch nur dann dar, wenn er auch die Voraussetzungen des Art. 5 Abs. 1 OECD-MA erfüllt, mithin also eine feste Geschäftseinrichtung darstellt.[146]

Der in Art. 5 Abs. 4 OECD-MA enthaltene Negativkatalog wirkt ebenfalls wie Absatz 2 nur deklaratorisch und konkretisiert die in Absatz 1 genannten Tatbestandsmerkmale. Durch die Aufzählung fester Geschäftseinrichtungen, die nicht die Voraussetzungen einer Betriebsstätte i.S.d. Absatz 1 begründen können, wird in Absatz 4 die „*Untergrenze*" des abkommensrechtlichen Betriebsstättenbegriffs definiert.[147]

II. Abkommensrechtliche Aufteilung der Besteuerungsbefugnisse

1. *Allgemeines*

Die Betriebsstätte ist keine rechtlich selbstständige Einheit, sodass die Wirtschaftsgüter der Betriebsstätte vor ihrer Einbringung in eine Kapitalgesellschaft zivilrechtlich im Eigentum des Einbringenden und nach der Einbringung zivilrechtlich im Eigentum der übernehmenden Kapitalgesellschaft stehen. Die Wirtschaftsgüter der eingebrachten Betriebsstätte bilden damit gemeinsam mit den Wirtschaftsgütern des jeweiligen Stammhauses eine rechtliche und tatsächliche Einheit (Wirtschaftsgüter des Gesamtunternehmens). Bei grenzüberschreitend tätigen Unternehmen widerspräche es dem Territorialitätsprinzip[148], wenn die Gewinne aus der Veräußerung der Wirtschaftsgüter, ungeachtet deren Belegenheit und Betriebsstättenzugehörigkeit, stets dem Stammhaus zugerechnet würden. Im

142 Dies gilt beispielsweise für Computer-Server, vgl. hierzu *Pinkernell*, IFSt-Schrift Nr. 494 2014, S. 85 f.

143 Vgl. Art. 5 Rn. 10 OECD-MK.

144 Vgl. hierzu Art. 5 Rn. 12 OECD-MK; Schönfeld/Ditz/*Hruschka*, Art. 5 DBA, Rn. 73.

145 BFH v. 28.7.1993 – I R 15/93, BStBl. II 1994, 148.

146 Schönfeld/Ditz/*Hruschka*, Art. 5 DBA, Rn. 73.

147 Schönfeld/Ditz/*Hruschka*, Art. 5 DBA, Rn. 107.

148 Vgl. hierzu Außensteuergesetz/*Kraft*, § 1 AStG, Rn. 542.

OECD-MA wird der Gewinn aus der Veräußerung der Wirtschaftsgüter daher nach Maßgabe der Art. 7 Abs. 2 und Art. 13 Abs. 1 bis 5 OECD-MA zwischen Stammhaus und Betriebsstätten verteilt:

a) Art. 13 Abs. 1 OECD-MA: unbewegliches Vermögen

Für unbewegliches Vermögen i.S.d. Art. 6 OECD-MA (insbesondere Grundvermögen) ergibt sich das Besteuerungsrecht aus Art. 13 Abs. 1 OECD-MA. Danach wird der Veräußerungsgewinn in dem Vertragsstaat besteuert, in dem das Vermögen liegt.

b) Art. 13 Abs. 2 und Art. 7 Abs. 2 OECD-MA: bewegliches Betriebsvermögen

Für bewegliches Vermögen treten die Artt. 7 und 13 Abs. 2 OECD-MA in ein Konkurrenzverhältnis. Nach Art. 13 Abs. 2 OECD-MA steht die Besteuerung des Ver-äußerungsgewinns dem Belegenheitsstaat zu, wenn das Wirtschaftsgut einer Betriebsstätte zuzuordnen ist, die ein Unternehmen im anderen Staat hat, während Art. 7 Abs. 2 OECD-MA jeder Betriebsstätte die Gewinne zuweist, die sie hätte erzielen können, wenn sie als selbstständiges und unabhängiges Unternehmen eine gleiche oder ähnliche Geschäftstätigkeit ausüben würde (Functionally Separate Entity Approach). Während der OECD-MK[149] die Zuständigkeit zwischen Artt. 7 und 13 OECD-MA nicht abschließend klärt, wird in der Literatur[150] zutreffend die Auffassung vertreten, dass der Verkauf von Anlagevermögen nach Art. 13 Abs. 2 OECD-MA zu beurteilen ist. Der Gewinn aus der Veräußerung von Vermögen des Umlaufvermögens (insbesondere des Warenbestands) wird als laufender Gewinn nach Maßgabe des Art. 7 Abs. 2 OECD-MA verteilt. Die im OECD-MK vertretene Auffassung, dass die Artt. 7 und 13 OECD-MA[151] stets zu denselben Ergebnissen führen, ist unzutreffend und wurde durch die Entscheidungen des BFH bereits in den Jahren 1973[152] und 1989[153] widerlegt. Denn in beiden Entscheidungen wurde der Gewinn aus der Veräußerung einer Kapitalgesellschaftsbeteiligung nach Art. 13 OECD-MA (Art. 10 DBA-Indien) und der Gewinn bzw. Verlust aus der Abschreibung auf die Kapitalgesellschaftsbeteiligung als laufender Gewinn nach Art. 7 OECD-MA (Art. 3 DBA-Indien) verteilt. Dabei wiesen Art. 10 DBA-Indien dem Belegenheitsstaat (Indien) und Art. 3 DBA-Indien dem Ansässigkeitsstaat (Deutschland) das Besteuerungsrecht zu.

---

149 Art. 13 Nr. 4 OECD-MK.

150 Flick/Wassermeyer/Kempermann/*Buciek*, Art. 7 OECD-MA, Rn. 747; *Piltz*, IStR 1996, 457, 458; Wassermeyer/*Wassermeyer*, Art. 13 OECD-MA, Rn. 2.

151 Art. 13 Nr. 4 S. 2 OECD-MK.

152 BFH v. 19.9.1973 – I R 170/71, BStBl. II 1973, 873.

153 BFH v. 14.3.1989 – I R 39/85, BStBl. II 1989, 599.

Zutreffend ist jedoch, dass beide Artikel derart miteinander abgestimmt sind, dass bei Veräußerungsvorgängen stets ein Artikel zur Anwendung kommt und dieser dann die Anwendung des jeweils anderen Artikels ausschließt.[154] Damit werden sowohl Zweimal- als auch Keinmalbesteuerungen ausgeschlossen.

c) Art. 13 Abs. 3 OECD-MA: Seeschiffe und Luftfahrzeuge

Der Gewinn aus der Veräußerung von Seeschiffen und Luftfahrzeugen, die im internationalen Verkehr betrieben werden, wird nach Art. 13 Abs. 3 OECD-MA dem Stammhaus des Steuerpflichtigen zugewiesen.

d) Art. 13 Abs. 4 OECD-MA: Anteile an Grundbesitzkapitalgesellschaften

Art. 13 Abs. 4 OECD-MA stellt eine Gleichbehandlung von unmittelbar gehaltenem und mittelbar über eine Kapitalgesellschaft gehaltenem Grundbesitz sicher. Dazu wird das Besteuerungsrecht an Anteilen an Kapitalgesellschaften, deren Vermögen zu mehr als 50 Prozent aus Grundvermögen in einem Vertragsstaat besteht, dem Belegenheitsstaat zugewiesen.[155]

e) Art. 13 Abs. 5 OECD-MA: sonstiges Vermögen

Hierbei handelt es sich um einen Auffangtatbestand der in den Absätzen 1 bis 4 nicht genannten Fälle. Wird demnach Vermögen veräußert, das nicht bereits nach den Absätzen 1 bis 4 einem Vertragsstaat zugewiesen wird, steht der Gewinn aus der Veräußerung dieses sonstigen Vermögens dem Ansässigkeitsstaat zu.

Im Privatvermögen ist dieser Absatz besonders für Beteiligungen an Kapitalgesellschaften relevant. Im Betriebsvermögen wird über Absatz 5 all jenes Betriebsvermögen dem Stammhaus im Ansässigkeitsstaat zugeordnet, das nicht über Absatz 2 einer ausländischen Betriebsstätte zuzuordnen ist.

2. Anlagevermögen

Neben den Aufteilungsmaßstäben für das Besteuerungsrecht bedarf es folglich auch Zuordnungskriterien, die die Wirtschaftsgüter des Gesamtunternehmens auf das Stammhaus und die in anderen Staaten belegenen Betriebsstätten des Unternehmens verteilen. Dabei ist allgemein anerkannt, dass die örtliche Belegenheit des Wirtschaftsguts grundsätzlich keine Auswirkung auf die Betriebsstättenzuordnung hat.[156] Bei grenzüberschreitenden Einbringungen hat der Zuordnungsmaßstab für bewegliche Wirtschaftsgüter zur Sicherstellung der Ertragsteuerneutralität entscheidende Bedeutung. Denn durch den einbringungsbedingten Rechtsträgerwechsel ändert sich auch das Stammhaus des eingebrachten Betriebsvermögens,

---

154 Art. 13 Nr. 4 S. 2 und 3 OECD-MK.

155 Vgl. hierzu im Detail *Lindauer/Kutschka*, BB 2016, 669, 669 ff.

156 *Wassermeyer*, DB 2006, 1176, 1177.

sodass die eingebrachten Wirtschaftsgüter auf der Ebene der übernehmenden Kapitalgesellschaft erneut zwischen Betriebsstätte und Stammhaus aufzuteilen sind. Erfolgt im Rahmen der Einbringung eine Änderung der Zuordnung, kann dies zur Steuerentstrickung und damit zur Versagung der Steuerneutralität nach § 20 Abs. 2 S. 2 Nr. 3 UmwStG führen.

a) Tatsächliche funktionale Zuordnung

Nach der historischen Rechtsprechung des RFH[157] im Jahre 1935, die im Jahr 1987 durch den BFH[158] bestätigt wurde, sollten die Wirtschaftsgüter nach Maßgabe des Willens der Geschäftsleitung zwischen Stammhaus und Betriebsstätte verteilt werden. Ausdruck fand die Willensbildung der Geschäftsleitung dabei regelmäßig in der Buchführung des Unternehmens. Die Grenze dieser Willensbildung war nach Auffassung des BFH jedoch dann erreicht, wenn der Wille im Widerspruch zu kaufmännischen und wirtschaftlichen Erfordernissen stand[159], also beispielsweise ein Gestaltungsmissbrauch vorlag.[160]

Seit dem Jahr 1991 wendet sich der BFH zunehmend von dieser liberalen Haltung und der damit verbundenen freien Dispositionsmöglichkeit der Geschäftsleitung über ihre Wirtschaftsgüter ab[161], wenn eine andere Zuordnung aus wirtschaftlichen Gesichtspunkten schlüssiger erscheint. Der 1. Senat entschied, dass der deutsche Gesellschafter einer US-amerikanischen LP seine Darlehensforderungen nicht nach seinem Willen der US-amerikanischen Betriebsstätte zuordnen und die Zinserträge damit aus der deutschen Besteuerung ausnehmen kann. Der 1. Senat nahm dem Steuerpflichtigen seine bis dato vorhandene Dispositionsmöglichkeit mit der Begründung, dass die Darlehensforderung und damit einhergehend die daraus resultierenden Zinserträge jener Betriebsstätte zuzuordnen seien, deren Zweck sie zu fördern bestimmt seien. In weiteren Entscheidungen[162] entwickelte der BFH hieraus die tatsächliche funktionale Betrachtungsweise:

„*Funktional*" bedeutet in diesem Zusammenhang, dass die Wirtschaftsgüter jener Betriebsstätte zuzuordnen sind, deren Funktion sie zu dienen bestimmt sind.[163] Folglich werden die Funktionen, die eine Betriebsstätte im Rahmen des Gesamtunternehmens ausübt, analysiert und ihr die Wirtschaftsgüter zugeordnet, die sie zur Ausführung dieser Funktion benötigt (Veranlassungsprinzip).[164] Hierzu

---

157 RFH v. 19.12.1935 – I A 236/35, RFHE 1939, 1.
158 BFH v. 1.4.1987 – II R 186/80, BStBl. II 1987, 550.
159 BFH v. 1.4.1987 – II R 186/80, BStBl. II 1987, 550.
160 Vgl. hierzu auch *Blumers*, DB 2008, 1765, 1768; *Müller-Thomczik*, Umwandlungsbedingte Entstrickung, S. 47.
161 BFH v. 27.2.1991 – I R 15/89, BStBl. II 1991, 444.
162 BFH v. 29.7.1992 – II R 39/89, BStBl. II 1993, 63; BFH v. 31.5.1995 – I R 74/93, BStBl. II 1995, 683; BFH v. 09.8.2006 – II R 59/05, BStBl. II 2009, 758; BFH v. 17.10.2007 – I R 5/06, BStBl. II 2009, 356; BFH v. 19.12.2007 – I R 66/06, BStBl. II 2008, 510.
163 *Blumers*, DB 2008, 1765, 1766.
164 Schönfeld/Ditz/*Ditz*, Art. 7 OECD-MA, Rn. 126.

weist der BFH der Betriebsstätte die Wirtschaftsgüter des Gesamtunternehmens zu, die ein selbstständiges Unternehmen für die gleiche Tätigkeit am gleichen Ort zur Erzielung eines gleichen Erfolges benötigt.[165]

„*Tatsächlich*" bedeutet in diesem Zusammenhang, dass die Zuordnung losgelöst von den rechtlichen Eigentumsverhältnissen erfolgt. Besondere Bedeutung kommt diesem Tatbestandsmerkmal bei Personengesellschaften zu. Denn aus steuerlicher Sicht stellen Personengesellschaften gemeinschaftliche Betriebsstätten ihrer Gesellschafter dar.[166] Befinden sich Wirtschaftsgüter daher im zivilrechtlichen Eigentum der Personengesellschaft, gleichwohl sie aufgrund ihrer funktionalen Betrachtungsweise dem Gesellschafter zuzuweisen sind, verdrängt die tatsächliche wirtschaftliche Zugehörigkeit die rechtliche Zugehörigkeit. Damit können die Wirtschaftsgüter, die sich rechtlich im Vermögen der Personengesellschaft befinden, wirtschaftlich der im anderen Staat belegenen Betriebsstätte des Gesellschafters zugerechnet werden.[167] Das gilt allerdings nur, wenn der Gesellschafter im anderen Staat auch tatsächlich eine Betriebsstätte unterhält. Liegen die Voraussetzungen einer Betriebsstätte nach § 12 AO und Art. 5 OECD-MA im anderen Staat nicht vor, bleiben die Wirtschaftsgüter weiterhin der Betriebsstätte der Personengesellschaft zugeordnet.[168] Weil sich das Tatbestandsmerkmal „*tatsächlich*" nur in den abkommensrechtlichen Rückfallklauseln der Artt. 10 Abs. 4, 11 Abs. 4, 12 Abs. 3 und 21 Abs. 1 OECD-MA wörtlich wiederfindet, wird zum Teil die Auffassung vertreten, dass für Zwecke des Art. 13 Abs. 2 OECD-MA eine rein funktionale Betrachtungsweise ausreiche.[169] Diese Auffassungen missachten jedoch das Zusammenwirken der oben genannten Rückfallklauseln mit Art. 7 OECD-MA einerseits und das Zusammenwirken von Art. 7 OECD-MA mit Art. 13 Abs. 2 OECD-MA andererseits.[170] Durch die mittelbare Verknüpfung der Artt. 10, 11, 12 und 21 OECD-MA mit Art. 13 Abs. 2 OECD-MA wird nach der hier vertretenen Auffassung das Tatbestandsmerkmal „*tatsächlich*" daher auf Art. 13 Abs. 2 OECD-MA übertragen.[171]

Die tatsächliche funktionale Zuordnung entspricht auch dem Zuordnungsmaßstab anderer EU-Staaten[172] und ist dem Grunde nach durch die von der Finanzverwaltung am 24.12.1999 eingeführten Betriebsstätten-Verwaltungsgrundsätze[173] umgesetzt.

---

165 BFH v. 29.7.1992 – II R 39/89, BStBl. II 1993, 63.

166 BFH v. 13.2.2008 – I R 63/06, BStBl. II 2009, 414.

167 Vgl. hierzu auch BFH v. 19.12.2007 – I R 66/06, BStBl. II 2008, 510; *Blumers*, DB 2008, 1765, 1765.

168 BFH v. 13.2.2008 – I R 63/06, BStBl. II 2009, 414.

169 So z.B. BFH v. 13.2.2008 – I R 63/06, BStBl. II 2009, 414.

170 So auch Wassermeyer/*Wassermeyer*, Art. 13 OECD-MA, Rn. 77; Zur Parallelität von Art. 7 OECD-MA zu Art. 13 Abs. 2 OECD-MA vgl. auch S. 52 ff.

171 So auch Wassermeyer/*Wassermeyer*, Art. 13 OECD-MA, Rn. 77.

172 Vgl. hierzu auch *Blumers*, der eine Bandbreite der möglichen Zuordnungsmaßstäbe aufzeigt: *Blumers*, DB 2008, 1765, 1766.

173 BMF v. 24.12.1999 – IV B 4 – S 1300 – 111/99, BStBl. I 1999, 1076.

b) Zentralfunktion des Stammhauses

Die tatsächliche funktionale Zuordnung ist jedoch kein Maßstab, nach dem alle Wirtschaftsgüter eines Gesamtunternehmens verteilt werden können. Verbleiben werden solche Wirtschaftsgüter, die keiner Funktion einer Betriebsstätte zu dienen bestimmt sind. Und über die Verteilung ebendieser Wirtschaftsgüter besteht zwischen Finanzverwaltung einerseits und Literatur bzw. Rechtsprechung andererseits Uneinigkeit. Nach der h.L.[174] hat der BFH mit seiner ab dem Jahr 1991 entwickelten tatsächlichen funktionalen Betrachtungsweise[175] von seiner bis dahin angewandten freien Dispositionsfreiheit nur in solchen Fällen Abstand genommen, in denen eine Zuordnung nach Betriebsstättenfunktionen möglich ist. Für Wirtschaftsgüter, die keiner Funktion einer Betriebsstätte dienen, gilt demnach weiterhin die freie Dispositionsfreiheit des Steuerpflichtigen. Dieser Auffassung folgt die Finanzverwaltung nicht. Nach ihrem Verständnis sind Wirtschaftsgüter, die nicht nach funktionalen Kriterien verteilt werden, stets dem Stammhaus zuzuordnen.[176] Nach Tz. 2.1 des Betriebsstättenerlasses[177] bestimmt sich das Stammhaus als jene Betriebsstätte, in der sich die geschäftliche Oberleitung des Unternehmens befindet, und entspricht damit dem der Geschäftsleitungsdefinition des § 10 AO.

Das Prinzip der Zentralfunktion des Stammhauses schließt damit faktisch eine Finanzierungs-, Holding- und Lizenzfunktion der Betriebsstätten aus und überträgt diese Funktionen auf das Stammhaus.[178] Ebenfalls von der Zentralwirkung des Stammhauses betroffen sind immaterielle Wirtschaftsgüter – einschließlich des Geschäfts- und Firmenwerts des Unternehmens[179] – sowie durch mehrere Betriebsstätten gemeinsam genutzte Wirtschaftsgüter.[180] Haben bei einer grenzüberschreitenden Einbringung der Einbringende und die übernehmende Kapitalgesellschaft ihre Orte der Geschäftsleitung und damit auch ihre Stammhäuser in zwei unterschiedlichen Staaten, droht in solchen Fällen eine neue Zuordnung der nicht funktional zuordenbaren Wirtschaftsgüter.[181] In Abhängigkeit von der Einbringungsrichtung kann dies zu einer Steuerver- oder Steuerentstrickung führen.

---

174 *Blumers*, DB 2006, 856, 857; FSSchaumburg/*Breuninger*, Die „Zentralfunktion des Stammhauses" bei grenzüberschreitenden Verschmelzungen, S. 606 f.; Schönfeld/Ditz/*Ditz*, Art. 7 OECD-MA, Rn. 127.

175 Vgl. z.B. BFH v. 19.12.2007 – I R 66/06, BStBl. II 2008, 510.

176 BMF v. 24.12.1999 – IV B 4 – S 1300 – 111/99, BStBl. I 1999, 1076, Tz. 2.4.

177 BMF v. 24.12.1999 – IV B 4 – S 1300 – 111/99, BStBl. I 1999, 1076.

178 *Blumers*, DB 2007, 312, 313; *Girlich/Philipp*, Ubg 2012, 150, 153.

179 Vgl. hierzu aber auch FSSchaumburg/*Breuninger*, Die „Zentralfunktion des Stammhauses" bei grenzüberschreitenden Verschmelzungen, S. 590, 602.

180 UmwStR/*Dötsch*, § 11 UmwStG, Rn. 28.

181 Vgl. hierzu das Beispiel in FSSchaumburg/*Breuninger*, Die „Zentralfunktion des Stammhauses" bei grenzüberschreitenden Verschmelzungen, S. 600.

Da die Auffassung der Finanzverwaltung durch die Rechtsprechung keine Bestätigung erhält, wird sie in der Literatur kritisiert.[182] Es muss daher ernsthaft in Frage gestellt werden, ob nicht nach funktionalen Kriterien zuordenbare Wirtschaftsgüter pauschal und rein fiktiv dem Stammhaus zuzuweisen sind oder sich nicht aus anderen Kriterien ein überzeugenderer Aufteilungsmaßstab entwickeln lässt.[183] Da Rn. 03.20 des Umwandlungssteuererlasses 2011[184] auf die Betriebsstätten-Verwaltungsgrundsätze[185] verweist, geht die Finanzverwaltung weiterhin von der Anwendung der Zentralfunktionsthese aus. Gleichwohl die Zentralfunktionsthese bisher durch die Rechtsprechung weder bestätigt noch widerlegt wurde, hat sie damit weiterhin eine praktische Relevanz.

3. Umlaufvermögen

a) Authorized OECD Approach

Losgelöst von den Zuordnungsmaßstäben des BFH und der Finanzverwaltung hat die OECD einen eigenen Gewinnverteilungsschlüssel für Unternehmensgewinne entwickelt, den sogenannten Authorized OECD Approach (AOA). Hierbei fingiert der AOA, der im Kern aus dem sogenannten Functionally Separate Entity Approach besteht, dass Betriebsstätten rechtlich selbstständig und wirtschaftlich unabhängig vom Stammhaus sind.[186] Entsprechend hat die OECD den OECD-MK an die neue Sichtweise angepasst und im Rahmen der Neufassung des OECD-MA im Jahr 2010 den Betriebsstätten-Artikel novelliert. Nach Art. 7 Abs. 2 OECD-MA ist der Betriebsstätte nunmehr der Gewinn zuzuordnen, den sie *„insbesondere in ihren wirtschaftlichen Beziehungen mit anderen Teilen des Unternehmens voraussichtlich erzielen würde, wenn sie ein selbstständiges und unabhängiges Unternehmen wäre, das die gleichen oder ähnliche Tätigkeiten unter den gleichen oder ähnlichen Bedingungen ausübt, unter Berücksichtigung der von dem Unternehmen durch die Betriebsstätte und durch die anderen Teile des Unternehmens ausgeübten Funktionen, genutzten Vermögenswerte und übernommenen Risiken“*. Nach dem AOA sind hierzu

---

182 *Blumers*, DB 2006, 856, 856; FSSchaumburg/*Breuninger*, Die „Zentralfunktion des Stammhauses“ bei grenzüberschreitenden Verschmelzungen, S. 587 ff.; Dötsch/Pung/Möhlenbrock/*Dötsch*, § 11 UmwStG, Rn. 59; Frotscher/Drüen/*Frotscher*, § 11 UmwStG, Rn. 128; *Haun/Reiser/Mödinger*, GmbHR 2010, 637, 640; *Kahle/Mödinger*, DB 2011, 2338, 2339; *Lohmar*, FR 2013, 591, 594; *Prinz*, DB 2012, 820, 822.

183 Vgl. auch *Lohmar*, FR 2013, 591, 594.

184 BMF v. 11.11.2011 – IV C2 – S 1978 – b/08/10001, BStBl. I 2011, 1314.

185 Das BMF-Schreiben wurde am 23.4.2010 nicht in die Positivliste des BMF aufgenommen, sodass die Anwendbarkeit der Betriebsstätten-Verwaltungsgrundsätze damit grundsätzlich nur noch für Steuertatbestände gegeben ist, die vor dem 1.1.2010 verwirklicht wurden (so auch SteuerBilanzLex/*Heil*, Betriebsstätte, Rn. 20). Insbesondere aufgrund des Bezugs in Rn. 03.20 des UmwStE auf die Betriebsstätten-Verwaltungsgrundsätze sind diese aber weiterhin anwendbar.

186 *Baldamus*, IStR 2012, 317, 318.

jeder Betriebsstätte die Funktionen des Unternehmens zuzuordnen, die durch das Personal der jeweiligen Betriebsstätte ausgeübt werden. Mit dieser in Art. 7 Abs. 2 OECD-MA 2010 verankerten Selbstständigkeitsfiktion – die unverändert im OECD-MA 2014 und 2017 beibehalten wurde – ist die Grundlage geschaffen worden, laufende Erträge aus Wirtschaftsgütern auf der Basis von Personalfunktionen einer Betriebsstätte zuzuordnen, gleichwohl die Nutzung der Wirtschaftsgüter in einer anderen Betriebsstätte oder im Stammhaus erfolgt. Der Diskrepanz zwischen wirtschaftlicher Zuordnung und tatsächlichen Nutzung wird dadurch Rechnung getragen, dass die betroffenen Wirtschaftsgüter anderen Unternehmensteilen im Rahmen einer fiktiven Geschäftsbeziehung zur Nutzung überlassen werden und hierfür fiktive Verrechnungspreise angesetzt werden.

Der im zweiten Absatz des Art. 7 OECD-MA aufgenommene AOA ist unmittelbar nur für die Aufteilung der laufenden Unternehmensgewinne maßgebend. Erfasst werden folglich zunächst nur Veräußerungsgewinne, die zum laufenden Geschäftsbetrieb zählen – insbesondere die Veräußerung von Wirtschaftsgütern des Vorratsvermögens. Aber auch der Gewinn aus dem Verkauf des übrigen Umlaufvermögens ist wohl nach Art. 7 OECD-MA und damit nach dem AOA zu verteilen.[187] Damit hat der AOA keinen unmittelbaren Einfluss auf die für Art. 13 Abs. 2 OECD-MA maßgebende Zuordnung von Wirtschaftsgütern. Soweit in der Literatur die Auffassung vertreten wird, dass bereits der Verlust des Besteuerungsrechts an den laufenden Gewinnen zu einer Steuerentstrickung führt, ist dies zwar zutreffend, betrifft aber nur die allgemeinen Entstrickungsnormen (§ 4 Abs. 1 S. 3 EStG, § 12 Abs. 1 KStG). Denn nach den allgemeinen Entstrickungsnormen ist auch der Ausschluss von der Besteuerung der Nutzung eines Wirtschaftsguts, also folglich der Ausschluss des Besteuerungsrechts der laufenden Gewinne, ein Entstrickungstatbestand (Nutzungsentstrickung).[188] Bei den speziellen Entstrickungsnormen (insbesondere § 20 Abs. 2 S. 2 Nr. 3 UmwStG) führt die Nutzungsentstrickung hingegen nicht zur Aufdeckung der stillen Reserven. Damit ist der AOA unmittelbar nur für die Entstrickungsbesteuerung des Umlaufvermögens maßgebend.[189] Grundsätzlich würde man die Auffassung vertreten, dass sich im Umlaufvermögen, das sich traditionell dadurch kennzeichnet, dass es nur kurzfristig dem Unternehmen zu dienen bestimmt ist, keine wesentlichen stillen

187 So Flick/Wassermeyer/Kempermann/*Buciek*, Art. 7 OECD-MA, Rn. 747; *Piltz*, IStR 1996, 457, 458; Wassermeyer/*Wassermeyer*, Art. 13 OECD-MA, Rn. 2.

188 Nach Auffassung von *Schnitger* soll mit der Aufgabe der finalen Entnahmetheorie auch die Nutzungsentstrickung entfallen sein (*Schnitger*, IFSt-Schrift Nr. 487 2013, S. 62 ff.).

189 Eine Ausstrahlungswirkung und damit eine mittelbare Anwendung des AOA auch für die Zuordnung von Wirtschaftsgütern für Zwecke des Art. 13 Abs. 2 OECD-MA kann jedoch m.E. nicht ausgeschlossen werden, sodass die im AOA genannten Grundsätze zumindest in einigen Punkten für Art. 13 Abs. 2 OECD-MA übernommen werden können.

Reserven ansammeln können. Kommt es aber zu einer Steuerentstrickung, ergibt sich aus § 20 Abs. 2 S. 1 und 2 UmwStG der Ansatz der entstrickten Wirtschaftsgüter mit ihrem gemeinen Wert. Gemeiner Wert ist der Preis, der im gewöhnlichen Geschäftsverkehr bei einer Veräußerung zu erzielen wäre, bei Vorratsbestand folglich nicht der Wareneinkaufspreis, sondern der Warenverkaufspreis.

Die Änderung des OECD-MK führt jedoch noch nicht zu einer neuen Auslegung aller zuvor abgeschlossenen DBA. Nur DBA[190], in denen die neue Sichtweise der OECD in der Form des Musterabkommens 2010 bzw. 2014 und 2017 umgesetzt ist, sind der neuen Auslegung und damit dem AOA zugänglich. Altabkommen sind an den Art. 7 Abs. 2 i.d.F. des OECD-MA 2010 anzupassen, bzw. neu abgeschlossenen Abkommen ist dieser Artikel zugrunde zu legen.[191]

b) Einkünftekorrektur nach § 1 Abs. 5 AStG

Zwar wurde der AOA im Rahmen des AmtshilfeRLUmsG vom 26.6.2013 auch in § 1 AStG und damit in nationales Recht umgesetzt. Der in § 1 AStG umgesetzte AOA stellt allerdings nur eine einseitig wirkende Korrekturnorm dar.[192] Nur wenn die Einkünfte eines beschränkt Steuerpflichtigen im Inland zu erhöhen oder die ausländischen Einkünfte eines unbeschränkt Steuerpflichtigen zu mindern sind (§ 1 Abs. 5 S. 1 AStG), greift die Einkünftekorrektur des § 1 AStG. Damit wird durch § 1 AStG inländisches Steuersubstrat – teils mittels Treaty Override[193] – gesichert. Sollte der Steuerpflichtige seine inländischen Einkünfte zu hoch ermittelt haben, erfolgt keine Korrektur der Einkünfte zugunsten des Steuerpflichtigen. Anders als der in Art. 7 Abs. 2 OECD-MA umgesetzte AOA weist § 1 AStG damit keinem anderen Staat das Besteuerungsrecht zu, sodass hierdurch auch keine Steuerentstrickung i.S.d. § 20 Abs. 2 S. 2 Nr. 3 UmwStG drohen kann.[194]

4. Zwischenergebnis

Gewinne aus der Veräußerung beweglichen Anlagevermögens sind nach Art. 13 Abs. 2 OECD-MA auf das Stammhaus und die Betriebsstätten zu verteilen. Maßgebend hierfür ist, inwieweit die jeweilige Betriebsstätte tatsächlich an der Vermögensbildung beteiligt war. Hierzu werden jeder Betriebsstätte die Wirtschaftsgüter zugewiesen, die sie zur Ausführung der ihr obliegenden Funktion

---

190 So beispielsweise in den DBA Niederlanden, Luxemburg, Liechtenstein, Großbritannien und USA bereits geschehen.

191 *Baldamus*, IStR 2012, 317, 318; *Schnitger*, IStR 2012, 633, 634. Zur Anwendung des AOA bereits für Abkommen ab 2008 vgl. *Hemmelrath/Kepper*, IStR 2013, 37, 40.

192 *Schnitger*, IStR 2012, 633, 633.

193 Zur Frage der Verfassungsmäßigkeit des Treaty Override: *Mitschke*, IStR 2015, 627, 627.

194 Vgl. auch *Müller-Thomczik*, Umwandlungsbedingte Entstrickung, S. 87; *Schnitger*, IFSt-Schrift Nr. 487 2013, S. 34.

benötigt. Wirtschaftsgüter, die keiner Funktion einer Betriebsstätte dienen, können nach der freien Dispositionsmöglichkeit der Geschäftsleitung verteilt werden. Die Finanzverwaltung unterstellt in ihren Betriebsstätten-Verwaltungsgrundsätzen für solche nicht nach funktionalen Kriterien zuordenbare Wirtschaftsgüter jedoch weiterhin eine Zentralfunktion des Stammhauses und allokiert insbesondere immaterielle Wirtschaftsgüter zum jeweiligen Stammhaus.

Gewinne aus dem Verkauf von Wirtschaftsgütern des Umlaufvermögens (insbesondere des Vorratsvermögens) sind i.d.R. als laufende Unternehmensgewinne zu klassifizieren und folglich nach Maßgabe des Art. 7 Abs. 2 OECD-MA zu verteilen. Dabei steht jeder Betriebsstätte der Anteil am laufenden Gewinn bzw. am Gewinn aus dem Verkauf des Umlaufvermögens zu, den sie als rechtlich selbstständige Einheit am Markt hätte erwirtschaften können.

III. Deutsches Besteuerungsrecht

1. Inländisches Betriebsvermögen

Ist eine Person in Deutschland aufgrund ihres Wohnsitzes, gewöhnlichen Aufenthalts, Orts der Geschäftsleitung oder Sitzes unbeschränkt steuerpflichtig, unterliegen ihre sämtlichen Einkünfte der deutschen Besteuerung (§ 1 Abs. 1 EStG, § 1 Abs. 1 Nr. 1 KStG). Ist die Person aufgrund ihres Wohnsitzes, ihres ständigen Aufenthalts, des Orts ihrer Geschäftsleitung oder eines anderen ähnlichen Merkmals auch in einem anderen Staat unbeschränkt steuerpflichtig (doppelansässige Person), weist die Tie Breaker Rule[195] des Art. 4 Abs. 2 bzw. Abs. 3 OECD-MA nach den dort bestimmten Kriterien nur einem Staat die abkommensrechtliche Ansässigkeit zu. Dadurch wird das deutsche Besteuerungsrecht jedoch nicht ausgeschlossen oder beschränkt, da auch in Fällen der Doppelansässigkeit das deutsche Besteuerungsrecht für das inländische Betriebsvermögen nach Art. 7 Abs. 2 und Art. 13 Abs. 2 OECD-MA bestehen bleibt.

Hat eine natürliche Person weder einen Wohnsitz noch ihren gewöhnlichen Aufenthalt im Inland, unterliegt sie nach § 1 Abs. 4 EStG ausschließlich mit ihren inländischen Einkünften i.S.d. § 49 EStG der deutschen Besteuerung. Das Gleiche gilt nach § 2 Nr. 1 KStG für juristische Personen, die im Inland weder ihren Sitz noch ihre Geschäftsleitung unterhalten. Da die Bundesrepublik Deutschland bei inländischem Betriebsvermögen nicht zwischen laufenden Gewinnen und Veräußerungsgewinnen unterscheidet, ergibt sich das Besteuerungsrecht in beiden Fällen aus § 49 Abs. 1 Nr. 2 lit. a EStG. Dieses Besteuerungsrecht wird auch auf abkommensrechtlicher Ebene nicht durch Art. 7 Abs. 2 oder Art. 13 Abs. 2 OECD-MA eingeschränkt bzw. ausgeschlossen.

---

195 Zur Tie Breaker Rule im Detail vgl. Wassermeyer/*Wassermeyer*, Art. 4 OECD-MA, Rn. 51.

Sollte ein ausländischer Staat eine Steuer auf die inländischen Einkünfte erheben, etwa weil der Geschäftsherr in diesem Staat der unbeschränkten Steuerpflicht unterliegt, schränkt dies das inländische Besteuerungsrecht nicht ein. Denn eine Anrechnung oder ein Abzug der ausländischen Steuer erfolgt nach § 34c EStG nur, wenn die ausländische Steuer auf ausländische Einkünfte i.S.d. § 34d EStG erhoben wird[196], was vorliegend jedoch ausgeschlossen ist.

Im Ergebnis steht der Bundesrepublik Deutschland für Wirtschaftsgüter einer inländischen Betriebsstätte – unabhängig von dem Umfang der Steuerpflicht der Person – ein uneingeschränktes Besteuerungsrecht zu.

2. Ausländisches Betriebsvermögen

Bei Wirtschaftsgütern einer ausländischen Betriebsstätte ist der Umfang des deutschen Besteuerungsrechts von dem Steuerrecht des ausländischen Staats sowie vom Abschluss und Inhalt eines DBA abhängig:

Grundlegende Voraussetzung für die Besteuerung ausländischer Betriebsstättengewinne in Deutschland ist, dass die Betriebsstätte zu einer im Inland unbeschränkt steuerpflichtigen natürlichen oder juristischen Person gehört. Dies liegt darin begründet, dass es bei ausländischen Betriebsstätten nicht unbeschränkt steuerpflichtiger Personen an einem steuerlichen Anknüpfungspunkt im Inland fehlt. Mit anderen Worten: Ein deutsches (beschränktes) Besteuerungsrecht an ausländischen Betriebsvermögen kann sich überhaupt nur dann ergeben, wenn es sich um die Betriebsstätte eines in der Bundesrepublik Deutschland ansässigen Unternehmens handelt.

Befinden sich die Wirtschaftsgüter bisher in einer ausländischen Anrechnungsbetriebsstätte des im Inland unbeschränkt Steuerpflichtigen, wird die Bundesrepublik Deutschland die Doppelbesteuerung durch die Anrechnung der ausländischen Steuer nach § 34c EStG (bei inländischen Kapitalgesellschaften i.V.m. § 26 KStG) vermeiden. Das Gleiche gilt, wenn mit dem ausländischen Staat zwar ein DBA abgeschlossen ist, dieses die Doppelbesteuerung aber durch Anrechnung der ausländischen Steuer vermeidet. Bedingt durch die Anrechnung der ausländischen Steuer ist die Erhebung der deutschen Einkommen- oder Körperschaftsteuer nur noch möglich, soweit die deutsche Steuer die ausländische Steuer übersteigt.[197] Dies führt zu einem beschränkten Besteuerungsrecht der Bundesrepublik Deutschland. Anstatt der Anrechnung der ausländischen Steuer nach § 34c Abs. 1 EStG kann der Steuerpflichtige nach § 34c Abs. 2 EStG auf Antrag die ausländische Steuer bei der Ermittlung der ausländischen Einkünfte abziehen. Da dies zu einer Minderung der Bemessungsgrundlage der inländischen Steuer führt, liegt m.E. auch beim Abzug der ausländischen Steuer eine Beschränkung des inländischen Besteuerungsrechts

196 Bestätigend: Schmidt/*Heinicke*, § 34c EStG, Rn. 12.

197 H/H/R/*Musil*, § 4 EStG, Rn. 215; *Werra/Teiche*, DB 2006, 1455, 1455; Blümich/*Wied*, § 4 EStG, Rn. 487.

vor.[198] Sofern der ausländische Staat keine Steuer erhebt – etwa weil er nach nationalem Recht keine Steuererhebung vornimmt oder er das DBA so anwendet, dass die Einkünfte in seinem Staat von der Besteuerung auszunehmen sind –, wird die deutsche Steuerhöhe nicht gemindert und damit das deutsche Besteuerungsrecht nicht beschränkt.[199]

Befindet sich das eingebrachte Betriebsvermögen in einer Betriebsstätte eines DBA-Staats, wird das Besteuerungsrecht für die Betriebsstätteneinkünfte regelmäßig dem Betriebsstättenstaat zugewiesen (Artt. 7 Abs. 2 und 13 Abs. 2 OECD-MA). Zwar bietet das OECD-MA den verhandelnden Vertragsstaaten an, sowohl die Freistellungsmethode (Art. 23a OECD-MA) als auch die Anrechnungsmethode (Art. 23b OECD-MA) zu vereinbaren. I.d.R. werden beide Vertragsstaaten jedoch die Freistellungsmethode bestimmt haben, sodass der Ansässigkeitsstaat die ausländischen Einkünfte von seiner inländischen Besteuerung auszunehmen hat. In solchen DBA-Fällen steht der Bundesrepublik Deutschland grundsätzlich kein Besteuerungsrecht für die ausländischen Betriebsstätteneinkünfte zu. Allerdings setzt sich der Gesetzgeber in bestimmten Fällen mittels Treaty Override über die abkommensrechtliche Steuerfreistellung hinweg.[200] Klassische Regelungen sind beispielsweise vorhanden in § 50d Abs. 1, 3, 8, 9, 10 und 11 EStG, § 50i EStG sowie § 20 Abs. 2 AStG. In Fällen des Treaty Override kann sich trotz DBA eine unbeschränkte Besteuerung (z.B. § 50 Abs. 1, 3, 8, 9, 10 und 11 sowie § 50i EStG) oder ein beschränktes Besteuerungsrecht (z.B. § 20 Abs. 2 AStG) ergeben.

IV. Steuerentstrickung: Verlust oder Beschränkung des deutschen Besteuerungsrechts

1. Definition der Steuerentstrickung

Eine Entstrickung bedeutet, dass die Steuerverhaftung des Wirtschaftsguts in der Bundesrepublik Deutschland endet und damit das Besteuerungsrecht an künftigen Gewinnen auf einen ausländischen Staat übergeht. Die Entstrickung kann beispielsweise durch die Überführung von Wirtschaftsgütern in ausländische

198 So auch BMF v. 11.11.2011 – IV C2 – S 1978 – b/08/10001, BStBl. I 2011, 1314, Rn. 03.19; *Becker-Pennrich*, IStR 2007, 684, 686; H/H/R/*Kolbe*, § 12 KStG, Rn. 6; Haritz/Menner/*Menner*, § 20 UmwStG, Rn. 268; *Müller-Thomczik*, Umwandlungsbedingte Entstrickung, S. 31; S/H/S/ *Schmitt*, § 3 UmwStG, Rn. 86; *Ungemach*, Ubg 2011, 251, 252; a.A. Wissenschaftlicher Beirat von Ernst & Young tax, DB 2010, 1776, 1786.

199 *Werra/Teiche*, DB 2006, 1455, 1785; Wissenschaftlicher Beirat von Ernst & Young tax, DB 2010, 1776, 1786; a.A. Preißer/Pung/*Benecke*, E. V. 3. Entstrickung/Verstrickung, Rn. 13.

200 Im Detail zum Begriff des Treaty Override: SteuerBilanzLex/*Fey*, Treaty Override, Rn. 1 ff.; *Forsthoff*, IStR 2006, 509, 509; *Lehner*, IStR 2012, 389, 389; *Mitschke*, IStR 2015, 627, 627.

Betriebsstätten, die Einbringung von Betriebsvermögen in ausländische Kapitalgesellschaften, die Revision von DBA[201] oder den Wegzug des Steuerpflichtigen herbeigeführt werden.

Eine Entstrickung führt jedoch nicht zwangsläufig dazu, dass der Ursprungsstaat auch das Besteuerungsrecht an den bis zum Entstrickungszeitpunkt erwirtschafteten Gewinnen verliert. Schließlich ist es eine Interpretation des maßgebenden DBA-Artikels, ob dem Ursprungsstaat weiterhin das Besteuerungsrecht an den bis dato erwirtschafteten, aber noch nicht realisierten Gewinnen zusteht und durch die Enstrickungshandlung nur das Besteuerungsrecht an künftigen Gewinnen auf den Aufnahmestaat übergeht.

2. Historische Entwicklung der Steuerentstrickung

Nach früherem Abkommensverständnis[202] stand der Bundesrepublik Deutschland das Besteuerungsrecht nur für Wirtschaftsgüter der inländischen Betriebsstätte zu. Für Wirtschaftsgüter einer ausländischen DBA-Betriebsstätte hatte nach damaligem Verständnis der Quellenstaat auch dann das ausschließliche Besteuerungsrecht, wenn das Wirtschaftsguts zuvor aus einer inländischen Betriebsstätte überführt wurde.[203] Die Überführung führte nach damaligem Verständnis folglich zum Verlust des deutschen Besteuerungsrechts, sodass der BFH zur Vermeidung von Steuerausfällen im Jahr 1969 die finale Entnahmetheorie entwickelte.[204] Begründet wurde die finale Entnahmetheorie damit, dass das inländische Stammhaus und die ausländische Freistellungsbetriebsstätte zwei unterschiedliche „*steuerliche Bereiche*" darstellen würden. Denn Wirtschaftsgüter, die von der inländischen in die ausländische Betriebsstätte überführt werden, könnten nicht länger dem inländischen „*steuerlichen Bereich*" des Unternehmens dienen und wären damit „*betriebsfremden Zwecken*" zugeführt worden. Die Verwendung eines Wirtschaftsguts zu „*betriebsfremden Zwecken*" stellt nach § 4 Abs. 1 S. 2 EStG einen Entnahmetatbestand dar, sodass die Überführung des Wirtschaftsguts durch den BFH als Entnahme beurteilt wurde und gem. § 6 Abs. 1 Nr. 4 EStG zur Aufdeckung der stillen Reserven führte. Maßgebend dabei war der Teilwert. Die Rechtsprechung zur finalen Entnahmetheorie betraf nur Wirtschaftsgüter des Anlagevermögens, die in eine DBA-Betriebsstätte überführt wurden. In eine Anrechnungsbetriebsstätte überführte Wirtschaftsgüter unterlagen hingegen weiterhin dem Welteinkommen

---

201 Die passive Entstrickung durch Revision eines DBA wird nunmehr durch die Finanzverwaltung bestätigt: BMF v. 26.10.2018 – IV B 5 – S 1348/07/10002-01, BStBl. I 2018,1104.

202 BFH v. 16.7.1969 – I 266/65, BStBl. II 1970, 175, Rn. 12.

203 BFH v. 16.7.1969 – I 266/65, BStBl. II 1970, 175, Rn. 12.

204 BFH v. 16.7.1969 – I 266/65, BStBl. II 1970, 175; BFH v. 28.4.1971 – I R 55/66, BStBl. II 1971, 630; BFH v. 30.5.1972 – VIII R 111/69, BStBl. II 1972, 760; BFH v. 7.10.1974 – GrS 1/73, BStBl. II 1975, 168; BFH v. 24.11.1982 – VIII R 111/96, BStBl. II 1983, 113; BFH v. 14.6.1988 – VIII R 387/83, BStBl. II 1989, 187.

des deutschen Steuerpflichtigen und waren der deutschen Besteuerung damit nicht entzogen. Solche Wirtschaftsgüter verließen den deutschen *„steuerlichen Bereich"* ohnehin nicht und unterlagen auch nicht der Finalbesteuerung. Dies galt selbst dann, wenn das deutsche Besteuerungsrecht zu einem späteren Zeitpunkt durch den Abschluss eines DBA gänzlich verloren ging.[205] Die Anwendung der finalen Entnahmetheorie auf Wirtschaftsgüter des Umlaufvermögens blieb ebenso unbeantwortet wie die Beurteilung von Verstrickungsfällen.[206]

Die durch Rechtsprechung entwickelte Theorie der finalen Entnahme war jedoch kein probates Mittel, inländisches Steuersubstrat langfristig zu sichern, und wurde in weiten Teilen der Literatur als systemwidrig beurteilt.[207] Im Rahmen des SEStEG wurde die Steuerentstrickung daher als Entnahmetatbestand gesetzlich kodifiziert. Nach § 4 Abs. 1 S. 3 EStG und § 12 Abs. 1 S. 1 KStG werden der Ausschluss und die Beschränkung des deutschen Besteuerungsrechts hinsichtlich des Gewinns aus der Veräußerung oder der Nutzung eines Wirtschaftsguts seither als Entnahme behandelt, die nach § 6 Abs. 1 Nr. 4 Hs. 2 EStG mit dem gemeinen Wert zu bewerten ist. Mit der Umsetzung des SEStEG war der Gesetzgeber gezwungen, auch grenzüberschreitende Umstrukturierungen in den Anwendungsbereich des UmwStG aufzunehmen. Damit im Zuge einer grenzüberschreitenden Einbringung Wirtschaftsgüter nicht steuerneutral dem deutschen Besteuerungsrecht entzogen werden können, musste der Gesetzgeber im Zuge der SEStEG auch umfangreiche Entstrickungsregelungen in das UmwStG aufnehmen. In Anknüpfung an den Wortlaut des § 4 Abs. 1 S. 3 EStG kann ein Umwandlungsvorgang de lege lata nur insoweit zu Buchwerten erfolgen, als das Besteuerungsrecht der Bundesrepublik Deutschland hinsichtlich der Besteuerung des Gewinns aus der Veräußerung der übertragenen Wirtschaftsgüter nicht ausgeschlossen oder beschränkt wird.[208] Damit finden sich seit 2006 sowohl im EStG und KStG als auch im UmwStG sehr ähnliche Entstrickungsnormen. Im Vergleich zur finalen Entnahmetheorie sind diese gesetzlichen Entstrickungstatbestände aber schärfer formuliert.[209] Im sachlichen Anwendungsbereich wird nunmehr auch die Beschränkung des inländischen Besteuerungsrechts – etwa durch die Überführung des Wirtschaftsguts auf eine Anrechnungsbetriebsstätte – erfasst. Der persönliche Anwendungsbereich wurde auf Wirtschaftsgüter des Umlaufvermögens ausgedehnt. Nach § 52 Abs. 8b S. 2 EStG a. F. bzw. § 34 Abs. 8 S. 3 KStG a. F. ist dieser erweiterte Anwendungsbereich der allgemeinen Entstrickungsnormen rückwirkend und damit auch für Überführungssachverhalte vor Inkrafttreten des SEStEG anzuwenden.[210]

205 BFH v. 16.12.1975 – VIII R 3/74, BStBl. II 1977, 76.

206 Vgl. hierzu auch *Ditz*, IStR 2009, 115, 116.

207 *Kessler/Huck*, StuW 2005, 193, 198; *Meilicke/Hohlfeld*, BB 1972, 505, 508; *Rödder/Schumacher*, DStR 2006, 1481, 1482 f.; *Tipke*, StuW 1972, 264, 269.

208 Vgl. § 3 Abs. 2 Nr. 2, § 11 Abs. 2 Nr. 2, § 13 Abs. 2 Nr. 1, § 15 Abs. 1 S. 1, § 20 Abs. 2 Nr. 3, § 21 Abs. 2 S. 2 und § 24 Abs. 2 S. 2 UmwStG.

209 *Rödder/Schumacher*, DStR 2006, 1481, 1843.

210 *Kessler/Philipp*, DStR 2012, 267, 268.

3. *Änderung des Abkommensverständnisses und Aufgabe der finalen Entnahmetheorie*

Mit seinen Entscheidungen in den Jahren 2008 und 2009 hat der BFH[211] die finale Entnahmetheorie aufgegeben. Diesen Entscheidungen liegt die Tatsache zugrunde, dass die Bundesrepublik Deutschland das Besteuerungsrecht an den im Inland entstandenen stillen Reserven durch die Überführung des Wirtschaftsguts in eine ausländische Betriebsstätte nicht verliert. Denn nach heutigem abkommensrechtlichen Verständnis des Art. 13 Abs. 2 OCED-MA sind Veräußerungsgewinne nicht starr einem Vertragsstaat in voller Höhe zuzuweisen, sondern anteilig auf die Vertragsstaaten zu verteilen, die an der Vermögensbildung beteiligt waren.[212] Dieser Grundsatz galt schon immer für die Gewinnaufteilung nach Art. 7 OECD-MA[213] und wurde durch den BFH nunmehr auch auf Art. 13 Abs. 2 OECD-MA ausgedehnt. Entsprechend behält die Bundesrepublik Deutschland das Besteuerungsrecht an den im Inland entstandenen stillen Reserven.[214] Im Falle einer späteren Veräußerung des Wirtschaftsguts aus der ausländischen Betriebsstätte heraus ist der Bundesrepublik Deutschland der Anteil am Gewinn zuzugestehen, der bei einem fiktiven Verkauf zum Zeitpunkt der Überführung des Wirtschaftsguts in die ausländische Betriebsstätte entstanden wäre. Zwar ergingen die Entscheidungen des BFH ausdrücklich zur Rechtslage vor dem SEStEG, jedoch machte der BFH deutlich, dass die bloße Überführung eines Wirtschaftsguts in eine DBA-Betriebsstätte das inländische Besteuerungsrecht an den bis dahin entstandenen stillen Reserven weder beschränkt noch ausschließt. Die Entstrickungsnormen – sowohl die des EStG, KStG als auch die des UmwStG – knüpften bis dato ausschließlich an den Tatbestand der Beschränkung bzw. des Ausschlusses des deutschen Besteuerungsrechts an. In Anlehnung an die früheren Entscheidungen des BFH[215] zur finalen Entnahmetheorie ist der Gesetzgeber offensichtlich davon ausgegangen, dass die Überführung eines Wirtschaftsguts von einer inländischen in eine ausländische Betriebsstätte in jedem Fall das deutsche Besteuerungsrecht hinsichtlich des Gewinns aus der Veräußerung des Wirtschaftsguts einschränke oder ausschließe. Nach diesem nun geänderten Abkommensverständnis des BFH liefen sowohl die

---

211 BFH v. 17.7.2008 – I R 77/06, BStBl. II 2009, 464; BFH v. 28.10.2009 – I R 99/08, BStBl. II 2011, 1019.

212 Zur Auslegung von DBA durch den BFH vgl. *Anger/Wagemann*, IStR 2014, 611, 611 ff.

213 *Becker*, DB 1989, 10, 15.

214 *Kessler/Huck*, StuW 2005, 193, 195; *Kessler/Philipp*, DStR 2012, 267, 270; H/H/R/*Musil*, § 4 EStG, Rn. 214; *Prinz*, DB 2009, 807, 807.

215 BFH v. 16.7.1969 – I 266/65, BStBl. II 1970, 175; BFH v. 28.4.1971 – I R 55/66, BStBl. II 1971, 630; BFH v. 30.5.1972 – VIII R 111/69, BStBl. II 1972, 760; BFH v. 7.10.1974 – GrS 1/73, BStBl. II 1975, 168; BFH v. 24.11.1982 – VIII R 111/96, BStBl. II 1983, 113; BFH v. 14.6.1988 – VIII R 387/83, BStBl. II 1989, 187.

allgemeinen als auch die speziellen Entstrickungsnormen i.d.F. des SEStEG in vielen Fällen ins Leere.[216]

Mit dem Jahressteuergesetz 2010 wurde daher in § 4 Abs. 1 S. 4 EStG und in § 12 Abs. 1 S. 2 KStG ein Regelungsbeispiel aufgenommen, wonach ein Ausschluss oder eine Beschränkung des Besteuerungsrechts hinsichtlich des Gewinns aus der Veräußerung eines Wirtschaftsguts insbesondere dann vorliegen soll, wenn ein bisher einer inländischen Betriebsstätte des Steuerpflichtigen zugeordnetes Wirtschaftsgut einer ausländischen Betriebsstätte zuzuordnen ist. Laut Gesetzesbegründung[217] erläutern die Regelungsbeispiele klarstellend den Hauptanwendungsfall des § 4 Abs. 1 S. 3 EStG und verankern damit den historischen Willen des Gesetzgebers des SEStEG ausdrücklich im Gesetz.[218] Da es sich nach der Gesetzesbegründung um eine Klarstellung der bisherigen Rechtslage handeln soll, sieht der Gesetzgeber keine verfassungsrechtlichen Bedenken darin, das Regelungsbeispiel nach § 52 Abs. 6 EStG auch rückwirkend auf Entstrickungsvorgänge anzuwenden, die nach dem 13.12.2006 vorgenommen wurden. Das Regelungsbeispiel wurde jedoch ausschließlich in die allgemeinen Entstrickungsregelungen aufgenommen. Eine Änderung der umwandlungssteuerlichen Entstrickungsnormen ist bisher unterblieben, sodass der Abgrenzung zwischen den allgemeinen und speziellen Entstrickungsnormen entscheidende Bedeutung zukommt.[219]

Aber auch für die allgemeine Entstrickungsnorm kann die Wirkung des Regelungsbeispiels in Frage gestellt werden.[220] Denn die vom Gesetzgeber genutzte Wortwahl in § 12 Abs. 1 S. 2 KStG *„Ein Ausschluss oder eine Beschränkung des Besteuerungsrechts hinsichtlich des Gewinns aus der Veräußerung eines Wirtschaftsguts liegt insbesondere vor, wenn ein bisher einer inländischen Betriebsstätte einer Körperschaft, Personenvereinigung oder Vermögensmasse zuzuordnendes Wirtschaftsgut einer ausländischen Betriebsstätte dieser Körperschaft, Personenvereinigung oder Vermögensmasse zuzuordnen ist“* steht ausdrücklich im Widerspruch zu den beiden Entscheidungen des BFH[221] zur finalen Entnahmetheorie. Schließlich hat der BFH damals entschieden, dass die Zuordnung eines inländischen Wirtschaftsguts zu einer ausländischen Betriebsstätte eben nicht zu einem Ausschluss des deutschen Besteuerungsrechts führt. Ob diese unterschiedliche Betrachtungsweise

---

216 *Ditz*, IStR 2009, 115, 120; *Gosch*, BFH-PR 2008, 499, 500; Tipke/Lang/*Hennrichs*, § 9 Bilanzsteuerrecht, Rn. 472; *Rödder/Schumacher*, DStR 2006, 1481, 1483; FSHerzig/*Schaumburg*, Die Entstrickungsklauseln im Umwandlungssteuerrecht, Rn. 713.

217 Bericht des Finanzausschusses (7. Ausschuss) zum Jahressteuergesetz 2010, BT-Drs. 17/3549, S. 15.

218 *Hruschka/Hellmann*, DStR 2010, 1961, 1962.

219 Zur Diskussion einer analogen Anwendung des Regelungsbeispiels auf die umwandlungsrechtliche Entstrickung vgl. S. 94 f.

220 So z.B. *Kessler/Philipp*, DStR 2012, 267, 271; *Schnitger*, IFSt-Schrift Nr. 487 2013, S. 25; vgl. aber auch H/H/R/*Musil*, § 4 EStG, Rn. 240; *Musil*, FR 2011, 545, 549.

221 BFH v. 17.7.2008 – I R 77/06, BStBl. II 2009, 464; BFH v. 28.10.2009 – I R 99/08, BStBl. II 2011, 1019.

nun zweifelsfrei zu einem fiktiven Ausschluss des Besteuerungsrechts – wie vom Gesetzgeber gewollt – führt, ist umstritten.[222] In der Literatur wird die Auffassung vertreten, dass das in Satz 2 aufgenommene Regelungsbeispiel den Anwendungsbereich der Grundnorm (Satz 1) nicht übertreffen könne.[223] Trotz des unbestimmten Wortlauts ist der mit dieser (unglücklichen) Formulierung zum Ausdruck gebrachte Wille des Gesetzgebers jedoch eindeutig, sodass von einer Anwendung des Regelungsbeispiels auf reine Überführungsfälle auszugehen ist.[224] Dennoch wäre eine präzisere Wortwahl wünschenswert gewesen. Denkbar wäre hier die Fiktion einer Beschränkung des deutschen Besteuerungsrechts mittels der Wortwahl *„gilt als"* gewesen.

4. Wechsel der Besteuerungsbefugnis im Lichte des geänderten Abkommensverständnisses

a) Gewinnaufteilung nach Art. 7 Abs. 2 OECD-MA

Die meisten stillen Reserven des Umlaufvermögens sind im Vorratsvermögen gebunden. Häufig werden die Wirtschaftsgüter im Stammhaus produziert und dann in ausländische Vertriebsbetriebsstätten überführt. Der aus dem Verkauf resultierende Gesamtgewinn des Unternehmens setzt sich dann aus einem Produktions- und einem Vertriebsgewinn zusammen.

Der in Art. 7 Abs. 2 OECD-MA aufgenommene AOA weist der Betriebsstätte den Gewinn zu, den sie hätte erzielen können, *„wenn sie als selbstständiges und unabhängiges Unternehmen eine gleiche oder ähnliche Geschäftstätigkeit unter gleichen oder ähnlichen Bedingungen ausgeübt hätte"*. Wird beispielsweise ein im deutschen Stammhaus produziertes Wirtschaftsgut in eine ausländische DBA-Vertriebsbetriebsstätte überführt und dort veräußert, ist der Gesamtgewinn auf beide Betriebsstätten nach Maßgabe des Entstehungszusammenhangs aufzuteilen. Dabei steht im Veräußerungszeitpunkt der deutschen Produktionsbetriebsstätte der Anteil am Gesamtgewinn zu, den sie zur Wertschöpfung beigetragen hat; dies ist der anteilige Produktionsgewinn. Der ausländischen Vertriebsbetriebsstätte ist der Vertriebsgewinn zuzuordnen. Im Ergebnis bleibt bei Wirtschaftsgütern des Umlaufvermögens das deutsche Besteuerungsrecht an den im Inland geschaffenen Gewinnanteilen erhalten, wenn die Betriebsstättenzugehörigkeit des Wirtschaftsguts wechselt.

---

222 Vgl. auch R/H/vL/*Ritzer*, Anhang 7: Entstrickungs- und Verstrickungsregeln im EStG und KStG, Rn. 33.

223 *Kessler/Philipp*, DStR 2012, 267, 271; *Schnitger*, IFSt-Schrift Nr. 487 2013, S. 25.

224 So auch H/H/R/*Musil*, § 4 EStG, Rn. 225; a.A. *Girlich/Philipp*, Ubg 2012, 150, 158.

b) Gewinnaufteilung nach Art. 13 Abs. 1 OECD-MA

Weil unbewegliches Vermögen nicht in einen anderen Mitgliedstaat überführt werden kann und das Besteuerungsrecht durch Art. 13 Abs. 1 OECD-MA stets dem Belegenheitsstaat zugeordnet wird, ist ein Wechsel der Betriebsstättenzugehörigkeit und damit ein Verlust des Besteuerungsrechts kaum denkbar.

c) Gewinnaufteilung nach Art. 13 Abs. 2 OECD-MA

Ist das Wirtschaftsgut – z.B. aufgrund einer geänderten funktionalen Zuordnung – der Betriebsstätte eines anderen Vertragsstaats zuzuordnen, ist man nach altem Rechtsverständnis davon ausgegangen, dass mit der geänderten Betriebsstättenzuordnung auch das Besteuerungsrecht an den gesamten stillen Reserven des Wirtschaftsguts auf den neuen Betriebsstättenstaat übergeht. Diesem Rechtsverständnis lag die Annahme zugrunde, dass sowohl Wirtschaftsgüter als auch die damit verbundenen stillen Reserven stets nur in vollem Umfang einem Vertragsstaat zugeordnet werden können.

Wassermeyer[225] vertrat bereits früh die Auffassung, dass Art. 13 Abs. 2 OECD-MA eine starre Zuordnung nur für die Wirtschaftsgüter selbst, nicht hingegen für die damit verbundenen stillen Reserven vorsehe. Nach seiner mittlerweile durch den BFH[226] bestätigten Auffassung sind die stillen Reserven nach Art. 13 Abs. 2 OECD-MA auf jene Betriebsstätten zu verteilen, die an der Wertschöpfung beteiligt waren. Dies führt dazu, dass durch den Wechsel der Betriebsstättenzugehörigkeit das Besteuerungsrecht eines Vertragsstaats nicht beendet wird. Nach diesem neuen DBA-Verständnis ist der Veräußerungsgewinn auf alle an der Vermögensbildung beteiligten Vertragsstaaten zu verteilen, unabhängig davon, welcher Betriebsstätte das Wirtschaftsgut im Zeitpunkt seiner Veräußerung zuzuordnen war.[227] Im Ergebnis führt der Transfer des Wirtschaftsguts in eine ausländische Betriebsstätte daher nicht zum Verlust des Besteuerungsrechts an den bis dahin entstandenen stillen Reserven.

d) Gewinnaufteilung nach Art. 13 Abs. 3 OECD-MA

Das Schifffahrtsprinzip orientiert sich am Ort der Geschäftsleitung. Es kann nur eine Veränderung der Besteuerungsbefugnis eintreten, wenn der Ort der Geschäftsleitung in einen anderen Staat überführt wird. Ist dies der Fall, behält der Ursprungsstaat das Besteuerungsrecht an den bis zur Entstrickung entstandenen stillen Reserven und darf diese nach Maßgabe des Art. 13 Abs. 2 OECD-MA auch

---

225 Vgl. z.B. *Wassermeyer*, DB 2006, 1176, 1176; *Wassermeyer*, GmbHR 2004, 613, 616.

226 BFH v. 17.7.2008 – I R 77/06, BStBl. II 2009, 464; BFH v. 28.10.2009 – I R 99/08, BStBl. II 2011, 1019.

227 *Kessler/Huck*, StuW 2005, 193, 195; *Kessler/Philipp*, DStR 2012, 267, 270; H/H/R/*Musil*, § 4 EStG, Rn. 214; *Prinz*, DB 2009, 807, 807.

nach dem Wegzug in Form (nachträglicher) inländischer Betriebsstätteneinkünfte versteuern.[228]

e) Gewinnaufteilung nach Art. 13 Abs. 4 OECD-MA

Aufgrund des in Art. 13 Abs. 4 OECD-MA verankerten Belegenheitsprinzips bei Grundstückskapitalgesellschaften ist ein Verlust des Besteuerungsrechts des Belegenheitsstaats – ebenso wie bei Art. 13 Abs. 1 OECD-MA – nicht denkbar.

f) Gewinnaufteilung nach Art. 13 Abs. 5 OECD-MA

Weil Gewinne aus der Veräußerung des übrigen Vermögens nach Art. 13 Abs. 5 OECD-MA *„nur in dem Staat besteuert werden"* können, in dem der Veräußerer ansässig ist, droht bei einem vorherigen Wegzug des Veräußerers ein vollständiger Ausschluss des Besteuerungsrechts des bisherigen Ansässigkeitsstaats. Jedoch ist zwischen Privatvermögen und Betriebsvermögen zu unterscheiden:

Für die Steuerentstrickung im Privatvermögen hat dieser Auffangtatbestand besondere Relevanz. Denn nach Art. 13 Abs. 5 OECD-MA haftet das Besteuerungsrecht stets dem Steuerpflichtigen an. Verzieht dieser ins Ausland, verliert der Wegzugsstaat nach Art. 13 Abs. 5 OECD-MA das Besteuerungsrecht an allen ihm bis dahin zugewiesenen Vermögensgegenständen.[229]

Ob Art. 13 Abs. 5 OECD-MA auch auf im Betriebsvermögen gehaltene Beteiligungen Anwendung findet, ist umstritten.[230] In der Rechtsprechung und der Literatur ist jedoch die klare Tendenz erkennbar, dass auch für Beteiligungen der Betriebsstättenvorbehalt des Art. 13 Abs. 2 OECD-MA zur Anwendung kommt, wenn die Beteiligung einem ausländischen Betriebsvermögen zuzuordnen ist.[231] Dass es sich bei Beteiligungen nach deutschem Verständnis nicht um bewegliches Betriebsvermögen handelt, ist unbedeutend. Schließlich ergibt sich aus dem Zusammenhang mit Art. 13 Abs. 1 OECD-MA, dass bewegliches Betriebsvermögen i.S.d. Art. 13 Abs. 2 OECD-MA jenes Betriebsvermögen ist, welches nicht nach Art. 6 OECD-MA als unbeweglich definiert wird.[232] Folglich gehören zum beweglichen Betriebsvermögen i.S.d. Art. 13 Abs. 2 OECD-MA auch immaterielle Wirtschaftsgüter wie Beteiligungen, Marken und Patente sowie Forderungen.[233] Im Ergebnis fallen unter den Auffangtatbestand des Art. 13 Abs. 5 OECD-MA nur

228 Vgl. hierzu im Detail S. 69 f.

229 BFH v. 17.7.2008 – I R 77/06, BStBl. II 2009, 464, Rn. 45.

230 So auch *Wassermeyer*, IStR 2011, 813, 815 f.

231 BFH v. 17.7.2008 – I R 77/06, BStBl. II 2009, 464, Rn. 45; *Hruschka*, IStR 2016, 437, 441 f.; Lehner/Vogel/*Reimer*, Art. 13 OECD-MA, Rn. 78, 190; Wassermeyer/*Wassermeyer*, Art. 13 OECD-MA, Rn. 133 ff.

232 Lehner/Vogel/*Reimer*, Art. 13 OECD-MA, Rn. 76.

233 Lehner/Vogel/*Reimer*, Art. 13 OECD-MA, Rn. 74; Schlussanträge des Generalanwalts *Jääskinen* v. 26.2.2015 – C-657/13, *Verder Lab Tec*, Rn. 23.

privat gehaltene Wirtschaftsgüter sowie Wirtschaftsgüter, die keiner ausländischen Betriebsstätte zuzuordnen sind.

Für die Steuerentstrickung im Betriebsvermögen ist das Zusammenspiel des Art. 13 Abs. 5 OECD-MA mit Art. 13 Abs. 2 OECD-MA zu berücksichtigen. Denn schließlich greift Art. 13 Abs. 5 OECD-MA im betrieblichen Bereich nur so weit ein, wie Ver-äußerungsgewinne nicht bereits nach Art. 13 Abs. 2 OECD-MA einem ausländischen Betriebsstättenstaat zugewiesen werden. Hierzu hat der BFH bereits entschieden, dass *„[d]ie Verlegung des Betriebs eines selbstständigen Erfinders in das Ausland [...] auch dann nicht zur Annahme einer (fiktiven) Betriebsaufgabe [führt], wenn die künftigen Gewinne der ausländischen festen Einrichtung (Betriebsstätte) im Inland nicht steuerbar oder aufgrund eines DBA von der Besteuerung im Inland freigestellt sind"*[234]. Denn auch nach dem Wegzug des Steuerpflichtigen bleibt dieser mit seinen der deutschen Betriebsstätte zuzuordnenden Betriebsstätteneinkünften nach § 49 Abs. 1 Nr. 2 lit. a EStG (bzw. § 49 Abs. 1 Nr. 3 EStG bei selbstständiger Tätigkeit) weiterhin beschränkt steuerpflichtig. Auch abkommensrechtlich steht der Bundesrepublik Deutschland nach Art. 13 Abs. 2 OECD-MA weiterhin das Recht zu, die Gewinne aus der Veräußerung von Wirtschaftsgütern zu besteuern, soweit diese in der deutschen Betriebsstätte entstanden sind.[235]

Dem Zuzugsstaat steht über Art. 13 Abs. 5 OECD-MA das Besteuerungsrecht hingegen nur so weit zu, wie die Veräußerungsgewinne nicht nach Art. 13 Abs. 2 OECD-MA der deutschen (ausländischen) Betriebsstätte zugeordnet werden. Selbst wenn der Steuerpflichtige nach seinem Wegzug in der Bundesrepublik Deutschland keine Betriebsstätte mehr unterhält, bleibt das deutsche Besteuerungsrecht erhalten, denn der BFH weist dem Steuerpflichtigen insoweit weiterhin nachträgliche gewerbliche Einkünfte aus einer früheren inländischen Betriebsstätte zu (nachträgliche Betriebsstätteneinkünfte).[236]

Im Ergebnis führt der Wegzug des Steuerpflichtigen im Privatvermögen zum Verlust des Besteuerungsrechts an dem gesamten über Art. 13 Abs. 5 OECD-MA zugewiesenen Vermögen. Im betrieblichen Bereich bleibt der Steuerpflichtige jedoch auch nach seiner Betriebsverlagerung nach Art. 13 Abs. 2 OECD-MA weiterhin im Wegzugsstaat mit dem Gewinn aus der Veräußerung von Wirtschaftsgütern im Rahmen (nachträglicher) Betriebsstätteneinkünfte beschränkt steuerpflichtig, soweit diese im Wegzugsstaat entstanden sind; insoweit tritt bei Betriebsvermögen kein Verlust des Besteuerungsrechts ein.

234 BFH v. 28.10.2009 – I R 99/08, BStBl. II 2011, 1019, Leitsatz.
235 BFH v. 28.10.2009 – I R 99/08, BStBl. II 2011, 1019, Rn. 18 ff.
236 BFH v. 28.10.2009 – I R 99/08, BStBl. II 2011, 1019, Rn. 23 f.

B. Rechtliche Steuerentstrickung

I. Überblick

Aus Sicht des deutschen Fiskus soll das an inländischen und ggf. im Rahmen des Anrechnungsverfahrens auch an ausländischen Wirtschaftsgütern bestehende Besteuerungsrecht im Zuge der Umwandlung nicht verloren gehen. Entsprechend sieht § 20 Abs. 2 S. 2 Nr. 3 UmwStG die Buchwertfortführung nur in solchen Fällen vor, in denen das deutsche Besteuerungsrecht hinsichtlich des Gewinns aus der Veräußerung der eingebrachten Wirtschaftsgüter nicht ausgeschlossen und nicht beschränkt wird. Hierzu ist der Umfang des deutschen Besteuerungsrechts vor der Einbringung auf Ebene des Einbringenden und nach der Einbringung auf Ebene der übernehmenden Kapitalgesellschaft zu prüfen. Hinsichtlich des inländischen Besteuerungsrechts kann die grenzüberschreitende Einbringung damit zu drei unterschiedlichen Ergebnissen führen:

1. Möglich ist, dass das inländische Besteuerungsrecht durch die Einbringung keine Veränderung erfährt. In solchen Fällen ist die grenzüberschreitende Einbringung ähnlich wie eine rein nationale Einbringung – bei Vorliegen der übrigen Voraussetzungen – erfolgsneutral möglich.
2. Befinden sich die Wirtschaftsgüter in einer Freistellungsbetriebsstätte und wird das inländische Besteuerungsrecht an dem eingebrachten Betriebsvermögen im Zuge der Einbringung erstmalig begründet, liegt eine Steuerverstrickung vor.[237] Diese soll nach der Begründung des Gesetzgebers, unabhängig von der konkreten Ausübung des Ansatzwahlrechts, nach §§ 4 Abs. 1 S. 8, 6 Abs. 1 Nr. 5a EStG zum Ansatz des gemeinen Werts der steuerverstrickten Wirtschaftsgüter führen.[238] Sofern dies aus deutscher Sicht im Ausland zur Aufdeckung der stillen Reserven führt, kann es in der Bundesrepublik Deutschland – mangels hiesigen

---

237 Während die Beschränkung des inländischen Besteuerungsrechts etwa durch Überführung des Wirtschaftsguts von einer inländischen Betriebsstätte in eine Anrechnungsbetriebsstätte bereits zur Steuerentstrickung führt, löst die Stärkung des Besteuerungsumfangs – etwa durch Überführung des Wirtschaftsguts von einer Anrechnungsbetriebsstätte in eine inländische Betriebsstätte – noch keine Steuerverstrickung aus. Eine Steuerverstrickung ist nur bei der Überführung von einer Freistellungsbetriebsstätte in eine Betriebsstätte im Inland oder in einen Anrechnungsstaat gegeben (H/H/R/*Musil*, § 4 EStG, Rn. 322).

238 Entwurf eines Gesetzes über steuerliche Begleitmaßnahmen zur Einführung der Europäischen Gesellschaft und zur Änderung weiterer steuerrechtlicher Vorschriften (SEStEG) vom 25.9.2006, BT-Drs. 16/2710, S. 43; *Förster/Wendland*, BB 2007, 631, 634; *Kahle/Vogel*, Ubg 2012, 493, 495; Haritz/Menner/*Menner*, § 20 UmwStG, Rn. 250; Blümich/*Nitzschke*, § 20 UmwStG, Rn. 78; Dötsch/Pung/Möhlenbrock/*Patt*, § 20 UmwStG, Rn. 228; a.A. R/H/vL/*Herlinghaus*, § 20 UmwStG, Rn. 167.

Besteuerungsrechts – nicht zu einer Besteuerung kommen. Die Einbringung wäre aus deutscher Sicht steuerneutral.

3. Anders verhält es sich bei der Steuerentstrickung. Nach § 20 Abs. 2 S. 2 Nr. 3 UmwStG kann die übernehmende Kapitalgesellschaft das eingebrachte Betriebsvermögen nicht zum Buchwert ansetzen, soweit vor der Einbringung ein deutsches Besteuerungsrecht besteht[239] und dieses im Zuge der Einbringung ausgeschlossen oder beschränkt wird. Ein Ausschluss des inländischen Besteuerungsrechts ist gegeben, soweit die Bundesrepublik Deutschland den Gewinn aus der Veräußerung der Wirtschaftsgüter vor der Einbringung – uneingeschränkt oder im Wege der Steueranrechnung beschränkt – besteuern kann und dieses Besteuerungsrecht im Wege der Einbringung verloren geht. Eine Beschränkung des deutschen Besteuerungsrechts ist gegeben, soweit die Bundesrepublik Deutschland den Gewinn aus der Veräußerung der Wirtschaftsgüter vor der Einbringung uneingeschränkt besteuern konnte und nach der Einbringung nur noch eine Besteuerung im Anrechnungsverfahren vornehmen darf. Die Versagung der Buchwertfortführung auf Ebene der übernehmenden Kapitalgesellschaft löst beim Einbringenden nach § 20 Abs. 3 S. 1 UmwStG einen Einbringungsgewinn aus.

Eine rechtliche Steuerentstrickung nach § 20 Abs. 2 S. 2 Nr. 3 UmwStG liegt vor, wenn durch den Einbringungsvorgang selbst – ohne eine Handlung des Steuerpflichtigen – das deutsche Besteuerungsrecht verloren geht oder eingeschränkt wird. Die Entstrickung muss Rechtsfolge der Verwirklichung des Einbringungsvertrags und darf nicht die Folge eines tatsächlichen Vorgangs – wie etwa das physische Verbringen von Wirtschaftsgütern – sein.[240] Nur wenn der zivilrechtliche Einbringungsvorgang als solcher die Entstrickung auslöst, kann diese rechtlicher Art sein. Maßgebend für die Prüfung des Besteuerungsverlusts ist – selbst bei rückwirkenden Einbringungen – der Einbringungszeitpunkt.[241] Erfolgt die Steuerentstrickung zu einem späteren Zeitpunkt und damit aufgrund einer tatsächlichen Handlung des Steuerpflichtigen (tatsächliche Entstrickung), sind hingegen die allgemeinen Entstrickungsvorschriften heranzuziehen.

---

239 Das deutsche Besteuerungsrecht kann nur ausgeschlossen oder beschränkt werden, wenn es vor der Einbringung überhaupt bestanden hat. Befand sich das Betriebsvermögen beispielsweise in einer DBA-Freistellungsbetriebsstätte, kann – mangels Statusverschlechterung – keine Steuerentstrickung erfolgen (*Lohmar*, FR 2013, 591, 592; *Ungemach*, Ubg 2011, 251, 252).

240 *Hruschka/Hellmann*, DStR 2010, 1961, 1963.

241 BMF v. 11.11.2011 – IV C2 – S 1978 – b/08/10001, BStBl. I 2011, 1314, Rn. 03.19; S/H/S/*Schmitt*, § 20 UmwStG, Rn. 350.

II. Eingeschränkter Anwendungsbereich

Nach allgemeiner Auffassung soll die Zuordnung der bisher inländischen Wirtschaftsgüter zu einer Anrechnungsbetriebsstätte der übernehmenden Kapitalgesellschaft zu einer Beschränkung des Besteuerungsrechts führen. Die Zuordnung zu einer Freistellungsbetriebsstätte der übernehmenden Kapitalgesellschaft soll den Ausschluss des inländischen Besteuerungsrechts begründen.[242] Wird das eingebrachte inländische Wirtschaftsgut im Anschluss an die Einbringung einer ausländischen Betriebsstätte der übernehmenden Gesellschaft zugeordnet, würde diese Rechtsauffassung die Beschränkung bzw. den Ausschluss des deutschen Besteuerungsrechts bedeuten und damit zur Aufdeckung der stillen Reserven führen (§ 20 Abs. 2 S. 2 Nr. 3 UmwStG). Entsprechend dieser Rechtsauffassung war das nachfolgende Beispiel der klassische Anwendungsfall der umwandlungsbedingten Steuerentstrickung:

Eine unbeschränkt körperschaftsteuerpflichtige Kapitalgesellschaft (DE1-KapG) bringt im Zusammenhang mit einem Teilbetrieb auch ihre im Inland steuerverhaftete Maschine (Wirtschaftsgut, in Abbildung „WG") in eine andere deutsche Kapitalgesellschaft (DE2-KapG) ein. Die Maschine diente bereits vor der Einbringung im Rahmen einer Nutzungsüberlassung überwiegend der ausländischen Betriebsstätte der übernehmenden Gesellschaft und ist aufgrund der funktionalen Betrachtungsweise im Anschluss an den Einbringungsprozess ebendieser Betriebsstätte zuzuordnen.[243] Grafisch stellt sich der Einbringungsvorgang wie folgt dar[244]:

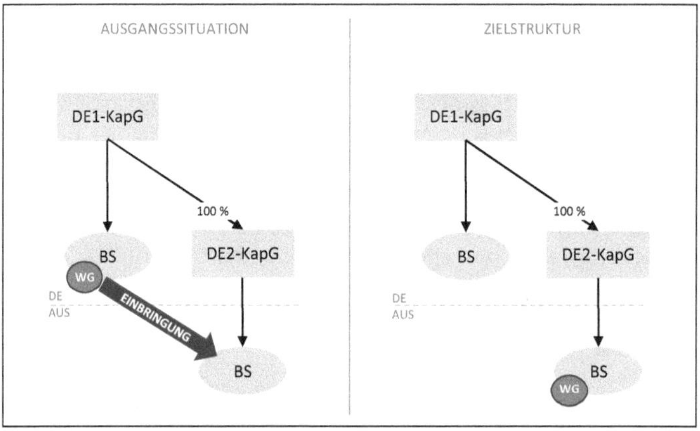

Abbildung 3: *Einbringung einer im Inland steuerverhafteten Maschine in eine inländische Kapitalgesellschaft unter Berücksichtigung des Funktionszusammenhangs zu einer ausländischen Betriebsstätte*

242 Vgl. hierzu auch S. 63 ff. mit einhergehender Begründung und Nachweisen.
243 Vgl. hierzu auch S. 55 ff.
244 Dies entspricht inhaltlich dem Szenario 1 auf S. 47.

Beispielhaft soll der eingebrachten Maschine ein Buchwert von EUR 200, im Einbringungszeitpunkt ein gemeiner Wert von EUR 400 und ein späterer Veräußerungspreis von EUR 500 zukommen. Der Veräußerungsgewinn beträgt damit EUR 300 und ergibt sich aus den im Inland (EUR 200) und den im Ausland entstandenen stillen Reserven (EUR 100). Es ist zunächst festzuhalten, dass im Einbringungszeitpunkt ein Besteuerungsrecht an EUR 200 bestand und damit eine Körperschaftsteuer von EUR 30 (15 Prozent gem. § 23 KStG) zur Disposition steht.

Die eingebrachte Maschine ist nach funktionalen Kriterien der Betriebsstätte zuzuordnen, der sie zu dienen bestimmt ist.[245] Aufgrund der dauerhaften Nutzungsüberlassung der Maschine aus der deutschen Betriebsstätte an die ausländische Betriebsstätte des übernehmenden Rechtsträgers führt der Rechtsträgerwechsel im vorliegenden Fall zu einer Veränderung des Funktionszusammenhangs und damit zu einer Zuordnung der Maschine zur ausländischen Betriebsstätte. Nach bisheriger Auffassung würde die veränderte Zuordnung der Maschine zu einer Steuerentstrickung im Einbringungszeitpunkt führen.[246] Für die nach dem Entstrickungszeitpunkt noch entstehenden stillen Reserven (EUR 100) ist der Ausschluss des deutschen Besteuerungsrechts unstreitig. Für die bereits im Inland entstandenen stillen Reserven (EUR 200) ist die Entstrickung vor dem Hintergrund der zur finalen Entnahmetheorie ergangenen Rechtsprechung aus den Jahren 2008 und 2009[247] jedoch ernsthaft in Frage zu stellen und richtigerweise wie folgt zu beurteilen:

1. *Freistellungsbetriebsstätte*

Ist die Betriebsstätte der übernehmenden Gesellschaft in einem DBA-Staat belegen, wird die Doppelbesteuerung der dortigen Einkünfte regelmäßig durch die Freistellung der Betriebsstätteneinkünfte im Inland vermieden. Für bewegliches Vermögen ergibt sich die Steuerfreistellung aus Art. 7 Abs. 2 i.V.m. Art. 23 OECD-MA bzw. Art. 13 Abs. 2 i.V.m. Art. 23 OECD-MA, wobei beide Artikel hinsichtlich ihrer Anwendung in einem Konkurrenzverhältnis zueinander stehen.[248] Art. 7 OECD-MA (Unternehmensgewinne) bestimmt dabei die Verteilung der laufenden Gewinne des Unternehmens. Betroffen sind hiervon insbesondere der

245 BMF v. 24.12.1999 – IV B 4 – S 1300 – 111/99, BStBl. I 1999, 1076, Tz. 2.4.

246 Vgl. hierzu Dötsch/Pung/Möhlenbrock/*Dötsch*, § 11 UmwStG, Rn. 77.

247 BFH v. 17.7.2008 – I R 77/06, BStBl. II 2009, 464; BFH v. 28.10.2009 – I R 99/08, BStBl. II 2011, 1019.

248 Zum Konkurrenzverhältnis zwischen Art. 7 Abs. 2 und Art. 13 Abs. 2 OECD-MA für die Gewinnverteilung bei beweglichem Vermögen vgl. auch S. 53.

Verkauf von Umlaufvermögen und damit vordergründig die Produktions- und Handelsware. Die Gewinnaufteilung von Gewinnen aus dem Verkauf des Anlagevermögens bestimmt sich bekanntlich nach Art. 13 OECD-MA (Gewinne aus der Veräußerung von Vermögen)[249]:

a) Gewinnaufteilung nach Art. 13 Abs. 2 OECD-MA

Der aus dem Verkauf des beweglichen Anlagevermögens resultierende Gewinn wird nach Art. 13 Abs. 2 OECD-MA zwischen beiden Vertragsstaaten verteilt. Danach steht das Besteuerungsrecht dem Vertragsstaat zu, dessen Betriebsstätte das veräußerte Wirtschaftsgut zuzuordnen war. Vielfach wird die Auffassung vertreten, dass sowohl die Wirtschaftsgüter als auch die damit im Zusammenhang stehenden stillen Reserven nur einer Betriebsstätte zuzuordnen seien.[250] Für die Zuordnung der Wirtschaftsgüter ist dies auch zutreffend. Für die Zuordnung der darin gebundenen stillen Reserven ist nach heutiger Erkenntnis auf den Entstehungszusammenhang abzustellen. Dabei sind die Besteuerungsrechte in jenem Umfang auf die an der Wertschöpfung des Wirtschaftsguts beteiligten Vertragsstaaten zu verteilen, in dem die realisierten Gewinne durch deren Betriebsstätten auch erwirtschaftet wurden.[251] Wird das Wirtschaftsgut eines Vertragsstaats – gleichgültig durch welche Handlung – in die Betriebsstätte eines anderen Vertragsstaats überführt, steht dem erstgenannten Vertragsstaat im Zeitpunkt der Veräußerung des Wirtschaftsguts weiterhin das Besteuerungsrecht an den in seinem Geltungsbereich entstandenen stillen Reserven zu.

Bezogen auf das oben dargestellte Fallbeispiel wird das Besteuerungsrecht für die im Inland entstandenen stillen Reserven (EUR 200) durch die Zuordnung der Maschine zu einer ausländischen Freistellungsbetriebsstätte nicht beeinträchtigt. Mangels Beschränkung und Ausschluss des inländischen Besteuerungsrechts an den im Inland entstandenen stillen Reserven ist damit eine Einbringung in eine inländische Kapitalgesellschaft selbst dann zu Buchwerten nach § 20 Abs. 2 S. 2 UmwStG möglich, wenn das Wirtschaftsgut nach der Einbringung einer ausländischen Anrechnungsbetriebsstätte der übernehmenden Kapitalgesellschaft zuzuordnen ist. Die Tatsache, dass die Bundesrepublik Deutschland an den künftigen, im Ausland vermutlich noch entstehenden stillen Reserven kein Besteuerungsrecht mehr haben wird, stellt keinen Besteuerungsverlust dar. Denn die Frage, ob das deutsche Besteuerungsrecht beschränkt oder ausgeschlossen wird, ist ausschließlich auf den Besteuerungszeitpunkt und damit auf den Überführungszeitpunkt zu

---

249 Flick/Wassermeyer/Kempermann/*Buciek*, Art. 7 OECD-MA, Rn. 747; *Piltz*, IStR 1996, 457, 458; Wassermeyer/*Wassermeyer*, Art. 13 OECD-MA, Rn. 2.

250 Vgl. hier u.a. BMF v. 24.12.1999 – IV B 4 – S 1300 – 111/99, BStBl. I 1999, 1076, Tz. 2.4.

251 BFH v. 17.7.2008 – I R 77/06, BStBl. II 2009, 464, Rn. 45.

beurteilen; zu diesem Zeitpunkt sind schließlich noch keine weiteren stillen Reserven entstanden.[252]

b) *Gewinnaufteilung nach Art. 7 Abs. 2 OECD-MA*

Was für Art. 13 OECD-MA lange diskutiert[253] und erst durch die BFH-Judikatur[254] final geklärt wurde, war für Art. 7 OECD-MA schon immer unumstritten: Laufende Unternehmensgewinne – und dazu zählen auch Gewinne aus dem Verkauf des Vorratsvermögens – sind nicht starr einem Betriebsstättenstaat zuzuordnen, sondern auf die an der Vermögensbildung beteiligten Vertragsstaaten zu verteilen.[255]

Zur Analyse des Verteilungsmaßstabs nach Art. 7 Abs. 2 OECD-MA soll das auf S. 61 dargestellte Beispiel mit der Maßgabe herangezogen werden, dass es sich bei der eingebrachten Maschine um ein zuvor in Deutschland produziertes Wirtschaftsgut des Vorratsvermögens handelt. Nach Art. 7 Abs. 2 OECD-MA ist jeder Betriebsstätte der Anteil am Veräußerungsgewinn zuzurechnen, den sie hätte erzielen können, insbesondere im Verkehr mit anderen Teilen des Unternehmens, dessen Betriebsstätte sie ist, wenn sie als selbstständiges und unabhängiges Unternehmen eine gleiche oder ähnliche Geschäftstätigkeit unter gleichen oder ähnlichen Bedingungen ausgeübt hätte. Für die im Inland produzierte Maschine (Produktionskosten: EUR 200), der im Zeitpunkt der Einbringung ein gemeiner Wert von EUR 400 zukommt und die anschließend durch die ausländische Betriebsstätte für EUR 500 veräußert wird, kann dies nur eins bedeuten: Da der ausländische Betriebsstättenstaat als selbstständige Einheit nur einen Gewinn von EUR 100 erzielt hätte, ist ihm ebendieser Gewinnanteil zuzuordnen. Dem Produktionsstandort Deutschland ist das Besteuerungsrecht am Produktionsgewinn in Höhe von EUR 200 zu gewähren, sodass das deutsche Besteuerungsrecht insoweit nicht verloren geht und die Einbringung steuerneutral möglich ist.

Es widerspräche den Fremdvergleichsgrundsätzen, wenn man versuchen würde, den Produktionsgewinn in einen Vertriebsgewinn umzudeuten und dann dem ausländischen Vertriebsstandort zuzurechnen.[256] Damit wird deutlich, dass bei Wirtschaftsgütern, deren Veräußerungsgewinn nach Art. 7 OECD-MA zu verteilen ist, durch die Einbringung keine Beschränkung und kein Ausschluss des deutschen Besteuerungsrechts an den bis dahin entstandenen Werten gegeben sein kann.[257]

---

252 FSWassermeyer/*Hans*, 47. Steuerentstrickung – Die finale Entnahmetheorie im abkommensrechtlichen Kontext, Rn. 7.

253 Vgl. z.B. *Kessler/Huck*, StuW 2005, 193, 195; *Mitschke*, DB 2009, 1376, 1376; *Prinz*, DB 2009, 807, 807; *Rödder/Schumacher*, DStR 2006, 1481, 1482; *Wassermeyer*, DB 2006, 1176, 1176.

254 BFH v. 17.7.2008 – I R 77/06, BStBl. II 2009, 464; BFH v. 28.10.2009 – I R 99/08, BStBl. II 2011, 1019.

255 *Becker*, DB 1989, 10, 15; *Ungemach*, Ubg 2011, 251, 259.

256 *Wassermeyer*, DB 2006, 2420, 2422.

257 So auch *Schönfeld*, IStR 2010, 133, 136.

Zwar steht der Bundesrepublik Deutschland kein Besteuerungsrecht an den durch die ausländische Betriebsstätte generierten Vertriebsgewinnen (hier: EUR 100) zu, doch ist festzuhalten, dass im Einbringungszeitpunkt ein solcher Vertriebsgewinn noch nicht entstanden war und damit dem deutschen Besteuerungsrecht nicht hätte entzogen werden können. Dieser Gewinn wird erst im Anschluss an die Einbringung durch die ausländische Betriebsstätte erzielt.[258]

2. *Anrechnungsbetriebsstätte*

Den Urteilen aus den Jahren 2008 und 2009 lag ein DBA-Sachverhalt zugrunde. Fraglich ist daher, ob die Entstrickung anders zu beurteilen ist, wenn mit dem Betriebsstättenstaat kein die Freistellung regelndes DBA abgeschlossen ist und es sich bei der Betriebsstätte der übernehmenden Kapitalgesellschaft folglich um eine Anrechnungsbetriebsstätte handelt. Dann unterliegt zwar ein etwaiger Gewinn aus der Veräußerung des nunmehr ausländischen Wirtschaftsguts in Höhe von EUR 300 auf Ebene der übernehmenden Kapitalgesellschaft weiterhin der inländischen Körperschaftsteuer von 15 Prozent (Welteinkommensprinzip). Zur Vermeidung einer Doppelbesteuerung ist auf die sich dabei ergebende Gesamtsteuer von EUR 45 (15 Prozent auf den Gesamtgewinn von EUR 300) jedoch die im ausländischen Staat erhobene Steuer nach § 34c Abs. 1 EStG i.V.m. § 26 Abs. 1 KStG anzurechnen. Und ebendiese – als Steuerentlastung getarnte[259] – Regelung könnte zu einer Beschränkung des ursprünglichen deutschen Besteuerungsrechts (EUR 30) führen, wenn dem deutschen Fiskus eine Anrechnungsverpflichtung zukäme, die den Betrag von EUR 15 übersteigen und damit das ursprünglich bestehende Besteuerungsrecht von EUR 30 angreifen würde. Es stellen sich damit die Fragen, (1) inwieweit der ausländische Staat auf den Veräußerungsgewinn überhaupt eine Steuer erhebt und (2) in welcher Höhe eine etwaige ausländische Steuer auf die deutsche Einkommen- bzw. Körperschaftsteuer anzurechnen wäre.

Zu (1): Die Einbringung stellt für den einbringenden Rechtsträger einen Veräußerungsvorgang und für den übernehmenden Rechtsträger einen Anschaffungsvorgang dar.[260] Im deutschen Steuerrecht ist in beiden Fällen der gemeine Wert (EUR 400) anzusetzen. Das gilt ungeachtet der Frage, ob die Einbringung im Anwendungsbereich des UmwStG (§ 20 Abs. 1 UmwStG) oder außerhalb des umwandlungssteuerlichen Anwendungsbereichs und somit nach den allgemeinen

258 *Schönfeld*, IStR 2010, 133, 135.

259 Zum Widerspruch der steuermindernden Anrechnungsverpflichtung mit einer steuererhöhenden Entstrickung: *Schönfeld*, IStR 2010, 133, 135.

260 BFH v. 5.6.2002 – I R 6/01, BFH/NV 2003, 88; BFH v. 7.4.2010 – I R 55/09, BStBl. II 2010, 1094; BFH v. 19.5.2010 – I R 70/09, BFH/NV 2010, 2072; BMF v. 11.11.2011 – IV C2 – S 1978 – b/08/10001, BStBl. I 2011, 1314, Rn. 20.01; R/H/vL/*Herlinghaus*, § 20 UmwStG, Rn. 3; Haritz/Menner/*Menner*, § 20 UmwStG, Rn. 1; Dötsch/Pung/Möhlenbrock/*Patt*, vor § 20–23 UmwStG, Rn. 52; S/H/S/*Schmitt*, § 20 UmwStG, Rn. 12; Schmidt/*Wacker*, § 16 EStG, Rn. 12.

steuerlichen Grundsätzen (§ 6 Abs. 6 S. 1 EStG) erfolgt. Zwar obliegt es nicht dem deutschen Staat, sondern dem Betriebsstättenstaat, über die Bewertung des eingebrachten Betriebsvermögens in der Betriebsstättenbilanz der übernehmenden Kapitalgesellschaft zu befinden. Doch ist in vielen Fällen davon auszugehen, dass der Aufnahmestaat eine den deutschen Grundsätzen entsprechende Bewertung vornehmen wird. Dann sind die Wirtschaftsgüter im Rahmen des Anschaffungsvorgangs mit dem gemeinen Wert in der ausländischen Betriebsstättenbilanz zu aktivieren und werden bei einer späteren Veräußerung nur insoweit im Ausland besteuert, als die stillen Reserven nach der Einbringung entstanden sind (EUR 100). Die bis zum Einbringungsstichtag entstandenen stillen Reserven (EUR 200) sind folglich nicht Teil des im Ausland ermittelten Veräußerungsgewinns. Damit erhebt der Aufnahmestaat auf die bis zum Einbringungszeitpunkt entstandenen stillen Reserven keine Steuer, sodass das deutsche Besteuerungsrecht für die im Inland entstandenen stillen Reserven grundsätzlich nicht eingeschränkt wird.

Zu (2): Die Erhebung der deutschen Körperschaftsteuer von EUR 30 und damit das deutsche Besteuerungsrecht könnten jedoch gefährdet sein, wenn der ausländische Staat eine Steuer von mehr als EUR 15 erhebt. Hierfür sind zwei Fallkonstellationen denkbar:

1. Der Aufnahmestaat hat zwar nur die in seinem Land entstandenen stillen Reserven besteuert (EUR 100), die darauf entfallende ausländische Steuer liegt jedoch über dem deutschen Körperschaftsteuertarif von 15 Prozent.
2. Der Aufnahmestaat aktiviert das eingebrachte Wirtschaftsgut mit seinem Buchwert (EUR 100) und besteuert im Falle ihrer Veräußerung auch die in der Bundesrepublik Deutschland entstandenen stillen Reserven (EUR 300).[261]

In beiden Fällen ist jedoch ernsthaft in Frage zu stellen, inwieweit § 34c Abs. 1 EStG i.V.m. § 26 Abs. 1 KStG die Anrechnung ausländischer Steuern auf die inländische Körperschaftsteuer erlaubt. Denn nach § 34c Abs. 1 S. 1 EStG ist eine Anrechnung nur möglich, soweit die ausländische Steuer auf ausländische Einkünfte entfällt. Ausländische Einkünfte sind nach § 34d Nr. 2 lit. a EStG jedoch nur gegeben, wenn sie durch eine im ausländischen Staat belegene Betriebsstätte oder durch einen in einem ausländischen Staat tätigen ständigen Vertreter erzielt werden. Die bis zum Entstrickungszeitpunkt entstandenen stillen Reserven sind durch die inländische Betriebsstätte zwar noch nicht realisiert, sehr wohl aber erzielt worden.[262] Es wäre schwer nachvollziehbar, diese im Inland angewachsenen Gewinne (EUR 200) später als ausländische Einkünfte zu beurteilen, nur weil das Wirtschaftsgut vor

261 In Überführungsfällen im Bereich des Körperschaftsteuerrechts verpflichtet die ATAD die Mitgliedstaaten ab 2020, die Verstrickung der Wirtschaftsgüter zum gemeinen Wert vorzunehmen, sodass sich die Anwendungsfälle des 2. Abschnitts (s.o.) im Wesentlichen auf Drittstaatensachverhalte und Einkommensteuersachverhalte reduzieren werden. Zur ATAD vgl. S. 163 ff.

262 So auch *Schönfeld*, IStR 2010, 133, 135.

seiner Veräußerung in eine ausländische Betriebsstätte überführt wurde.[263] Auch der BFH[264] sieht in seiner zur finalen Entnahmetheorie ergangenen Entscheidung die zutreffende „*Abgrenzung zwischen den inländischen und den ausländischen Einkünften (§ 34d Nr. 2 Buchst. a EStG)*" als Grundlage der internationalen Gewinnverteilung an. Sofern der ausländische Staat auf die inländischen Gewinnanteile eine ausländische Steuer erhebt, wäre diese folglich nicht auf die deutsche Steuer anrechenbar.[265] Damit kann die Anrechnung ausländischer Steuern auf die deutsche Körperschaftsteuer nur insoweit erfolgen, als die ausländische Steuer auf die im Ausland entstandenen stillen Reserven (EUR 100) entfällt.

Zudem enthält § 26 Abs. 2 S. 1 KStG bzw. § 34c Abs. 1 S. 2 EStG eine Sonderregelung, wonach die ausländische Steuer nur auf die deutsche Steuer anzurechnen ist, die auf die ausländischen Einkünfte entfällt (EUR 15). Besteuert der Aufnahmestaat demnach den gesamten Veräußerungsgewinn (EUR 300) lässt diese Sonderregelung nur eine Anrechnung von EUR 15 zu.

Im Ergebnis erhebt die Bundesrepublik Deutschland aufgrund des Welteinkommensprinzips zunächst eine Steuer von EUR 45 und rechnet maximal eine ausländische Steuer von EUR 15 an. Das bis zum Einbringungszeitpunkt bestandene Besteuerungsrecht, einen Gewinn von EUR 200 mit 15 Prozent Körperschaftsteuer (EUR 30) zu besteuern, erfährt folglich keine Beschränkung. Mithin ist die Einbringung der inländischen Maschine in eine unbeschränkt steuerpflichtige Kapitalgesellschaft auch dann zu Buchwerten möglich, wenn das Wirtschaftsgut anschließend der ausländischen Anrechnungsbetriebsstätte der Übernehmerin zuzurechnen ist.

3. *Abgrenzungsfragen*

a) *Anwendbarkeit der durch den BFH entwickelten Grundsätze bei Rechtsträgerwechsel*

Teilweise wird in der Literatur die Auffassung vertreten, dass die durch den BFH entwickelten Grundsätze zum Erhalt des deutschen Besteuerungsrechts bei einem Rechtsträgerwechsel nicht anwendbar seien.[266] Begründet wird diese Auffassung damit, dass ein Rechtsträgerwechsel vom Grundsatz her stets zur Gewinnrealisierung führe und nur in Ausnahmefällen – wie hier durch die begünstigenden Normen des UmwStG – steuerneutral möglich sei. Weil die rechtliche Entstrickung

---

263 So auch *Wassermeyer*, DB 2006, 2420, 2420; Wissenschaftlicher Beirat von Ernst & Young tax, DB 2010, 1776, 1777.

264 BFH v. 17.7.2008 – I R 77/06, BStBl. II 2009, 464, 43.

265 So auch *Schönfeld*, IStR 2010, 133, 135; *Wassermeyer*, DB 2006, 2420, 2420; Wissenschaftlicher Beirat von Ernst & Young tax, DB 2010, 1776, 1785.

266 So z.B. FSHerzig/*Förster*, Steuerneutrale Umstrukturierung von grenzüberschreitenden Kapitalgesellschaftskonzernen, Rn. 808; R/H/vL/*Herlinghaus*, § 20 UmwStG, Rn. 165; *Hruschka/Hellmann*, DStR 2010, 1961, 1963.

einzig und alleine durch den zivilrechtlichen Umwandlungsvorgang und nicht durch eine tatsächliche Handlung der Steuerpflichtigen ausgelöst werde, sollen die neuen Entstrickungsgrundsätze auf die speziellen Entstrickungsnormen nicht übertragbar sein.[267]

Dabei verkennen die Verfasser jedoch, dass die übernehmende Gesellschaft nach §§ 23 Abs. 1 S. 1, 12 Abs. 3 Hs. 1 UmwStG in die steuerliche Rechtsstellung des einbringenden Rechtsträgers eintritt (Fußstapfentheorie).[268] Der Fußstapfentheorie liegt nämlich der Gedanke des Gesetzgebers zugrunde, den zivilrechtlich existenten Rechtsträgerwechsel aus steuerlicher Sicht nahezu vollständig zu neutralisieren, quasi zu ignorieren. Steuerlich führt der übernehmende Rechtsträger daher die steuerlichen Pflichten und Privilegien des einbringenden Rechtsträgers fort. Dazu gehört einerseits, dass er die Buchwerte der übernommenen Wirtschaftsgüter fortführen darf, andererseits aber auch die durch einen Verkauf entstehende Steuer an den deutschen Staat zu entrichten hat. Aus steuerlicher Sicht verbleibt damit kein Grund, die im Zuge eines Rechtsträgerwechsels veränderte Betriebsstättenzuordnung steuerlich anders zu behandeln als bei reinen Überführungsfällen.

Bei genauer Betrachtung des dem BFH-Urteil aus dem Jahr 2008[269] zugrundeliegenden Sachverhalts wird deutlich, dass die von ihm aufgestellten Grundsätze auch für Veränderungen der Betriebsstättenzuordnung im Zuge eines Rechtsträgerwechsels gelten. Denn der Sachverhalt, über den der BFH zu entscheiden hatte, betraf die Entstrickung eines Wirtschaftsguts im Zuge der Einbringung in eine Tochterpersonengesellschaft. Der BFH machte deutlich, dass die von ihm aufgestellten Grundsätze *„auch für die Einbringung einer Sacheinlage durch eine Personengesellschaft in eine Tochter-Personengesellschaft"*[270] gelten.

Auch schien der Gesetzgeber davon ausgegangen zu sein, dass die Entscheidungen des BFH die umwandlungsrechtlichen Entstrickungsnormen leerlaufen lassen. Es war ihm daher ein Anliegen, dass das Regelungsbeispiel zur Rettung der Entstrickungsnormen gleichermaßen für die umwandlungsrechtliche Entstrickung gilt.[271] Warum eine wörtliche Übernahme oder ein Verweis auf das Regelungsbeispiel dann unterblieb, ist unbekannt.

b) Ausländische Kapitalgesellschaft als übernehmender Rechtsträger

Die vorgenannten Grundsätze beruhen auf der Annahme, dass die übernehmende Gesellschaft im Inland der unbeschränkten Steuerpflicht unterliegt. Fraglich ist daher, ob die Feststellungen entsprechend anwendbar sind, wenn die übernehmende Kapitalgesellschaft im Inland weder ihren Sitz, ihre Geschäftsleitung noch

---

267 *Hruschka/Hellmann*, DStR 2010, 1961, 1963.

268 So auch ausdrücklich *Beinert/Benecke*, FR 2010, 1009, 1012.

269 BFH v. 17.7.2008 – I R 77/06, BStBl. II 2009, 464.

270 BFH v. 17.7.2008 – I R 77/06, BStBl. II 2009, 464, 3. Leitsatz.

271 Bericht des Finanzausschusses (7. Ausschuss) zum Jahressteuergesetz 2010, BT-Drs. 17/3549, S. 15.

eine Betriebsstätte unterhält und damit kein steuerlicher Anknüpfungspunkt zu Deutschland besteht.

Wassermeyer[272] sah im Jahr 2006 das deutsche Besteuerungsrecht als ausgeschlossen an, wenn ein beschränkt Steuerpflichtiger seine in der Bundesrepublik Deutschland befindlichen Wirtschaftsgüter ins ausländische Stammhaus repatriiert und anschließend die deutsche Betriebsstätte – und damit seinen einzig verbleibenden steuerlichen Anknüpfungspunkt im Inland – aufgibt. Er begründete seine damalige Auffassung damit, dass durch die Aufgabe des letzten steuerlichen Anknüpfungspunkts im Inland das deutsche Besteuerungsrecht bereits nach nationalem Recht entfalle.[273] Unabhängig davon solle auch aus abkommensrechtlicher Sicht keine Möglichkeit bestehen, einem ehemaligen Betriebsstättenstaat ein Besteuerungsrecht einzuräumen, da die Existenz eines *„Unternehmens eines Vertragsstaats"* nach Art. 3 Abs. 1 lit. d OECD-MA und einer *„Betriebsstätte"* nach Art. 5 Abs. 1 OECD-MA eine Gegenwartsbetrachtung erfordere. Sofern im Realisationszeitpunkt kein Unternehmen bzw. keine Betriebsstätte im Inland mehr vorhanden sei, könne der Bundesrepublik Deutschland kein (anteiliger) Unternehmensgewinn nach Art. 7 OECD-MA zugewiesen werden.[274]

Diese Auffassung ist jedoch überholt, denn *Wassermeyer* legt seiner Argumentation die Annahme zugrunde, dass es im Rahmen der beschränkten Steuerpflicht keine vorbereitenden und nachträglichen Einkünfte bzw. Aufwendungen gebe.[275] Aber ähnlich wie bei rein nationalen Fällen vorweggenommene Betriebsausgaben, vergebliche Betriebsausgaben sowie nachträgliche Betriebseinnahmen und -ausgaben möglich sind[276], existieren auch im internationalen Kontext nachträgliche Betriebseinnahmen und -ausgaben einer zu diesem Zeitpunkt nicht mehr existierenden Betriebsstätte. Nach h.L. und mittlerweile auch gefestigter Rechtsprechung sind Erträge und Aufwendungen, die wirtschaftlich nicht dem Stammhaus zuzuordnen sind, vorrangig im künftigen bzw. ehemaligen Betriebsstättenstaat zu berücksichtigen, unabhängig davon, ob die Betriebsstätte noch nicht bzw. nicht mehr besteht.[277] Mit dem aus der Veräußerung des ehemals inländischen Wirtschaftsguts entstehenden Gewinn bleibt die ausländische Kapitalgesellschaft daher selbst dann nach § 49 Abs. 1 Nr. 2 lit. a EStG beschränkt steuerpflichtig, wenn

---

272 *Wassermeyer*, DB 2006, 1176, 1180.

273 Ebenfalls kritisch *Schönfeld*, IStR 2010, 133, 137.

274 *Wassermeyer*, IStR 2011, 361, 367.

275 *Wassermeyer*, IStR 2011, 361, 361.

276 Handb. d. AG/*Zehnpfennig*, § 16 Auslandsaktivitäten inländischer und Inlandsaktivitäten ausländischer AG/KGaA, Rn. 26.

277 RFH v. 9.3.1932 – VI A 2243/31, RStBl. 1932, 513; BFH v. 15.7.1964 – I 415/61 U, BStBl. III 1964, 551; BFH v. 12.10.1978 – I R 69/75, BStBl. II 1979, 64; BFH v. 27.4.2005 – I R 112/04, BFH/NV 2005, 1756; BFH v. 26.2.2014 – I R 56/12, BStBl. II 2014, 703; BFH v. 20.5.2015 – I R 75/14, BFH/NV 2015, 1687; KSM/*Hidien*, § 49 EStG, Rn. 500; *Lüdicke*, DStR 2008, Beihefter zu Heft 17, 25, 28; H/H/R/*Roth*, § 49 EStG, Rn. 53; *Ungemach*, Ubg 2011, 251, 259.

sie keine inländische Betriebsstätte mehr unterhält.[278] Auch abkommensrechtlich sind nachträgliche Betriebseinnahmen nach Art. 7 OECD-MA bzw. nachträgliche Veräußerungsgewinne nach Art. 13 OECD-MA weiterhin dem Staat zuzurechnen, dessen (ehemalige) Betriebsstätte den Gewinn erwirtschaftet hat. Denn das OECD-MA unterhält keine eigenständige Definition für „*Gewinne eines Unternehmens*", sondern verweist in Art. 3 Abs. 2 OECD-MA auf die nationale Begriffsdefinition. Und da es nach nationalem Recht im Realisationszeitpunkt eben keiner Existenz einer Betriebsstätte mehr bedarf, kann eine solche Existenz auch nicht durch das OECD-MA gefordert werden.[279] Folgerichtig hat auch der BFH entschieden, dass es in abkommensrechtlicher Hinsicht der Zuordnung nicht entgegensteht, wenn „*die feste Einrichtung, in der die stillen Reserven erwirtschaftet worden sind, zum Zeitpunkt der Realisation nicht mehr besteht*"[280]. Für ehemalige inländische Wirtschaftsgüter bleibt das deutsche Besteuerungsrecht daher selbst dann bestehen, wenn die übernehmende Kapitalgesellschaft nach der Einbringung keine Betriebsstätte im Inland zurückbehält.[281]

c) Internationale Anerkennung des geänderten Abkommensverständnisses

Die Entscheidung des BFH ist territorial auf das deutsche Abkommensverständnis begrenzt. Es hat keine Auswirkung auf die Sichtweise anderer DBA-Staaten. So ist aus dem Schlussantrag der Generalanwältin in der Rs. *National Grid Indus* beispielsweise erkennbar, dass das niederländische oberste Gericht in Steuersachen der Hoge Raad dieses Abkommensverständnis eben nicht teilt und die National Grid Indus B.V. im Anschluss an ihren Wegzug nach Großbritannien eben aufhört, „*in den Niederlanden steuerbare Gewinne aus Unternehmen zu erzielen*"[282]. Auch *Wassermeyer* schließt nicht aus, „*dass sich die große Mehrheit der DBA-Staaten der Rechtsauffassung des BFH nicht anschließen wird*"[283]. Diese im internationalen Kontext nicht einheitliche Auslegung der DBA kann daher zu Keinmalbesteuerungen und Doppelbesteuerungen führen.[284]

Unabhängig von einer abkommensrechtlichen Beurteilung in anderen DBA-Staaten bleibt das deutsche Besteuerungsrecht jedoch so lange bestehen, wie das deutsche höchste Finanzgericht das Besteuerungsrecht weiterhin der Bundesrepublik zugesteht, schließlich „*entscheidet jeder Staat für sich und autonom, welche*

278 So ausdrücklich BFH v. 28.10.2009 – I R 99/08, BStBl. II 2011, 1019, Rn. 22 f.

279 Vgl. hierzu auch BFH v. 26.2.2014 – I R 56/12, BStBl. II 2014, 703; BFH v. 20.5.2015 – I R 75/14, BFH/NV 2015, 1687.

280 BFH v. 28.10.2009 – I R 99/08, BStBl. II 2011, 1019, Rn. 27.

281 So auch ausdrücklich: *Gosch*, IStR 2015, 709, 715.

282 Schlussanträge der Generalanwältin *Kokott* v. 8.9.2011 – C-371/10, *National Grid Indus*, Rn. 48.

283 *Wassermeyer*, IStR 2010, 461, 465.

284 *Wassermeyer*, IStR 2010, 461, 465.

Besteuerungsrechte er in Anspruch nehmen möchte"[285]. Selbst wenn der Zuzugsstaat der Bundesrepublik Deutschland keinen Anteil am späteren Veräußerungsgewinn zugesteht, wird sie – in Übereinstimmung mit der BFH-Judikatur – ihren Gewinnanteil der nationalen Besteuerung unterwerfen, was im Zweifel in eine Doppelbesteuerung mündet. Im Ergebnis führt eine andere Interpretation des Art. 13 Abs. 2 OECD-MA durch den Zuzugsstaat nicht zu einem Ausschluss des Besteuerungsrechts in der Bundesrepublik Deutschland.

Im Übrigen sei darauf hingewiesen, dass sich diese Diskussion auch nur für den Aufteilungsmaßstab des Art. 13 Abs. 2 OECD-MA stellen kann. Für die Fälle des Art. 7 Abs. 2 OECD-MA wurde bereits dargestellt, dass hier Einigkeit über die Aufteilung herrscht.[286] Bei Anrechnungsbetriebsstätten ist eine Beurteilung im Aufnahmestaat ohnehin unerheblich für die Beurteilung des inländischen Besteuerungsrechts.[287]

d) Behandlung unerwarteter Wertverluste

Nach der geänderten Rechtsprechung des BFH steht der Bundesrepublik Deutschland das Besteuerungsrecht an den im Inland geschaffenen stillen Reserven auch nach der Überführung ins Ausland weiterhin zu, sodass die Bundesrepublik Deutschland die im Inland entstandenen stillen Reserven erst und nur besteuern darf, wenn diese auch tatsächlich realisiert werden.[288] Fehlt es an einem Realisationsakt, etwa weil das Wirtschaftsgut im Ausland unerwartet untergegangen ist, darf weder in der Bundesrepublik Deutschland noch im neuen Betriebsstättenstaat eine Besteuerung vorgenommen werden.[289] Damit trägt die Bundesrepublik Deutschland weiterhin das Risiko nachträglicher Wertminderungen.

Dies kann gegenüber dem deutschen Fiskus als unsachgemäß empfunden werden, doch ist an dieser Stelle zu konstatieren, dass die Staatskasse auch bei einem Verbleib des Wirtschaftsguts in der Bundesrepublik Deutschland das Risiko dessen zufälligen Untergangs zu tragen hätte. Durch den Transfer des Wirtschaftsguts ins Ausland – im Vergleich zum Verbleib im Inland – wird das Steueraufkommen der Bundesregierung also nicht gefährdet, sodass kein Anlass dazu besteht, allein aufgrund des Wirtschaftsguttransfers irgendwelche (beschränkenden) Maßnahmen zu ergreifen.[290]

Nach der hier vertretenen Auffassung gilt dies auch für den im Zuge der Einbringung vorgenommenen Rechtsträgerwechsel, wenn der übernehmende

---

285 *Wassermeyer*, IStR 2012, 277, 281.

286 Vgl. hierzu im Detail S. 77 f.

287 Vgl. hierzu im Detail S. 78 ff.

288 Vgl. hierzu auch *Ungemach*, Ubg 2011, 251, 259.

289 So auch der Wissenschaftliche Beirat von Ernst & Young tax, DB 2010, 1776, 1786; *Wassermeyer*, IStR 2010, 461, 461 f.

290 Zur Frage, ob die spätere Wertminderung durch die Bundesrepublik Deutschland versagt werden kann, vgl. S. 154.

Rechtsträger nach §§ 23 Abs. 1 S. 1, 12 Abs. 3 Hs. 1 UmwStG in die Fußstapfen des Einbringenden tritt.

e) Laufende Realisierung der Wertzuwächse

Bei nicht abnutzbaren Wirtschaftsgütern (i.d.R. Umlaufvermögen, Beteiligungen sowie Grund und Boden, vgl. § 6 Abs. 1 Nr. 2 EStG) steht die im Verlauf der Haltezeit bzw. der Handels- oder Produktionskette erzielte Wertsteigerung im Vordergrund, die letztendlich durch einen Veräußerungsvorgang realisiert wird.

Die stillen Reserven der Wirtschaftsgüter des abnutzbaren Anlagevermögens (vgl. § 6 Abs. 1 Nr. 1 EStG) werden hingegen nicht durch einen Veräußerungsvorgang realisiert, sondern i.d.R. ratierlich in laufende Erlöse gewandelt, denen die Abschreibung des Wirtschaftsguts gegenübersteht. Nach dem Verbrauch eines solchen Wirtschaftsguts wird dieses zu einem gegen null tendierenden Preis veräußert oder verschrottet.

Würde man die aus dem Wirtschaftsgut resultierenden Erträge nach einer Überführung ausschließlich dem Aufnahmestaat zugestehen, würde dem deutschen Fiskus das Besteuerungsrecht an den in seinem Hoheitsgebiet entstandenen stillen Reserven genommen werden. Dies kann insbesondere unter Veranlassungs- und Fremdvergleichsgrundsätzen nicht überzeugen. Richtigerweise muss das deutsche Besteuerungsrecht an dem entstrickten Wirtschaftsgut sowohl den Gewinn aus der Veräußerung als auch die anteiligen Erträge aus der Nutzung umfassen.[291] Dazu muss dem deutschen Fiskus ein Wertschöpfungsbeitrag an den laufenden Erlösen zugestanden werden, soweit der durch die ausländische Betriebsstätte realisierte Außenumsatz Ergebnis der in der Bundesrepublik Deutschland angewachsenen stillen Reserven ist. Zur Vermeidung komplexer mathematischer Berechnungen und aufwendiger Dokumentationen schlägt *Schönfeld*[292] vor, der Bundesrepublik Deutschland einen an dem gemeinen Wert des Wirtschaftsguts und der tatsächlichen Nutzungsdauer orientierten Gewinnanteil der ausländischen Betriebsstätte zuzuweisen. Die Beteiligung des deutschen Fiskus an den laufenden Unternehmensgewinnen der ausländischen Betriebsstätte wäre auch unter dem Fremdvergleichsgrundsatz des Art. 7 Abs. 2 OECD-MA begründbar, da die ausländische Betriebsstätte den Außenumsatz ohne das Dazutun des deutschen Unternehmensteils nicht in dem Maße selbstständig hätte erzielen können.[293]

f) Anwendbarkeit des Regelungsbeispiels

Das Regelungsbeispiel wurde mit dem Jahressteuergesetz 2010 in die allgemeinen Entstrickungsnormen (dort § 4 Abs. 1 S. 4 EStG und § 12 Abs. 1 S. 2 KStG)

---

291 So auch der Wissenschaftliche Beirat von Ernst & Young tax, DB 2010, 1776, 1786; *Wassermeyer*, DB 2006, 1176, 1179; *Wassermeyer*, IStR 2010, 461, 464.

292 *Schönfeld*, IStR 2010, 133, 136.

293 *Schönfeld*, IStR 2010, 133, 136.

aufgenommen und soll laut Gesetzesbegründung nur klarstellende Wirkung haben.[294] Eine entsprechende Regelung in den umwandlungsrechtlichen Entstrickungsregelungen – insbesondere in § 20 Abs. 2 S. 2 Nr. 3 UmwStG – ist unterblieben, sodass fraglich ist, ob das Regelungsbeispiel auch in Einbringungsfällen Anwendung findet.

Die gesetzgeberische Erweiterung auf die speziellen Entstrickungsnormen ist mit der Begründung unterlassen worden, dass das Regelungsbeispiel für die gleichlautenden Regelungen des Umwandlungssteuergesetzes gleichermaßen gelten müsste und eine besondere gesetzliche Regelung damit entbehrlich wäre.[295] Die analoge Anwendbarkeit des Regelungsbeispiels auf die umwandlungsrechtliche Entstrickung wird auch durch die Finanzverwaltung vertreten.[296]

Dem ist jedoch entgegenzuhalten, dass es sich bei § 20 Abs. 2 S. 2 Nr. 3 UmwStG im Verhältnis zu den allgemeinen Entstrickungsregelungen um eine spezielle Vorschrift handelt, sodass das Regelungsbeispiel keine analoge Anwendung finden kann.[297] Neben der wörtlichen Wiedergabe des Regelungsbeispiels in § 12 Abs. 1 S. 2 KStG hat der Gesetzgeber im Rahmen des Jahressteuergesetzes 2010 an anderen Stellen des EStG den Verweis auf § 4 Abs. 1 S. 4 EStG vorgenommen. So ist das Regelungsbeispiel nunmehr über §§ 6 Abs. 5 S. 1 Hs. 2, 16 Abs. 3 S. 2 Hs. 2 und Abs. 3a Hs. 2 EStG entsprechend anwendbar. Wenn sich der Gesetzgeber schon der analogen Anwendbarkeit des Regelungsbeispiels im EStG nicht sicher ist und daher entsprechende Verweisstrukturen schafft, mangelt es bereits im Umkehrschluss an einer planwidrigen Regelungslücke. Für die analoge Anwendbarkeit des Regelungsbeispiels auf die umwandlungsrechtliche Entstrickung kann damit kein Raum verbleiben, sodass das Regelungsbeispiel im Bereich des Umwandlungssteuergesetzes nach der hier vertretenen Auffassung keine Anwendung findet.

---

294 Empfehlungen der Ausschüsse, BT-Drs. 318/1/10, S. 9; a.A.: Intl. Umwandlungen/*Beinert/Scheifele*, Rz. 8.249 f.; *Müller-Thomczik*, Umwandlungsbedingte Entstrickung, S. 91; FGS/BDI/*Kutt/Carstens*, S. 145.

295 Bericht des Finanzausschusses (7. Ausschuss) zum Jahressteuergesetz 2010, BT-Drs. 17/3549, S. 15.

296 BMF v. 11.11.2011 – IV C2 – S 1978 – b/08/10001, BStBl. I 2011, 1314, Rn. 03.18; *Beinert/Benecke*, FR 2010, 1009, 1012; *Richter/Heyd*, Ubg 2010, 172, 175.

297 *Brinkmann/Reiter*, DB 2012, 16, 17; *Bron*, IStR 2012, 904, 907; Frotscher/Drüen/*Frotscher*, § 11 UmwStG, Rn. 123; *Klingberg/Nitzschke*, Ubg 2011, 451, 452 f.; S/H/S/*Schmitt*, § 20 UmwStG, Rn. 343; *Schnitger*, IStR 2012, 633, 639; Frotscher/Drüen/*Schnitter*, § 3 UmwStG, Rn. 154; *Stadler/Elser/Bindl*, DB Beilage 1/2012, 14, 14; *Ungemach*, Ubg 2011, 251, 251; a.A. *Beinert/Benecke*, FR 2010, 1009, 1012; Widmann/Mayer/*Fuhrmann*, § 24 UmwStG, Rn. 749; *Lohmar*, FR 2013, 591, 592; *Musil*, FR 2011, 545, 550; *Schel*, FR 2012, 101, 105.

III. Verbleibende Anwendungsfälle

Im Ergebnis ist der Anwendungsbereich des § 20 Abs. 2 S. 2 Nr. 3 UmwStG stark eingeschränkt. Der bisher klassische einbringungsbedingte Entstrickungsfall führt – wie oben dargestellt – aufgrund der jüngeren Entwicklungen eben nicht zum Ausschluss des deutschen Besteuerungsrechts. Darüber hinaus erfolgen die Entstrickungen häufig nicht durch die Einbringung als Rechtsakt (rechtliche Entstrickung) zum Einbringungsstichtag, sondern durch eine dem Einbringungszeitpunkt folgende tatsächliche Handlung der Geschäftsleitung (tatsächliche Entstrickung) und sind somit nicht nach den speziellen Entstrickungsnormen zu beurteilen. Mithin reduziert sich der Anwendungsbereich auf nachfolgende Anwendungsfälle, die bedingt durch die rechtliche Entstrickung zur Steuerpflicht des Einbringungsvorgangs führen können:

1. Fallgruppe 1: Einbringung einer Anrechnungsbetriebsstätte

Klassischer, verbleibender Anwendungsfall des § 20 Abs. 2 S. 2 Nr. 3 UmwStG ist der Ausschluss des deutschen Besteuerungsrechts im Zuge der Einbringung von Betriebsvermögen einer ausländischen Anrechnungsbetriebsstätte in eine ausländische Kapitalgesellschaft (Szenario 4 auf S. 31).[298] Dies ist beispielsweise gegeben, wenn ein in der Bundesrepublik Deutschland Ansässiger seine in Brasilien belegene Anrechnungsbetriebsstätte in eine ausländische EU-/EWR-Kapitalgesellschaft einbringt und die Bundesrepublik Deutschland dadurch das beschränkte Besteuerungsrecht für die in der brasilianischen Betriebsstätte belegenen Wirtschaftsgüter verliert.[299]

2. Fallgruppe 2: Umqualifizierung in aktive Einkünfte

Wirtschaftsgüter einer Freistellungsbetriebsstätte sind bereits vollständig dem deutschen Besteuerungsrecht entzogen, sodass eine weitere Einschränkung des – ohnehin nicht vorhandenen – Besteuerungsrechts nicht möglich ist. Eine Ausnahme bilden Wirtschaftsgüter einer ausländischen niedrig besteuerten Betriebsstätte, mit denen passive Einkünfte i.S.d. § 8 Abs. 1 AStG erzielt werden. Für passive Einkünfte sieht § 20 Abs. 2 AStG[300] einen Wechsel von der Freistellungs- zur Anrechnungsmethode vor, sodass hier – trotz der Freistellung aufgrund eines DBA – das Risiko besteht, dass dieses per Treaty Override erlangte

---

298 R/H/vL/*Herlinghaus*, § 20 UmwStG, Rn. 168; a.A. *Beinert/Benecke*, FR 2010, 1009, 1013.

299 So auch *Wassermeyer* für die Verschmelzung einer deutschen GmbH mit ausländischer Anrechnungsbetriebsstätte auf eine niederländische Kapitalgesellschaft, *Wassermeyer*, IStR 2010, 461, 465.

300 Das Gleiche gilt, wenn der Aktivitätsvorbehalt eines DBA vor der Einbringung zum Wechsel von der Freistellungs- zur Anrechnungsmethode führt und dieser nach der Einbringung entfällt.

Besteuerungsrecht durch die Einbringung ausgeschlossen wird.[301] Ein Ausschluss des inländischen Besteuerungsrechts wäre z.B. dann gegeben, wenn die übernehmende deutsche Kapitalgesellschaft bereits eine ausländische Betriebsstätte mit aktiven Einkünften unterhält und die passiven Einkünfte der eingebrachten Betriebsstätte durch die Einbringung in aktive Einkünfte umqualifiziert werden (Szenario 5 auf S. 31).[302] Ein Ausschluss des inländischen Besteuerungsrechts liegt ebenfalls vor, wenn die niedrig besteuerte ausländische Betriebsstätte in eine ausländische EU-/EWR-Kapitalgesellschaft eingebracht wird (Szenario 4 auf S. 31) und anschließend der Gewinn aus der Veräußerung dieser Wirtschaftsgüter nicht mehr über die Hinzurechnungsbesteuerung der §§ 7 bis 14 AStG erfasst werden kann.[303]

3. *Fallgruppe 3: Hybride Gesellschaften*

Ein weiteres Problem könnte sich aus der Switch-Over-Klausel des § 50d Abs. 9 Nr. 1 EStG für ausländische hybride Gesellschaften ergeben, insbesondere für Unternehmen, die im Ausland als Körperschaftsteuersubjekt und aus deutscher Sicht nach Maßgabe des Typenvergleichs als Mitunternehmerschaft qualifiziert werden. Aufgrund der Beurteilung als Körperschaft würde der ausländische Staat nach Art. 13 Abs. 5 OECD-MA das Besteuerungsrecht der Bundesrepublik Deutschland als Ansässigkeitsstaat zugestehen. Aus deutscher Sicht läge hingegen eine Mitunternehmerschaft vor, deren Veräußerungsgewinn nach Art. 13 Abs. 2 OECD-MA im Betriebsstättenstaat besteuert wird. Zur Vermeidung weißer Einkünfte erfolgt in diesem Fall nach § 50d Abs. 9 Nr. 1 EStG ein Wechsel von der Freistellungs- zur Anrechnungsmethode. Es ist umstritten, ob § 50d Abs. 9 Nr. 1 EStG in diesem Zusammenhang ein Besteuerungsrecht für den Veräußerungsgewinn begründen kann.[304] Wird dies bejaht, führt die Einbringung der hybriden Gesellschaft in eine ausländische Kapitalgesellschaft (Szenario 4 auf S. 31) ebenfalls zum Ausschluss des deutschen Besteuerungsrechts.

---

301 So die Gesetzesbegründung zum SEStEG (Entwurf eines Gesetzes über steuerliche Begleitmaßnahmen zur Einführung der Europäischen Gesellschaft und zur Änderung weiterer steuerrechtlicher Vorschriften (SEStEG) vom 25.9.2006, BT-Drs. 16/2710, S. 44); Dötsch/Pung/Möhlenbrock/ *Dötsch*, § 11 UmwStG, Rn. 70; *Herbst*, Die Entstrickung stiller Reserven, S. 98; *Schnitger*, IFSt-Schrift Nr. 487 2013, S. 26; Widmann/Mayer/ *Widmann*, § 20 UmwStG, Rn. 476; kritisch: *Wassermeyer*, IStR 2012, 804, 807.

302 S/H/S/*Schmitt*, § 20 UmwStG, Rn. 347; Widmann/Mayer/ *Widmann*, § 20 UmwStG, Rn. 475.

303 Widmann/Mayer/ *Widmann*, § 20 UmwStG, Rn. 481.

304 Dies bejahend: *Beinert/Benecke*, FR 2010, 1120, 1132; *Mouldi/Loose*, Ubg 2012, 829, 833; R/H/vL/*Rödder*, § 11, Rn. 119; *Ungemach*, Ubg 2011, 251, 252; a.A.: *Heerdt*, IStR 2012, 866, 866.

4. *Fallgruppe 4: Wirtschaftsgüter der Vermögensverwaltung*

Ein weiterer Anwendungsbereich ergibt sich, wenn der Einbringende nur eine vermögensverwaltende Tätigkeit ausführt, diese jedoch aufgrund einer im deutschen Steuerrecht verankerten Fiktion zu gewerblichen Einkünften führt. Betroffen sind hiervon insbesondere folgende Regelungen:

1. Gewerbliche Infizierung und gewerbliche Prägung
   Entgegen der in der Praxis irrtümlich vertretenen Auffassung, eine oHG oder KG habe kraft Rechtsform per se gewerbliche Einkünfte, ist zunächst festzustellen, dass auch Personenhandelsgesellschaften grundsätzlich alle Einkunftsarten[305] erzielen können. Übt die Personengesellschaft allerdings auch eine gewerbliche Tätigkeit aus oder handelt es sich um eine klassische GmbH & Co. KG, werden die Einkünfte in vollem Umfang nach § 15 Abs. 3 Nr. 1 bzw. 2 EStG in gewerbliche Einkünfte umqualifiziert.
2. Fiktion gewerblicher Einkünfte nach § 8 Abs. 2 KStG
   Bei Kapitalgesellschaften werden die vermögensverwaltenden Einkünfte nach § 8 Abs. 2 KStG in gewerbliche Einkünfte umqualifiziert, wenn die Kapitalgesellschaft unbeschränkt steuerpflichtig ist.
3. Betriebsverpachtung im Ganzen
   Mit der Verpachtung eines Betriebs werden grundsätzlich Einkünfte nach § 21 Abs. 1 Nr. 2 EStG erzielt. Hat der Einbringende den Betrieb (§ 15 oder § 18 EStG) zuvor selber unterhalten, kann er die Betriebsaufgabe und damit die Besteuerung der stillen Reserven im Rahmen des sogenannten Verpächterwahlrechts vermeiden (§ 16 Abs. 3b EStG). In diesem Fall bleibt die Betriebsvermögeneigenschaft erhalten und Einnahmen aus der Verpachtung werden in gewerbliche Einkünfte umqualifiziert.
4. Betriebsaufspaltung
   Werden wesentliche Betriebsgrundlagen durch das Besitzunternehmen einem gewerblich tätigen Betriebsunternehmen zur Nutzung überlassen (sachliche Verflechtung) und ist eine Person oder eine Personengruppe in der Lage, in beiden Unternehmen einen einheitlichen geschäftlichen Betätigungswillen durchzusetzen (personelle Verflechtung), liegt eine Betriebsaufspaltung vor, die die grundsätzlich vermögensverwaltenden Einkünfte des Besitzunternehmens in gewerbliche Einkünfte umqualifiziert.[306]

Gleichwohl der deutsche Steuergesetzgeber im Rahmen der Umsetzung der FRL solche nicht originär gewerblichen Sachgesamtheiten von der Anwendung des § 20 Abs. 1 UmwStG hätte ausnehmen können, knüpft er an den Betriebsbegriff des § 16 EStG an und ermöglicht damit auch fiktiven Betrieben, als

305 Mit Ausnahme von nichtselbstständigen Einkünften nach § 19 EStG.
306 BFH v. 24.2.1994 – IV R 8–9/93, BStBl. II 1994, 466; zur Betriebsaufspaltung im Detail vgl. auch GmbHBerat./*Hamacher*, Betriebsaufspaltung, S. B0025 ff.

Einbringungsgegenstand nach § 20 Abs. 1 UmwStG zu fungieren.[307] Die betriebliche Verhaftung der eingebrachten Wirtschaftsgüter besteht auf Ebene der übernehmenden Kapitalgesellschaft nach § 8 Abs. 2 KStG weiter, wenn diese der unbeschränkten Körperschaftsteuerpflicht unterliegt.

Wird der fiktive Betrieb[308] einer der hier genannten vier Fallvarianten jedoch in eine nur beschränkt steuerpflichtige Kapitalgesellschaft eingebracht, kommt § 8 Abs. 2 KStG nicht zur Anwendung. In den Fallvarianten 1 (gewerbliche Infizierung und gewerbliche Prägung) und 2 (Fiktion gewerblicher Einkünfte nach § 8 Abs. 2 KStG) wird daher bereits nach nationalem Verständnis auf Ebene der Übernehmerin eine Betriebsaufgabe i.S.d. § 16 EStG ausgelöst, was die Ertragsteuerneutralität des Einbringungsvorgangs unmöglich macht. In den Fallvarianten 3 (Betriebsverpachtung im Ganzen) und 4 (Betriebsaufspaltung) führt zudem der Verlust des deutschen Besteuerungsrechts nach § 20 Abs. 2 S. 2 Nr. 3 UmwStG zur Steuerpflicht der Einbringung. Denn der BFH hat in einer Reihe von drei Entscheidungen[309] festgestellt, dass Unternehmensgewinne i.S.d. Art. 7 OECD-MA nur dann vorliegen, wenn eine unternehmerische Tätigkeit tatsächlich ausgeführt wird. Eine im nationalen Recht verankerte Fiktion gewerblicher Einkünfte kann die Anwendung der Artt. 5, 7 und 13 Abs. 2 OECD-MA nicht begründen, sodass nach abkommensrechtlichem Verständnis vermögensverwaltende Einkünfte gegeben sind, deren Besteuerungsrechte sich aus Artt. 6 und 13 Abs. 5 OECD-MA ergeben. Mit Ausnahme von unbeweglichem Vermögen[310] verliert die Bundesrepublik Deutschland als Belegenheits- bzw. Quellenstaat nach Art. 13 Abs. 5 OECD-MA zugunsten des ausländischen Ansässigkeitsstaats damit das Besteuerungsrecht an den inländischen Vermögenswerten. Gleichwohl die Entscheidungen gewerblich geprägte Personengesellschaften betrafen, sind die darin entwickelten Grundsätze auf alle vier Varianten übertragbar.

Damit sind inländische Wirtschaftsgüter der Vermögensverwaltung nahezu immer von einem Verlust des Besteuerungsrechts zum steuerlichen Übertragungsstichtag betroffen, wenn sie in ausländische EU-/EWR-Kapitalgesellschaften eingebracht werden.

---

307 So auch Widmann/Mayer/*Widmann*, § 20 UmwStG, Rn. 3.

308 Für die Fallvariante 1 muss unterstellt werden, dass nicht die Mitunternehmeranteile, sondern der fiktive Betrieb durch die Mitunternehmerschaft eingebracht wird.

309 BFH v. 28.4.2010 – I R 81/09, BStBl. II 2014, 754; BFH v. 9.12.2010 – I R 49/09, BStBl. II 2011, 482; BFH v. 4.5.2011 – II R 51/09, BStBl. II 2014, 751.

310 Unbewegliches Vermögen bleibt nach § 49 Abs. 1 Nr. 2 lit. f EStG i. V m. § 8 Abs. 1 KStG und Art. 6 OECD-MA weiterhin im Inland steuerverstrickt. Eine inländische Betriebsstätte ist nicht erforderlich (BFH v. 5.6.2002 – I R 81/00, BStBl. II 2004, 344); vgl. auch S/H/S/*Schmitt*, § 20 UmwStG, Rn. 348.

C. Tatsächliche Steuerentstrickung

I. Allgemeine Entstrickungsvorschriften

Liegt dem Einbringungsvorgang eine Umwandlung i.S.d. UmwG zugrunde, kann dieser gem. § 20 Abs. 6 S. 1 u. 2 UmwStG auf einen steuerlichen Übertragungsstichtag zurückbezogen werden, der bis zu acht Monate vor der Anmeldung der Umwandlung beim zuständigen Handelsregister liegt.[311] Erfolgte die Einbringung außerhalb des UmwG, ist gem. § 20 Abs. 6 S. 3 UmwStG eine Rückwirkung bis zu acht Monate vor der Unterzeichnung des Einbringungsvertrags möglich.

Dies wirft die Frage der Anwendbarkeit der Entstrickungsnorm des § 20 Abs. 2 S. 2 Nr. 3 UmwStG bei rückwirkenden Einbringungen auf. Denn diese Norm greift nur, soweit das deutsche Besteuerungsrecht zum steuerlichen Übertragungsstichtag ausgeschlossen oder beschränkt wird.[312] Es ist folglich darauf abzustellen, ob die Entstrickung aus rechtlichen Gründen (rechtliche Entstrickung) und damit *„ohne weiteres Zutun des Steuerpflichtigen"*[313] zum steuerlichen Übertragungsstichtag oder aus tatsächlichen Gründen zu einem späteren Zeitpunkt erfolgt (tatsächliche Entstrickung).

Eine rechtliche Entstrickung liegt vor, wenn die Wirtschaftsgüter allein aufgrund der veränderten Zugehörigkeit zu einem Rechtsträger, ohne ein Dazutun der beteiligten Akteure, dem deutschen Besteuerungsrecht entzogen werden. Wird die Entstrickung jedoch nicht durch den Rechtsträgerwechsel selbst, sondern durch eine dem Rechtsträgerwechsel folgende Handlung ausgelöst (tatsächliche Entstrickung), sind hierfür die allgemeinen Entstrickungsnormen maßgebend.[314] In Fällen der tatsächlichen Entstrickung ist die spezielle Entstrickungsnorm des § 20 Abs. 2 S. 2 Nr. 3 UmwStG daher zunächst nicht einschlägig und die Einbringung damit steuerneutral möglich. Die Entstrickung erfolgt durch einen nachgelagerten Vorgang, dessen Beurteilung nach der allgemeinen Entstrickungsnorm (§ 12 Abs. 1 KStG) zu erfolgen hat.[315]

---

311 Wobei eine grenzüberschreitende Ausgliederung in der gegenwärtigen Fassung des UmwG nicht möglich ist (Intl. Umwandlungen/*Sterner*, Kapitel 7 Umwandlungen von Personengesellschaften in Kapitalgesellschaften, Rn. 7).

312 *Hruschka/Hellmann*, DStR 2010, 1961, 1963; BMF v. 11.11.2011 – IV C2 – S 1978 – b/08/10001, BStBl. I 2011, 1314, Rn. 03.19; S/H/S/*Schmitt*, § 20 UmwStG, Rn. 350.

313 *Lohmar*, FR 2013, 591, 593.

314 Dötsch/Pung/Möhlenbrock/*Dötsch*, § 11 UmwStG, Rn. 80; R/H/vL/*Rödder*, § 11, Rn. 116; Schmitt/ Hörtnagl/*Schmitt*, § 20 UmwStG, Rn. 346.

315 R/H/vL/*Rödder*, § 11, Rn. 116; Widmann/Mayer/*Schießl*, § 11 UmwStG, Rn. 50; S/H/S/*Schmitt*, § 20 UmwStG, Rn. 346; *Viskorf/Philipp*, DStR 2010, Beihefter zu Heft 46, 75, 76.

II. Verbleibende Anwendungsfälle

Löst der Einbringungsvorgang keine rechtliche Entstrickung aus, bleibt die Zuordnung eines Wirtschaftsguts zu einer Betriebsstätte nach der Einbringung i.d.R. bestehen.[316] Auch die Finanzverwaltung geht davon aus, dass eine grenzüberschreitende Umwandlung die Zuordnung zu einer in- oder ausländischen Betriebsstätte grundsätzlich nicht ändert.[317] Es bedarf also besonderer Maßnahmen, damit ein Wirtschaftsgut nach dem steuerlichen Übertragungsstichtag aus dem deutschen Besteuerungsrecht durch eine tatsächliche Handlung entstrickt wird. Hierzu können zwei Fallgruppen herausgearbeitet werden, bei denen die nachgelagerte Veränderung der Betriebsstättenzugehörigkeit in einem zeitlichen und sachlichen Zusammenhang mit der Einbringung steht.

1. Fallgruppe 1: Zentralfunktion des Stammhauses

Wirtschaftsgüter, die nach Maßgabe der Zentralfunktionsthese[318] stets dem Stammhaus zugeordnet werden, sind besonders von einer tatsächlichen Entstrickung betroffen.[319] Klassisches Anwendungsbeispiel ist hier die Einbringung einer inländischen Betriebsstätte eines inländischen Rechtsträgers in eine ausländische EU-/EWR-Kapitalgesellschaft (Szenario 4 auf S. 31). Wirtschaftsgüter, die nicht aufgrund ihrer funktionalen Betrachtungsweise weiterhin der inländischen Betriebsstätte zugeordnet bleiben, sind – zumindest nach Auffassung der Finanzverwaltung – dem Stammhaus zu allokieren.[320] Die Allokation betrifft insbesondere Beteiligungen, Finanzmittel, immaterielle Wirtschaftsgüter (z.B. Patente, Rechte, Marken und Know-how) sowie den originären Geschäfts- oder Firmenwert und erfolgt zu einem dem steuerlichen Übertragungsstichtag nachfolgenden Zeitpunkt.[321] Die durch die Zentralfunktionsthese herbeigeführte Entstrickung kann nicht rückwirkend auf den steuerlichen Übertragungsstichtag erfolgen. Dies liegt

---

316 So auch *Kahle/Vogel*, Ubg 2012, 493, 496.

317 BMF v. 11.11.2011 – IV C2 – S 1978 – b/08/10001, BStBl. I 2011, 1314, Rn. 03.20; So auch *Kahle/Vogel*, Ubg 2012, 493, 496.

318 Zur Zentralfunktion des Stammhauses siehe S. 57.

319 Dötsch/Pung/Möhlenbrock/*Dötsch*, § 11 UmwStG, Rn. 77; *Hruschka/Hellmann*, DStR 2010, 1961, 1963; R/H/vL/*Rödder*, § 11, Rn. 116.

320 BMF v. 24.12.1999 – IV B 4 – S 1300 – 111/99, BStBl. I 1999, 1076; a.A. *Blumers*, DB 2006, 856, 856; FSSchaumburg/*Breuninger*, Die „Zentralfunktion des Stammhauses“ bei grenzüberschreitenden Verschmelzungen, S. 587 ff.; Dötsch/Pung/Möhlenbrock/*Dötsch*, § 11 UmwStG, Rn. 59; Frotscher/Drüen/*Frotscher*, § 11 UmwStG, Rn. 128; *Haun/Reiser/Mödinger*, GmbHR 2010, 637, 640; *Kahle/Mödinger*, DB 2011, 2338, 2339; *Lohmar*, FR 2013, 591, 594; *Prinz*, DB 2012, 820, 822.

321 *Förster/Wendland*, BB 2007, 631, 633; Frotscher/Drüen/*Frotscher*, § 11 UmwStG, Rn. 128; R/H/vL/*Herlinghaus*, § 20 UmwStG, Rn. 168; Dötsch/Pung/Möhlenbrock/*Patt*, § 20 UmwStG, Rn. 226; S/H/S/*Schmitt*, § 20 UmwStG, Rn. 349; *Ungemach*, Ubg 2011, 251, 252.

darin begründet, dass erst in dem Zeitpunkt, in dem die Verantwortlichkeit für ein Wirtschaftsgut an das ausländische Stammhaus tatsächlich übergeben wird, sich die Zuordnung ändert und damit eine Veränderung der Betriebsstättenzugehörigkeit auslösen kann.[322] Bis dahin wird das Wirtschaftsgut noch durch den alten bis dahin fortbestehenden (zweiten) Ort der geschäftlichen Oberleitung verantwortet.[323] Der Übergang der Verantwortung kann frühestens mit der zivilrechtlichen Wirksamkeit der Einbringung eintreten.[324] Nur die Zuordnung von Wirtschaftsgütern, die nach ihrer funktionalen Betrachtungsweise weiterhin der inländischen Betriebsstätte zuzuordnen sind[325], sollen durch die Zentralfunktion des Stammhauses keiner Zuordnungsveränderung unterliegen.[326]

2. *Fallgruppe 2: Veränderte funktionale Zuordnung*

Aber auch die Zuordnung der Wirtschaftsgüter aufgrund der tatsächlichen funktionalen Zuordnung kann durch die Einbringung verändert werden. Die Veränderung des Funktionszusammenhangs kann sowohl zu einer rechtlichen Entstrickung als auch zu einer tatsächlichen Entstrickung führen. Eine rechtliche Entstrickung nach § 20 Abs. 2 S. 2 Nr. 3 UmwStG zum Einbringungsstichtag liegt vor, wenn die Entstrickung durch den Rechtsträgerwechsel selbst ausgelöst wird.[327] Führt hingegen eine dem Einbringungsstichtag nachgelagerte tatsächliche Handlung der übernehmenden Gesellschaft zu einem neuen Funktionszusammenhang, ist die tatsächliche Entstrickung nach den allgemeinen Entstrickungsvorschriften maßgebend. Typische Anwendungsfälle der tatsächlichen Entstrickung sind Verlagerung von Funktionseinheiten inklusive der damit im Zusammenhang stehenden Maschinen sowie Roh-, Hilfs- und Betriebsstoffe in ausländische Betriebsstätten, die nach der Einbringung durch die Geschäftsleitung veranlasst werden.[328] Solche tatsächlichen Transporte erfolgen losgelöst vom zivilrechtlichen Rechtsträgerwechsel und führen damit zu einer dem steuerlichen Einbringungsstichtag nachgelagerten Entstrickung. Diese Entstrickungsfälle können unabhängig davon eintreten, ob es sich bei der übernehmenden Gesellschaft um eine inländische Gesellschaft oder um eine EU-/EWR-Kapitalgesellschaft handelt. Es können alle sechs der auf S. 30

---

322 FSSchaumburg/*Breuninger*, Die „Zentralfunktion des Stammhauses" bei grenzüberschreitenden Verschmelzungen, S. 593; *Kessler/Philipp*, DStR 2012, 267, 270; S/H/S/*Schmitt*, § 20 UmwStG, Rn. 349.

323 FSSchaumburg/*Breuninger*, Die „Zentralfunktion des Stammhauses" bei grenzüberschreitenden Verschmelzungen, S. 592 ff.

324 *Kahle/Vogel*, Ubg 2012, 493, 496.

325 Zum Verlust des Besteuerungsrechts an Beteiligungen, selbstgeschaffenen immateriellen Wirtschaftsgütern und des Firmenwerts vgl. *Förster/Wendland*, BB 2007, 631, 633.

326 *Kahle/Vogel*, Ubg 2012, 493, 496.

327 Vgl. hierzu auch das Beispiel auf S. 74 f.

328 *Hruschka/Hellmann*, DStR 2010, 1961, 1963.

und 31 dargestellten Szenarien von einer Entstrickung aufgrund einer geänderten funktionalen Zuordnung betroffen sein.

3. *Stellungnahme*

Es wird die Regel sein, dass das Wirtschaftsgut in beiden Fallgruppen zunächst einer deutschen Betriebsstätte zugeordnet war und im Zuge der Einbringung aus eben dieser entstrickt wird. Bei genauer Betrachtung wird jedoch deutlich, dass diese Entstrickung im Lichte des geänderten Abkommensverständnisses[329] eben nicht zum Ausschluss des deutschen Besteuerungsrechts an den bis zur Überführung entstandenen stillen Reserven führt und damit die allgemeine Entstrickungsnorm des § 12 Abs. 1 S. 1 KStG grundsätzlich nicht auslösen kann. Erst durch Anwendung des Regelungsbeispiels nach § 12 Abs. 1 S. 2 KStG wird in diesen Fällen ein Ausschluss des deutschen Besteuerungsrechts angenommen und damit eine Entstrickungsbesteuerung ausgelöst.

Es müsste eine besondere Fallkonstellation vorliegen, damit die tatsächliche Steuerentstrickung überhaupt zum Ausschluss des Besteuerungsrechts an den bis zur Einbringung entstandenen Gewinnen führt. Dies wäre theoretisch gegeben, wenn ein deutscher Einbringender eine ausländische Anrechnungsbetriebsstätte in eine deutsche Kapitalgesellschaft einbringt, das beschränkte Besteuerungsrecht der Bundesrepublik Deutschland an dem ausländischen Wirtschaftsgut damit zunächst erhalten bleibt und anschließend durch eine Veränderung des Funktionszusammenhangs das Wirtschaftsgut – beispielsweise weil dieses bereits vor der Einbringung der Funktion einer ausländischen DBA-Betriebsstätte der übernehmenden Kapitalgesellschaft im Rahmen einer Überlassung gedient hat – auf die ausländische DBA-Betriebsstätte überspringt.

Letztgenannte Fallkonstellationen werden in der Praxis jedoch die Ausnahme sein, sodass festzuhalten ist, dass im zeitlichen und sachlichen Zusammenhang mit einer grenzüberschreitenden Einbringung das deutsche Besteuerungsrecht auf Ebene der übernehmenden Gesellschaft grundsätzlich kaum ausgeschlossen oder beschränkt werden kann. Eine nachgelagerte Entstrickungsbesteuerung nach § 12 Abs. 1 S. 1 KStG ist damit fast immer Ausfluss des Regelungsbeispiels.

III. Unterschiede zwischen rechtlicher und tatsächlicher Entstrickung

1. *Regelungsbeispiel*

Weil eine entsprechende Regelung in den speziellen Entstrickungsnormen unterblieben ist, kann das Regelungsbeispiel nach der hier vertretenen Auffassung

329 Vgl. hierzu S. 66 ff.

mangels planwidriger Regelungslücke nicht analog auf die umwandlungsrechtliche Entstrickung angewandt werden.[330] Das Regelungsbeispiel greift damit nur bei den allgemeinen Entstrickungsnormen und folglich nur bei Entstrickungsvorgängen tatsächlicher Art. Die Auswirkungen des geänderten Abkommensverständnisses wurden damit neutralisiert.

Der Frage, ob die Veränderung der Betriebsstättenzugehörigkeit zum steuerlichen Übertragungsstichtag oder zu einem danach liegenden Zeitpunkt erfolgt, kommt damit entscheidende Bedeutung zu. Denn bei Zuordnungsveränderungen zum steuerlichen Übertragungsstichtag sind die speziellen Entstrickungsnormen (hier: § 20 Abs. 2 S. 2 Nr. 3 UmwStG) maßgebend. Diese werden häufig jedoch – mangels Verlusts des deutschen Besteuerungsrechts – nicht einschlägig sein, sodass eine Entstrickung regelmäßig zu verneinen ist.[331] Würde das Wirtschaftsgut jedoch zu einem dem steuerlichen Übertragungsstichtag folgenden Zeitpunkt einer ausländischen Betriebsstätte zugeordnet werden, sind die allgemeinen Entstrickungsnormen (§ 4 Abs. 1 S. 3 EStG und § 12 Abs. 1 S. 1 KStG) einschließlich des darin enthaltenen Regelungsbeispiels relevant. Gleichwohl ein Ausschluss des deutschen Besteuerungsrechts auch hier grundsätzlich zu verneinen wäre, wird eben ein solcher durch das Regelungsbeispiel angenommen. Einzig und allein aufgrund des durch das Regelungsbeispiel hervorgerufenen fiktiven Ausschlusses des deutschen Besteuerungsrechts würden diese Fälle zu einer Entstrickungsbesteuerung führen.

Besondere Bedeutung hat das Regelungsbeispiel bei grenzüberschreitenden Umstrukturierungen daher für die Zentralfunktionsthese des Stammhauses. Denn auch diese würde aufgrund des geänderten abkommensrechtlichen Verständnisses in den allermeisten Fällen nicht zu einem Besteuerungsverlust der bis dahin im Inland entstandenen stillen Reserven führen. Nur durch das Regelungsbeispiel wird auch hier der Ausschluss bzw. die Beschränkung des deutschen Besteuerungsrechts künstlich vermutet und damit eine tatsächliche Entstrickung unterstellt.

2. *Stundungsmöglichkeit nach § 4g EStG*

Die bis zum 31.12.2005 geltende Fassung der Betriebsstätten-Verwaltungsgrundsätze[332] sah in Tz. 2.6 die Möglichkeit vor, die im Zuge der Steuerentstrickung entstandene Steuerlast aus Billigkeitsgründen auf einen Zeitraum von zehn Jahren zu verteilen. Mit der Kodifizierung der Entstrickungsnormen im Rahmen des SEStEG wurde diese Billigkeitsregel in § 4g EStG übernommen. § 4g EStG erlaubt dem Steuerpflichtigen nunmehr, die im Rahmen der Steuerentstrickung aufgedeckten stillen Reserven mit einem steuerlichen Ausgleichsposten zu neutralisieren. Der steuerliche Ausgleichsposten ist sodann im Jahr der Bildung und

330 Vgl. zum Regelungsbeispiel S. 85 f.

331 Vgl. hierzu auch das Beispiel auf S. 74 f.

332 BMF v. 24.12.1999 – IV B 4 – S 1300 – 111/99, BStBl. I 1999, 1076, Tz. 2.6.

in den darauffolgenden vier Jahren ratierlich aufzulösen. Über den Verweis des § 12 Abs. 1 S. 1 Hs. 2 KStG ist die Begünstigung auch auf körperschaftsteuerliche Entstrickungen anzuwenden. Voraussetzungen sind jedoch u.a., dass die Entstrickungsbesteuerung auf Ebene einer unbeschränkt steuerpflichtigen Körperschaft erfolgt, es sich um ein Wirtschaftsgut des Anlagevermögens handelt und die Überführung in eine Betriebsstätte in einem EU-Staat erfolgt.[333]

Der Anwendungsbereich des § 4g EStG ist auf die allgemeinen Entstrickungsvorschriften und damit auf die tatsächliche Entstrickung beschränkt. Nach § 4g Abs. 1 S. 5 EStG bleiben die Vorschriften des UmwStG durch den Anwendungsbereich des § 4g EStG ausdrücklich unberührt.[334] Für umwandlungsbedingte Entstrickungen sieht das UmwStG weder vergleichbare Begünstigungen vor, noch sind solche analog auf die umwandlungsbedingte Entstrickung anwendbar. Daher kann die umwandlungsbedingte Entstrickungssteuer auf Ebene des einbringenden Rechtsträgers nicht durch die Bildung eines Ausgleichspostens, durch die Tilgung in Jahresraten oder durch Stundung aufgeschoben werden. Die durch § 20 Abs. 2 S. 2 Nr. 3 UmwStG ausgelöste Steuer ist nach den allgemeinen Grundsätzen zu ermitteln, festzusetzen und zu erheben. Damit ist die Entstrickungssteuer mit Ablauf des Veranlagungszeitraums entstanden (§ 36 Abs. 4 EStG, § 30 Nr. 3 KStG) und innerhalb eines Monats nach Bekanntgabe des Steuerbescheids zu entrichten (§ 36 Abs. 4 S. 1 EStG, bei Körperschaften i.V.m. § 8 Abs. 1 KStG). Es handelt sich mithin um eine sogenannte „*Sofortbesteuerung*".

Besonderer Bedeutung kommt dem Anwendungsbereich des § 4g EStG in europarechtlicher Hinsicht zu. Schließlich sieht der EuGH in Entstrickungsfällen eine Sofortbesteuerung als unverhältnismäßig und damit als mit den Grundfreiheiten unvereinbar an. Eine in fünf Jahresraten gleichmäßig erhobene Entstrickungssteuer wahrt nach Ansicht des EuGH hingegen den Grundsatz der Verhältnismäßigkeit.[335]

3. *Steuersubjekt*

Erfolgt die Entstrickung nach § 20 Abs. 2 S. 2 Nr. 3 UmwStG, sind die stillen Reserven auf Ebene des einbringenden Rechtsträgers aufzudecken und der Einbringungsgewinnbesteuerung zu unterwerfen. Anders ist die Rechtslage jedoch bei Anwendung der allgemeinen Entstrickungsnormen zu beurteilen. Denn hier ist die Einbringung mangels Steuerentstrickung zum steuerlichen Übertragungsstichtag zunächst steuerneutral möglich. Wenn die Entstrickung anschließend aufgrund einer tatsächlichen Handlung der Geschäftsleitung nach den allgemeinen

---

333 Vgl. hierzu im Detail *Schnitger*, IFSt-Schrift Nr. 487 2013, S. 35 f.

334 So auch *Bilitewski*, FR 2007, 57, 62; Schmidt/*Heinicke*, § 4g EStG, Rn. 2; *Müller-Thomczik*, Umwandlungsbedingte Entstrickung, S. 90; R/H/vL/*Rödder*, § 11, Rn. 130; Widmann/Mayer/ *Widmann*, § 20 UmwStG, Rn. 577; Blümich/*Wied*, § 4g EStG, Rn. 6.

335 Vgl. hierzu im Detail S. 186 f.

Grundsätzen erfolgt (tatsächliche Entstrickung), sind die hieraus resultierenden Entstrickungsfolgen auf Ebene der übernehmenden Kapitalgesellschaft zu ziehen.[336]

4. *Nutzungsentstrickung*

Nach den allgemeinen Entstrickungsregeln führen auch der Ausschluss und die Beschränkung des Besteuerungsrechts aus der Nutzung eines Wirtschaftsguts zur Finalbesteuerung. Gemeint sind Fälle, in denen ein im Inland steuerverhaftetes Wirtschaftsgut einer ausländischen Betriebsstätte unentgeltlich oder verbilligt vorübergehend zur Nutzung überlassen wird und damit Gewinne ins Ausland transferiert werden. Aufgrund dieser nicht auf Dauer angelegten Nutzungsüberlassung wird die Zuordnung des Wirtschaftsguts zwischen Stammhaus und Betriebsstätte nicht verändert und das inländische Besteuerungsrecht an einem Veräußerungsgewinn weder ausgeschlossen noch beschränkt.[337] Es bedurfte daher einer Regelung für die Entstrickung von Nutzungsrechten. Seit Inkrafttreten des AmtshilfeR-LUmsG wird eine Nutzungsentstrickung in den seltensten Fällen eintreten, da einer unentgeltlichen oder verbilligten Nutzungsüberlassung eines inländischen Wirtschaftsguts an eine ausländische Betriebsstätte nunmehr nach § 1 AStG ein fiktiver Verrechnungspreis zugrunde zu legen ist.[338] In Umwandlungsfällen wird dieser ohnehin schon enge Anwendungsbereich auf null reduziert, sodass es keiner entsprechenden Regelung im UmwStG bedarf.[339]

5. *Stille Lasten, insbesondere Pensionsrückstellungen i.S.d. § 6a EStG*

Stille Lasten entstehen, wenn im Bilanzsteuerrecht das Aktivvermögen über bzw. das Passivvermögen unter seinem gemeinen Wert bewertet wird. Die Aufdeckung der stillen Lasten führt – im Gegensatz zur Aufdeckung stiller Reserven – zu einem Aufwand, der sich grundsätzlich steuermindernd auswirkt. Fraglich ist demnach, ob im Rahmen der Steuerentstrickung der Ansatz des gemeinen Werts auch für Wirtschaftsgüter mit stillen Lasten zur Anwendung kommt.

Erfolgt die Steuerentstrickung aufgrund der umwandlungssteuerrechtlichen Spezialnorm des § 20 Abs. 2 S. 2 Nr. 3 UmwStG, sind die entstrickten Wirtschaftsgüter gem. § 20 Abs. 2 S. 1 Hs. 1 UmwStG mit ihrem gemeinen Wert anzusetzen, sodass sich grundsätzlich keine Besonderheit ergibt. Die stillen Lasten mindern damit den Einbringungsgewinn bzw. erhöhen den Einbringungsverlust.

In Pensionsrückstellungen sind aufgrund des speziellen Bewertungsverfahrens nach § 6a EStG besonders häufig stille Lasten verborgen. Durch die

336 S/H/S/*Schmitt*, § 20 UmwStG, Rn. 350.
337 *Schnitger*, IFSt-Schrift Nr. 487 2013, S. 14.
338 Vgl. hierzu auch Wissenschaftlicher Beirat von Ernst & Young tax, DB 2010, 1776, 1783.
339 So auch *Müller-Thomczik*, Umwandlungsbedingte Entstrickung, S. 89.

Ausnahmevorschrift des § 20 Abs. 2 S. 1 Hs. 2 UmwStG vermeidet der Gesetzgeber die Aufdeckung dieser stillen Lasten im Rahmen der Einbringung. Die Vorschrift normiert, dass bei der (Mit-)Einbringung von Pensionsrückstellungen diese in der steuerlichen Schlussbilanz stets nach § 6a EStG zu bewerten und infolgedessen mit ihrem Buchwert anzusetzen sind. Dies gilt sowohl für Fälle, in denen sich der Steuerpflichtige freiwillig für den Ansatz des gemeinen Werts entscheidet, als auch für Fälle, in denen er aufgrund der umwandlungssteuerlichen Entstrickung zum Ansatz des gemeinen Werts verpflichtet ist. Damit werden die stillen Lasten in Pensionsrückstellungen zum Einbringungsstichtag nicht nach § 20 Abs. 2 UmwStG aufgedeckt.

Erfolgt die Einbringung jedoch unter Bezugnahme auf § 20 Abs. 5 und 6 UmwStG rückwirkend, sind für die Frage der Steuerentstrickung – wie oben dargestellt – u.U. die allgemeinen Entstrickungsvorschriften heranzuziehen. § 12 Abs. 1 KStG sieht dabei weder eine den Ausnahmevorschriften des § 20 Abs. 2 S. 1 Hs. 2 UmwStG entsprechende Regelung für Pensionsrückstellungen vor, noch beinhaltet § 12 Abs. 1 KStG hierzu einen Verweis. Bei rückwirkenden Einbringungen sind Pensionsrückstellungen daher zunächst – unabhängig davon, ob die übrigen Wirtschaftsgüter mit ihrem Buchwert, Zwischenwert oder gemeinen Wert bewertet werden – gem. § 20 Abs. 2 S. 1 Hs. 2 UmwStG mit ihrem Buchwert nach § 6a EStG anzusetzen. Erst im Zeitpunkt der tatsächlichen Übertragung der Pensionsrückstellungen auf die übernehmende Gesellschaft erfolgt eine Entstrickung nach allgemeinen Vorschriften und somit zum gemeinen Wert und unter Aufdeckung der stillen Lasten.[340]

D. Zwischenergebnis

Zusammenfassend kann danach Folgendes festgehalten werden:

1. Die Zugehörigkeit von Wirtschaftsgütern zu in- oder ausländischen Betriebsstätten bleibt auch bei grenzüberschreitenden Einbringungen grundsätzlich unverändert, sodass Einbringungen mit Auslandsbezug regelmäßig steuerneutral möglich sind.
2. Aber selbst wenn die Einbringung die Zuordnung eines inländischen Wirtschaftsguts zu einer ausländischen Betriebsstätte bewirkt und damit das Wirtschaftsgut aus der deutschen Steuerhoheit entstrickt, behält die Bundesrepublik Deutschland nach aktuellem Abkommensverständnis das Besteuerungsrecht an den im Inland erwirtschafteten Vermögenszuwächsen. Dies gilt sowohl für Anrechnungs- als auch für Freistellungsbetriebsstätten und ist unabhängig davon, ob es sich um Wirtschaftsgüter des Anlage- oder Umlaufvermögens

340 Vgl. hierzu auch die Folgen einer Steuerverstrickung in *Böhmer/Wegener*, Ubg 2015, 69, 73.

handelt. Dieses neue Abkommensverständnis schränkt den Anwendungsbereich der deutschen Entstrickungsvorschriften stark ein.

3. Im Bereich der rechtlichen Entstrickung führen nur vier Fallgruppen zum Verlust des deutschen Besteuerungsrechts und damit zur Besteuerung des Einbringungsvorgangs nach § 20 Abs. 2 S. 2 Nr. 3 UmwStG. Der für die Praxis nahezu einzig relevante, aufgrund des guten DBA-Netzes jedoch kaum auftretende Anwendungsfall ist hier die Einbringung einer ausländischen Anrechnungsbetriebsstätte in eine ausländische Kapitalgesellschaft. Damit reduziert sich der Anwendungsbereich der rechtlichen Entstrickung auf nahezu null.
4. Im Bereich der tatsächlichen Entstrickung wurde gezeigt, dass es im Lichte des geänderten Abkommensverständnisses keine praxisrelevanten Entstrickungshandlungen des Steuerpflichtigen gibt, die im zeitlichen und sachlichen Zusammenhang mit der Einbringung zum Ausschluss oder zur Beschränkung des deutschen Besteuerungsrechts an den vor der Entstrickungshandlung geschaffenen Wertzuwächsen führen.
5. Dennoch wird die Entstrickungsbesteuerung nach § 12 Abs. 1 S. 1 KStG bei grenzüberschreitenden Einbringungen regelmäßig ausgelöst. Dies liegt darin begründet, dass Veränderungen des Funktionszusammenhangs und die Zentralfunktion des Stammhauses eine Allokation des inländischen Wirtschaftsguts zur ausländischen (Stammhaus-)Betriebsstätte der Übernehmerin bewirken und das Regelungsbeispiel in solchen Fällen selbst dann zur Steuerpflicht des Einbringungsvorgangs führt, wenn das deutsche Besteuerungsrecht erhalten bleibt.

KAPITEL III: Europarechtliche Betrachtung

A. Themeneinführung

In den vorangegangenen Kapiteln wurde dargestellt, dass das UmwStG im Zuge des SEStEG europäisiert wurde und seit dem Jahr 2006 auch grenzüberschreitende Einbringungen nach Maßgabe der §§ 20 ff. UmwStG unter Fortführung der Buchwerte ermöglicht. Es wurde aber auch gezeigt, dass grenzüberschreitenden Einbringungen die Steuerneutralität versagt wird, wenn im Zuge der Einbringung das deutsche Besteuerungsrecht ausgeschlossen bzw. beschränkt wird oder das Regelungsbeispiel nach § 12 Abs. 1 S. 2 KStG eine Entstrickungssteuer auslöst, während rein nationale Einbringungen hiervon nicht betroffen sein können.

Es ist fraglich, ob diese Benachteiligung grenzüberschreitender Einbringungen mit dem Europarecht vereinbar ist. Denn schließlich ist es das Ziel der Europäischen Union, „*einen immer engeren Zusammenschluss der europäischen Völker zu schaffen*“ sowie „*ihre Volkswirtschaften zu einigen und deren harmonische Entwicklung zu fördern*“[341]. Hierzu sieht das Primärrecht in Art. 18 AEUV ein allgemeines Diskriminierungsverbot sowie in den Artt. 28 bis 66 AEUV die besonderen Diskriminierungsverbote (Grundfreiheiten), bestehend aus der Warenverkehrsfreiheit (Art. 28 AEUV), Arbeitnehmerfreizügigkeit (Art. 45 AEUV), Niederlassungsfreiheit (Art. 49 AEUV), Dienstleistungsfreiheit (Art. 56 AEUV) und Kapitalverkehrsfreiheit (Art. 63 AEUV), vor. Das Diskriminierungsverbot und die Grundfreiheiten sind für jeden Mitgliedstaat verbindlich. Verstößt eine nationale Regelung eines Mitgliedstaats hiergegen, kann sich der Unionsbürger unmittelbar auf den AEUV berufen, sodass die unionswidrige Regelung des nationalen Rechts insoweit keine Wirkung gegen den Unionsbürger entfaltet.[342] Den Verstoß gegen die Grundfreiheiten prüft der EuGH in einem viergliedrigen Verfahren[343]:

1. Zunächst ist zu prüfen, ob eine grenzüberschreitende Tätigkeit eines Unionsbürgers gegeben ist und der persönliche und sachliche Anwendungsbereich einer Grundfreiheit eröffnet ist (Abschnitt B.I.).
2. Auf der Tatsachenebene erfolgt eine Untersuchung dahingehend, ob ein Verstoß gegen das Diskriminierungs- oder Beschränkungsverbot vorliegt (Abschnitt B.II.).
3. Wird dies bejaht, kann eine Diskriminierung oder Beschränkung ausnahmsweise gerechtfertigt sein, wenn der Mitgliedstaat mit seiner Maßnahme ein

341 AEUV, Präambel.

342 EuGH v. 15.7.1964 – 6/64, *Costa/ENEL*, Slg. 1964, 1251.

343 Vgl. hierzu auch Schaumburg/von Freeden/Häck/*Schaumburg*, Kapitel 4, 4.19 f.

legitimes Ziel verfolgt und dieses durch zwingende Gründe des Allgemeininteresses gerechtfertigt ist (Abschnitt B.III.).
4. Auf der vierten Ebene erfolgt die Prüfung, ob die betroffene diskriminierende bzw. beschränkende Regelung zur Erreichung des Ziels erforderlich und geeignet ist sowie der Grundsatz der Verhältnismäßigkeit gewahrt ist (Abschnitt B.IV.).

Zwar haben die nationalen Entstrickungsnormen auch die Vorgaben des allgemeinen Diskriminierungsverbots zu beachten, doch ist dieses gegenüber den besonderen Diskriminierungsverboten subsidiär, sodass das allgemeine Diskriminierungsverbot nur für Sachverhalte anzuwenden ist, zu deren Schutz der AEUV nicht bereits die Grundfreiheiten vorsieht.[344] Im Nachfolgenden wird gezeigt, dass die nationalen Entstrickungsvorschriften bereits in den Schutzbereich der Grundfreiheiten fallen und folglich eine zusätzliche Prüfung nach dem allgemeinen Diskriminierungsverbot obsolet ist.

Neben dem im AEUV geregelten Primärrecht hat der nationale Gesetzgeber zudem die sekundärrechtlichen Vorgaben zu berücksichtigen. Nach Art. 288 AEUV ist der Unionsgesetzgeber berechtigt, Richtlinien zu erlassen, deren Inhalte von jedem Mitgliedstaat in nationales Recht zu transformieren sind. Mit dem Ziel, grenzüberschreitende Umstrukturierungen innerhalb der EU zu harmonisieren, hat der Rat der Europäischen Union insbesondere die FRL[345] verabschiedet, deren Inhalte der deutsche Gesetzgeber im Rahmen des SEStEG in das nationale UmwStG übernommen hat. Im Bereich der körperschaftsteuerlichen Entstrickung hat der Gesetzgeber ab dem Veranlagungsjahr 2020 zudem noch die Vorgaben der ATAD[346] zu berücksichtigen, die in Entstrickungsfällen ein Mindestmaß an Besteuerung vorgeben und damit tendenziell disharmonisierend wirken. In Abschnitt C. werden daher die Regelungsinhalte und unterschiedlichen Anwendungsbereiche der FRL und ATAD dargestellt sowie deren Verhältnis zur Kapitalverkehrs- und Niederlassungsfreiheit untersucht.

---

344 Grabitz/Hilf/Nettesheim/*Ress/Ukrow*, Art. 63 AEUV, Rn. 321.

345 Richtlinie 2009/133/EG des Rates v. 19.10.2009 über das gemeinsame Steuersystem für Fusionen, Spaltungen, die Einbringung von Unternehmensteilen und den Austausch von Anteilen, die Gesellschaften verschiedener Mitgliedstaaten betreffend, sowie für die Verlegung des Sitzes einer Europäischen Gesellschaft oder einer Europäischen Genossenschaft von einem Mitgliedstaat in einen anderen Mitgliedstaat, ABl. 2009 Nr. L 310, S. 34, zuletzt geändert durch Art. 1 ÄndRL 2013/13/EU vom 13.5.2013, ABl. 2013 Nr. L 141, S. 30.

346 Richtlinie 2016/1164/EU des Rates v. 12.7.2016 mit Vorschriften zur Bekämpfung von Steuervermeidungspraktiken mit unmittelbaren Auswirkungen auf das Funktionieren des Binnenmarkts, ABl. 2016 Nr. L 193, S. 1.

B. Bedeutung des Primärrechts

I. Anwendungsbereich der relevanten Grundfreiheiten

1. Eingrenzung der relevanten Grundfreiheiten

Für das Steuerrecht sind im Bereich der Grundfreiheiten grundsätzlich die Warenverkehrsfreiheit, die Arbeitnehmerfreizügigkeit, die Niederlassungsfreiheit, die Dienstleistungsfreiheit sowie die Kapital- und Zahlungsverkehrsfreiheit relevant.[347] Für die Thematik der grenzüberschreitenden Einbringung von Betriebsvermögen können die nachfolgenden drei Freiheiten ausgeschlossen werden:

Die Arbeitnehmerfreizügigkeit (Art. 45 AEUV) gewährleistet die Gleichbehandlung von Arbeitnehmern in den Mitgliedstaaten in Bezug auf Beschäftigung, Sicherheit und Gesundheit. Da der Arbeitnehmerbegriff eine Weisungsgebundenheit voraussetzt, können sich selbstständige natürliche Personen nicht auf diese Freiheit berufen[348]; Gesellschaften bleibt dieser Schutzbereich gänzlich verwehrt.

Die Dienstleistungsfreiheit (Art. 56 AEUV) verbietet Beschränkungen der freien Dienstleistung, die ein Unionsbürger für einen Leistungsempfänger in einem anderen Mitgliedstaat erbringt. Diese Freiheit erfasst Fälle vorübergehender grenzüberschreitender Tätigkeit ohne feste Einrichtung (Niederlassung) in einem anderen Mitgliedstaat[349] und ist damit für grenzüberschreitende Einbringungen unbedeutend, bei denen es schließlich um die Schaffung einer langfristigen grenzüberschreitenden Unternehmensstruktur geht.

Der freie Warenverkehr (Art. 28 AEUV) verbietet den Mitgliedstaaten, für den Austausch körperlicher Gegenstände[350] Ein- und Ausfuhrzölle oder Abgaben zu erheben. Selbst wenn in Betracht gezogen würde, dass die anlässlich einer tatsächlichen Überführung eines körperlichen Gegenstands erhobene Entstrickungssteuer eine Abgabe im Sinne dieser Norm sei, wäre zu konstatieren, dass die Warenverkehrsfreiheit gegenüber der Niederlassungsfreiheit bei einem solchen Sachverhalt von deutlich untergeordneter Bedeutung wäre und der EuGH den Sachverhalt nach gefestigter Rechtsprechung nur im Hinblick auf den Verstoß gegen die vorrangige Freiheit und damit gegen die Niederlassungsfreiheit prüft.[351]

---

347 Schaumburg/Englisch/*Schaumburg*, Kapitel 3, Rn. 3.4.

348 Schwarze/*Schneider/Wunderlich*, Art. 45 AEUV, Rn. 14.

349 EuGH v. 30.11.1995 – C-55/94, *Gebhard*, Slg. 1995, I-14165, 27; EuGH v. 11.12.2003 – C-215/01, *Schnitzer*, Slg. 2003, I-14847, 28; Schwarze/*Holoubek*, Art. 56, 57 AEUV, Rn. 26.

350 EuGH v. 10.12.1968 – 7/68, *Kunstschätze*, Slg. 1968, 633, 642.

351 Vgl. hierzu EuGH v. 24.5.2007 – C-157/05, *Holböck*, Slg. 2007, I-4051, Rn. 22; EuGH v. 17.9.2009 – C-182/08, *Glaxo Wellcome*, Slg. 2009, I-8591, Rn. 36; EuGH v. 23.1.2014 – C-164/12, *DMC*, ECLI:EU:C:2014:20, Rn. 29.

Die steuerlichen Entstrickungsvorschriften sind folglich nach den Vorgaben der Niederlassungs- bzw. Kapitalverkehrsfreiheit zu analysieren; daher ist die nachfolgende Prüfung auf diese Freiheiten zu beschränken.

2. *Niederlassungsfreiheit*

a) *Persönlicher Schutzbereich*

Nach Art. 49 Abs. 1 S. 1 AEUV entfaltet die Niederlassungsfreiheit ihre Schutzwirkung für Staatsangehörige eines Mitgliedstaats und begünstigt damit zunächst nur natürliche Personen.[352] Gesellschaften haben keine Staatsangehörigkeit im engeren Sinne.[353] Der Anwendungsbereich der Niederlassungsfreiheit für Gesellschaften ergibt sich jedoch aus Art. 54 AEUV, wonach Gesellschaften des bürgerlichen Rechts, Handelsgesellschaften (u.a. oHG, KG), Genossenschaften sowie sonstige juristische Personen (u.a. GmbH und AG) den natürlichen Personen gleichgestellt werden, wenn sie nach dem Recht eines Mitgliedstaats gegründet sind sowie ihren satzungsmäßigen Sitz, ihre Hauptverwaltung oder ihre Hauptniederlassung in einem Mitgliedstaat haben.[354]

Durch die Gründung nach den Vorschriften eines Mitgliedstaats wird eine rechtliche Verknüpfung zwischen der Gesellschaft und der Europäischen Union hergestellt. Voraussetzung ist demnach, dass die Gesellschaft nach dem Gründungsrecht des jeweiligen Mitgliedstaats wirksam gegründet wurde.[355] Der EuGH verlangt darüber hinaus auch, dass die Gesellschaft nach dem Recht des Gründungsstaats fortbesteht.[356] Dies alleine würde die Gesellschaft jedoch nicht daran hindern, im Anschluss an eine wirksame Gründung die Anknüpfungspunkte an den Gründungsstaat – etwa durch Sitzverlegung oder Wegzug[357] – aufzugeben.[358] Daher fordert Art. 54 AEUV neben der rechtlichen Komponente auch eine räumliche Verknüpfung zur Europäischen Union, indem die Gesellschaft ihren satzungsmäßigen Sitz, ihre Hauptverwaltung oder ihre Hauptniederlassung in der

---

352 Dies bestätigend: EuGH v. 25.6.1992 – C-147/91, *Ferrer*, Slg. 1992, I-4097; Geiger/Kahn/Kotzur/ *Kotzur*, Art. 49 AEUV, Rn. 7.

353 Geiger/Kahn/Kotzur/*Kotzur*, Art. 54 AEUV, Rn. 1.

354 Ausgenommen bleiben hingegen Gesellschaften, die keinen Erwerbszweck verfolgen, Art. 54 Abs. 2 AEUV.

355 Streinz/*Müller-Graff*, Art. 54 AEUV, Rn. 8.

356 EuGH v. 16.12.2008 – C-210/06, *Cartesio*, Slg. 2008, I-9641, Rn. 109 f.; Schwarze/*Jung*, Art. 54 AEUV, Rn. 12; Calliess/Ruffert/*Korte*, Art. 54 AEUV, Rn. 14.

357 Zwar obliegt einem Mitgliedstaat nicht die unionsrechtliche Pflicht, die Sitzverlegung oder den Wegzug einer in seinem Staat gegründeten Gesellschaft unter Beibehaltung des anzuwendenden Rechts (formwahrender Wegzug) zu dulden (EuGH v. 16.12.2008 – C-210/06, *Cartesio*, Slg. 2008, I-9641), doch steht es dem Mitgliedstaat freilich zu, eine solche Sitzverlegung bzw. einen Wegzug nach nationalem Recht dennoch zuzulassen.

358 Streinz/*Müller-Graff*, Art. 54 AEUV, Rn. 8.

Europäischen Union haben muss. Die Hauptverwaltung ist dort belegen, wo sich die unternehmerische Leitung befindet und die zur Unternehmensführung erforderlichen täglichen Entscheidungen getroffen werden.[359] Dort wo sich der tatsächliche Geschäftsschwerpunkt befindet und sich die wesentlichen personellen und sachlichen Ressourcen konzentrieren, hat die Gesellschaft ihre Hauptniederlassung.[360] Der satzungsmäßige Sitz bestimmt sich schließlich nach dem in der Satzung bestimmten formalen Sitz der Gesellschaft.[361]

Unerheblich ist, ob die Gesellschafter, Mitglieder oder Kapitaleigner selbst in den Schutzbereich der Niederlassungsfreiheit fallen.[362] Damit können Staatsangehörige von Drittstaaten durch die Gründung einer EU-Gesellschaft indirekt den Schutz der Niederlassungsfreiheit erlangen.

b) Sachlicher Schutzbereich

aa) Niederlassung

Die Niederlassungsfreiheit erfordert eine selbstständige Erwerbstätigkeit und damit eine wirtschaftliche Betätigung. Hierzu zählt grundsätzlich jede wirtschaftliche Tätigkeit in selbstständiger oder unternehmerischer Form. Insbesondere stellen sowohl jegliche gewerbliche Betätigung als auch die Ausübung eines freien Berufs eine Erwerbstätigkeit dar.[363] Voraussetzung – und damit Abgrenzungskriterium zur Arbeitnehmerfreizügigkeit – ist, dass die Tätigkeit selbstständig und folglich in nicht abhängiger oder weisungsgebundener Form ausgeübt wird.

Während die Dienstleistungsfreiheit nur die vorübergehende Tätigkeit in einem anderen Mitgliedstaat schützt, umfasst die Niederlassungsfreiheit *„die tatsächliche Ausübung einer wirtschaftlichen Tätigkeit mittels einer festen Einrichtung in einem anderen Mitgliedstaat auf unbestimmte Zeit“*[364].

Erfasst sind folglich feste dauerhafte Einrichtungen wie etwa Büroräume, Lagerräume oder Fabrikationsgebäude[365] in einem Mitgliedstaat, in denen ein Unternehmer seine selbstständige Erwerbstätigkeit ausübt.

---

359 Calliess/Ruffert/*Korte*, Art. 54 AEUV, Rn. 17.

360 Calliess/Ruffert/*Korte*, Art. 54 AEUV, Rn. 17; Geiger/Kahn/Kotzur/*Kotzur*, Art. 54 AEUV, Rn. 8.

361 Calliess/Ruffert/*Korte*, Art. 54 AEUV, Rn. 17; Geiger/Kahn/Kotzur/*Kotzur*, Art. 54 AEUV, Rn. 7.

362 Geiger/Kahn/Kotzur/*Kotzur*, Art. 54 AEUV, Rn. 9.

363 Geiger/Kahn/Kotzur/*Kotzur*, Art. 49 AEUV, Rn. 5.

364 EuGH v. 25.7.1991 – C-221/89, *Factortame II*, Slg. 1991, I-3905, Rn. 20; EuGH v. 17.6.1997 – C-70/95, *Sodemare*, Slg. 1997, I-3395, Rn. 24; EuGH v. 14.9.2006 – C-386/04, *Stauffer*, Slg. 2006, I-8203, Rn. 18.

365 Calliess/Ruffert/*Korte*, Art. 49 AEUV, Rn. 25; Streinz/*Müller-Graff*, Art. 49 AEUV, Rn. 16; Schwarze/*Schlag*, Art. 49 AEUV, Rn. 17.

bb) Formen der Niederlassung

Durch Art. 49 AEUV werden zudem zwei Formen der Niederlassung geschützt:

- Die primäre Niederlassung ergibt sich aus Art. 49 Abs. 1 S. 1 AEUV und schützt die Hauptniederlassung von Staatsangehörigen eines Mitgliedstaats in einem anderen Mitgliedstaat.[366] Ohne Bedeutung ist hingegen, wo die Staatsangehörigen zuvor einen Wohnsitz unterhalten haben[367], ob sie zuvor überhaupt eine unternehmerische Tätigkeit entfaltet haben und ob die (neue) Hauptniederlassung im anderen Mitgliedstaat durch Verlagerung, Gründung oder Erwerb entsteht.[368] Voraussetzung ist lediglich, dass eine dauerhafte und schwerpunktmäßige unternehmerische Tätigkeit im Zielstaat entsteht.[369] Gründet oder erwirbt ein deutscher Staatsangehöriger in einem anderen Mitgliedstaat ein Unternehmen, kann er sich daher selbst dann auf die primäre Niederlassungsfreiheit berufen, wenn er seinen Wohnsitz in einem Drittstaat hat und zuvor nicht unternehmerisch tätig wurde.[370] In Verbindung mit Art. 54 AEUV schützt die primäre Niederlassungsfreiheit grundsätzlich auch Gesellschaften, die den Schwerpunkt ihrer unternehmerischen Tätigkeit und damit ihre Hauptniederlassung in einen anderen Mitgliedstaat verlagern.[371]
- Die sekundäre Niederlassungsfreiheit ergibt sich aus Art. 49 Abs. 1 S. 2 AEUV und schützt die Begründung von Agenturen, Zweigniederlassungen und Tochtergesellschaften von Unionsbürgern mit Unionsansässigkeit. Im Gegensatz zur Hauptniederlassung sind Agenturen, Zweigniederlassungen und Tochtergesellschaften nur geschützt, wenn der Unionsbürger im Hoheitsgebiet der Europäischen Union bereits seine Hauptniederlassung hat.[372] Sind deutsche Staatsbürger beispielsweise im Drittstaat ansässig, würde die Zweigniederlassung in der Europäischen Union nicht durch die Niederlassungsfreiheit geschützt, da es an einer Unionsansässigkeit fehlte.[373] Neben Agenturen, Zweigniederlassungen und Tochtergesellschaften natürlicher Personen sind auch Agenturen, Zweigniederlassungen und Tochtergesellschaften von Gesellschaften i.S.d. Art. 54 AEUV durch die sekundäre Niederlassungsfreiheit geschützt,

---

366 Schaumburg/Englisch/*Reimer*, Kapitel 7, Rn. 8.

367 Calliess/Ruffert/*Korte*, Art. 49 AEUV, Rn. 30.

368 MüKoAktG/*Ego*, Band 7, Europäische Niederlassungsfreiheit, Rn. 34.

369 Calliess/Ruffert/*Korte*, Art. 49 AEUV, Rn. 27.

370 Calliess/Ruffert/*Korte*, Art. 49 AEUV, Rn. 29.

371 Ebenroth/Boujong/Joost/Strohn/*Pentz*, § 13h Verlegung des Sitzes einer Hauptniederlassung im Inland, Rn. 51; zum Recht des Wegzugsstaats, die Sitzverlegung zu verweigern: EuGH v. 5.11.2002 – C-208/00, *Überseering*, Slg. 2002, I-9919; EuGH v. 30.9.2003 - C-167/01, *Inspire Art*, Slg. 2003, I-10155; EuGH v. 16.12.2008 - C-210/06, *Cartesio*, Slg. 2008, I-9641.

372 Schaumburg/Englisch/*Reimer*, Kapitel 7, Rn. 8.

373 Calliess/Ruffert/*Korte*, Art. 49 AEUV, Rn. 30.

wenn die Gesellschaft – neben der in Art. 54 Abs. 1 AEUV geforderten Unionsverknüpfung – zusätzlich noch die Unionsansässigkeit erfüllt.[374]

cc) Grenzüberschreitung

Durch die Niederlassungsfreiheit werden nur grenzüberschreitende Sachverhalte geschützt.[375] Das Tatbestandsmerkmal wird durch den EuGH sehr weit ausgelegt und erfasst neben der üblichen Sitznahme eines Unionsbürgers in einem anderen Mitgliedstaat[376] auch Rückkehr-[377] und Wegzugsfälle[378]. Nicht durch die Niederlassungsfreiheit begünstigt ist demnach die deutsche Niederlassung einer in der Bundesrepublik Deutschland ansässigen Gesellschaft. In solchen reinen Inlandsfällen ohne grenzüberschreitendes Element besteht eine Inländerdiskriminierung, die außerhalb des Anwendungsbereichs der Niederlassungsfreiheit liegt.[379] Wird diese Gesellschaft jedoch nun durch einen im anderen Mitgliedstaat ansässigen EU-Bürger erworben, behebt dies zwar nicht eine mögliche Diskriminierung der deutschen Niederlassung, jedoch wird die Tochtergesellschaft nun in den Anwendungsbereich der sekundären Niederlassungsfreiheit eingebunden, da ein in einem EU-Staat ansässiger EU-Bürger in einem anderen Mitgliedstaat durch eine Tochtergesellschaft eine wirtschaftliche Erwerbstätigkeit entfaltet.[380] Die Schutzwirkung der Niederlassungsfreiheit entfaltet sich dann jedoch nur auf Ebene des ausländischen Gesellschafters.

3. Kapitalverkehrsfreiheit

a) Erweiterter Schutzbereich

Die Kapitalverkehrsfreiheit verbietet nationale Bestimmungen, wonach der Kapitalverkehr zwischen unterschiedlichen Mitgliedstaaten oder Mitgliedstaat und Drittstaaten beschränkt wird. Unter Kapitalverkehr ist dabei die Werteübertragung in Form von Geldkapital oder Sachmitteln zu verstehen.[381] Nach der

---

374 Streinz/*Müller-Graff*, Art. 49 AEUV, Rn. 32.

375 Grabitz/Hilf/Nettesheim/*Forsthoff*, Art. 49 AEUV, Rn. 66; Calliess/Ruffert/*Korte*, Art. 49 AEUV, Rn. 19; Streinz/*Müller-Graff*, Art. 49 AEUV, Rn. 20.

376 EuGH v. 25.7.1991 – C-221/89, *Factortame II*, Slg. 1991, I-3905, Rn. 20.

377 EuGH v. 7.2.1979 – C-115/78, *Knoors*, Slg. 1979, 399, Rn. 24; EuGH v. 06.10.1981 – C-246/80, *Broekmeulen*, Slg. 1981, 2311, Rn. 20; EuGH v. 3.10.1990 – C-61/89, *Bochoucha*, Slg. 1990, I-3551, Rn. 13.

378 EuGH v. 27.9.1988 – 81/87, *Daily Mail*, Slg. 1988, 5483; EuGH v. 16.7.1998 – C-264/96, *ICI*, Slg. 1998, I-4695; EuGH v. 21.11.2002 – C-436/00, *X und Y*, Slg. 2002, I-10847; EuGH v. 16.12.2008 – C-210/06, *Cartesio*, Slg. 2008, I-9641.

379 Zur Inländerdiskriminierung siehe Calliess/Ruffert/*Epiney*, Art. 18 AEUV, Rn. 27.

380 Calliess/Ruffert/*Korte*, Art. 49 AEUV, Rn. 21.

381 Schwarze/*Glaesner*, Art. 63 AEUV, Rn. 10 f.

Kapitalverkehrsrichtlinie[382] waren u.a. Direktinvestitionen[383] sowie Wertpapiergeschäfte schutzwürdig. Unter Direktinvestitionen versteht die Kapitalverkehrsrichtlinie die *„Gründung und Erweiterung von Zweigniederlassungen oder neuen Unternehmen, die ausschließlich dem Geldgeber gehören, und vollständige Übernahme bestehender Unternehmen"*[384] sowie die *„Beteiligung an neuen oder bereits bestehenden Unternehmen zur Schaffung oder Aufrechterhaltung dauerhafter Wirtschaftsbeziehungen"*[385].[386] Zwar wurde die Kapitalverkehrsrichtlinie im Jahr 1994 durch Art. 73b EGV (heute Art. 63 AEUV) abgelöst, doch wurde der Wortlaut im Wesentlichen in den heutigen Art. 63 AEUV übernommen, sodass für die Bestimmung des sachlichen Anwendungsbereichs der Kapitalverkehrsfreiheit weiterhin auf die damalige Definition zurückgegriffen werden kann.[387] Da der freie Kapitalverkehr durch Art. 63 AEUV nicht nur zwischen den Mitgliedstaaten, sondern auch zwischen Mitgliedstaaten und Drittstaaten gewährleistet wird, geht der Schutzbereich der Kapitalverkehrsfreiheit deutlich über den der Niederlassungsfreiheit hinaus und erfasst auch Drittstaatenbeziehungen. Im Gegensatz zur Niederlassungsfreiheit können sich damit auch Drittstaatenangehörige auf die Kapitalverkehrsfreiheit berufen.[388]

b) Stillhalteklausel

Die Anwendung der Kapitalverkehrsfreiheit auf Drittstaatenbeziehungen wird jedoch durch die Stillhalteklausel des Art. 64 AEUV eingeschränkt. Bestand zum 31.12.1993 bereits eine nationale oder gemeinschaftsrechtliche Rechtsvorschrift, wonach Drittstaatenansässige diskriminiert wurden, ist diese (diskriminierende) Regelung gegenüber Drittstaatenangehörigen auch ab dem 1.1.1994 weiterhin gültig. Ein Drittstaatenansässiger kann sich in solchen Bestandsfällen nicht auf die Kapitalverkehrsfreiheit berufen. Führt folglich die Einbringung von Betriebsvermögen in eine Kapitalgesellschaft unter Beteiligung von Drittstaatenangehörigen zu einer Besteuerung, kann sich der Drittstaatenangehörige nur dann auf die

---

382 Richtlinie 88/361/EWG des Rates v. 24.6.1988 zur Durchführung von Artikel 67 des Vertrags, ABl. EG 1988 Nr. L 178, S. 5, Anhang I.

383 Dies bestätigend: EuGH v. 4.6.2002 – C-483/99, *Kommission/Frankreich (Golden Shares II)*, Slg. 2002, I-4781.

384 Richtlinie 88/361/EWG des Rates v. 24.6.1988 zur Durchführung von Artikel 67 des Vertrags, ABl.EG 1988 Nr. L 178, S. 5, Anhang I, Ziffer I.1.

385 Richtlinie 88/361/EWG des Rates v. 24.6.1988 zur Durchführung von Artikel 67 des Vertrags, ABl. EG 1988 Nr. L 178, S. 5, Anhang I, Ziffer I.2.

386 Für weitere Beispiele, Quellen und eine ausführlichere Darstellung vgl. auch Schwarze/*Glaesner*, Art. 63 AEUV, Rn. 10; Grabitz/Hilf/Nettesheim/*Ress/Ukrow*, Art. 63 AEUV, Rn. 129; Streinz/ *Sedlaczek/Züger*, Art. 63 AEUV, Rn. 19.

387 Grabitz/Hilf/Nettesheim/*Ress/Ukrow*, Art. 63 AEUV, Rn. 130.

388 Calliess/Ruffert/*Bröhmer*, Art. 63 AEUV, Rn. 6.

Kapitalverkehrsfreiheit berufen, wenn die zur Besteuerung führende Rechtsvorschrift zum 31.12.1993 noch nicht bestanden hat.

Nach dem zum 31.12.1993 geltenden UmwStG i.d.F. von 1977[389] war für die steuerneutrale Einbringung von Betriebsvermögen in eine Kapitalgesellschaft u.a. Voraussetzung, dass die übernehmende Kapitalgesellschaft in der Bundesrepublik Deutschland unbeschränkt körperschaftsteuerpflichtig war (§ 20 Abs. 1 S. 1 UmwStG 1977), der Einbringende der unbeschränkten Körperschaft- oder Einkommensteuerpflicht unterliegt (§ 20 Abs. 3 S. 1 UmwStG 1977) und das Besteuerungsrecht der Bundesrepublik Deutschland hinsichtlich des Gewinns aus der Veräußerung der gewährten Geschäftsanteile durch ein DBA nicht ausgeschlossen ist (§ 20 Abs. 3 S. 1 UmwStG 1977).

Nach der im Rahmen des SEStEG eingeführten und ab dem 13.12.2006 geltenden Rechtslage müssen der Einbringende und die übernehmende Kapitalgesellschaft grundsätzlich die EU-Gründungs- und Ansässigkeitsvoraussetzung nach § 1 Abs. 2 Nr. 1 UmwStG erfüllen. Außerdem darf das deutsche Besteuerungsrecht hinsichtlich der Veräußerung des eingebrachten Betriebsvermögens gem. § 20 Abs. 2 S. 2 Nr. 3 UmwStG nicht ausgeschlossen oder beschränkt werden.

Für Einbringungen unter Teilnahme von Drittstaaten führte dies dazu, dass die Einbringung nach dem UmwStG 1977 in den allermeisten Fällen nicht steuerneutral möglich war, weil es an einer unbeschränkten Steuerpflicht des Einbringenden oder der übernehmenden Kapitalgesellschaft mangelte. Nach der seit dem 13.12.2006 geltenden Rechtslage scheidet die Steuerneutralität der Drittstaateneinbringungen in den allermeisten Fällen aus, weil die EU-Gründungs- und Ansässigkeitsvoraussetzungen nicht erfüllt werden oder weil das deutsche Besteuerungsrecht an den eingebrachten Wirtschaftsgütern verloren geht. Letztendlich ist die Drittstaateneinbringung sowohl nach der Rechtslage bis zum 31.12.1993 (UmwStG 1977) als auch nach der heutigen Rechtslage (UmwStG 2006) nicht steuerneutral möglich; die Vorschriften, die zum Ausschluss der Steuerneutralität führen, sind jedoch grundlegend unterschiedlicher Natur.

Wird eine vor dem 31.12.1993 erlassene Rechtsvorschrift geändert, folgt darauf grundsätzlich der Wegfall der Stillhalteklausel.[390] Der Gesetzgeber kann sich nur noch dann ausnahmsweise auf Art. 64 AEUV berufen, wenn die neue Regelung „*im Wesentlichen mit der früheren Regelung übereinstimmt oder nur ein Hindernis, das nach der früheren Regelung der Ausübung der gemeinschaftlichen Rechte und Freiheiten entgegenstand, abmildert oder beseitigt. Beruht dagegen eine Regelung auf einem anderen Grundgedanken als das frühere Recht und führt sie neue Verfahren ein, so kann sie den Rechtsvorschriften, die zu dem im betreffenden Gemeinschaftsrechtsakt genannten Zeitpunkt bestehen, nicht gleichgestellt werden*“[391]. Aufgrund des

389 UmwStG 1977, BGBl. I 1976, S. 2643.

390 So auch *Weber*, DStR 2017, 1302, 1304.

391 EuGH v. 12.12.2006 – C-446/04, *Test Claimants in the FII Group Litigation*, Slg. 2006, I-11753, Rn. 192; EuGH v. 1.6.1999 – C-302/97, *Konle*, Slg. 1999, I-3099, Rn. 52 f.; FG Köln v. 6.9.2011 – 13 K 482/07, EFG 2012, 973, 4. Vorlagefrage.

grundlegend unterschiedlichen Charakters der Rechtsvorschriften, der nach dem UmwStG 1977 und nach dem UmwStG 2006 zum Ausschluss der Steuerneutralität für Drittstaateneinbringungen führt, kann sich die Bundesrepublik Deutschland demnach nicht auf die Stillhalteklausel berufen, sodass dem Drittstaatenansässigen der Schutzbereich der Kapitalverkehrsfreiheit eröffnet ist.

4. Konkurrenzverhältnis zwischen Niederlassungs- und Kapitalverkehrsfreiheit

a) Allgemeines

Grundsätzlich schützen sowohl die Niederlassungs- als auch die Kapitalverkehrsfreiheit die Errichtung und den Erwerb von Betriebsstätten sowie von Personen- und Kapitalgesellschaften in anderen (Mitglied-)Staaten. Bei Beteiligungen an ausländischen Gesellschaften ist damit regelmäßig der Schutzbereich beider Grundfreiheiten eröffnet, sodass die Frage aufgeworfen wird, ob beide Freiheiten parallele Anwendung finden oder einer der beiden Freiheiten der Vorrang zu gewähren ist.

Die Schutzwirkung der Niederlassungsfreiheit und der Kapitalverkehrsfreiheit sind größtenteils identisch.[392] Sie unterscheiden sich lediglich dahingehend, dass die Niederlassungsfreiheit auf EU-Sachverhalte beschränkt ist, während die Kapitalverkehrsfreiheit auch auf Drittstaatensachverhalte anwendbar ist.[393] Beschränkt eine nationale Norm sowohl die freie Niederlassung als auch den freien Kapitalverkehr, ist die in Rede stehende Vorschrift nach ständiger Rechtsprechung des EuGH nur im Hinblick auf den Verstoß gegen eine der beiden Freiheiten zu prüfen, wenn die andere Freiheit im Hinblick auf den zugrunde gelegten Ausgangsfall zweitrangig ist und der erstgenannten Freiheit zugerechnet werden kann.[394] Hierbei gilt Folgendes:

1. Berührt eine nationale Norm vorrangig den freien Kapitalverkehr, bleibt die Schutzwirkung der Niederlassungsfreiheit parallel erhalten.[395] Eine zusätzliche Prüfung der Niederlassungsfreiheit erübrigt sich jedoch, da eine Beschränkung der Kapitalverkehrsfreiheit als notwendiger Reflex auch zu einer Beschränkung

392 Schaumburg/Englisch/*Reimer*, Kapitel 7, Rn. 8.

393 Schaumburg/Englisch/*Reimer*, Kapitel 7, Rn. 7.

394 EuGH v. 3.10.2006 – C-452/04, *Fidium Finanz*, Slg. 2006, I-9521, Rn. 34; EuGH v. 17.9.2009 – C-182/08, *Glaxo Wellcome*, Slg. 2009, I-8591, Rn. 37; EuGH v. 1.7.2010 – C-233/09, *Dijkman und Dijkman-Lavaleije*, Slg. 2010, I-6645, Rn. 33; EuGH v. 23.1.2014 – C-164/12, *DMC*, ECLI:EU:C:2014:20, Rn. 30; so auch *Kokott/Ost*, EuZW 2011, 496, 499.

395 EuGH v. 17.9.2009 – C-182/08, *Glaxo Wellcome*, Slg. 2009, I-8591, Rn. 50; EuGH v. 11.9.2014 – C-47/12, *Kronos International*, ECLI:EU:C:2014:2200, Rn. 53; *Kraft/Mengel*, IStR 2014, 309, 310; a.A. Grabitz/Hilf/Nettesheim/*Ress/Ukrow*, Art. 63 AEUV, Rn. 314.

der Niederlassungsfreiheit führt.[396] Ein paralleler Verstoß der nationalen Norm gegen die Niederlassungsfreiheit wird dem Unionsbürger keine zusätzlichen Rechte zusprechen.

2. Schränkt eine nationale Norm hingegen vorrangig die freie Niederlassung ein und ergibt sich hieraus mittelbar als unvermeidliche Konsequenz auch eine Beschränkung des freien Kapitalverkehrs, ist ausschließlich ein Verstoß gegen die Niederlassungsfreiheit zu prüfen.[397] Der Anwendungsbereich der Niederlassungsfreiheit verdrängt in solchen Fällen vollständig den Anwendungsbereich der Kapitalverkehrsfreiheit mit der Wirkung, dass Drittstaatensachverhalte in solchen Fällen nicht geschützt sind.[398] Hier scheint der EuGH keine konsequente Haltung eingenommen zu haben, da er im umgekehrten Fall (vgl. Ziffer 1) die Parallelität beider Normen zulässt. Allerdings trägt der EuGH damit der Absicht Rechnung, die Drittstaatenwirkung der Grundfreiheiten restriktiv zu halten. Dies ist vor dem Hintergrund nachvollziehbar, dass sich die Mitgliedstaaten einseitig und ohne Gegenleistung freiwillig verpflichtet haben, Drittstaatensachverhalte durch die Kapitalverkehrsfreiheit nicht beschränken zu wollen. Solch einseitig gewährte Privilegien können entsprechend durch die Mitgliedstaaten auch wieder – unter Berufung auf den Vorrang der übrigen nur unionsweitgeltenden Grundfreiheiten vor der global geltenden Kapitalverkehrsfreiheit – reduziert werden.[399]

Ob eine nationale Norm bei Unternehmensbeteiligungen mehr den Vorgang der Niederlassung oder mehr den Vorgang der Übertragung von Kapital beeinflusst, bestimmt sich danach, ob durch die Norm vorrangig die Beteiligung an Gesellschaften beschränkt wird, die dem Anteilseigner einen sicheren Einfluss auf die Entscheidungen der Gesellschaft verleiht (Kontrollbeteiligungen), oder ob durch die Norm vorrangig die Beteiligung an Portfoliobeteiligungen beschränkt wird. Denn

---

396 *Reimer* spricht sich in solch eindeutigen Fällen hingegen für eine ausschließliche Prüfung der Kapitalverkehrsfreiheit aus, was im Ergebnis aber zu keinen zusätzlichen Rechten führt (Schaumburg/ Englisch/*Reimer*, Kapitel 7, Rn. 8).

397 EuGH v. 12.9.2006 – C-196/04, *Cadburry Schweppes*, Slg. 2006, I-7995, Rn. 33; EuGH v. 3.10.2006 – C-452/04, *Fidium Finanz*, Slg. 2006, I-9521, Rn. 48 f.; EuGH v. 13.3.2007 – C-524/04, *Test Claimants in the Thin Cap Group Regulation*, Slg. 2007, I-12107, Rn. 34; EuGH v. 10.5.2007 – C-492/04, *Lasertec*, Slg. 2007, I-3775, Rn. 25; EuGH v. 18.7.2007 – C-231/05, *Oy AA*, Slg. 2007, I-6373, Rn. 24; EuGH v. 26.6.2008 – C-284/06, *Burda*, Slg. 2008, I-4571, Rn. 74; *Königer*, Ertragsteuerrechtliche Behandlung grenzüberschreitender Spaltungen von Rechtsträgern, S. 129; Schaumburg/ Englisch/*Reimer*, Kapitel 7, Rn. 8.

398 EuGH v. 3.10.2006 – C-452/04, *Fidium Finanz*, Slg. 2006, I-9521, Rn. 34, 101; EuGH v. 10.5.2007 – C-492/04, *Lasertec*, Slg. 2007, I-3775; EuGH v. 6.11.2007 – C-415/06, *Stahlwerk Ergste Westig*, Slg. 2007, I-151; *Musil*, DB 2009, 1037, 1040.

399 Siehe hierzu auch Calliess/Ruffert/*Bröhmer*, Art. 63 AEUV, Rn. 35; Müller-Graff/ *Lübke*, § 5: Die binnenmarktliche Kapital- und Zahlungsverkehrsfreiheit, Rn. 269; *Musil*, EuZW 2012, 751, 753.

der EuGH hat in nunmehr ständiger Rechtsprechung entschieden, dass nationale Normen, die die Beteiligung an einer Gesellschaft beschränken, die *„dem Anteilseigner einen solchen Einfluss auf die Entscheidungen der Gesellschaft verleiht, dass er deren Tätigkeiten bestimmen kann“* (Kontrollbeteiligung), ausschließlich nach den Vorgaben der Niederlassungsfreiheit zu beurteilen ist.[400] Korrespondierend sind nationale Normen, die ausschließlich die Beteiligung an Portfoliobeteiligungen beschränken, nach der global geltenden Kapitalverkehrsfreiheit zu beurteilen.

Bisher hat der EuGH bestätigt, dass eine Kontrollbeteiligung ab einer Beteiligungsgrenze von 25 Prozent vorliegen kann[401] und ab einer Beteiligungsgrenze von 50 Prozent vorliegen muss.[402] Zwar sprach der BFH[403] auch einer Mindestbeteiligungsquote von 10 Prozent einen *„sicheren Einfluss“* in diesem Sinne zu, doch ist diese Auffassung im Zuge der EuGH-Entscheidungen in den Rs. *Itelcar*[404] und *Kronos International*[405] nunmehr überholt.[406] Im Ergebnis kann ein Gesellschafter erst ab einer Beteiligungsquote von 25 Prozent einen sicheren Einfluss auf die Tochtergesellschaft ausüben. Bei kleineren Beteiligungen fehlt es an den in Rede stehenden Einfluss- und Kontrollmöglichkeiten.

Entsprechend prüfte der EuGH die früheren Regelungen zur deutschen Gesellschafterfremdfinanzierung (§ 8a KStG 1993[407]) ausschließlich nach den Vorgaben der Niederlassungsfreiheit, weil diese Norm den Betriebsausgabenabzug nur für Zinszahlungen an ausländische Gesellschafter beschränkte, die zu mehr als 25 Prozent am Vermögen der deutschen Kapitalgesellschaft beteiligt waren und damit einen sicheren Einfluss auf die deutsche Gesellschaft ausüben konnten.[408] Ebenso wurde die britische Gesellschafterfremdfinanzierung ausschließlich an den

---

400 EuGH v. 13.4.2000 – C-251/98, *Baars*, Slg. 2000, I-2787, Rn. 22; EuGH v. 12.9.2006 – C-196/04, *Cadburry Schweppes*, Slg. 2006, I-7995, Rn. 31; EuGH v. 12.12.2006 – C-374/04, *ACT Group Ligitation*, Slg. 2006, I-11673, Rn. 39; EuGH v. 12.12.2006 – C-446/04, *Test Claimants in the FII Group Litigation*, Slg. 2006, I-11753, Rn. 36; EuGH v. 13.3.2007 – C-524/04, *Test Claimants in the Thin Cap Group Regulation*, Slg. 2007, I-12107, Rn. 27; EuGH v. 10.5.2007 – C-492/04, *Lasertec*, Slg. 2007, I-3775, Rn. 20; EuGH v. 18.7.2007 – C-231/05, *Oy AA*, Slg. 2007, I-6373, Rn. 20; EuGH v. 6.12.2007 – C-298/05, *Columbus Container Services*, Slg. 2007, I-10451, Rn. 29.

401 EuGH v. 10.5.2007 – C-492/04, *Lasertec*, Slg. 2007, I-3775, Rn. 21.

402 Vgl. hierzu auch *Gosch/Schönfeld*, IStR 2015, 755, 758; Grabitz/Hilf/Nettesheim/*Ress/Ukrow*, Art. 63 AEUV, Rn. 315.

403 BFH v. 29.8.2012 – I R 7/12, BStBl. II 2013, 89, Rn. 7, 13.

404 EuGH v. 3.10.2013 – C-282/12, *Itelcar*, ECLI:EU:C:2013:629, Rn. 22.

405 EuGH v. 11.9.2014 – C-47/12, *Kronos International*, ECLI:EU:C:2014:2200, Rn. 28.

406 Bereits in der Rs. *Lasertec* deutete der EuGH an, dass eine Beteiligung von 10 Prozent nicht auszureichen scheint, um einen sicheren Einfluss auf die Beteiligung ausüben zu können (EuGH v. 10.5.2007 – C-492/04, *Lasertec*, Slg. 2007, I-3775); zum Meinungsstreit vgl. *Kraft/Hohage*, IStR 2014, 174, 174 ff.; *Mitschke*, IStR 2014, 37, 37 ff.

407 Eingeführt durch das StandOG v. 13.9.1993, BGBl. I 1993, S. 1569.

408 EuGH v. 10.5.2007 – C-492/04, *Lasertec*, Slg. 2007, I-3775.

Vorgaben der Niederlassungsfreiheit gemessen, da diese den Betriebsausgabenabzug für Zinszahlungen nur an Mutter- oder Schwestergesellschaften beschränkte, mit denen ein mindestens 75-prozentiges Beteiligungsverhältnis bestand.[409] Beschränkungen der Kapitalverkehrsfreiheit sind eine unvermeidbare Konsequenz des mit der Niederlassung verbundenen Kapitaltransfers, jedoch ist eine zusätzliche und parallele Prüfung der Beschränkung der Kapitalverkehrsfreiheit obsolet. In solchen Fällen verdrängt die Niederlassungsfreiheit die zweitrangige Kapitalverkehrsfreiheit vollständig, sodass sich die Schutzwirkung der Grundfreiheiten auf Unionsbürger beschränkt.[410]

Korrespondierend sah der EuGH in der deutschen Abgeltungsteuer insoweit einen Verstoß gegen die Kapitalverkehrsfreiheit, als die deutsche Kapitalertragsteuer für Dividendenzahlungen an ausländischen Minderheitsgesellschafter (mit einer Beteiligung von unter 10 Prozent) eine abgeltende Wirkung entfaltet, während deutschen Gesellschaftern die Möglichkeit zur Steueranrechnung unabhängig von der Beteiligungsquote zusteht.[411]

Bei genauer Betrachtung der drei vorgenannten Entscheidungen wird jedoch deutlich, dass der Gegenstand der betroffenen Normen entweder auf Kontrollbeteiligungen (Gesellschafterfremdfinanzierung bei Beteiligungen über 25 Prozent) oder auf Portfoliobeteiligungen (Abgeltungswirkung bei Beteiligungen unter 10 Prozent) abgestellt hat. In diesen Fällen ist die Abgrenzung beider Grundfreiheiten eindeutig. Fraglich ist aber, welcher Grundfreiheit der Vorrang einzuräumen ist, wenn eine nationale Norm so weit gefasst ist, dass sie sowohl Kontroll- als auch Portfoliobeteiligungen erfasst. Hierzu sind die Urteile des EuGH in der Vergangenheit nicht stringent, sodass sowohl die Auffassung vertreten werden kann, dass ausschließlich die Beteiligungshöhe des konkret zu beurteilenden Sachverhalts maßgebend ist (Abschnitt b), als auch, dass die konkrete Beteiligungshöhe unerheblich ist und ausschließlich auf den Gegenstand der nationalen Norm abzustellen ist (Abschnitt c).

---

409 EuGH v. 13.3.2007 – C-524/04, *Test Claimants in the Thin Cap Group Regulation*, Slg. 2007, I-12107, Rn. 32 f.

410 EuGH v. 12.9.2006 – C-196/04, *Cadburry Schweppes*, Slg. 2006, I-7995, Rn. 33; EuGH v. 3.10.2006 – C-452/04, *Fidium Finanz*, Slg. 2006, I-9521, Rn. 48 ff.; EuGH v. 13.3.2007 – C-524/04, *Test Claimants in the Thin Cap Group Regulation*, Slg. 2007, I-12107, Rn. 34; EuGH v. 24.5.2007 – C-157/05, *Holböck*, Slg. 2007, I-4051, Rn. 22; EuGH v. 18.7.2007 – C-231/05, *Oy AA*, Slg. 2007, I-6373, Rn. 24; EuGH v. 26.6.2008 – C-284/06, *Burda*, Slg. 2008, I-4571, Rn. 74; EuGH v. 17.9.2009 – C-182/08, *Glaxo Wellcome*, Slg. 2009, I-8591, Rn. 36; EuGH v. 23.1.2014 – C-164/12, *DMC*, ECLI:EU:C:2014:20, Rn. 29; Grabitz/Hilf/Nettesheim/*Ress/Ukrow*, Art. 63 AEUV, Rn. 313.

411 EuGH v. 20.10.2011 – C-284/09, *Kommission/Deutschland*, Slg. 2011, I-9879.

b) Maßgeblichkeit des konkreten Sachverhalts

Denkbar wäre, dass der Gegenstand der nationalen Norm unbedeutend ist und zur Auflösung des Konkurrenzverhältnisses zwischen Niederlassungs- und Kapitalverkehrsfreiheit ausschließlich auf die Beteiligungsverhältnisse des konkret vorliegenden Sachverhalts abzustellen ist.[412] Diese Auffassung hat der EuGH in der Rs. *Burda*[413] vertreten und das damalige deutsche Körperschaftsteueranrechnungsverfahren nach den Vorgaben der Niederlassungsfreiheit beurteilt, weil die niederländische Muttergesellschaft zu 50 Prozent an der ausschüttenden deutschen Tochterkapitalgesellschaft beteiligt war und damit einen sicheren Einfluss auf die Tochtergesellschaft nehmen konnte.[414] Nach Auffassung des EuGH waren „*bei dieser Sachlage [...] auf einen Rechtsstreit wie das Ausgangsverfahren die Bestimmungen des EU-Vertrags über die Niederlassungsfreiheit anwendbar*"[415]. Dass die vorliegende nationale Regelung des deutschen Körperschaftsteuerrechts auch Portfoliobeteiligungen (ohne sicheren Einfluss) erfasste und damit nicht konkret auf entscheidungsbeeinflussende Beteiligungen abzielte, war nach Auffassung des EuGH unerheblich. Maßgebend sei ausschließlich der konkrete Sachverhalt gewesen.[416]

Auch nach Auffassung der Finanzverwaltung ist auf den konkreten Sachverhalt abzustellen, sodass „*bei einer Beteiligung mit einer Quote von mehr als 50 % [...] daher regelmäßig die Regelungen zur Niederlassungsfreiheit Anwendung*" finden und „*die Niederlassungsfreiheit zur Anwendung [kommt], wenn die Beteiligung an einer ausländischen Kapitalgesellschaft zwangsläufig mit der Kontrolle über diese Gesellschaft oder ihrer Leitung verbunden ist*"[417].

c) Maßgeblichkeit des Gegenstands der nationalen Norm

In der jüngeren Rechtsprechung des EuGH und BFH ist jedoch die klare Tendenz zu erkennen, dass nicht auf den konkreten Sachverhalt abzustellen ist, sondern auf die in Rede stehende nationale Norm:

In der Rs. *Glaxo Wellcome* stellte der EuGH fest, dass die Anwendung der Niederlassungsfreiheit „*nicht vom Umfang der vom gebietsfremden Anteilseigner erworbenen Beteiligung ab[hängt]*"[418]. Stattdessen orientierte sich der EuGH am Telos der Norm. Ziele die Norm nur auf Beteiligungsverhältnisse ab, die dem Anteilseigner die Ausübung eines sicheren Einflusses auf die Entscheidungen der Gesellschaft

---

412 So z.B. Schaumburg/Englisch/*Reimer*, Kapitel 7, Rn. 8.

413 EuGH v. 26.6.2008 – C-284/06, *Burda*, Slg. 2008, I-4571, Rn. 72 f.

414 Ebenso: EuGH v. 21.12.2016 – C-503/14, *Kommission/Portugal*, ECLI:EU:C:2016:979, Rn. 79; EuGH v. 18.12.2014 – C-87/13, *X*, ECLI:EU:C:2014:2459, Rn. 21.

415 EuGH v. 26.6.2008 – C-284/06, *Burda*, Slg. 2008, I-4571, Rn. 73.

416 Vgl. hierzu auch *Kofler*, der unter Bezugnahme auf die Rs. *Burda* eine Kombination aus der Maßgeblichkeit der nationalen Norm und der Maßgeblichkeit des konkreten Sachverhalts für zutreffend erachtet (*Kofler*, taxlex. Wien 2008, 326, 329).

417 BMF v. 21.3.2007 – IV B 7 – G 1421/0, BStBl. I 2007, 302, 302.

418 EuGH v. 17.9.2009 – C-182/08, *Glaxo Wellcome*, Slg. 2009, I-8591, Rn. 49.

ermöglichen, seien die Vertragsbestimmungen über die Niederlassungsfreiheit maßgebend.[419] In der Rs. *Itelcar* hat der EuGH folglich entschieden, dass eine nationale Regelung, die nicht ausschließlich für Situationen gilt, in denen die Muttergesellschaft entscheidenden Einfluss auf die Gesellschaft ausübt, nach Maßgabe der Kapitalverkehrsfreiheit unabhängig vom konkreten Beteiligungsumfang zu beurteilen ist.[420]

In der Rs. *DMC* stellte der EuGH ausschließlich auf den Gegenstand der nationalen Norm ab. Nach § 20 Abs. 3 und 4 UmwStG 1995 war es ausländischen Steuerpflichtigen nicht möglich, die Anteile einer inländischen KG steuerneutral in eine deutsche GmbH einzubringen, während dieser Vorgang durch deutsche Anteilseigner steuerneutral möglich gewesen wäre. Zwar stellte der EuGH zunächst fest, dass diese Norm in den Anwendungsbereich sowohl der Niederlassungsfreiheit als auch den der Kapitalverkehrsfreiheit falle. Allerdings sei *„die Anwendung der im Ausgangsverfahren streitigen Regelung auf einen spezifischen Fall nicht von der Höhe der Beteiligung eines Investors an der Kommanditgesellschaft“* abhängig, und *„nach dieser Regelung [ist] nicht erforderlich, dass der Investor eine Beteiligung hält, die ihm die Ausübung eines solch sicheren Einflusses auf die Entscheidungen der Kommanditgesellschaft oder gar der Kapitalgesellschaft gewährleistet“*[421]. Daher beeinträchtigt diese nationale Norm vorrangig die freie Kapitalverkehrsfreiheit, mit der Folge, dass eine separate Prüfung der Niederlassungsfreiheit obsolet war.

Der Rs. *Kronos International* lag eine Norm des deutschen Steuerrechts zugrunde, die dem Anteilseigner steuerliche Privilegien gewährte, wenn er an deutschen Kapitalgesellschaften zu mehr als 10 Prozent beteiligt war, während er diese Privilegien nicht in Anspruch nehmen konnte, wenn er an einer Drittstaatenkapitalgesellschaft beteiligt war. Weil die deutsche Steuernorm lediglich eine Mindestbeteiligungsquote von 10 Prozent vorsah, zielte sie nicht ausschließlich auf Beteiligungen ab, die dem Anteilseigner einen sicheren Einfluss auf die Gesellschaft gewährten, und war folglich nach Maßgabe der Kapitalverkehrsfreiheit zu beurteilen. Dass der Anteilseigner im konkreten Sachverhalt zu über 90 Prozent an der Drittstaatenkapitalgesellschaft beteiligt war, änderte an der Anwendbarkeit der Kapitalverkehrsfreiheit nichts.[422]

Auch der BFH stellte fest, dass ausschlaggebend ist, *„ob die zugrundeliegende nationale Norm [...] ausdrücklich oder nach ihrer Zielsetzung allgemein und vorbehaltlos gegen ‘jedermann‘ wirkt, oder ob sie qualifizierte Beteiligungsmerkmale verlangt. Die tatsächlichen Verhältnisse spielen insoweit keine unmittelbare Rolle; sie werden vom EuGH lediglich ergänzend herangezogen, um den zur Abgrenzung*

---

419 So ausdrücklich EuGH v. 17.9.2009 – C-182/08, *Glaxo Wellcome*, Slg. 2009, I-8591, Rn. 47.

420 EuGH v. 3.10.2013 – C-282/12, *Itelcar*, ECLI:EU:C:2013:629, Rn. 18.

421 EuGH v. 23.1.2014 – C-164/12, *DMC*, ECLI:EU:C:2014:20, Rn. 34.

422 EuGH v. 11.9.2014 – C-47/12, *Kronos International*, ECLI:EU:C:2014:2200, Rn. 55.

eingeforderten 'sicheren Einfluss' für den konkret zu beurteilenden Einzelfall zu verifizieren"[423].

d) Stellungnahme

Die Theorie der Maßgeblichkeit des konkreten Sachverhalts stützt sich auf ein älteres Urteil des EuGH und eine Verlautbarung der deutschen Finanzverwaltung, während sowohl der EuGH als auch der BFH in ihrer jüngeren Rechtsprechung ausdrücklich Abstand vom konkreten Sachverhalt nehmen und ausschließlich auf den Gegenstand der Norm abstellen. Letzterer Ansicht ist zu folgen, schließlich beurteilt der EuGH die Vereinbarkeit einer nationalen Norm mit europarechtlichen Vorgaben und nicht die Vereinbarkeit eines konkreten Sachverhalts. Würde die tatsächliche Höhe der Beteiligung eine Bedeutung für die Europarechtskonformität einer Norm haben, wären für ein und dieselbe Norm – in Abhängigkeit vom dem EuGH vorgelegten Sachverhalt – zwei unterschiedliche Ergebnisse denkbar. Damit ist das Konkurrenzverhältnis zwischen Niederlassungs- und Kapitalverkehrsfreiheit wie folgt zu lösen:

1. Zielt eine nationale Norm ausschließlich auf Kontrollbeteiligungen ab, ist diese ausschließlich an den Vorgaben der Niederlassungsfreiheit zu messen.[424] Die Kapitalverkehrsfreiheit wird durch die Niederlassungsfreiheit verdrängt.[425]
2. Knüpft eine nationale Norm nicht an eine konkrete Beteiligungsschwelle an und entfaltet sie damit allgemeine Gültigkeit sowohl für Kontrollbeteiligungen als auch für Portfoliobeteiligungen, muss sie nach ständiger EuGH-Judikatur sowohl den Anforderungen der Kapitalverkehrsfreiheit als auch denen der Niederlassungsfreiheit gerecht werden.[426] Aufgrund der Parallelität beider

---

423 BFH v. 29.8.2012 – I R 7/12, BStBl. II 2013, 89, Rn. 12; bestätigt durch BFH v. 12.10.2016 – I R 80/14, BStBl. II 2017, 615, Rn. 38 ff.

424 EuGH v. 12.9.2006 – C-196/04, *Cadburry Schweppes*, Slg. 2006, I-7995, Rn. 33; EuGH v. 3.10.2006 – C-452/04, *Fidium Finanz*, Slg. 2006, I-9521, Rn. 48 f.; EuGH v. 13.3.2007 – C-524/04, *Test Claimants in the Thin Cap Group Regulation*, Slg. 2007, I-12107, Rn. 34; EuGH v. 10.5.2007 – C-492/04, *Lasertec*, Slg. 2007, I-3775, Rn. 25; EuGH v. 18.7.2007 – C-231/05, *Oy AA*, Slg. 2007, I-6373, Rn. 24; EuGH v. 26.6.2008 – C-284/06, *Burda*, Slg. 2008, I-4571, Rn. 74.

425 EuGH v. 3.10.2006 – C-452/04, *Fidium Finanz*, Slg. 2006, I-9521, Rn. 34, 101; a.A. *Müller*, die zwar die Kapitalverkehrsfreiheit auch bei den allgemeinen Entstrickungsnormen für anwendbar hält, aber auch hierfür eine Rechtfertigung sieht (*Müller*, Besteuerung stiller Reserven bei Auslandsbezug im Spannungsfeld zwischen Verfassung, Abkommens- und Europarecht, S. 247 f.).

426 EuGH v. 26.3.2009 – C-326/07, *Kommission/Italien*, Slg. 2009, I-2291, Rn. 36; EuGH v. 17.9.2009 – C-182/08, *Glaxo Wellcome*, Slg. 2009, I-8591, Rn. 50; EuGH v. 11.11.2010 – C-543/08, *Kommission/Portugal*, Slg. 2010, I-11241, Rn. 43; EuGH v. 23.1.2014 – C-164/12, *DMC*, ECLI:EU:C:2014:20, Rn. 31; EuGH v. 11.9.2014 – C-47/12, *Kronos International*, ECLI:EU:C:2014:2200, Rn. 53; Grabitz/Hilf/Nettesheim/*Ress/Ukrow*, Art. 63 AEUV, Rn. 317; *Weber*, DStR 2017, 1302, 1303.

Freiheiten entspricht es jedoch der ständigen Rechtsprechung des EuGH, die nationale Norm ausschließlich auf eine Beschränkung der Kapitalverkehrsfreiheit zu prüfen.[427] Die konkrete Beteiligungshöhe der dem EuGH vorgelegten Sachverhalte ist ohne Bedeutung.[428]

Für Sachverhalte innerhalb der Union ist eine scharfe Abgrenzung ohnehin nicht zwingend erforderlich, da Beschränkungen gegen beide Verkehrsfreiheiten in gleicher Art und Weise zu beseitigen sind und die Rechtfertigungsgründe für beide Verkehrsfreiheiten größtenteils identisch sind.[429] Offenkundig ist der Unterschied zwischen der Niederlassungs- und Kapitalverkehrsfreiheit jedoch bei Beteiligung von Drittstaatenansässigen, da diese nur im Schutzbereich der Kapitalverkehrsfreiheit berücksichtigt werden.

5. *Anwendungsbereich der Grundfreiheiten bei grenzüberschreitenden Einbringungen*

Eine Einbringung kann eine Finalbesteuerung auslösen, wenn a) die Wirtschaftsgüter unmittelbar nach der Einbringung durch eine tatsächliche Handlung entstrickt werden, b) rückwirkend zum Einbringungsstichtag eine rechtliche Entstrickung vorliegt oder c) der Anwendungsbereich des UmwStG nicht eröffnet ist. Nachfolgend wird untersucht, welcher der beteiligten Rechtsträger die Finalsteuer zu entrichten hat, welcher Rechtsträger sich auf die Grundfreiheiten berufen kann und welche Grundfreiheit maßgebend ist.

a) Tatsächliche Entstrickung

Ist die Einbringung zum steuerlichen Übertragungsstichtag zunächst steuerneutral möglich und wird das deutsche Besteuerungsrecht erst durch eine dem Einbringungsvorgang nachgelagerte tatsächliche Handlung des Steuerpflichtigen beschränkt oder ausgeschlossen, liegt eine sogenannte tatsächliche Entstrickung vor, die nach den allgemeinen Entstrickungsvorschriften zu beurteilen ist (§ 12

---

427 EuGH v. 3.10.2006 – C-452/04, *Fidium Finanz*, Slg. 2006, I-9521, Rn. 34; EuGH v. 17.9.2009 – C-182/08, *Glaxo Wellcome*, Slg. 2009, I-8591, Rn. 37; EuGH v. 1.7.2010 – C-233/09, *Dijkman und Dijkman-Lavaleije*, Slg. 2010, I-6645, Rn. 33; EuGH v. 23.1.2014 – C-164/12, *DMC*, ECLI:EU:C:2014:20, Rn. 30.

428 EuGH v. 17.9.2009 – C-182/08, *Glaxo Wellcome*, Slg. 2009, I-8591, Rn. 34; EuGH v. 3.10.2013 – C-282/12, *Itelcar*, ECLI:EU:C:2013:629, Rn. 18; EuGH v. 23.1.2014 – C-164/12, *DMC*, ECLI:EU:C:2014:20, Rn. 34; EuGH v. 11.9.2014 – C-47/12, *Kronos International*, ECLI:EU:C:2014:2200, Rn. 55; BFH v. 29.8.2012 – I R 7/12, BStBl. II 2013, 89, Rn. 12; a.A. *Kofler* unter Bezugnahme auf die Rs. *Burda* (*Kofler*, taxlex. Wien 2008, 326, 330; EuGH v. 26.6.2008 – C-284/06, *Burda*, Slg. 2008, I-4571).

429 Schwarze/*Glaesner*, Art. 63 AEUV, Rn. 15; Grabitz/Hilf/Nettesheim/*Ress/Ukrow*, Art. 63 AEUV, Rn. 304.

Abs. 1 S. 1 KStG).[430] Betroffen ist hiervon exemplarisch die rückwirkende Einbringung einer deutschen Betriebsstätte durch einen deutschen Steuerpflichtigen in eine ausländische EU-Kapitalgesellschaft, bei dem die immateriellen Wirtschaftsgüter aufgrund der Zentralfunktion des Stammhauses zum zivilrechtlichen Eigentumsübergang (nicht zum rückwirkenden steuerlichen Übertragungsstichtag) zum ausländischen Stammhaus allokiert werden und durch das Regelungsbeispiel nach § 12 Abs. 1 S. 2 KStG eine Sofortbesteuerung ausgelöst wird.[431] Da der ursprüngliche Einbringungsvorgang zunächst nach § 20 UmwStG steuerneutral vorgenommen werden kann, werden vorerst keine stillen Reserven aufgedeckt, und den einbringenden Rechtsträger treffen keine steuerlichen Nachteile. Stattdessen führt die nachgelagerte Entstrickung nach § 12 Abs. 1 S. 1 KStG auf Ebene der übernehmenden Kapitalgesellschaft zur Aufdeckung der stillen Reserven und damit zur Besteuerung. Die daraus entstehende Entstrickungssteuer ist durch die Übernehmerin zu entrichten.

Rechtlich stellt der Einbringungsvorgang für die übernehmende EU-Kapitalgesellschaft den entgeltlichen Erwerb der deutschen Betriebsstätte (Niederlassung) dar. Unmittelbar nach dem Erwerb dieser Betriebsstätte entsteht aufgrund der Zentralfunktion der ausländischen Geschäftsleitung die (tatsächliche) Entstrickungssteuer auf Ebene der übernehmenden Kapitalgesellschaft. Durch diese zusätzliche Steuerbelastung könnte die Kapitalgesellschaft von dem Erwerb der deutschen Betriebsstätte bzw. Niederlassung abgehalten werden, sodass § 12 Abs. 1 S. 1 und 2 KStG die Begründung der deutschen Zweigniederlassung beschränkt. Weil § 12 Abs. 1 S. 1 und 2 KStG zusätzlich auch den Kapitalstrom in Form der Repatriierung der immateriellen Vermögensgegenstände zum Stammhaus besteuert, liegt dem Grunde nach auch eine Beschränkung der Kapitalverkehrsfreiheit vor.

Doch ist zu konstatieren, dass die mit dem Erwerb einer ausländischen Niederlassung verbundenen Beschränkungen in erster Linie die sekundäre Niederlassungsfreiheit nach Art. 49 Abs. 1 S. 2 AEUV betreffen und mögliche Hindernisse der Kapitalströme damit gegenüber der Niederlassungsfreiheit von untergeordneter Bedeutung sind. Dies liegt darin begründet, dass der Erwerb einer Niederlassung stets mit der alleinigen Einfluss- und Kontrollmöglichkeit durch das erwerbende Stammhaus verbunden ist und die Absicht der Kapitalanlage, wie es bei Portfolioinvestitionen üblich ist, zweitrangig ist. Damit wird der Anwendungsbereich der Kapitalverkehrsfreiheit durch die Niederlassungsfreiheit verdrängt und letztendlich auf null reduziert.[432]

---

430 Vgl. hierzu im Detail S. 91 f.

431 Vgl. zu diesem Beispiel S. 92 f.

432 Der Vorrang der Niederlassungsfreiheit vor der Kapitalverkehrsfreiheit in Entstrickungsfällen zwi-schen EU-Stammhaus und EU-Betriebsstätte findet sowohl durch die ständige Rechtsprechung des EuGH als auch durch die Literatur Bestätigung: EuGH v. 6.11.2007 – C-415/06, *Stahlwerk Ergste Westig*, Slg. 2007, I-151; EuGH v. 31.1.2013 – C-301/11, *Kommission/Niederlande*, 2013, 80253; EuGH v. 25.4.2013 – C-64/11, *Kommission/Spanien*, BeckRS 2013, 80339; EuGH v. 18.7.2013 – C-261/11,

In Fällen der tatsächlichen Entstrickung erfolgt die Finalbesteuerung im Ergebnis auf Ebene der übernehmenden Kapitalgesellschaft, die sich folglich auf die Niederlassungsfreiheit berufen kann. Durch den Anwendungsbereich der sekundären Niederlassungsfreiheit werden daher nur Sachverhalte geschützt, bei denen die Wirtschaftsgüter von einer EU-Betriebsstätte in eine andere EU-Betriebsstätte der übernehmenden EU-Kapitalgesellschaften überführt werden.

b) Rechtliche Entstrickung

Erfolgt die Beschränkung oder der Ausschluss des deutschen Besteuerungsrechts hingegen (rückwirkend) zum Einbringungsstichtag, führt die spezielle Entstrickungsvorschrift des § 20 Abs. 2 S. 2 Nr. 3 UmwStG zur Finalbesteuerung auf Ebene des einbringenden Rechtsträgers[433] und könnte diesen damit von der beabsichtigten Einbringung abhalten. Weil die mit der Einbringung verbundene Ausgabe der neuen Anteile an der übernehmenden Gesellschaft der Gründung einer Tochtergesellschaft gleichgestellt ist, ist damit der Anwendungsbereich der sekundären Niederlassungsfreiheit nach Art. 49 Abs. 1 S. 2 AEUV eröffnet. Weil die Sofortbesteuerung außerdem die Übertragung des Betriebsstättenvermögens auf die Kapitalgesellschaft gefährdet, liegt parallel auch ein Eingriff in den freien Kapitalverkehr (Art. 63 AEUV) vor.

Die in Rede stehende Norm (§ 20 Abs. 2 S. 2 Nr. 3 UmwStG) erfasst ebenso die Einbringung von Betrieben und Teilbetrieben wie die Einbringung von Anteilen an Mitunternehmerschaften jeweils gegen Ausgabe mindestens eines neuen Geschäftsanteils an der übernehmenden Gesellschaft (§ 20 Abs. 1 S. 1 UmwStG). Dabei sieht das UmwStG weder beim Einbringungsgegenstand (Betrieb, Teilbetrieb oder Mitunternehmeranteil) noch bei der übernehmenden Kapitalgesellschaft eine Mindestbeteiligungsquote durch den Einbringenden vor. § 20 UmwStG erfasst demnach auch die Einbringung eines Anteils an einer Kommanditgesellschaft im Umfang von unter einem Prozent gegen Beteiligung von ebenfalls unter einem Prozent an der übernehmenden Kapitalgesellschaft. Damit hängt die Anwendung von § 20 Abs. 2 S. 2 Nr. 3 UmwStG ebenso wenig von der Höhe der Beteiligung des Einbringenden an dem Einbringungsgegenstand wie von seiner Beteiligungsquote an der übernehmenden Kapitalgesellschaft ab. Zur Anwendung dieser Norm ist mithin nicht erforderlich, dass der Anteilseigner eine Beteiligung in dem Umfang hält, die ihm einen sicheren Einfluss auf den Einbringungsgegenstand oder auf die Kapitalgesellschaft gewährleistet. Daher sind Fälle der rechtlichen Entstrickung nach den Vorgaben der Kapitalverkehrsfreiheit zu prüfen.

Die mit der Aufdeckung der stillen Reserven verbundenen steuerlichen Folgen belasten bei der rechtlichen Entstrickung – anders als bei der tatsächlichen

---

Kommission/Dänemark, BeckRS 2013, 81546; EuGH v. 21.5.2015 – C-657/13, *Verder LabTec*, ECLI:EU:C:2015:331; so auch *Gosch/Schönfeld*, IStR 2015, 755, 759.

433 Vgl. hierzu im Detail S. 91 f.

Entstrickung – den einbringenden Rechtsträger mit der Folge, dass sich dieser auf die Beschränkung der Kapitalverkehrsfreiheit durch § 20 Abs. 2 S. 2 Nr. 3 UmwStG berufen kann. Zwar ist die Kapitalverkehrsfreiheit auch auf Drittstaatensachverhalte anzuwenden und damit territorial nicht beschränkt, doch wird sich eine Drittstaatenkapitalgesellschaft nicht ohne Weiteres auf eine Beschränkung des freien Kapitalverkehrs durch § 20 UmwStG berufen können, da der Anwendungsbereich des UmwStG auf EU-Sachverhalte beschränkt ist. Folglich bedarf es im Nachfolgenden noch der Prüfung, ob der auf EU-Sachverhalte beschränkte Anwendungsbereich des UmwStG an den Vorgaben der Niederlassungsfreiheit oder den Vorgaben der Kapitalverkehrsfreiheit zu messen ist.

c) Anwendungsbereich des UmwStG

Ist der persönliche Anwendungsbereich der § 20 ff. UmwStG nicht eröffnet[434], gilt die Einbringung als tauschähnlicher Vorgang und führt damit zur Finalbesteuerung.[435] Betroffen sind nachfolgende zwei Fallkonstellationen:

Fallkonstellation 1: Ein unbeschränkt Steuerpflichtiger begehrt die steuerneutrale Einbringung von Betriebsvermögen in eine Drittstaatenkapitalgesellschaft.

Fallkonstellation 2: Ein Drittstaatenansässiger (DBA-Staat) begehrt die steuerneutrale Einbringung von Betriebsvermögen in eine deutsche Kapitalgesellschaft.

In beiden Fallkonstellationen ist der Anwendungsbereich des UmwStG ausgeschlossen, da in Fallkonstellation 1 die übernehmende Gesellschaft nicht die Gründungs- und Ansässigkeitsvoraussetzungen des § 1 Abs. 2 Nr. 1 UmwStG erfüllt und in Fallkonstellation 2 der Einbringende nicht die Gründungs- und Ansässigkeitsvoraussetzungen des § 1 Abs. 2 Nr. 1 und Nr. 2 UmwStG bzw. die Anforderungen an den Erhalt des Besteuerungsrechts nach § 1 Abs. 4 lit. b UmwStG erfüllt. Es fällt auf, dass die (Drittstaaten-)Belegenheit der Betriebsstätte unerheblich ist und der Anwendungsbereich des UmwStG ausschließlich von den Gründungs- und Ansässigkeitsstaaten des einbringenden und übernehmenden Rechtsträgers abhängig ist.

In beiden Fällen erfolgt die Finalbesteuerung nach §§ 16, 6 Abs. 6 EStG ausschließlich auf Ebene des einbringenden Rechtsträgers, der sämtliche mit der Umwandlung verbundenen steuerlichen Nachteile zu tragen hat. Für die übernehmende Kapitalgesellschaft ergeben sich keine steuerlichen Hindernisse. Benachteiligt – und damit von der Gründung (ausländischer) Betriebsstätten oder Kapitalgesellschaften abgehalten – wird ausschließlich der einbringende Rechtsträger. Mithin kann sich der Einbringende in solchen Fällen auf die Grundfreiheiten berufen.

434 Zum Anwendungsbereich des UmwStG auf Einbringungen vgl. S. 35 f.

435 Zur steuerlichen Behandlung einer Einbringung außerhalb des UmwStG vgl. S. 41 ff.

Die Anwendungsvoraussetzungen in § 1 UmwStG knüpfen nicht an eine konkrete Mindestbeteiligung des Einbringenden an den Einbringungsgegenstand und an der übernehmenden Kapitalgesellschaft an. § 1 UmwStG versagt Einbringungen unter Drittstaatenbeteiligten die steuerneutrale Einbringung unabhängig von der konkreten Beteiligungshöhe, sodass es nicht erforderlich ist, dass der Anteilseigner eine Beteiligung hält, die ihm einen sicheren Einfluss auf die Entscheidungen des Einbringungsgegenstands oder der Kapitalgesellschaft gewährt. Aufgrund der Allgemeingültigkeit der Norm sowohl für Portfoliobeteiligungen als auch für Kontrollbeteiligungen ist diese allein im Hinblick auf die Kapitalverkehrsfreiheit zu prüfen.

Diese Auffassung wurde durch den EuGH in der Rs. *DMC* – zumindest zur Fallkonstellation 2 – bestätigt. In dem dem EuGH vorgelegten Sachverhalt wurde ausländischen Steuerpflichtigen die steuerneutrale Einbringung einer in der Bundesrepublik Deutschland belegenen KG in eine deutsche GmbH verwehrt, weil das Besteuerungsrecht der Bundesrepublik Deutschland hinsichtlich des Gewinns aus der Veräußerung der gewährten Geschäftsanteile durch das DBA Österreich ausgeschlossen war (§ 20 Abs. 3 S. 1 UmwStG 1995). Nach zutreffender Feststellung des EuGH war diese persönliche Anwendungsvoraussetzung „*geeignet, die Investoren von einer Beteiligung an einer Kommanditgesellschaft deutschen Rechts abzuhalten*“[436], und beschränkte damit den freien Kapitalverkehr.[437] Da die damalige Regelung dem jetzigen § 1 Abs. 4 lit. b UmwStG entspricht, kann die Entscheidung auf die heutige Rechtslage übertragen werden, sodass die Einbringung inländischen Betriebsvermögens in eine deutsche Kapitalgesellschaft durch Drittstaatenansässige grundsätzlich durch die Kapitalverkehrsfreiheit geschützt ist. Für den umgekehrten Fall, wenn reines Drittstaatenvermögen durch einen in der Bundesrepublik Deutschland Ansässigen (Fallkonstellation 1) eingebracht wird, kann nichts anderes gelten, da eine solche Beschränkung Investoren von der Beteiligung an Drittstaatengesellschaften abhalten kann. Im Ergebnis kann sich nicht nur der in der Bundesrepublik Deutschland Ansässige (Fallkonstellation 1), sondern auch der Drittstaatenansässige (Fallkonstellation 2) auf Art. 63 AEUV berufen.[438]

---

436 EuGH v. 23.1.2014 – C-164/12, *DMC*, ECLI:EU:C:2014:20, Rn. 41.

437 Zu den möglichen Rechtfertigungen einer solchen Beschränkung siehe EuGH v. 23.1.2014 – C-164/12, *DMC*, ECLI:EU:C:2014:20, Rn. 44 ff.

438 Dass der Anwendungsbereich des UmwStG auch auf Drittstaatenumwandlungen auszudehnen ist, wird in der Literatur auch für Drittstaatenspaltungen vertreten. Weil die Spaltungsvorschriften des UmwStG auch Portfoliobeteiligungen erfassen, ist nach Auffassung von *Krauß/Köstler* die Drittstaatenspaltung nach den Vorgaben des Art. 63 AEUV zu prüfen (*Krauß/Köstler*, BB 2017, 924, 928).

II. Diskriminierungs- und Beschränkungsverbot

1. *Allgemeingültiger Grundsatz*

Nach Artt. 49 und 63 AEUV sind offene Diskriminierungen, versteckte Diskriminierungen und Beschränkungen der freien Niederlassung und des freien Kapitalverkehrs grundsätzlich verboten.[439]

Eine offene Diskriminierung liegt vor, wenn sich durch die tatbestandliche Anknüpfung an die Staatsangehörigkeit eine benachteiligende Ungleichbehandlung von Staatsangehörigen anderer Mitgliedstaaten ergibt.[440] Nationale Normen dürfen demnach Staatsangehörige anderer Mitgliedstaaten gegenüber Inländern grundsätzlich nicht benachteiligen. Bei Gesellschaften tritt an die Stelle der Staatsangehörigkeit die Zugehörigkeit zur Rechtsordnung eines anderen Mitgliedstaats und damit in aller Regel der statuarische Sitz der Gesellschaft.[441] Knüpft eine Norm hingegen nicht an die Staatsangehörigkeit an, behindert sie jedoch ausschließlich oder vorwiegend Ausländer, liegt eine versteckte Diskriminierung vor.[442]

Neben offenen und versteckten Diskriminierungen sind grundsätzlich auch Beschränkungen der Grundfreiheiten unzulässig. Für die Beschränkung einer Grundfreiheit bedarf es nicht eines ausdrücklichen gesetzlichen Verbots. Beschränkungen sind nach der Rechtsprechung bereits jene Maßnahmen, die die Ausübung der freien Niederlassung oder des freien Kapitalverkehrs *„unterbinden, behindern oder weniger attraktiv machen“*[443]. Da die Vorschrift in solchen Fällen nicht unmittelbar an die Staatsangehörigkeit anknüpft, werden ein grenzüberschreitender und ein inländischer Sachverhalt miteinander verglichen (Vergleichspaar).[444]

---

439 Grabitz/Hilf/Nettesheim/*Forsthoff*, Art. 49 AEUV, 74 ff.; Grabitz/Hilf/Nettesheim/*Ress/Ukrow*, Art. 63 AEUV, Rn. 158; Streinz/*Sedlaczek/Züger*, Art. 65 AEUV, Rn. 6.

440 *Kraft/Bron*, IStR 2006, 26, 26.

441 Calliess/Ruffert/*Korte*, Art. 49 AEUV, Rn. 47.

442 Amtsblatt der Europäischen Gemeinschaften, Allgemeines Programm zur Aufhebung der Beschränkungen der Niederlassungsfreiheit vom 15.1.1962, S. 36; Calliess/Ruffert/*Korte*, Art. 49 AEUV, Rn. 47.

443 EuGH v. 11.7.1974 – 8/74, *Dassonville*, Slg. 1974, 837, Rn. 5; EuGH v. 5.10.2004 – C-442/02, *CaixaBank France*, Slg. 2004, I-8961, Rn. 11; EuGH v. 6.12.2007 – C-298/05, *Columbus Container Services*, Slg. 2007, I-10451, Rn. 33; EuGH v. 13.12.2007 – C-465/05, *Kommission/Italien*, Slg. 2007, I-11091, Rn. 17; EuGH v. 17.7.2008 – C-389/05, *Kommission/Frankreich*, Slg. 2008, I-5337, Rn. 52; EuGH v. 23.10.2008 – C-157/07, *Krankenheim Ruhesitz am Wannsee-Seniorenheimstatt*, Slg. 2008, I-8061, Rn. 19; EuGH v. 29.11.2011 – C-371/10, *National Grid Indus*, EuZW 2011, 951, Rn. 36; zur Beschränkung der Kapitalverkehrsfreiheit siehe auch EuGH v. 23.10.2007 – C-112/05, *Kommission/Deutschland*, Slg. 2007, I-8995, Rn. 19; EuGH v. 24.2.2015 – C-559/13, *Grünewald*, ECLI:EU:C:2015:109, Rn. 19.

444 Calliess/Ruffert/*Korte*, Art. 49 AEUV, Rn. 47.

2. *Beschränkung der Grundfreiheiten durch Entstrickungsbesteuerung*

Zunächst ist festzuhalten, dass für die Differenzierung zwischen versteckter Diskriminierung und Beschränkung keine klare Trennlinie besteht.[445] Für die Praxis ist eine solche strikte Unterscheidung auch nicht erforderlich, da die Grundfreiheiten versteckte Diskriminierungen und Beschränkungen gleichermaßen verbieten und an einem einheitlichen Rechtfertigungsmaßstab messen.[446] Daher prüft der EuGH in seinen jüngeren Entscheidungen zu nationalen Entstrickungsnormen vorrangig nur die Beschränkung der Grundfreiheiten, denn eine solche Beschränkung führt zwangsläufig auch zu einer verdeckten Diskriminierung, während eine (verdeckte) Diskriminierung umgekehrt noch keine Beschränkung begründet.

Löst der Wirtschaftsguttransfer, der Wegzug oder die Umwandlung mit grenzüberschreitendem Bezug eine Entstrickungssteuer aus, während eine solche Besteuerung bei reinen Inlandssachverhalten unterbleibt, liegt eine Benachteiligung grenzüberschreitender Sachverhalte vor. Der damit verbundene Liquiditätsnachteil ist geeignet, den Unionsbürger bzw. die Unionsgesellschaft von der beabsichtigten Handlung abzuhalten, und stellt nach der ständigen Rechtsprechung zu Entstrickungsvorgängen eine Beschränkung der Grundfreiheiten dar.[447]

In Anbetracht der jüngeren Rechtsprechung des EuGH zur Berücksichtigung finaler Auslandsverluste könnte dieser Auffassung jedoch entgegengehalten werden, dass eine grenzüberschreitende Einbringung nicht vergleichbar mit einer rein nationalen Einbringung sei. Schließlich stellte der EuGH in den Rs. *Nordea Bank Danmark*[448] und *Timac Agro*[449] fest, dass die Situationen objektiv nicht miteinander vergleichbar sind, wenn eine inländische Gesellschaft zwar die Verluste einer inländischen Betriebsstätte berücksichtigen darf, während sie die Verluste einer ausländischen DBA-Betriebsstätte unberücksichtigt lassen muss. Der EuGH begründete diese Sichtweise mit dem Argument, dass der Ansässigkeitsstaat der Gesellschaft im reinen Inlandssachverhalt auch die Gewinne der inländischen Betriebsstätte besteuern könne, während ihm dieses Besteuerungsrecht für die ausländische Betriebsstätte nicht zustehe. Wenn die positiven Ergebnisse beider Betriebsstätten unterschiedlich versteuert werden, mangele es an einer objektiven Vergleichbarkeit beider Sachverhalte und es läge keine Benachteiligung des

---

445 *Dürrschmidt/Schiller*, EuR 2006, 275, 278; Ehlers/Becker/*Ehlers*, § 7, Rn. 90; *Haratsch/Koenig/Pechstein*, Europarecht, Rn. 854; *Herzig/Wagner*, DStR 2006, 1, 3; *Stewen*, EuR 2008, 445, 451; *Wernsmann/Nippert*, FR 2005, 1123, 1128.

446 Grabitz/Hilf/Nettesheim/*Forsthoff*, Art. 49 AEUV, Rn. 81.

447 EuGH v. 11.3.2004 – C-9/02, *Hughes de Lasteyrie du Saillant*, Slg. 2004, I-2409, Rn. 35; EuGH v. 7.9.2006 – C-470/04, *N*, Slg. 2006, I-7409, Rn. 35; EuGH v. 29.11.2011 – C-371/10, *National Grid Indus*, EuZW 2011, 951, Rn. 37; EuGH v. 23.1.2014 – C-164/12, *DMC*, ECLI:EU:C:2014:20, Rn. 41; EuGH v. 21.5.2015 – C-657/13, *Verder LabTec*, ECLI:EU:C:2015:331, Rn. 39.

448 EuGH v. 17.7.2014 – C-48/13, *Nordea Bank Danmark*, EU:C:2014:2087, Rn. 24.

449 EuGH v. 17.12.2015 – C-388/14, *Timac Agro*, ECLI:EU:C:2015:829, Rn. 27.

grenzüberschreitenden Sachverhalts gegenüber einem vergleichbaren nationalen Sachverhalt vor, weil Letzterer eben nicht existiere.

In der Rs. *Bevola und Jens W. Trock* stellte der EuGH jedoch klar, dass diese beiden Urteile nicht dahingehend verstanden werden können, „*dass zwei Sachverhalte, die das nationale Steuerrecht unterschiedlich behandelt, nicht als vergleichbar angesehen werden können*“[450]. Der EuGH bestätigte zudem, dass eine unterschiedliche steuerliche Behandlung einer inländischen und einer ausländischen Betriebsstätte keinen Einfluss auf die objektive Vergleichbarkeit grenzüberschreitender Sachverhalte hat.[451] Dieser Auffassung ist zuzustimmen, schließlich würden die Grundfreiheiten andernfalls ins Leere laufen, weil nahezu jeder grenzüberschreitende Sachverhalt steuerlich anders behandelt wird als sein inländisches Pendant.[452]

Im Ergebnis stellt die Entstrickungsbesteuerung – trotz der Rs. *Nordea Bank Danmark* und *Timac Agro* – eine Beschränkung der Grundfreiheiten dar.

III. Rechtfertigungsgründe der Diskriminierung und Beschränkung

1. *Geschriebene anerkannte Rechtfertigungsgründe und Bereichsausnahmen*

Offene und verdeckte Diskriminierungen sowie Beschränkungen der Niederlassungsfreiheit können durch die in Art. 52 AEUV genannten Gründe gerechtfertigt werden. Zulässig sind demnach Vorschriften des Ausländerrechts, durch die ein Mitgliedstaat aus Gründen der öffentlichen Ordnung, Sicherheit und Gesundheit Maßnahmen ergreift, die Staatsangehörige anderer Mitgliedstaaten diskriminieren oder beschränken. Für steuerliche Vorschriften ist diese Ausnahmeregelung ohne Bedeutung.

Ist die Ausübung des Niederlassungsrechts mit der Ausübung öffentlicher Gewalt verbunden, kann sich ein Unionsbürger gem. Art. 51 Abs. 1 AEUV nicht auf das Niederlassungsrecht berufen. Es handelt sich hierbei nicht um einen Rechtfertigungsgrund, sondern um eine Bereichsausnahme. Allerdings kommt dieser Norm – ebenso wie Art. 52 AEUV – für das Steuerrecht keine Bedeutung zu.

Offene und verdeckte Diskriminierungen sowie Beschränkungen der Kapitalverkehrsfreiheit können durch die in Art. 65 AEUV genannten Gründe zulässig sein. Nach Art. 65 Abs. 1 lit. a AEUV berührt die Kapitalverkehrsfreiheit nicht das Recht der Mitgliedstaaten, „*die einschlägigen Vorschriften ihres Steuerrechts anzuwenden, die Steuerpflichtige mit unterschiedlichem Wohnort oder Kapitalanlageort*

---

450 EuGH v. 12.6.2018 – C-650/16, *Bevola und Jens W. Trock*, ECLI:EU:C:2018:424, Rn. 35.
451 EuGH v. 12.6.2018 – C-650/16, *Bevola und Jens W. Trock*, ECLI:EU:C:2018:424, Rn. 35.
452 Vgl. EuGH v. 12.6.2018 – C-650/16, *Bevola und Jens W. Trock*, ECLI:EU:C:2018:424, Rn. 35.

unterschiedlich behandeln". Diese Steuerklausel soll dem Umstand Rechnung tragen, dass sich die Mitgliedstaaten bisher im Rahmen der geplanten Harmonisierung noch nicht auf ein einheitliches europäisches Steuersystem geeinigt haben, und erlaubt den Mitgliedstaaten daher grundsätzlich, ihre nationalen Steuervorschriften auch dann anzuwenden, wenn sie Steuerpflichtige mit unterschiedlichem Wohnsitz und Kapitalanlageort unterschiedlich behandeln.[453] Allerdings wurde der Anwendungsbereich dieser Entlastungsvorschrift durch die Erklärung Nr. 7 in der Schlussakte des Maastrichter Vertrags[454] dahingehend eingeschränkt, dass sie nur noch für steuerliche Ungleichbehandlungen zwischen Mitgliedstaaten Anwendung findet, die bereits zum 31.12.1993 bestanden haben (Stillhalteerklärung).[455] Die hier relevanten Entstrickungsnormen wurden alle nach 1993 gesetzlich kodifiziert und können daher nicht durch Art. 65 Abs. 1 lit. a AEUV legitimiert werden. Außerdem soll die Steuerklausel im Verhältnis zu Drittstaaten keine Anwendung mehr finden. Die Relevanz der Steuerklausel für die Entstrickungsnormen wurde damit faktisch auf null reduziert.[456]

2. Ungeschriebene anerkannte Rechtfertigungsgründe im Steuerrecht

a) Allgemeines

Sowohl versteckte und offene Diskriminierungen als auch Beschränkungen der Niederlassungs- bzw. Kapitalverkehrsfreiheit sind nach ständiger Rechtsprechung aber auch dann statthaft, wenn durch diese ein legitimes Ziel verfolgt wird, das durch zwingende Gründe des Allgemeininteresses gerechtfertigt ist.[457] Die ständige Rechtsprechung verlangt dann aber, durch eine Verhältnismäßigkeitsprüfung sicherzustellen, dass die Diskriminierung bzw. Beschränkung zur Erreichung des fraglichen Ziels geeignet ist und nicht über das zur Zweckerreichung erforderliche Maß hinausgeht.[458] Die durch eine steuerliche Norm hervorgerufene Beschränkung

---

453 *Haratsch/Koenig/Pechstein*, Europarecht, Rn. 1087; Streinz/*Sedlaczek/Züger*, Art. 65 AEUV, Rn. 38.

454 Schlussakte zum Vertrag von Maastricht, ABl. EG v. 29.7.1992 Nr. C 191/95, Erklärung zu Art. 73d des Vertrags zur Gründung der Europäischen Gemeinschaft.

455 Bei der Auslegung des AEUV ist die Erklärung zum Maastricher Vertrag zu berücksichtigen (*Oppermann/Classen/Nettesheim*, Europarecht, § 30, Rn. 19).

456 Vgl. hierzu auch Streinz/*Sedlaczek/Züger*, Art. 65 AEUV, Rn. 38.

457 EuGH v. 15.5.1997 – C-250/95, *Futura Participations und Singer/Administration des contributions*, Slg. 1997, I-2471, Rn. 26; EuGH v. 21.11.2002 – C-436/00, *X und Y*, Slg. 2002, I-10847, Rn. 49; EuGH v. 12.12.2002 – C-324/00, *Lankhorst-Hohorst*, Slg. 2002, I-11779, Rn. 33; EuGH v. 11.3.2004 – C-9/02, *Hughes de Lasteyrie du Saillant*, Slg. 2004, I-2409, Rn. 49.

458 EuGH v. 13.12.2005 – C-446/03, *Marks & Spencer*, Slg. 2006, I-10837, Rn. 35; EuGH v. 12.9.2006 – C-196/04, *Cadburry Schweppes*, Slg. 2006, I-7995, Rn. 47; EuGH v. 13.3.2007 – C-524/04, *Test Claimants in the Thin Cap Group Regulation*, Slg. 2007, I-12107, Rn. 64; EuGH v. 18.6.2009 – C-303/07, *Aberdeen Proberty Finivest Alpha*,

oder Diskriminierung kann nur durch einen steuerlichen Grund gerechtfertigt werden.[459] Hierzu hat der EuGH im Steuerrecht bisher nachfolgende Rechtfertigungsgründe zugelassen, die er gleichermaßen für Beschränkungen der Niederlassungsfreiheit und der Kapitalverkehrsfreiheit anwendet.[460]

b) Wahrung der Aufteilung der Besteuerungsbefugnisse

Im internationalen Steuerrecht gilt das Territorialitätsprinzip.[461] Danach sind Staaten berechtigt, Einkünfte zu besteuern, wenn sie einen steuerlichen Anknüpfungspunkt zum Steuersubjekt (beispielsweise den Wohnsitz oder einen gewöhnlichen Aufenthalt des Steuerpflichtigen) oder zum Steuerobjekt (beispielsweise die Belegenheit der Einkunftsquelle) vorweisen können.[462] So sind die Mitgliedstaaten berechtigt, in ihrem Gebiet ansässige Steuerpflichtige mit ihrem Welteinkommen und Gebietsfremde mit ihren inländischen Einkünften zu besteuern.[463] Korrespondierend kann den Mitgliedstaaten grundsätzlich nur die Berücksichtigung von Verlusten jener Einkunftsquelle zugemutet werden, deren Gewinne sie auch hätten besteuern können.[464] Das Territorialitätsprinzip wurde durch den EuGH in das Unionsrecht übernommen und kann nunmehr nationale Vorschriften rechtfertigen, die (aa) den Abzug ausländischer Verluste im Inland unterbinden oder (bb) in Entstrickungsfällen eine Besteuerung vorsehen.[465]

aa) Keine Verlustberücksichtigung

In der Rs. *Futura Participations und Singer*[466] hat der EuGH das Territorialitätsprinzip erstmalig auch innerhalb des Unionsrechts berücksichtigt und

---

Slg. 2009, I-5145, Rn. 57; EuGH v. 23.1.2014 – C-164/12, *DMC*, ECLI:EU:C:2014:20, Rn. 44; *Gillessen*, Europäische transnationale Sitzverlegung und Fusion im Vereinigten Königreich und in Irland, S. 177; *Kraft/Bron*, IStR 2006, 26, 28; *Schindler*, IStR 2004, 300, 308; *Stapperfend*, FR 2003, 165, 168.

459 *Kraft/Bron*, IStR 2006, 26, 28.

460 *Jacobs/Endres/Spengel*, Internationale Unternehmensbesteuerung, S. 210.

461 Lehner/Vogel/*Lehner*, Grundlagen des Abkommensrechts, Rn. 11 f.

462 von der Groeben/Schwarze/Hatje/*Bahns/Brinkmann/Gläser u.a.*, vor Art. 110–113 AEUV, Rn. 68; Außensteuergesetz/*Kraft*, § 1 AStG, Rn. 542.

463 EuGH v. 13.12.2005 – C-446/03, *Marks & Spencer*, Slg. 2006, I-10837, Rn. 39; von der Groeben/ Schwarze/Hatje/*Bahns/Brinkmann/Gläser u.a.*, vor Art. 110–113 AEUV, Rn. 67.

464 von der Groeben/Schwarze/Hatje/*Bahns/Brinkmann/Gläser u.a.*, vor Art. 110–113 AEUV, Rn. 68; Blümich/ *Wagner*, § 2a EStG, Rn. 42.

465 Regelmäßig werden der Grundsatz der Territorialität, die ausgewogene Aufteilung der Besteuerungsbefugnisse und die Verhinderung doppelter Verlustberücksichtigung jeweils als eigenständige Rechtfertigungsgründe gesehen (so z.B. *Kokott/Ost*, EuZW 2011, 496, 500).

466 EuGH v. 15.5.1997 – C-250/95, *Futura Participations und Singer/Administration des contributions*, Slg. 1997, I-2471, Rn. 22.

als Rechtfertigungsgrund anerkannt. Entsprechend sind die Mitgliedstaaten berechtigt, Vorschriften zu erlassen, die die Anerkennung von Verlusten aus Einkunftsquellen ausschließen, für die dem Mitgliedstaat kein positives Besteuerungsrecht zusteht.[467] Damit erkennt der EuGH das Betriebsstättenprinzip der *„Symmetrie zwischen dem Recht zur Besteuerung der Gewinne und der Möglichkeit, Verluste zum Abzug zu bringen“*, grundsätzlich auch auf unionsrechtlicher Ebene an.[468]

Hinsichtlich finaler Auslandsverluste – also Verluste ausländischer Betriebsstätten oder Tochtergesellschaften, die beispielsweise aufgrund einer Liquidation nicht mehr zur Verrechnung mit künftigen Gewinnen im Betriebsstättenstaat zur Verfügung stehen – hat der EuGH eine Berücksichtigung im Ansässigkeitsstaat ausnahmsweise als geboten gesehen.[469] In der Rs. *Timac Agro*[470] änderte der EuGH seine Rechtsprechung teilweise und stellte fest, dass zumindest bei konzerninternen Unternehmens- und Betriebsstättenverkäufen keine finalen Verluste mehr zu berücksichtigen sind. Der BFH schloss sich der geänderten Rechtsprechung an und dehnte diese auch auf gewöhnliche Verkäufe ausländischer Einheiten aus.[471] Weil durch das Territorialitätsprinzip nach früherer Rechtsprechung des EuGH nur der Ausschluss eines Verlustabzugs im Ansässigkeitsstaat gerechtfertigt wurde, war dieser Rechtfertigungsgrund lange nicht geeignet, eine Entstrickungssteuer zuzulassen.[472]

bb) Aufteilung positiver Besteuerungsrechte

(1) Ziel: Vermeidung einer Gefährdung des Besteuerungsrechts

Erst mit der Rechtsprechung zu *N*[473] im Jahr 2006 hat der EuGH das Prinzip der steuerlichen Territorialität weiterentwickelt und auf die Aufteilung positiver Besteuerungsrechte (Gewinne) ausgedehnt.[474] Dazu ergänzt der EuGH das Territorialitätsprinzip um eine zeitliche Komponente[475] und gesteht den Mitgliedstaaten zu, Wertzuwächse, die während der steuerlichen Ansässigkeit in ihrem

---

467 von der Groeben/Schwarze/Hatje/*Bahns/Brinkmann/Gläser u.a.*, vor Art. 110–113 AEUV, Rn. 68.

468 EuGH v. 15.5.2008 – C-414/06, *Lidl Belgium*, Slg. 2008, I-13601, Rn. 33.

469 Vgl. hierzu ausführlich *Rublack*, IFSt-Schrift Nr. 472 2011, S. 1 ff.; bestätigt durch EuGH v. 12.6.2018 – C-650/16, *Bevola und Jens W. Trock*, ECLI:EU:C:2018:424.

470 EuGH v. 17.12.2015 – C-388/14, *Timac Agro*, ECLI:EU:C:2015:829.

471 BFH v. 22.2.2017 – I R 2/15, BStBl. II 2017, 709.

472 So damals noch *Kraft/Bron*, IStR 2006, 26, 30.

473 EuGH v. 7.9.2006 – C-470/04, *N*, Slg. 2006, I-7409.

474 Dieser Rechtfertigungsgrund wurde im Jahr 2011 durch den EuGH erneut anerkannt: EuGH v. 29.11.2011 – C-371/10, *National Grid Indus*, EuZW 2011, 951.

475 *Kessler/Philipp*, DStR 2012, 267, 270; Lehner/Vogel/*Lehner*, Grundlagen des Abkommensrechts, Rn. 266b; *Thömmes*, IWB 2011, 896, 899.

Hoheitsgebiet entstanden sind, zu besteuern.[476] Auch bei Beendigung der Steuerpflicht behält der Ursprungsstaat die Besteuerungsbefugnis an den Wertzuwächsen, die während des Bestehens der Steuerpflicht entstanden sind.[477]

Jedoch kann es Handlungen des Steuerpflichtigen geben, die das Besteuerungsrecht des Ursprungsstaats an den in seinem Hoheitsgebiet entstandenen stillen Reserven gefährden. Die Gefährdung kann nach Auffassung des EuGH insbesondere durch den Wegzug des Steuerpflichtigen[478], die Überführung der steuerverhafteten Wirtschaftsgüter in eine ausländische Betriebsstätte[479] oder die Einbringung derselben in eine ausländische Kapitalgesellschaft[480] ausgelöst werden. Maßnahmen des Ursprungsstaats, die in solchen Fällen der Sicherung des Besteuerungsrechts an den in seinem Hoheitsbereich entstandenen Wertzuwächsen dienen, können nach ständiger Rechtsprechung des EuGH durch das Ziel einer ausgewogenen Aufteilung der Besteuerungsbefugnisse gerechtfertigt werden.[481] Fraglich und nachfolgend zu klären ist jedoch, was unter einer *„Gefährdung des Besteuerungsrechts"* verstanden werden muss.

(2) Gefährdung des Besteuerungsrechts aus rechtlichen Gründen

Eine Gefährdung des Besteuerungsrechts liegt unstreitig immer dann vor, wenn das Besteuerungsrecht des Ursprungsstaats – beispielsweise aufgrund von DBA-Regelungen – endet und der Ursprungsstaat bereits aus rechtlichen Gründen an einer Besteuerung der in seinem Hoheitsgebiet entstandenen stillen Reserven gehindert ist. In solchen Fällen können nationale Entstrickungsvorschriften, die die Festsetzung und Erhebung der Steuer im Zeitpunkt des Verlusts des Besteuerungsrechts vorsehen, durch das Ziel einer ausgewogenen Aufteilung der Besteuerungsbefugnisse gerechtfertigt werden.[482]

---

476 Exemplarisch EuGH v. 29.11.2011 – C-371/10, *National Grid Indus*, EuZW 2011, 951, Rn. 43.

477 EuGH v. 29.11.2011 – C-371/10, *National Grid Indus*, EuZW 2011, 951, Rn. 48, 58 sowie die diesbezügliche Literatur: *Gosch*, IWB 2012, 779, 779 ff.; *Kessler/Philipp*, DStR 2012, 267, 267 ff.; *Körner*, IStR 2012, 1, 1 ff.; Lehner/Vogel/*Lehner*, Grundlagen des Abkommensrechts, Rn. 266; *Mitschke*, IStR 2012, 6, 6 ff.; *Ruiner*, IStR 2012, 49, 49 ff.; *Thömmes/Linn*, Intertax 2012, 485, 485 ff.

478 EuGH v. 29.11.2011 – C-371/10, *National Grid Indus*, EuZW 2011, 951.

479 EuGH v. 21.5.2015 – C-657/13, *Verder LabTec*, ECLI:EU:C:2015:331.

480 EuGH v. 23.1.2014 – C-164/12, *DMC*, ECLI:EU:C:2014:20.

481 EuGH v. 7.9.2006 – C-470/04, *N*, Slg. 2006, I-7409, Rn. 46; EuGH v. 29.11.2011 – C-371/10, *National Grid Indus*, EuZW 2011, 951, Rn. 49; EuGH v. 18.7.2013 – C-261/11, *Kommission/Dänemark*, BeckRS 2013, 81546, Rn. 37; EuGH v. 23.1.2014 – C-164/12, *DMC*, ECLI:EU:C:2014:20, Rn. 53; EuGH v. 21.5.2015 – C-657/13, *Verder LabTec*, ECLI:EU:C:2015:331, Rn. 44 f.

482 EuGH v. 29.11.2011 – C-371/10, *National Grid Indus*, EuZW 2011, 951, Rn. 52; EuGH v. 25.4.2013 – C-64/11, *Kommission/Spanien*, BeckRS 2013, 80339, Rn. 31; EuGH v. 23.1.2014 – C-164/12, *DMC*, ECLI:EU:C:2014:20, Rn. 60; EuGH

(3) Gefährdung des Besteuerungsrechts aus tatsächlichen Gründen

Durch das geänderte Abkommensverständnis des BFH wird das deutsche Besteuerungsrecht durch die Überführung oder die Einbringung des Wirtschaftsguts in den allermeisten Fällen aus rechtlichen Gründen nicht ausgeschlossen und damit aus rechtlichen Gründen nicht gefährdet.[483] Das Besteuerungsrecht des Ursprungsstaats kann jedoch auch dann gefährdet sein, wenn tatsächliche Gründe eine spätere Steuervereinnahmung gefährden. Als Gründe für eine tatsächliche faktische Gefährdung könnten zunächst der eingeschränkte Informationszugang des Ursprungsstaats über den Verbleib des Wirtschaftsguts im Ausland[484] sowie das mit der Zeit steigende Risiko der Steuerbeitreibung nach dem Wirtschaftsguttransfer ins Ausland gesehen werden. Dabei ist höchstrichterlich nicht endgültig geklärt, ob auch solche tatsächlichen Gefährdungsgründe die Finalsteuer rechtfertigen können.

Bisher hat sich der EuGH zu solchen Situationen nicht äußern können. Denn einem der vier relevanten beim EuGH vorgelegten Verfahren lag ein Sachverhalt zugrunde, bei dem der Ursprungsstaat bereits aus rechtlichen Gründen sein Besteuerungsrecht vollumfänglich verloren hat.[485] In einem anderen Verfahren wandte der Wegzugsstaat (Niederlande) das vom BFH vertretene neue Abkommensverständnis nicht an.[486] Im dritten Verfahren ging das Besteuerungsrecht des Ursprungsstaats eben nicht verloren, der EuGH erkannte den Rechtfertigungsgrund der Wahrung der Aufteilung der Besteuerungsbefugnisse dennoch an, weil er fälschlicherweise davon ausging, dass das Besteuerungsrecht verloren gegangen sei.[487] Im vierten Verfahren konnte der EuGH nicht klären, ob das Besteuerungsrecht des Ursprungsstaats fortbesteht, und wies den Fall insoweit wieder an das vorlegende Gericht zurück.[488]

Zu der Annahme, dass auch tatsächliche Gründe alleine eine Finalbesteuerung rechtfertigen können, führt zunächst das Urteil *DMC*, in dem der EuGH feststellt, dass eine Finalbesteuerung gerechtfertigt ist, wenn der Ursprungsstaat „*tatsächlich an der Ausübung seiner Steuerhoheit über die Einkünfte gehindert ist*“[489]. In

v. 21.5.2015 – C-657/13, *Verder LabTec*, ECLI:EU:C:2015:331, Rn. 48; Schlussanträge der Generalanwältin *Kokott* v. 13.7.2017 – C-292/16, *A Oy*, Rn. 33.

483 Siehe hierzu auch im Detail S. 74 ff.

484 EuGH v. 29.11.2011 – C-371/10, *National Grid Indus*, EuZW 2011, 951, Rn. 62.

485 EuGH v. 23.11.2017 – C-292/16, *A Oy*, ECLI:EU:C:2017:888, Rn. 34; vgl. hierzu ausführlich S. 195 ff.

486 EuGH v. 29.11.2011 – C-371/10, *National Grid Indus*, EuZW 2011, 951; vgl. hierzu ausführlich S. 173 ff.

487 EuGH v. 23.1.2014 – C-164/12, *DMC*, ECLI:EU:C:2014:20, Rn. 57; vgl. hierzu ausführlich S. 185 ff.

488 EuGH v. 21.5.2015 – C-657/13, *Verder LabTec*, ECLI:EU:C:2015:331, Rn. 45 f.; vgl. hierzu ausführlich S. 189 ff.

489 EuGH v. 23.1.2014 – C-164/12, *DMC*, ECLI:EU:C:2014:20, Rn. 56.

Rn. 57 führt der EuGH dann jedoch aus, dass *„im vorliegenden Fall [...] aber aus dem Sachverhalt des Ausgangsverfahrens nicht zweifelsfrei ersichtlich ist, dass die Bundesrepublik Deutschland tatsächlich jedes Recht verliert, die nicht realisierten Wertzuwächse [...] zu besteuern"*, und weist die Feststellungslast insoweit wieder an das vorlegende Gericht zurück. Damit wird deutlich, dass der EuGH auch in dieser Rechtssache einen Verlust des Besteuerungsrechts des Ursprungsstaats zur Voraussetzung für eine mögliche Rechtfertigung macht. Die Wortwahl *„tatsächlich"*, die kein Übersetzungsfehler sein kann, da in der Rs. *DMC* die Amtssprache Deutsch war, scheint daher etwas unglücklich. Zudem tritt der Zusatz *„tatsächlich"* ausschließlich im vorgenannten Verfahren auf; in den späteren Verfahren *Verder LabTec*[490] und *A Oy*[491] wird hierauf kein Bezug mehr genommen.

Daher bleibt offen, was der EuGH unter einer *„tatsächlichen Gefährdung"* verstehen könnte, sollte er damit nicht unmittelbar an das Fortbestehen des Besteuerungsrechts anknüpfen wollen. Nachfolgend wird untersucht, ob das Besteuerungsrecht des Ursprungsstaats durch den Transfer eines Wirtschaftsguts ins Ausland – im Vergleich zu einem Verbleib des Wirtschaftsguts im Inland – tatsächlich eine Gefährdung erleiden kann, weil dem Ursprungsstaat im Anschluss an den Wirtschaftsguttransfer weniger Informationen zugänglich sind oder sein Risiko des Steuerausfalls ansteigt. Hierzu sind nachfolgende drei Fallkonstellationen differenziert zu betrachten:

- Stammhaus im Inland
  Verbleibt das Stammhaus im Inland, sind keine Gründe erkennbar, die die Steuererhebung erschweren oder unmöglich machen. Denn aufgrund des im Inland verbleibenden Stammhauses behält die deutsche Finanzverwaltung weiterhin die ihr zustehenden Rechte auf Auskunftserteilung durch den Steuerpflichtigen (insbesondere nach §§ 93 ff. AO) sowie auf Durchführung einer steuerlichen Außenprüfung (§§ 193 ff. AO).[492] Das überführte Wirtschaftsgut ist weiterhin in der Steuerbilanz des deutschen Steuerpflichtigen zu erfassen. Ein Abgang des ausländischen Wirtschaftsguts ist bilanziell ebenso zu erfassen wie der Abgang eines inländischen Wirtschaftsguts. Die Ermittlung des Werts des Wirtschaftsguts im Überführungszeitpunkt ist im Entstrickungszeitpunkt ebenso wie zum späteren Realisationszeitpunkt möglich und bedarf grundsätzlich keiner verfrühten Steuerfestsetzung. Aufgrund der EU-Amtshilferichtlinie[493] kann die deutsche Finanzverwaltung zudem von anderen Mitgliedstaaten Informationen

490 EuGH v. 21.5.2015 – C-657/13, *Verder LabTec*, ECLI:EU:C:2015:331.

491 EuGH v. 23.11.2017 – C-292/16, *A Oy*, ECLI:EU:C:2017:888.

492 So inhaltlich auch EuGH v. 18.7.2013 – C-261/11, *Kommission/Dänemark*, BeckRS 2013, 81546, Rn. 47; *Wassermeyer*, IStR 2011, 813, 815.

493 Richtlinie 2011/16/EU des Rates v. 15.2.2011 über die Zusammenarbeit der Verwaltungsbehörden im Bereich der Besteuerung und zur Aufhebung der Richtlinie 77/799/EWG, ABl. 2011 Nr. L 64, S. 1, zuletzt geändert durch Richtlinie 2014/107/EU des Rates v. 9.12.2014, ABl. 2014 Nr. L 359, S. 1.

über die in einer EU-Betriebsstätte belegenen Wirtschaftsgüter anfordern. Die Erhebung der auf einen etwaigen Veräußerungsgewinn entfallenden Steuern beim deutschen Steuerpflichtigen wird auch nicht dadurch erschwert, dass es sich nunmehr um ein ausländisches Wirtschaftsgut handelt. Ebenso kann das mit der Zeit steigende Risiko des Ausfalls des Steueranspruchs kein Grund für eine vorzeitige Steuerfestsetzung oder -erhebung sein. Denn hier gilt festzuhalten, dass bei im Inland verbleibenden Wirtschaftsgütern gleichermaßen das Risiko besteht, dass der zum späteren Realisationszeitpunkt entstehende Steueranspruch nicht beigetrieben werden kann, sodass der grenzüberschreitende Sachverhalt kein höheres Risiko für den deutschen Fiskus mit sich bringt, als wenn das Wirtschaftsgut im Inland verbliebe. Dies verdeutlicht der EuGH in der Rs. *A Oy*, indem er festhält, dass die Einbringung einer ausländischen Betriebsstätte in eine ausländische Kapitalgesellschaft weder die Möglichkeit des Ansässigkeitsstaats beeinträchtigt, vom Einbringenden „*die erforderlichen Auskünfte für die Beitreibung der geschuldeten Steuer zu fordern, noch die Möglichkeit, diese Beitreibung tatsächlich zu veranlassen*“[494].

- Stammhaus im EU-Ausland
  Befindet sich das Stammhaus des Steuerpflichtigen hingegen im EU-Ausland und wird das Wirtschaftsgut aus einer inländischen Betriebsstätte in eine ausländische Betriebsstätte überführt, sind der Zugang zu Informationen und die Beitreibung der Steuerforderung zwar nicht mehr unmittelbar durch die Vorschriften der AO gesichert. Zum 1.1.2013 wurde jedoch die EU-Amtshilferichtlinie[495] eingeführt, die die bis dahin geltende EG-Amtshilferichtlinie ersetzt hat und durch das Amtshilferichtlinien-Umsetzungsgesetz in nationales Recht transformiert wurde (EU-Amtshilfe-Gesetz, kurz EUAHiG). Nach §§ 4 bis 6 EUAHiG können Finanzämter seither Auskunftsersuche an andere Mitgliedstaaten stellen und eingehende Anfragen nach eigenem Ermessen bearbeiten. Informationen können sowohl automatisiert (§ 7 EUAHiG) als auch spontan (§§ 8, 9 EUAHiG) zwischen den Mitgliedstaaten ausgetauscht werden. Damit ist das zuständige Finanzamt grundsätzlich in der Lage, den vom Steuerpflichtigen in seiner Steuererklärung zugrunde gelegten Sachverhalt zu überprüfen, den Verkauf von Wirtschaftsgütern selbstständig zu verfolgen und die damit verbundene Besteuerung stiller Reserven sicherzustellen. Durch die EU-Beitreibungsrichtlinie[496] ist zudem der Forderungseinzug des Ursprungsstaats

---

494 EuGH v. 23.11.2017 – C-292/16, *A Oy*, ECLI:EU:C:2017:888, Rn. 39.

495 Richtlinie 2011/16/EU des Rates v. 15.2.2011 über die Zusammenarbeit der Verwaltungsbehörden im Bereich der Besteuerung und zur Aufhebung der Richtlinie 77/799/EWG, ABl. 2011 Nr. L 64, S. 1, zuletzt geändert durch Richtlinie 2014/107/EU des Rates v. 9.12.2014, ABl. 2014 Nr. L 359, S. 1.

496 Richtlinie 2010/24/EU des Rates v. 16.3.2010 über die Amtshilfe bei der Beitreibung von Forderungen in Bezug auf bestimmte Steuern, Abgaben und sonstige Maßnahmen, ABl. 2010 Nr. L 84, S. 1.

EU-weit gesichert, sodass im Vergleich zum rein nationalen Sachverhalt keine Gefährdung des Steueranspruchs aufkommen kann. Diese Auffassung wird durch den EuGH bestätigt, indem er feststellt, dass *„aufgrund dieser Richtlinie [...] der Herkunftsmitgliedstaat daher von der zuständigen Behörde des Aufnahmemitgliedstaats Informationen über die Verlegung des Wohnsitzes einer natürlichen Person in diesen Mitgliedstaat erhalten [kann], soweit diese Informationen erforderlich sind, um den Herkunftsmitgliedstaat in die Lage zu versetzen, eine Steuerforderung, die zum Zeitpunkt dieser Verlegung bereits bestand, einzuziehen“*[497] und *„die zwischen den Behörden der Mitgliedstaaten auf Unionsebene bestehenden Verfahren zur gegenseitigen Unterstützung hinreichend sind, um den Herkunftsmitgliedstaat in die Lage zu versetzen, eine Steuerschuld in einem anderen Mitgliedstaat einzuziehen“*[498]. In der Praxis ist allerdings bekannt, dass die vorgenannten Instrumente der staatenübergreifenden Zusammenarbeit gelegentlich nicht reibungslos funktionieren. Hierzu stellt der EuGH jedoch fest, dass die Mitgliedstaaten *„aus etwaigen Schwierigkeiten beim Einholen der erforderlichen Informationen oder aus Defiziten, die bei der Kooperation ihrer Steuerverwaltungen auftreten können, keine Rechtfertigung für die Beschränkung der durch den Vertrag garantierten Grundfreiheiten herleiten“*[499] können. Sollte zusätzlich im Inland eine Betriebsstätte verbleiben, reicht auch der Zugriff hierauf nach Auffassung des EuGH aus, den Steueranspruch beizutreiben.[500] Beschränkungen der Grundfreiheiten können folglich nicht durch Erschwernisse bei der Aufklärung ausländischer EU-Sachverhalte oder der Steuererhebung im EU-Ausland gerechtfertigt werden.[501]

- Übrige Fälle (insbesondere Stammhaus im Drittstaaten-Ausland)
  Befindet sich das Stammhaus des Steuerpflichtigen hingegen in einem Drittstaat, finden weder die EU-Amtshilferichtlinie noch die EU-Beitreibungsrichtlinie Anwendung.[502] Hier könnten ggf. der Informationsaustausch und die

497 EuGH v. 12.7.2012 – C-269/09, *Kommission/Spanien*, EuZW 2013, 34, Rn. 70.

498 EuGH v. 12.7.2012 – C-269/09, *Kommission/Spanien*, EuZW 2013, 34, Rn. 68.

499 EuGH v. 4.3.2004 – C-334/02, *Kommission/Frankreich*, Slg. 2004, I-2229, Rn. 33; EuGH v. 12.7.2012 – C-269/09, *Kommission/Spanien*, EuZW 2013, 34, Rn. 72; EuGH v. 6.6.2013 – C-383/10, *Kommission/Belgien*, ECLI:EU:C:2013:364, Rn. 53.

500 EuGH v. 19.6.2014 – C-53/13, C-80/13, *Strojírny Prostejov*, ECLI:EU:C:2014:2011, Rn. 49 ff.

501 Vgl. hierzu auch EuGH v. 14.2.1995 – C-279/93, *Schumacker*, Slg. 1995, I-225, Rn. 43 ff.; EuGH v. 16.5.2000 – C-87/99, *Zurstrassen*, Slg. 2000, I-3337, Rn. 24 f.; EuGH v. 10.2.2011 – C-436/08, *Haribo Lakritzen Hans Riegel und Österreichische Salinen*, Slg. 2011, I-305; EuGH v. 29.11.2011 – C-371/10, *National Grid Indus*, EuZW 2011, 951, Rn. 78; EuGH v. 12.7.2012 – C-269/09, *Kommission/Spanien*, EuZW 2013, 34, Rn. 68, 70; Gosch/*Lampert*, § 12 KStG, Rn. 74.

502 Bei Drittstaatensachverhalten ist grundsätzlich der Anwendungsbereich der Niederlassungsfreiheit ausgeschlossen, sodass hiervon nur Sachverhalte betroffen sein können, die in den Schutzbereich der Kapitalverkehrsfreiheit fallen.

gegenseitige Amtshilfe bei der Erhebung der Steuer auf der Basis eines DBA (vgl. Artt. 26, 27 OECD-MA) eine vergleichbare Grundlage schaffen. Unabhängig von dem Bestehen eines DBA mit solchen verfahrensrechtlichen Amtshilfen kann die Finalbesteuerung nach der hier vertretenen Auffassung aber auch beim Drittstaatensachverhalt nicht durch das Ziel einer ausgewogenen Aufteilung der Besteuerungsgrundlagen gerechtfertigt werden. Dies liegt darin begründet, dass die deutsche Besteuerungsbefugnis geklärt ist und es keiner Sofortbesteuerung bedarf, um das Besteuerungsrecht zu wahren. Schließlich bleibt der Drittstaatensteuerpflichtige weiterhin im Inland mit nachgelagerten Betriebsstätteneinkünften beschränkt steuerpflichtig. Die Sofortbesteuerung würde damit nicht die inländische Besteuerungsbefugnis sichern, sondern Fällen vorbeugen, in denen der ausländische Steuerpflichtige seinen inländischen Steuerdeklarationspflichten nicht nachkommt bzw. die Finanzbehörde eine (aufwendige) Forderungseinziehung im Ausland scheut. Solche Vorschriften dienen dann jedoch vorrangig der wirksamen Steueraufsicht, der Vermeidung von Steuerflucht, der effizienten Steuererhebung oder der verwaltungstechnischen Vereinfachung, die der EuGH an eigenständigen Rechtfertigungsgründen misst.

Darüber hinaus ist noch zu konstatieren, dass eine „*Sofortbesteuerung*" nicht die Erhebung der Steuer zu einem Zeitpunkt vorsieht, zu dem das Wirtschaftsgut bzw. der Steuerpflichtige sich noch im Inland befindet. Denn nach § 2 Abs. 7 S. 1 EStG bzw. § 7 Abs. 3 S. 1 KStG ist sowohl die Einkommen- als auch die Körperschaftsteuer eine Jahressteuer. In Entstrickungsfällen ist zunächst das laufende Veranlagungsjahr abzuwarten und im nachfolgenden Kalenderjahr eine Steuererklärung einzureichen, die die Exitsteuer berücksichtigt. Selbst in Fällen einer vermeintlichen „*Sofortbesteuerung*" erfolgen die Festsetzung und Erhebung der Exitsteuer daher erst zu einem Zeitpunkt, zu dem der Steuerpflichtige bereits für ca. ein Jahr seine inländischen Anknüpfungspunkte beendet hat. Damit wird klar, dass die Gefährdung des Steueranspruchs ein Jahr nach dem Entstrickungszeitpunkt nicht wesentlich größer oder kleiner ist als beispielsweise fünf Jahre nach dem Entstrickungszeitpunkt.[503]

In den Fällen, in denen das deutsche Besteuerungsrecht gewahrt bleibt, regelt die Vornahme einer Sofortbesteuerung vorrangig die Art der Steuererhebung, nicht jedoch die Besteuerungsbefugnis. Diese Fälle sind daher grundsätzlich vergleichbar mit der Quellenbesteuerung nach § 50a EStG, da in beiden Situationen das inländische Besteuerungsrecht unstreitig besteht und eine vorzeitige Besteuerung – sei es durch den Einbehalt der Steuer an der Einkunftsquelle, sei es durch vorzeitige Steuererhebung – der Vereinfachung der Steuererhebung und der Forderungsbeitreibung durch die Finanzverwaltung dient. Daher wurde der hier in

503 Ähnlich für die Erhebung der Steuer auch EuGH v. 12.7.2012 – C-269/09, *Kommission/Spanien*, EuZW 2013, 34, Rn. 68 f.

Frage stehende Rechtfertigungsgrund in keinem der vier Verfahren[504] zur Quellenbesteuerung beim EuGH vorgebracht bzw. geprüft und kann damit auch der Entstrickungsbesteuerung keine Rechtfertigung verleihen, wenn das deutsche Besteuerungsrecht nur aus tatsächlichen Gründen gefährdet ist.

(4) Zusammenfassung und Stellungnahme

Führt der Transfer oder die Einbringung des Wirtschaftsguts zu einem Verlust des deutschen Besteuerungsrechts an den bis dahin entstandenen Wertzuwächsen, ist die Finalbesteuerung die letzte Möglichkeit des Ursprungsstaats zur Sicherung seines Steuersubstrats und kann durch das Ziel einer ausgewogenen Besteuerung gerechtfertigt werden. Im Rahmen der Verhältnismäßigkeitsprüfung bedarf es jedoch noch einer Analyse dahingehend, ob die Maßnahme geeignet, erforderlich und angemessen ist.[505]

Bleibt der deutsche Steueranspruch an den im Inland entstandenen stillen Reserven auch nach der Überführung oder Einbringung des Wirtschaftsguts bestehen, ist der deutsche Steueranspruch weder aus rechtlichen noch aus faktischen Gründen gefährdet. Eine nationale Vorschrift, die den ohnehin gesicherten Steueranspruch vorzeitig festsetzen oder sofort erheben möchte, kann daher nicht durch das Ziel gerechtfertigt werden, es solle eine ausgewogene Aufteilung der Besteuerungsbefugnisse herbeigeführt werden. Schließlich ist es das Ziel einer Schlussrechnungssteuer, so die Generalanwältin *Kokott* in ihrem Schlussantrag in der Rs. *National Grid Indus*, sicherzustellen, *„dass der gesamte Gewinn, den eine Gesellschaft in dem Zeitraum, in dem sie in den Niederlanden steuerpflichtig gewesen sei, erzielt habe, auch dort besteuert werde“*[506]. Eine solche Norm würde daher das Ziel verfolgen, einen Steueranspruch nicht nur zu sichern, sondern vorzeitig zu vereinnahmen, was jedoch die Art der Steuererhebung regelt und anhand anderer eigenständiger Rechtfertigungsgründe geprüft werden muss. Auch *Gosch* bestätigt, dass *„[b]loße Schwierigkeiten des Besteuerungsvollzugs [...] keine ‘Beschränkungen‘ in diesem spezifischen Rechtssinne [sind]“*[507]. Folglich kann die durch das Regelungsbeispiel herbeigeführte Finalbesteuerung nicht mit dem Ziel gerechtfertigt werden, die Bundesregierung wolle mit dieser Maßnahme das inländische Besteuerungsrecht sichern.

---

504 EuGH v. 3.10.2006 – C-290/04, *Scorpio*, Slg. 2006, I-9461; EuGH v. 18.10.2012 – C-498/10, *X*, EuZW 2013, 156; EuGH v. 19.6.2014 – C-53/13, C-80/13, *Strojírny Prostejov*, ECLI:EU:C:2014:2011; EuGH v. 13.7.2016 – C-18/15, *Brisal und KBC Finance Ireland*, ECLI:EU:C:2016:549; ebenso wenig auch der BFH (BFH v. 5.5.2010 – I R 105/08, BFH/NV 2010, 2043).

505 Vgl. hierzu S. 143 ff.

506 Schlussanträge der Generalanwältin *Kokott* v. 8.9.2011 – C-371/10, *National Grid Indus*, Rn. 47.

507 *Gosch*, IWB 2012, 779, 785.

c) *Effiziente Steuererhebung*

Im Jahr 2006 ließ der EuGH in der Rs. *Scorpio*[508] erstmalig auch das Ziel einer effizienten Steuererhebung als Rechtfertigungsgrund zu. Demnach konnte die Quellenbesteuerung nach § 50a EStG im Streitjahr 1993 durch das Ziel einer effizienten Steuererhebung gerechtfertigt werden, wodurch die steuerliche Erfassung der Einkünfte gesichert wurde.[509] Diese Entscheidung galt ausdrücklich für den Zeitraum, zu dem der Steueranspruch noch nicht durch die EU-Beitreibungsrichtlinie grenzüberschreitend erhoben werden konnte.[510] Erstaunlicherweise bestätigte der EuGH dann aber im Jahr 2012 (Rs. *X*[511]), dass die Erhebung der Quellensteuer auch in Anwendungszeiträumen der Beitreibungsrichtlinie[512] durch das Ziel einer effizienten Steuererhebung gerechtfertigt werden kann. Der EuGH ließ das Forderungsausfallrisiko trotz der Wirkung der Beitreibungsrichtlinie ausnahmsweise zu, weil nach seiner Ansicht der Quellensteuerabzug der Besteuerung gelegentlicher grenzüberschreitender Tätigkeiten dient und dem gebietsfremden Steuerpflichtigen damit die Abgabe einer für ihn in fremder Sprache abzugebenden Steuererklärung erspart, die er sonst hätte einreichen müssen, um den Steueranspruch feststellen und erheben zu lassen.[513]

Als logische Schlussfolgerung aus der Rs. *X*[514] stellte der EuGH in einem späteren Verfahren fest, dass eine effiziente Steuerhebung eine Quellenbesteuerung dann nicht rechtfertigen kann, wenn der ausländische Steuerpflichtige im Quellenstaat eine Betriebsstätte unterhält. Dies liegt darin begründet, dass der Steuerpflichtige durch die inländische Betriebsstätte ohnehin eine Steuererklärung einzureichen hat und mit der dargestellten Wirkung der Quellenbesteuerung keine Erleichterung erfahren würde.[515]

Zunächst ist festzustellen, dass die Quellenbesteuerung und die Entstrickungsbesteuerung in ihrer Wirkungsweise sehr ähnlich sind, schließlich sehen beide Besteuerungsverfahren eine vorzeitige Festsetzung und Erhebung von

---

508 EuGH v. 3.10.2006 – C-290/04, *Scorpio*, Slg. 2006, I-9461; bestätigt durch EuGH v. 15.2.2007 – C-345/04, *Centro Equestre*, Slg. 2007, I-1425, Rn. 23.

509 EuGH v. 3.10.2006 – C-290/04, *Scorpio*, Slg. 2006, I-9461, Rn. 36.

510 EuGH v. 3.10.2006 – C-290/04, *Scorpio*, Slg. 2006, I-9461, Rn. 36.

511 EuGH v. 18.10.2012 – C-498/10, *X*, EuZW 2013, 156.

512 Richtlinie 2001/44/EG des Rates v. 15.6.2001 zur Änderung der Richtlinie 76/308/EWG über die gegenseitige Unterstützung bei der Beitreibung von Forderungen im Zusammenhang mit Maßnahmen, die Bestandteil des Finanzierungssystems des Europäischen Ausrichtungs- und Garantiefonds für die Landwirtschaft sind, sowie von Abschöpfungen und Zöllen und bezüglich der Mehrwertsteuer und bestimmter Verbrauchsteuern, ABl. EG 2001 Nr. L 175, S. 17.

513 EuGH v. 18.10.2012 – C-498/10, *X*, EuZW 2013, 156, Rn. 50 ff.

514 EuGH v. 18.10.2012 – C-498/10, *X*, EuZW 2013, 156.

515 EuGH v. 19.6.2014 – C-53/13, C-80/13, *Strojírny Prostějov*, ECLI:EU:C:2014:2011, Rn. 49 ff.

inländischem Besteuerungssubstrat vor. Jedoch bleibt in Entstrickungsfällen die Deklarationspflicht des Steuerpflichtigen in der Bundesrepublik Deutschland meist bestehen, weil er im Inland entweder im Rahmen der unbeschränkten Steuerpflicht oder mit (nachträglichen) Betriebsstätteneinkünften beschränkt steuerpflichtig bleibt. Und eben in solchen Fällen erkennt der EuGH die vorzeitige Steuerfestsetzung und -erhebung nicht an.[516]

Darüber hinaus ist festzuhalten, dass die Erhebung der Entstrickungssteuer durch Art. 2 Abs. 1 lit. a der Beitreibungsrichtlinie EU-weit gesichert ist, sodass diskriminierende Maßnahmen insoweit keiner Rechtfertigung zugänglich sind.[517] Für die Erhebung der Quellensteuer gilt diese Sicherung nicht, da die Beitreibungsrichtlinie nach Auffassung des EuGH und der Generalanwältin nicht dazu bestimmt war, die Erhebungstechnik der Quellensteuer zu ersetzen.[518]

Damit kann eine vorzeitige Steuerfestsetzung und -erhebung nach der hier vertretenen Auffassung nicht durch das Ziel einer effizienten Steuererhebung gerechtfertigt werden.

d) Wirksamkeit der Steueraufsicht und Steuerkontrolle

Die Sicherung der Steueraufsicht und steuerlichen Kontrolle ist ein vom EuGH anerkannter Grund des Allgemeininteresses und kann damit Eingriffe in die Grundfreiheiten rechtfertigen.[519] Zulässig ist demnach die *„Anwendung von Maßnahmen, die die klare und eindeutige Feststellung der Höhe sowohl der in diesem Staat steuerbaren Einkünfte wie eines Verlustvortrags erlauben“*[520]. Ebenfalls ist es zulässig, dass ein Mitgliedstaat die Gewährung von Steuervergünstigungen davon abhängig macht, dass er die Erfüllung der hierzu erforderlichen Bedingungen selbst kontrollieren kann oder einen vertraglichen Auskunftsanspruch gegen den Staat innehat, der den Eintritt der Bedingungen kontrollieren kann.[521] Folglich ist die Vornahme einer Sofortbesteuerung eine geeignete und womöglich zugleich auch

---

516 EuGH v. 19.6.2014 – C-53/13, C-80/13, *Strojírny Prostejov*, ECLI:EU:C:2014:2011.

517 *Königer*, Ertragsteuerrechtliche Behandlung grenzüberschreitender Spaltungen von Rechtsträgern, S. 69 f.

518 EuGH v. 18.10.2012 – C-498/10, *X*, EuZW 2013, 156, Rn. 47; Schlussanträge der Generalanwältin *Kokott* v. 21.12.2011 – C-498/10, *X*, Rn. 53; inhaltlich ähnlich: EuGH v. 29.11.2011 – C-371/10, *National Grid Indus*, EuZW 2011, 951, Rn. 73 f.; Schlussanträge der Generalanwältin *Kokott* v. 8.9.2011 – C-371/10, *National Grid Indus*, Rn. 74.

519 EuGH v. 20.2.1979 – 120/78, *Rewe/Bundesmonopolverwaltung für Branntwein*, Slg. 1979, 649, Rn. 8; EuGH v. 15.5.1997 – C-250/95, *Futura Participations und Singer/Administration des contributions*, Slg. 1997, I-2471, Rn. 31.

520 EuGH v. 15.5.1997 – C-250/95, *Futura Participations und Singer/Administration des contributions*, Slg. 1997, I-2471, Rn. 31.

521 EuGH v. 10.2.2011 – C-436/08, *Haribo Lakritzen Hans Riegel und Österreichische Salinen*, Slg. 2011, I-305, Rn. 131; Grabitz/Hilf/Nettesheim/*Ress/Ukrow*, Art. 63 AEUV, Rn. 238.

die strengste Maßnahme, die steuerliche Kontrolle zu gewährleisten.[522] Daher ist fraglich, ob mildere Mittel existieren, die die steuerliche Kontrolle eines Staats in ähnlichem Maße sichern können.

Gleichwohl der Grundsatz der Verhältnismäßigkeit erst im nachfolgenden Abschnitt ausführlich geprüft wird, kann schon an dieser Stelle festgehalten werden, dass der Bundesregierung zur Sicherung der Steuerkontrolle und -aufsicht ganz offenkundig mildere Maßnahmen als eine Sofortbesteuerung zur Verfügung stehen. Zum einen kommt hier eine Nachweispflicht durch den Steuerpflichtigen in Betracht, und zwar in der Form, dass die Steuervergünstigungen nur für den Zeitraum gewährt werden, wie der Steuerpflichtige den Eintritt bzw. das Ausbleiben einer Bedingung nachweist. Im konkreten Fall der Steuerentstrickung genügt es, wenn der Steuerpflichtige dem Wegzugsstaat jährlich eine Erklärung über den Verbleib der entstrickten Wirtschaftsgüter erstattet.[523] Nach Ansicht der EU-Kommission kann in Entstrickungsfällen die Steueraufsicht und Steuerkontrolle auch durch Mitteilungspflichten des Steuerpflichtigen gewährleistet werden:[524]

- Im Zeitpunkt des Wegzugs reicht der Steuerpflichtige zunächst eine Steuererklärung ein, in der er bestätigt, dass er die Wirtschaftsgüter nicht veräußert, sondern in eine EU-Betriebsstätte überführt hat.
- In einer einfachen Erklärung hat der Steuerpflichtige dem Wegzugsstaat anschließend jährlich zu bestätigen, dass die ausländische EU-Betriebsstätte noch im wirtschaftlichen Eigentum der verbrachten Wirtschaftsgüter ist.
- Für den Fall des tatsächlichen Verkaufs oder einer Verbringung des Wirtschaftsguts in eine Drittstaatenbetriebsstätte obliegt dem Steuerpflichtigen zusätzlich die Pflicht, im Wegzugsstaat eine entsprechende Mitteilung einzureichen.

Zum anderen kann die steuerliche Kontrolle auch durch Auskunftsersuchen gesichert werden. Denn bereits in der Rs. *N*[525] wies der EuGH auf die damalige EG-Amtshilferichtlinie[526] hin, deren Anwendung gegenüber den Erklärungspflichten – und damit auch gegenüber einer Sofortbesteuerung – ein milderes Mittel darstellen könnte. Entsprechend sah der EuGH im Jahr 2011 auch in der Rs. *Haribo Lakritzen Hans Riegel*[527] die EG-Amtshilferichtlinie als ausreichend an, um die erforderliche

522 *Müller-Thomczik*, Umwandlungsbedingte Entstrickung, S. 125.

523 EU-Kommission, KOM 2006, 825, S. 7; *Müller-Thomczik*, Umwandlungsbedingte Entstrickung, S. 125.

524 EU-Kommission, KOM 2006, 825, S. 7.

525 EuGH v. 7.9.2006 – C-470/04, *N*, Slg. 2006, I-7409.

526 Richtlinie 77/799/EWG des Rates v. 19.12.1977 über die gegenseitige Amtshilfe zwischen den zuständigen Behörden der Mitgliedstaaten im Bereich der direkten Steuern, ABl. EG 1977 Nr. L 336, S. 15.

527 EuGH v. 10.2.2011 – C-436/08, *Haribo Lakritzen Hans Riegel und Österreichische Salinen*, Slg. 2011, I-305.

Steuerkontrolle unionsweit zu gewährleisten, was für die zum 1.1.2013 eingeführten EU-Amtshilferichtlinie[528] entsprechend gilt.

Im Ergebnis stellt das Ziel einer wirksamen steuerlichen Kontrolle zwar einen möglichen Rechtfertigungsgrund für die Entstrickungssteuer dar, doch hält dieser der Verhältnismäßigkeitsprüfung nicht stand.[529] Für eine tiefergehende Prüfung der Europarechtskonformität der Entstrickungsnormen kommt diesem Rechtfertigungsgrund daher keine Bedeutung zu.

e) Vermeidung von Steuerflucht und -hinterziehung sowie missbräuchlicher Praktiken

Nationale Vorschriften, die eine diskriminierende oder beschränkende Wirkung entfalten, sind zulässig, wenn sie speziell die Sachverhalte von einem Steuervorteil ausschließen, durch die das nationale Steuerrecht umgangen oder Steuerflucht begangen werden soll.[530] Gerechtfertigt sind folglich Maßnahmen, die sowohl deliktische Handlungen im Steuerstrafrecht als auch grundsätzlich legale Steuergestaltungen beschränken oder diskriminieren.[531]

Vor dem Hintergrund der Verhältnismäßigkeit darf die nationale Norm einen allgemeinen Sachverhalt allerdings nicht pauschal unter Generalverdacht der Steuerhinterziehung oder -umgehung stellen. Die diskriminierende Vorschrift ist nur dann gerechtfertigt, wenn sie *„speziell auf bloß künstlich geschaffene, der Umgehung des Steuerrechts dienende Sachverhalte“*[532] abzielt und eine konkrete Prüfung des Einzelfalls dahingehend vorsieht, ob die gewählte Struktur möglicherweise durch außersteuerliche Gründe gerechtfertigt ist.[533] Nicht zulässig ist, die

---

528 Richtlinie 2011/16/EU des Rates v. 15.2.2011 über die Zusammenarbeit der Verwaltungsbehörden im Bereich der Besteuerung und zur Aufhebung der Richtlinie 77/799/EWG, ABl. 2011 Nr. L 64, S. 1, zuletzt geändert durch Richtlinie 2014/107/EU des Rates v. 9.12.2014, ABl. 2014 Nr. L 359, S. 1.

529 So auch *Kraft/Bron*, IStR 2006, 26, 29.

530 EuGH v. 16.7.1998 – C-264/96, *ICI*, Slg. 1998, I-4695, Rn. 26; EuGH v. 11.3.2004 – C-9/02, *Hughes de Lasteyrie du Saillant*, Slg. 2004, I-2409, Rn. 50; EuGH v. 13.12.2005 – C-446/03, *Marks & Spencer*, Slg. 2006, I-10837, Rn. 57; EuGH v. 21.1.2010 – C-311/08, *SGI*, ECLI:EU:C:2010:26, Rn. 65; von der Groeben/Schwarze/Hatje/*Bahns/Brinkmann/Gläser u.a.*, vor Art. 110–113 AEUV, Rn. 62.

531 EuGH v. 28.10.2010 – C-72/09, *Établissements Rimbaud*, DB 2010, 2483, Rn. 33 ff.; von der Groeben/Schwarze/Hatje/*Bahns/Brinkmann/Gläser u.a.*, vor Art. 110–113 AEUV, Rn. 62; vgl. hierzu auch *Kokott/Ost*, die die Steuerhinterziehung, Steuerflucht und missbräuchliche Praktiken jeweils als eigenständigen Rechtfertigungsgrund anerkennen (*Kokott/Ost*, EuZW 2011, 496, 500).

532 EuGH v. 7.9.2006 – C-470/04, *N*, Slg. 2006, I-7409, Rn. 51; EuGH v. 12.9.2006 – C-196/04, *Cadburry Schweppes*, Slg. 2006, I-7995, Rn. 55.

533 EuGH v. 12.9.2006 – C-196/04, *Cadburry Schweppes*, Slg. 2006, I-7995, Rn. 61; von der Groeben/Schwarze/Hatje/*Bahns/Brinkmann/Gläser u.a.*, vor Art. 110–113 AEUV, Rn. 65; *Kraft/ Bron*, IStR 2006, 26, 29.

Steuerneutralität der Umstrukturierung pauschal vom Nachweis des Steuerpflichtigen abhängig zu machen, dass die Steuerhinterziehung oder -umgehung keinen Beweggrund der Umwandlung darstellt.[534]

Der Wegzug einer natürlichen Person in einen anderen Mitgliedstaat kann nach der Rechtsprechung des EuGH für sich genommen nicht zur allgemeinen Vermutung von Steuerflucht oder Steuerhinterziehung führen und damit eine sofortige Besteuerung sämtlicher stiller Reserven nicht rechtfertigen.[535] Ebenso kann die Gründung einer EU-Tochtergesellschaft durch eine deutsche Muttergesellschaft nicht pauschal als Steuerumgehung beurteilt werden und die Beschränkung einer steuerwirksamen Teilwertabschreibung nicht mit dem Ziel der Vermeidung von Steuerflucht und -umgehung gerechtfertigt werden.[536] Auch kann die Einbringung von Kapitalgesellschaftsanteilen in eine andere Kapitalgesellschaft nicht als missbräuchliche Gestaltung gesehen werden, die eine entsprechende steuerliche Sofortbesteuerung rechtfertigen könnte.[537]

Im Ergebnis kann die Vornahme einer Sofortbesteuerung in Entstrickungsfällen grundsätzlich durch das Ziel der Vermeidung von Steuerflucht und -umgehung gerechtfertigt werden, doch hält diese Maßnahme der Verhältnismäßigkeitsprüfung nicht stand, sodass auch dieser Rechtfertigungsgrund bereits an dieser Stelle ausscheidet.[538]

f) Vermeidung des doppelten Steuerabzugs

Den Mitgliedstaaten ist es gestattet, steuerliche Vorschriften zu erlassen und beizubehalten, durch die der Abzug steuerlicher Verluste gebietsfremder Betriebsstätten eingeschränkt oder ausgeschlossen wird. Damit soll vermieden werden, dass ausländische Betriebsstättenverluste doppelt, und zwar einmal im Betriebsstättenstaat und einmal im Ansässigkeitsstaat, Berücksichtigung finden.[539] Weil Entstrickungsvorschriften nicht zur Berücksichtigung von Verlusten, sondern zur (fiktiven) Besteuerung von Gewinnen führen, können diese nicht durch den hier genannten Rechtfertigungsgrund legitimiert werden.

---

534 EuGH v. 8.3.2017 – C-14/16, *Euro Park Service*, ECLI:EU:C:2017:177; *Ellenrieder/Kahlenberg*, BB 2018, 1815, 1822; *Müller*, DB 2017, 814, 814.

535 EuGH v. 12.9.2006 – C-196/04, *Cadburry Schweppes*, Slg. 2006, I-7995, Rn. 51; Grabitz/Hilf/ Nettesheim/*Ress/Ukrow*, Art. 63 AEUV, Rn. 241.

536 EuGH v. 29.3.2007 – 347/04, *Rewe Zentralfinanz*, Slg. 2007, I-2647, Rn. 52.

537 EuGH v. 21.11.2002 – C-436/00, *X und Y*, Slg. 2002, I-10847, Rn. 45.

538 Ebenso Gosch/*Lampert*, § 12 KStG, Rn. 68.

539 Siehe hierzu auch EuGH v. 13.12.2005 – C-446/03, *Marks & Spencer*, Slg. 2006, I-10837; EuGH v. 15.5.2008 – C-414/06, *Lidl Belgium*, Slg. 2008, I-13601; von der Groeben/Schwarze/Hatje/*Bahns/ Brinkmann/Glaser u.a.*, vor Art. 110–113 AEUV, Rn. 66; *Rublack*, IFSt-Schrift Nr. 472 2011, S. 1 ff.

g) Steuerliche Kohärenz

Die Möglichkeit, Beschränkungen der Grundfreiheiten durch die sogenannte steuerliche Kohärenz zu rechtfertigen, fußt auf der *Bachmann*-Rechtsprechung[540] des EuGH aus dem Jahr 1992.[541] Weil Belgien in seinem nationalen Steuersystem nur Rentenzahlungen aus belgischen Versicherungsunternehmen steuerlich erfasste, ließ Belgien auch nur die vorangegangenen Einzahlungen an belgische Versicherer zum Sonderausgabenabzug zu. Der EuGH erkannte diese Ungleichbehandlung von Beitragszahlungen an belgische und ausländische Versicherungsunternehmen an, weil die Beschränkung der steuerlichen Abzugsfähigkeit von Beitragsleistungen durch die spätere Freistellung der Renteneinnahmen ausgeglichen wird. Der steuerlichen Kohärenz liegt folglich der Gedanke zugrunde, dass ein steuerlicher Nachteil durch einen damit im unmittelbaren Zusammenhang und in strenger Wechselwirkung stehenden steuerlichen Vorteil gerechtfertigt werden kann.[542]

In Entstrickungsfällen führt dies gedanklich zu folgendem innerstaatlichen Ausgleich von Vor- und Nachteilen: Wertzuwächse, die während des Bestehens des Besteuerungsrechts nicht besteuert und folglich verschont bleiben, stellen eine Steuerentlastung für den Steuerpflichtigen dar. In unmittelbarem Zusammenhang mit dieser Steuerverschonung steht die im Entstrickungszeitpunkt vorzunehmende Besteuerung der bis dahin nicht realisierten und besteuerten Wertzuwächse. Damit würde die Entstrickungssteuer in strenger Wechselwirkung mit der zuvor unterlassenen Besteuerung der Wertzuwächse stehen und der Wahrung der Kohärenz des Steuersystems dienen.[543]

Die Tatsache, dass die steuerliche Kohärenz eine Personenidentität erfordert, die Steuerentlastung und die Steuerbelastung folglich in derselben Person liegen müssen,[544] spricht zunächst dagegen, diesen Rechtfertigungsgrund auch bei Einbringungsvorgängen zuzulassen.[545] Aber trotz des Rechtsträgerwechsels entsteht

540 EuGH v. 28.1.1992 – C-204/90, *Bachmann*, Slg. 1992, I-249.

541 EU-Wirtschaftsrecht/*Gröpl*, J. Steuerrecht, Rn. 132.

542 EuGH v. 11.8.1995 – C-80/94, *Wielockx*, Slg. 1995, I-2493, Rn. 24; EuGH v. 14.11.1995 – C-484/93, *Svensson und Gustavsson*, Slg. 1995, I-3955, Rn. 18; EuGH v. 13.4.2000 – C-251/98, *Baars*, Slg. 2000, I-2787, Rn. 40; von der Groeben/Schwarze/Hatje/*Bahns/Brinkmann/Gläser u.a.*, vor Art. 110–113 AEUV, Rn. 73; *Kraft/Bron*, IStR 2006, 26, 30.

543 EuGH v. 21.11.2002 – C-436/00, *X und Y*, Slg. 2002, I-10847, Rn. 58 f.; EuGH v. 11.3.2004 – C-9/02, *Hughes de Lasteyrie du Saillant*, Slg. 2004, I-2409, Rn. 85 ff.; EuGH v. 29.11.2011 – C-371/10, *National Grid Indus*, EuZW 2011, 951, Rn. 79; Schlussanträge der Generalanwältin *Kokott* v. 8.9.2011 – C-371/10, *National Grid Indus*, Rn. 99; Schlussanträge der Generalanwältin *Kokott* v. 30.3.2006 – C-470/04, *N*, Rn. 102 ff.

544 EuGH v. 13.4.2000 – C-251/98, *Baars*, Slg. 2000, I-2787, Rn. 40; EuGH v. 12.12.2002 – C-324/00, *Lankhorst-Hohorst*, Slg. 2002, I-11779, Rn. 42; *Kraft/Bron*, IStR 2006, 26, 30.

545 So z.B. EuGH v. 21.11.2002 – C-436/00, *X und Y*, Slg. 2002, I-10847, Rn. 53.

der Steuervorteil und -nachteil auf Ebene des einbringenden Rechtsträgers und wird damit eben nicht auf zwei Steuersubjekte verteilt. Dennoch ist die Bedeutung der steuerlichen Kohärenz als Rechtfertigungsgrund für Entstrickungsfälle noch nicht abschließend geklärt[546] und wird zum Teil durch den EuGH abgelehnt.[547] Dies liegt im Wesentlichen darin begründet, dass sich die Ziele der steuerlichen Kohärenz mit denen der Wahrung einer ausgewogenen Aufteilung der Besteuerungsbefugnisse decken[548] und mit zunehmender Bedeutung des letztgenannten Rechtfertigungsgrunds eine abnehmende Bedeutung des Kohärenzgedankens einhergeht.[549] Schließlich vermeidet eine ausgewogene Aufteilung der Besteuerungsbefugnisse grundsätzlich sowohl eine Doppelbesteuerung als auch eine doppelte Verlustberücksichtigung und wahrt damit auch die steuerliche Kohärenz der Steuersysteme.[550] Weil beide Rechtfertigungsgründe dem Verhältnismäßigkeitsgrundsatz in gleichem Maße gerecht werden müssen, kommt der Kohärenz im Bereich der Schlussbesteuerung keine eigenständige Bedeutung mehr zu, sodass der EuGH beide Rechtfertigungsgründe daher an einem einheitlichen Maßstab prüft.[551] Dies führt letztendlich auch dazu, dass der steuerlichen Kohärenz keine praktische Bedeutung mehr beigemessen wird.[552]

3. Nicht anerkannte Rechtfertigungsgründe im Steuerrecht

Regelmäßig bringen die Mitgliedstaaten auch mögliche Gründe zur Rechtfertigung ihrer nationalen Vorschriften vor, die durch den EuGH nicht anerkannt werden. So hat der EuGH nachfolgende Gründe im Steuerrecht nicht als Rechtfertigung anerkannt:

- Diskriminierungen und Beschränkungen können nicht dadurch gerechtfertigt werden, dass sie eine steuerliche Wettbewerbsgleichheit herstellen oder die Inanspruchnahme ausländischer Steuervorteile vermeiden sollen.[553]

---

546 Gosch/*Lampert*, § 12 KStG, Rn. 60.

547 EuGH v. 21.11.2002 – C-436/00, *X und Y*, Slg. 2002, I-10847, Rn. 52 f.

548 EuGH v. 29.11.2011 – C-371/10, *National Grid Indus*, EuZW 2011, 951, Rn. 81; Gosch/*Lampert*, § 12 KStG, Rn. 61.

549 Gosch/*Lampert*, § 12 KStG, Rn. 61.

550 *Stewen*, Europäische Niederlassungsfreiheit und deutsches internationales Steuerrecht, S. 252.

551 EuGH v. 7.9.2006 – C-470/04, *N*, Slg. 2006, I-7409, Rn. 106; EuGH v. 29.11.2011 – C-371/10, *National Grid Indus*, EuZW 2011, 951, Rn. 80; Schlussanträge der Generalanwältin *Kokott* v. 8.9.2011 – C-371/10, *National Grid Indus*, Rn. 99; Gosch/*Lampert*, § 12 KStG, Rn. 91.

552 Grabitz/Hilf/Nettesheim/*Forsthoff*, Art. 45 AEUV, Rn. 401 ff.

553 Grabitz/Hilf/Nettesheim/*Forsthoff*, Art. 45 AEUV, Rn. 387; *Kraft/Bron*, IStR 2006, 26, 26.

- Auch das Ziel der Vermeidung von Steuervorteilen, die sich aus unterschiedlichen Steuersystemen ergeben können, kann eine Beschränkung nicht rechtfertigen.[554]
- Ebenso sind Vorschriften, die das Ziel der verwaltungstechnischen Vereinfachungen vorsehen und dabei die Grundfreiheiten einschränken, grundsätzlich nicht zu rechtfertigen.[555] Nach Ansicht des EuGH kann ein Mitgliedstaat durch die EU-Amtshilferichtlinie[556] ausländische Sachverhalte ebenso wie inländische Sachverhalte aufklären.[557] Steuerforderungen können nach Ansicht des EuGH durch die EU-Beitreibungsrichtlinie[558] auch in anderen Mitgliedstaaten erhoben werden, sodass Beschränkungen, die der Vereinfachung der Steuererhebung dienen, unzulässig sind.[559] Sogar die Tatsache, dass nach einer statistischen Erhebung der Europäischen Union nur 1 bis 2 Prozent der Ansprüche, die durch die Beitreibungsrichtlinie durchgesetzt werden sollten, auch tatsächlich erfolgreich waren[560], rechtfertigt nach Auffassung des EuGH keine beschränkenden Maßnahmen, schließlich liegt es in der Hand der Mitgliedstaaten, sich gegenseitig zu unterstützen, sodass eine fehlende Zusammenarbeit der Mitgliedstaaten nicht zum Nachteil des Unionsbürgers führen kann.[561]

---

554 EuGH v. 26.10.1999 – C-294/97, *Eurowings*, Slg. 1999, I-7447, Rn. 43 ff.; EuGH v. 21.9.1999 – C-307/97, *Saint-Gobain*, Slg. 1999, I-6161, Rn. 53 ff.; Grabitz/Hilf/Nettesheim/*Forsthoff*, Art. 45 AEUV, Rn. 388; *Kraft/Bron*, IStR 2006, 26, 26.

555 EuGH v. 3.2.1983 – C-29/82, *van Luipen*, Slg. 1983, I-151, Rn. 12; EuGH v. 3.10.2000 – C-58/98, *Corsten*, Slg. 2000, I-7919, Rn. 42; EuGH v. 21.1.2010 – C-546/07, *Kommission/Deutschland*, Slg. 2010, I-439, Rn. 51; von der Groeben/Schwarze/Hatje/*Bahns/Brinkmann/Gläser u.a.*, vor Art. 110–113 AEUV, Rn. 78.

556 Richtlinie 2011/16/EU des Rates v. 15.2.2011 über die Zusammenarbeit der Verwaltungsbehörden im Bereich der Besteuerung und zur Aufhebung der Richtlinie 77/799/EWG, ABl. 2011 Nr. L 64, S. 1, zuletzt geändert durch Richtlinie 2014/107/EU des Rates v. 9.12.2014, ABl. 2014 Nr. L 359, S. 1.

557 EuGH v. 10.2.2011 – C-436/08, *Haribo Lakritzen Hans Riegel und Österreichische Salinen*, Slg. 2011, I-305.

558 Richtlinie 2001/44/EG des Rates v. 15.6.2001 zur Änderung der Richtlinie 76/308/EWG über die gegenseitige Unterstützung bei der Beitreibung von Forderungen im Zusammenhang mit Maßnahmen, die Bestandteil des Finanzierungssystems des Europäischen Ausrichtungs- und Garantiefonds für die Landwirtschaft sind, sowie von Abschöpfungen und Zöllen und bezüglich der Mehrwertsteuer und bestimmter Verbrauchsteuern, ABl. EG 2001 Nr. L 175, S. 17.

559 EuGH v. 14.2.1995 – C-279/93, *Schumacker*, Slg. 1995, I-225, Rn. 43 ff.; EuGH v. 16.5.2000 – C-87/99, *Zurstrassen*, Slg. 2000, I-3337, Rn. 24 f.

560 EU-Kommission v. 8.2.2006, KOM 2006, 43 endg., S. 6.

561 EuGH v. 4.3.2004 – C-334/02, *Kommission/Frankreich*, Slg. 2004, I-2229, Rn. 33; EuGH v. 12.7.2012 – C-269/09, *Kommission/Spanien*, EuZW 2013, 34, Rn. 72; EuGH v. 6.6.2013 – C-383/10, *Kommission/Belgien*, ECLI:EU:C:2013:364, Rn. 53; vgl. hierzu auch S. 129 ff.

- Ebenso sind wirtschaftliche Motive nach ständiger Rechtsprechung des EuGH nicht als zwingende Gründe anerkannt.[562] Entsprechend stellen auch der Rückgang von Steuereinnahmen oder Aufkommensverluste keine zwingenden Gründe des Allgemeininteresses dar, weil auch diese Gründe wirtschaftlicher Natur sind.[563] Stünden die Grundfreiheiten unter einem Finanzierungsvorbehalt, würde ihre Reichweite faktisch auf null reduziert.[564]
- Die Tatsache, dass es auf dem Gebiet der direkten Steuern in der EU/EWR noch an einer Harmonisierung fehlt, erlaubt keine Diskriminierung.[565] Denn das Vorliegen einer Beschränkung ist letztendlich die Folge einer fehlenden Harmonisierung.[566]
- In Abgrenzung zur Kohärenz steht das Kompensationsverbot. Besteht kein innerer Zusammenhang zwischen einer steuerlich entlastenden und einer belastenden Norm, kann der Steuernachteil nicht dadurch gerechtfertigt werden, dass der Benachteiligung ein Vorteil gegenübersteht.[567]

IV. Verhältnismäßigkeit der Maßnahme

Im vorangegangenen Abschnitt wurde dargestellt, dass die Beschränkung der Grundfreiheiten durch das Regelungsbeispiel (§ 12 Abs. 1 S. 2 KStG) mit keinem legitimen Ziel gerechtfertigt werden kann und damit unzulässig ist.[568] Nur wenn das deutsche Besteuerungsrecht endgültig endet, kann die Entstrickungsbesteuerung grundsätzlich mit den drei anerkannten Gründen gerechtfertigt werden, dass die Maßnahme der wirksamen Steueraufsicht, der Vermeidung von Steuerflucht und der Wahrung einer ausgewogenen Aufteilung der Besteuerungsbefugnisse diene. Über die abstrakte Rechtfertigungsmöglichkeit hinaus muss die Maßnahme aber auch den Grundsatz der Verhältnismäßigkeit wahren. Nach der vom EuGH entwickelten *Gebhard*-Formel müssen beschränkende Maßnahmen in nichtdiskriminierender Weise angewandt werden und *„geeignet sein, die Verwirklichung des mit ihnen verfolgten Zieles zu gewährleisten, und [...] dürfen nicht über das hinausgehen,*

---

562 EuGH v. 25.7.1991 – C-288/89, *Gouda*, Slg. 1991, I-4007, Rn. 11; EuGH v. 4.5.1993 – C-17/92, *Fedicine*, Slg. 1993, I-2239, Rn. 17; EuGH v. 5.6.1997 – C-398/95, *Ergasias*, Slg. 1997, I-3091, Rn. 23; EuGH v. 16.7.1998 – C-264/96, *ICI*, Slg. 1998, I-4695, Rn. 28; EuGH v. 13.9.2007 – C-260/04, *Kommission/Italien*, Slg. 2007, I-7083, Rn. 35; EuGH v. 11.3.2010 – C-384/08, *Attanasio Group*, Slg. 2010, I-2055, Rn. 55; Grabitz/Hilf/Nettesheim/*Forsthoff*, Art. 45 AEUV, Rn. 381.

563 EuGH v. 21.11.2002 – C-436/00, *X und Y*, Slg. 2002, I-10847, Rn. 50; EuGH v. 7.4.2004 – C-319/02, *Manninen*, Slg. 2004, I-7477, Rn. 49; EuGH v. 13.12.2005 – C-446/03, *Marks & Spencer*, Slg. 2006, I-10837, Rn. 44.

564 So auch *Jacobs/Endres/Spengel*, Internationale Unternehmensbesteuerung, S. 211.

565 EuGH v. 28.1.1992 – C-204/90, *Bachmann*, Slg. 1992, I-249, Rn. 10 f.

566 *Jacobs/Endres/Spengel*, Internationale Unternehmensbesteuerung, S. 210.

567 EuGH v. 26.10.1999 – C-294/97, *Eurowings*, Slg. 1999, I-7447, Rn. 45.

568 Siehe hierzu im Detail auch S. 134 ff.

was zur Erreichung dieses Zieles erforderlich ist"[569]. Hierzu wurde bereits gezeigt, dass eine wirksame Steueraufsicht und die Vermeidung von Steuerflucht auch durch mildere Mittel als eine Entstrickungsbesteuerung erreicht werden können und diese beiden Rechtfertigungsgründe ganz offensichtlich keiner Verhältnismäßigkeitsprüfung standhalten und für die weitere Prüfung obsolet sind.[570]

Letztendlich verbleibt zur Rechtfertigung einer Steuerentstrickungsvorschrift nur das Ziel der Wahrung einer ausgewogenen Aufteilung der Besteuerungsbefugnisse, welches aber wiederum auch nur solche Vorschriften rechtfertigen kann, die eine Finalbesteuerung für die Fälle vorsieht, in denen das deutsche Besteuerungsrecht durch den Wirtschaftsguttransfer rechtlich ausgeschlossen wird. Und in diesen wenigen Fällen ist die Entstrickungsbesteuerung zudem nur zulässig, wenn der Grundsatz der Verhältnismäßigkeit gewahrt bleibt. Dies wird im Folgenden geprüft.

1. Geeignetheit

Die Maßnahme eines Mitgliedstaats ist geeignet, wenn sie dem mit ihr verfolgten Ziel förderlich ist.[571] Ausgehend von Erfahrungen und Prognosen ist dabei zu prüfen, ob die Maßnahme zur Verwirklichung des verfolgten Interesses beitragen kann.[572]

Verliert die Bundesrepublik Deutschland durch die grenzüberschreitende Einbringung endgültig das Besteuerungsrecht an den bis dahin entstandenen stillen Reserven, stellt die Besteuerung unstreitig eine geeignete Maßnahme zur Sicherung des deutschen Besteuerungsrechts dar.[573] Die (Sofort-)Besteuerung der stillen Reserven ist damit ein geeignetes Mittel zur Wahrung der nationalen Besteuerungsbefugnis.

2. Erforderlichkeit

Darüber hinaus muss die vom Mitgliedstaat gewählte Maßnahme erforderlich sein, um das mit ihr verfolgte Ziel zu erreichen. Steht dem Mitgliedstaat noch eine andere Maßnahme zur Verfügung, die das Ziel ebenso erreicht, aber einen geringeren Eingriff in die Grundfreiheiten des Bürgers darstellt, ist diese zu wählen.

---

569 EuGH v. 30.11.1995 – C-55/94, *Gebhard*, Slg. 1995, I-14165, Rn. 37; EuGH v. 7.9.2006 – C-470/04, *N*, Slg. 2006, I-7409.

570 Vgl. hierzu S. 130 ff.

571 Calliess/Ruffert/*Korte*, Art. 49 AEUV, Rn. 66.

572 Calliess/Ruffert/*Korte*, Art. 49 AEUV, Rn. 66; Streinz/*Müller-Graff*, Art. 49 AEUV, Rn. 94.

573 EuGH v. 7.9.2006 – C-470/04, *N*, Slg. 2006, I-7409, Rn. 47; EuGH v. 29.11.2011 – C-371/10, *National Grid Indus*, EuZW 2011, 951, Rn. 48; EuGH v. 21.5.2015 – C-657/13, *Verder LabTec*, ECLI:EU:C:2015:331, Rn. 47; EuGH v. 23.11.2017 – C-292/16, *A Oy*, ECLI:EU:C:2017:888, Rn. 33.

Folglich ist eine Maßnahme nur dann erforderlich, wenn sie das mildeste Mittel zur Erreichung des mit ihr verfolgten Ziels darstellt.[574]

Für den Fall der Steuerentstrickung sind drei Maßnahmen zu unterscheiden, die das Ziel der Wahrung einer ausgewogenen Aufteilung der Besteuerungsbefugnisse in einer unterschiedlichen Intensität gewährleisten und dabei den Bürger in seinen Grundfreiheiten unterschiedlich stark beschränken:

- Eine Sofortbesteuerung im Entstrickungszeitpunkt bildet die stärkste Form der Sicherung des deutschen Besteuerungsrechts. Aufgrund des damit verbundenen Liquiditätsnachteils schränkt sie den Steuerpflichtigen jedoch zugleich besonders intensiv in seinen Grundfreiheiten ein, da ihm kein Veräußerungserlös zufließt, mit dem die Entstrickungssteuer entrichtet werden könnte.
- Eine gestreckte Erhebung der Entstrickungssteuer auf fünf oder zehn Jahresraten wahrt die Besteuerungsinteressen der Bundesrepublik in mittlerem Maße und beschränkt die Grundfreiheiten des Bürgers ebenfalls nur in mittlerem Umfang i.V.m. umfangreichen Nachweispflichten durch den Steuerpflichtigen.[575]
- Durch einen Besteuerungsaufschub bis zum Realisationszeitpunkt werden die Interessen des Steuerpflichtigen in größtmöglichem Umfang gewahrt. Der Steueranspruch des Entstrickungsstaats wird dabei zwar zutreffend bestimmt, dessen Einziehung jedoch zeitlich unbefristet verzögert und ggf. dem mit der Zeit steigenden Risiko des Steuerausfalls ausgesetzt.

3. *Angemessenheit*

a) *Sofortige Steuererhebung*

Schließlich muss die Verwirklichung des Ziels der Maßnahme in einem angemessenen Verhältnis zur Beeinträchtigung der Grundfreiheit stehen.[576] In der Spruchpraxis des EuGH kommt der Prüfung der Angemessenheit meist keine Alleinstellung zu, da sie häufig in die Prüfung der Erforderlichkeit einbezogen wird.[577]

---

574 Calliess/Ruffert/*Korte*, Art. 49 AEUV, Rn. 68; Streinz/*Müller-Graff*, Art. 49 AEUV, Rn. 95.

575 Zu den Nachweispflichten siehe S. 136 ff.

576 EuGH v. 26.4.1988 – C-352/85, Slg. 1988, 2085, Rn. 31 ff.; EuGH v. 26.2.1991 – C-180/89, *Kommission/Italien*, Slg. 1991, I-659, Rn. 24; EuGH v. 26.2.1991 – C-154/89, *Kommission/ Frankreich*, Slg. 1991, I-659, Rn. 21; EuGH v. 26.2.1991 – C-198/89, *Kommission/Griechenland*, Slg. 1991, I-727, Rn. 25; EuGH v. 10.7.1991 – C-294/89, *Kommission/Frankreich*, Slg. 1991, I-3591, Rn. 32; EuGH v. 25.7.1991 – C-76/90, Slg. 1991, I-4221, Rn. 17 ff.; Streinz/*Müller-Graff*, Art. 49 AEUV, Rn. 97.

577 Callicss/Ruffert/*Korte*, Art. 49 AEUV, Rn. 86; Schulze/Zuleeg/Kadelbach/*Wernsmann*, § 20 Steuerrecht, Rn. 120.

Im Hinblick auf die Steuerentstrickungsvorschriften hat eine Abwägung dahingehend zu erfolgen, ob eine Sofortbesteuerung, eine Erhebung der Steuer in Jahresraten oder ein zeitlich unbefristeter Besteuerungsaufschub den Grundsatz der Verhältnismäßigkeit wahrt.

aa) Gründe für eine vorzeitige Besteuerung

Häufiges Argument, wonach eine Sofortbesteuerung zur Wahrung der Besteuerungsinteressen erforderlich und angemessen sein soll, ist die Schwierigkeit der Nachverfolgung des Wirtschaftsguts im Nachgang zur Entstrickung.[578] Im Vergleich zum rein nationalen Fall soll der deutsche Fiskus über den Verbleib des Wirtschaftsguts nur beschränkten Informationszugang haben und sei damit dem Risiko ausgesetzt, von einem Realisationsakt keine Kenntnis zu erlangen.

Ebenfalls wird das Risiko der Nichteinbringung der Steuer angeführt. Zum einen wird die Beitreibung der Steuer im Ausland erschwert[579], und zum anderen unterliegt die Bonitätslage des Steuerpflichtigen im Zuge des Zeitverlaufs Veränderungen, sodass das Risiko des Steuerausfalls nach dem Wegzug steigt.[580]

Wird ausschließlich an den Realisationsakt angeknüpft – d.h. an die Veräußerung, die Entnahme oder an ein sonstiges Ausscheiden des Wirtschaftsguts aus dem Betriebsvermögen – würde die Erhebung der Steuer zudem einzig und allein in das Belieben des Steuerpflichtigen gestellt werden.[581] Bei abnutzbaren Wirtschaftsgütern könnte der Steuerpflichtige die Steuererhebung durch den Wegzugsstaat zeitlich unbefristet aufschieben, indem er das auf null abgeschriebene und womöglich in seinem Betrieb gar nicht mehr benötigte Wirtschaftsgut vor einer Entsorgung bewahrt.[582] In vielen Fällen vermag es daher für den Steuerpflichtigen günstiger sein, das verbrauchte Wirtschaftsgut ungenutzt im Betrieb zu belassen, anstatt durch dessen Entsorgung eine nachgelagerte Besteuerung auszulösen. Daher ist nachvollziehbar, dass der EuGH den Mitgliedstaaten zugesteht, den Besteuerungszeitpunkt an einen anderen Entstehungstatbestand als die tatsächliche Realisation

578 Vgl. EuGH v. 11.3.2004 – C-9/02, *Hughes de Lasteyrie du Saillant*, Slg. 2004, I-2409, Rn. 35; EuGH v. 29.11.2011 – C-371/10, *National Grid Indus*, EuZW 2011, 951, Rn. 67 ff.; Schlussanträge der Generalanwältin *Kokott* v. 8.9.2011 – C-371/10, *National Grid Indus*, Rn. 60, 69 f.

579 EuGH v. 23.11.2017 – C-292/16, *A Oy*, ECLI:EU:C:2017:888, Rn. 39.

580 Für ein mit Zeitablauf steigendes Risiko ausdrücklich: EuGH v. 29.11.2011 – C-371/10, *National Grid Indus*, EuZW 2011, 951, Rn. 74; EuGH v. 23.1.2014 – C-164/12, *DMC*, ECLI:EU:C:2014:20, Rn. 62; EuGH v. 21.5.2015 – C-657/13, *Verder LabTec*, ECLI:EU:C:2015:331, Rn. 50.

581 So ausdrücklich die Schlussanträge des Generalanwalts *Jääskinen* v. 26.2.2015 – C-657/13, *Verder Lab Tec*, Rn. 69.

582 EuGH v. 18.7.2013 – C-261/11, *Kommission/Dänemark*, BeckRS 2013, 81546, Rn. 13; Schlussanträge des Generalanwalts *Jääskinen* v. 26.2.2015 – C-657/13, *Verder Lab Tec*, Rn. 67.

anzuknüpfen.[583] Welche anderen Entstehungstatbestände dies sein könnten, lässt der EuGH hingegen offen.

Bei Einbringungsfällen kommt noch der besondere Fall hinzu, dass die Wirtschaftsgüter nicht schlicht von einer (inländischen) Betriebsstätte in eine (ausländische) Betriebsstätte überführt werden, sondern mit der Natur des Einbringungsvorgangs auch ein Rechtsträgerwechsel des Wirtschaftsguts einhergeht, der nach allgemeinen Besteuerungsgrundsätzen einen Tauschvorgang und damit einen Realisationsakt darstellt.[584]

Im Zuzugsstaat wird das dort steuerverstrickte Wirtschaftsgut in der Eröffnungsbilanz regelmäßig mit seinem gemeinen Wert angesetzt, sodass sich die im Ursprungsstaat entstandenen stillen Reserven erhöhend auf die Abschreibungsbemessungsgrundlage und damit steuermindernd auswirken.[585] Im Bereich des Körperschaftsteuerrechts wird der Ansatz zum gemeinen Wert mit Umsetzung der ATAD[586] ab dem 1.1.2020 für den aufnehmenden Mitgliedstaat nach Art. 5 Abs. 5 ATAD verpflichtend.

Wirtschaftsgüter des Umlaufsvermögens sind naturgemäß dazu bestimmt, dem Unternehmen nur vorübergehend zu dienen, und scheiden damit in aller Regel spätestens ein Jahr nach ihrem Entstrickungszeitpunkt aus dem Betriebsvermögen gewinnrealisierend aus. Damit kann in der entstrickungsbedingten Sofortbesteuerung von Wirtschaftsgütern des Umlaufvermögens grundsätzlich keine Benachteiligung liegen.

bb) Gründe gegen eine vorzeitige Besteuerung

Während beim Wegzug von Privatpersonen in der Tat der Informationsgehalt und die Vollstreckungsmöglichkeiten des Wegzugsstaats sinken, ist dies im betrieblichen Bereich nicht der Fall. Bei betrieblichen Entstrickungsfällen verbleibt regelmäßig der statuarische Sitz, das Stammhaus oder eine Betriebsstätte im Inland, was das emigrierende Unternehmen im Wegzugsstaat weiterhin zur Abgabe von Steuererklärungen und zur Entrichtung von Steuern verpflichtet. Im Gegensatz zu privaten Wegzugsfällen muss man sich bei Unternehmen von dem Gedanken lösen, dass eine Entstrickungshandlung den Ursprungsstaat in seinen Möglichkeiten der Sachverhaltsaufklärung und Forderungsbeitreibung einschränkt. So führt beispielsweise auch der Abschluss eines Doppelbesteuerungsabkommens mit der

583 EuGH v. 18.7.2013 – C-261/11, *Kommission/Dänemark*, BeckRS 2013, 81546, Rn. 37; EuGH v. 23.1.2014 – C-164/12, *DMC*, ECLI:EU:C:2014:20, Rn. 53; Schlussanträge des Generalanwalts *Jääskinen* v. 26.2.2015 – C-657/13, *Verder Lab Tec*, Rn. 33; *Wassermeyer*, IStR 2010, 461,464.

584 EuGH v. 23.1.2014 – C-164/12, *DMC*, ECLI:EU:C:2014:20, Rn. 54 f.

585 EuGH v. 29.11.2011 – C-371/10, *National Grid Indus*, EuZW 2011, 951, Rn. 62.

586 Richtlinie 2016/1164/EU des Rates v. 12.7.2016 mit Vorschriften zur Bekämpfung von Steuervermeidungspraktiken mit unmittelbaren Auswirkungen auf das Funktionieren des Binnenmarkts, ABl. 2016 Nr. L 193,S. 1.

ausländischen Anrechnungsbetriebsstätte zu einem Ausschluss des deutschen Besteuerungsrechts, doch verringert dies keinesfalls den Informationsgehalt und die Vollstreckungsmöglichkeiten in das in- und ausländische Vermögen des deutschen Steuerpflichtigen. Soll ein fehlender Informationsgehalt über den Verbleib der Wirtschaftsgüter und das Risiko der Nichtbeitreibung der Steuer tatsächlich als Grund für eine vorzeitige Steuererhebung dienen, darf dies nicht vom Kriterium des Verlusts des Besteuerungsrechts abhängig gemacht werden, sondern muss sich an anderen Merkmalen orientieren, wie etwa an den Mitwirkungspflichten gegenüber der deutschen Finanzverwaltung oder dem physischen Transfer von Wirtschaftsgütern ins (Drittstaaten-)Ausland.

Darüber hinaus ist festzuhalten, dass auch bei physischen Überführungsfällen der Informationszugang der deutschen Finanzverwaltung unverändert bestehen bleibt, wenn das Stammhaus des Steuerpflichtigen im Inland verbleibt und damit das Recht der deutschen Finanzverwaltung auf Auskunftserteilung und auf Durchführung einer Betriebsprüfung fortbesteht.[587] Bei EU-Sachverhalten bleibt der Informationszugang der deutschen Finanzverwaltung zusätzlich noch über die EU-Amtshilferichtlinie[588] gesichert.[589] Auch bleibt die Möglichkeit der Steuererhebung gleichermaßen bestehen, wenn das Stammhaus des Steuerpflichtigen im Inland verbleibt, da die Finanzverwaltung weiterhin nach den Vorschriften der §§ 249 ff. AO in das Stammhausvermögen vollstrecken kann. EU-weit ist die Forderungsbeitreibung durch die EU-Beitreibungsrichtlinie[590] gesichert.[591] Das unglücklicherweise vom EuGH bisher auch anerkannte Argument, in Entstrickungsfällen stiege das Risiko der Nichteinbringung mit der Zeit, kann damit entkräftet werden, dass auch bei einem Verbleib des Wirtschaftsguts in der Bundesrepublik Deutschland das Risiko des Fiskus im Laufe der Zeit zunimmt, die Steuer auf einen später realisierten Wertzuwachs – etwa aufgrund der Insolvenz des Steuerpflichtigen oder des zufälligen Untergangs des Wirtschaftsguts – nicht realisieren zu können; insoweit ist das Steuerausfallrisiko bei grenzüberschreitenden Sachverhalten nicht größer als bei reinen Inlandsfällen.[592]

Nur in Drittstaatensachverhalten, nämlich dann, wenn sich Stammhaus und Wirtschaftsgut im Drittstaat befinden, reduzieren sich die Möglichkeiten des deutschen Fiskus hinsichtlich der Nachverfolgung des Wirtschaftsguts und zur

---

587 Vgl. hierzu im Detail S. 130 f.

588 Richtlinie 2011/16/EU des Rates v. 15.2.2011 über die Zusammenarbeit der Verwaltungsbehörden im Bereich der Besteuerung und zur Aufhebung der Richtlinie 77/799/EWG, ABl. 2011 Nr. L 64, S. 1, zuletzt geändert durch Richtlinie 2014/107/EU des Rates v. 9.12.2014, ABl. 2014 Nr. L 359, S. 1.

589 Vgl. hierzu im Detail S. 131 f.

590 Richtlinie 2010/24/EU des Rates v. 16.3.2010 über die Amtshilfe bei der Beitreibung von Forderungen in Bezug auf bestimmte Steuern, Abgaben und sonstige Maßnahmen, ABl. 2010 Nr. L 84, S. 1.

591 Vgl. hierzu im Detail S. 131 f.

592 Vgl. hierzu auch S. 154 f.

Vollstreckung ins (Auslands-)Vermögen. Fallen solche Drittstaatensachverhalte ausnahmsweise in den Anwendungsbereich der Grundfreiheiten (z.B. im Rahmen der Kapitalverkehrsfreiheit), können dem Steuerpflichtigen jährliche Informationspflichten über den Verbleib des Wirtschaftsguts auferlegt werden[593] und der Steuerausfall ausnahmsweise durch die Gestellung von Sicherheiten z.B. in Form einer Bankgarantie sichergestellt werden.

cc) Interessensabwägung und Stellungnahme

Es wurde gezeigt, dass es in EU-Fällen weder zu einem erschwerten Informationszugang noch zu einem erhöhten Steuerausfallrisiko kommt. In Drittstaatenkonstellationen stehen zudem mildere Mittel zur Sicherung der Besteuerungsbefugnis zur Verfügung. Entsprechend hat der EuGH bisher in allen Verfahren eine Sofortbesteuerung als unverhältnismäßig eingestuft.[594]

Nicht verkannt bleiben darf aber, dass eine unbefristete Stundung der Exit-Tax bis zum Realisationszeitpunkt dem Steuerpflichtigen die Möglichkeit gäbe, die Steuererhebung – etwa durch die Vermeidung der Entsorgung eines längst wertlos gewordenen Wirtschaftsguts – unbefristet hinauszuzögern.[595] Daher darf sich die Steuererhebung weder am Entstrickungszeitpunkt noch am Realisationszeitpunkt orientieren.

Wie vom EuGH vorgegeben, muss ein anderer Zeitpunkt herangezogen werden.[596] Jedoch sind keine hinreichenden Anknüpfungspunkte für einen alternativen Zeitpunkt der Steuererhebung identifizierbar. Daher kann die Erhebung der Steuer nur zu einem pauschalen Zeitpunkt nach der Entstrickung liegen. In der Rs. *DMC*[597] hat der EuGH einen Zeitraum von fünf Jahren als verhältnismäßig angesehen, ohne von der deutschen Bundesregierung eine Erklärung über die

---

593 Vgl. hierzu im Detail S. 136 ff.

594 EuGH v. 21.11.2002 – C-436/00, *X und Y*, Slg. 2002, I-10847; EuGH v. 11.3.2004 – C-9/02, *Hughes de Lasteyrie du Saillant*, Slg. 2004, I-2409; EuGH v. 7.9.2006 – C-470/04, *N*, Slg. 2006, I-7409; EuGH v. 29.11.2011 – C-371/10, *National Grid Indus*, EuZW 2011, 951; EuGH v. 12.7.2012 – C-269/09, *Kommission/Spanien*, EuZW 2013, 34; EuGH v. 6.9.2012 – C-38/10, *Kommission/Portugal*, IStR 2012, 763; EuGH v. 19.12.2012 – C-207/11, *3D I*, ECLI:EU:C:2012:818; EuGH v. 31.1.2013 – C-301/11, *Kommission/Niederlande*, 2013, 80253; EuGH v. 25.4.2013 – C-64/11, *Kommission/Spanien*, BeckRS 2013, 80339; EuGH v. 18.7.2013 – C-261/11, *Kommission/Dänemark*, BeckRS 2013, 81546; EuGH v. 23.1.2014 – C-164/12, *DMC*, ECLI:EU:C:2014:20; EuGH v. 21.5.2015 – C-657/13, *Verder LabTec*, ECLI:EU:C:2015:331; EuGH v. 21.12.2016 – C-503/14, *Kommission/Portugal*, ECLI:EU:C:2016:979; EuGH v. 23.11.2017 – C-292/16, *A Oy*, ECLI:EU:C:2017:888.

595 Vgl. hierzu im Detail S. 1460 ff.

596 EuGH v. 18.7.2013 – C-261/11, *Kommission/Dänemark*, BeckRS 2013, 81546, Rn. 37; EuGH v. 23.1.2014 – C-164/12, *DMC*, ECLI:EU:C:2014:20, Rn. 53; Schlussanträge des Generalanwalts *Jääskinen* v. 26.2.2015 – C-657/13, *Verder Lab Tec*, Rn. 33.

597 EuGH v. 23.1.2014 – C-164/12, *DMC*, ECLI:EU:C:2014:20.

Berechnungsgrundlage der Stundungsfrist einzuholen und ohne seine eigenen Erwägungen für die Anerkennung der Stundungsfrist darzulegen. In der Rs. *Verder LabTec*[598] hat der EuGH als logische Schlussfolgerung anschließend auch einen Stundungszeitraum von zehn Jahren als verhältnismäßig angesehen.

Der naheliegendste Stundungszeitraum ist die betriebsgewöhnliche Nutzungsdauer des Wirtschaftsguts. In Bezug auf den Wortlaut des § 7 Abs. 1 S. 1 und 2 EStG wäre daher eine Stundung unter entsprechender Anwendung der amtlichen Afa-Tabelle[599] sachgerecht, was jedoch mit erheblichem Verwaltungsaufwand verbunden wäre. Bei einer Analyse der durchschnittlichen handelsrechtlichen Abschreibungsdauer deutscher Industrieunternehmen wird deutlich, dass die Abschreibungsdauer über alle Wirtschaftsgüter hinweg im Anlagenbau bei 4,0 Jahren, in der Konsumgüterproduktion bei 4,5 Jahren und bei Softwareunternehmen bei 3,5 Jahren liegt.[600] Die durchschnittliche betriebsgewöhnliche Nutzungsdauer der Wirtschaftsgüter von Supermarktketten liegt hingegen bei 11,9 Jahren. Dies vermag an dem sich üblicherweise im Vermögen dieser Branche befindlichen umfangreichen Grundbesitz liegen[601], der aufgrund des Belegenheitsprinzips nach Art. 6 OECD-MA ohnehin kaum entstrickt werden kann.[602] Der arithmetische Mittelwert der Nutzungsdauer aller in der amtlichen Afa-Tabelle aufgeführten Wirtschaftsgüter liegt sogar bei 11,6 Jahren, wobei hier keine Gewichtung der einzelnen Wirtschaftsgüter vorgenommen wurde.[603] Unter Berücksichtigung, dass Wirtschaftsgüter des Umlaufvermögens qua Definition dazu bestimmt sind, dem Unternehmen nur vorübergehend zu dienen, und damit grundsätzlich binnen eines Jahres wieder aus dem Betriebsvermögen ausscheiden[604], werden an dieser Stelle nachfolgende fiktive Realisationszeitpunkte für angemessen erachtet:

- Wirtschaftsgüter des Umlaufvermögens: maximal ein Jahr,
- Wirtschaftsgüter des Anlagevermögens: fünf Jahre.

Bei Wirtschaftsgütern des Umlaufvermögens ist daher eine Steuererhebung im Jahr der Steuerentstrickung angemessen. In der Praxis erfolgt die Steuerfestsetzung und -erhebung ohnehin erst nach Abgabe der Jahressteuererklärung, mithin in dem Veranlagungsjahr, das der Entstrickungshandlung folgt, sodass die

598 EuGH v. 21.5.2015 – C-657/13, *Verder LabTec*, ECLI:EU:C:2015:331.

599 BMF v. 15.12.2000 – IV D 2-S 1551-188/00, BStBl. I 2000, 1532.

600 Klein/*Kowalski*, Kapitel 5: Literaturanalyse, S. 69.

601 Klein/*Kowalski*, Kapitel 5: Literaturanalyse, S. 68 f.

602 Grundbesitz kann – mangels Transfermöglichkeiten in ausländische Betriebsstätten – nur dann steuerlich entstrickt werden, wenn er bisher der ausländischen Anrechnungsbetriebsstätte eines deutschen Steuerpflichtigen zugeordnet war und das Besteuerungsrecht durch Revision eines DBA, Wegzug oder Einbringung ausgeschlossen wird.

603 *Bösing/Sejdya*, Ubg 2013, 636, 639.

604 Beck'scher Bilanz-Kommentar/*Schubert/Huber*, § 247 HGB, Rn. 357.

Zeitpunkte der Gewinnrealisierung sowie der Steuerfestsetzung und -erhebung nahezu identisch sind.

Bei Wirtschaftsgütern des Anlagevermögens verbleibt noch die Frage, ob die Steuer ratierlich in Jahresraten oder erst zum oben genannten fiktiven Realisationszeitpunkt in einer Summe erhoben werden darf. Es ist geklärt, dass eine Sofortbesteuerung nicht erforderlich ist, um die Besteuerungsinteressen zu wahren. Dann kann für eine ratierliche Steuererhebung im ersten, zweiten, dritten, vierten und fünften Jahr zu je einem Fünftel nichts anderes gelten. Daher steht dem Ursprungsstaat nach der hier vertretenen Auffassung grundsätzlich kein Recht auf vorzeitige ratierliche Steuererhebung zu. Etwas anderes kann nur gelten, wenn die Wirtschaftsgüter im Zuzugsstaat im Rahmen eines Step-Ups mit dem Verkehrswert angesetzt und hiervon abgeschrieben werden und der ratierlichen Besteuerung im Wegzugsstaat eine ratierliche Abschreibung im Zuzugsstaat gegenübersteht. Demnach gilt Folgendes:

- Wird das Wirtschaftsgut im Zuzugsstaat mit dem Verkehrswert angesetzt und einer steuerlichen Abschreibung zugänglich gemacht, ist die ratierliche Steuererhebung nach der hier vertretenen Auffassung verhältnismäßig, weil sich die Zuschreibung im Wegzugsstaat und die Abschreibung im Aufnahmestaat nahezu neutralisieren. Dies dürfte insbesondere in EU-Sachverhalten die Regel sein, denn nach Art. 5 Abs. 5 ATAD sind die Mitgliedstaaten – im Bereich der allgemeinen Entstrickungsvorschriften des Körperschaftsteuerrechts – ab dem Veranlagungsjahr 2020 zur Steuerverstrickung zu Verkehrswerten verpflichtet, sodass der Steuerpflichtige maximal mit der Differenz aus den unterschiedlichen Steuersätzen oder einer unterschiedlichen Nutzungsdauer benachteiligt wird.
- Erhält der Steuerpflichtige im Zuzugsstaat keinen Step-Up, kann nur eine nachgelagerte Steuererhebung in einer Summe zum fiktiven Realisationszeitpunkt verhältnismäßig sein.[605] Das Gleiche gilt für Wirtschaftsgüter des Anlagevermögens, die keiner Abschreibung unterliegen, insbesondere Grundstücke und Kapitalgesellschaftsbeteiligungen.

Diese Auffassung steht auch nicht im Widerspruch zur bisherigen EuGH-Judikatur. Zwar hat der EuGH in zwei Entscheidungen[606] die Steuererhebung in fünf bzw. zehn Jahresraten als angemessen gesehen, weil er im Laufe der Zeit ein steigendes Risiko der Nichteinbringung der Steuer sah.[607] Doch lag der Entscheidung *DMC*

---

605 Durch die ATAD sind die Mitgliedstaaten jedoch verpflichtet, ab dem 1.1.2020 steuerverstrickte Wirtschaftsgüter mit dem Marktwert anzusetzen. Daher wird dieses Szenario künftig kaum noch vorkommen.

606 EuGH v. 23.1.2014 – C-164/12, *DMC*, ECLI:EU:C:2014:20; EuGH v. 21.5.2015 – C-657/13, *Verder LabTec*, ECLI:EU:C:2015:331.

607 Die vom EuGH aufgeführte Begründung, eine vorzeitige Steuererhebung würde das Risiko der Nichteinbringung der Steuer reduzieren, wurde in dieser Ausarbeitung bereits umfassend widerlegt (vgl. hierzu im Detail S. 128 ff.). Der Auffassung des EuGH kann daher insoweit ohnehin nicht gefolgt werden.

die Einbringung einer Kommanditbeteiligung zugrunde, die aufgrund der verweigerten Buchwerteinbringung bei der übernehmenden Gesellschaft zum Verkehrswert angesetzt wurde und damit – wie es im deutschen Steuerrecht beim Erwerb eines Mitunternehmeranteils üblich ist – über die Aufstockung der stillen Reserven in der Ergänzungsbilanz eine Abschreibung sämtlicher Wirtschaftsgüter der Mitunternehmerschaft vom Verkehrswert ermöglicht. Die Rs. *Verder LabTec* betraf die Überführung von Patent-, Marken- und Gebrauchsmusterrechten in eine niederländische Betriebsstätte, die aufgrund des niederländischen Rechts vom Verkehrswert abgeschrieben werden konnte; der sich aus der Abschreibung ergebende Steuervorteil wurde von der deutschen und der belgischen Regierung sogar als Rechtfertigung zur Exitsteuer vorgetragen.[608]

b) Sofortige Steuerfestsetzung

Nachdem nun geklärt ist, dass eine sofortige Steuererhebung – mit Ausnahme von Wirtschaftsgütern des Umlaufvermögens – grundsätzlich unverhältnismäßig ist, stellt sich die Frage, ob eine Steuerfestsetzung im Entstrickungszeitpunkt zulässig ist. Dies hat der EuGH in seiner bisherigen Rechtsprechung ständig gestattet.[609] Dieses Zugeständnis an die Mitgliedstaaten hat seinen Ursprung in der Rs. *N*[610] und dem Schlussantrag in der Rs. *National Grid Indus*, worin die Generalanwältin davon ausgeht, dass die Steuerfestsetzung das inländische Steuersubstrat sichert, *„ohne dass für den Steuerpflichtigen ein erkennbarer Mehraufwand gegenüber einer späteren Steuerfestsetzung verbunden wäre“*[611].

Während eine Steuerfestsetzung verbunden mit einer Steuerstundung Privatbürger in nicht nennenswertem Umfang benachteiligt (etwa bei der Aufnahme von Krediten), führt eine Steuerschuld im Unternehmensbereich zu erheblichen Nachteilen. Schließlich haben bilanzierende Unternehmen eine rechtskräftig veranlagte Steuer in ihrer deutschen Handelsbilanz als *„sonstige Verbindlichkeiten“*

---

608 Vgl. hierzu die Wiedergabe der Regierungsargumente durch die Schlussanträge des Generalanwalts *Jääskinen* v. 26.2.2015 – C-657/13, *Verder Lab Tec*, Rn. 48. Jedoch ist *Jääkinen* selbst a.A., der auch bei fehlender Abschreibung im Zuzugsstaat eine Steuererhebung für angemessen erachtet, weil durch die Vermietung oder die Selbstnutzung der überführten immateriellen Wirtschaftsgüter laufende Einnahmen generiert werden (Schlussanträge des Generalanwalts *Jääskinen* v. 26.2.2015 – C-657/13, *Verder Lab Tec*, Rn. 48); doch kann diese Theorie nicht überzeugen, da laufende Einnahmen zu weiteren steuerpflichtigen Einkünften führen und keine Neutralisierung der Exitsteuer darstellen.

609 EuGH v. 29.11.2011 – C-371/10, *National Grid Indus*, EuZW 2011, 951, Rn. 52 ff.; EuGH v. 23.1.2014 – C-164/12, *DMC*, ECLI:EU:C:2014:20, Rn. 60; EuGH v. 21.5.2015 – C-657/13, *Verder LabTec*, ECLI:EU:C:2015:331, Rn. 48.

610 EuGH v. 7.9.2006 – C-470/04, *N*, Slg. 2006, I-7409, Rn. 49 f.

611 Schlussanträge der Generalanwältin *Kokott* v. 8.9.2011 – C-371/10, *National Grid Indus*, Rn. 55.

zu passivieren[612] und korrespondierend als Steueraufwand in ihrer Gewinn- und Verlustrechnung zu erfassen. Damit steigt die Verschuldungsquote des Unternehmens unter gleichzeitiger Reduktion des handelsrechtlichen Jahresüberschusses. Diese verschlechterte Vermögens- und Ertragslage beeinflusst die Reputation am Kapitalmarkt, die Möglichkeit zur Aufnahme von Bankkrediten und reduziert das Ausschüttungsvolumen. Diese Nachteile – die vorrangig Unternehmen und nicht Privatpersonen betreffen – wurden bisher in noch keinem EuGH-Verfahren vorgetragen und konnten daher noch keine Berücksichtigung finden.

Da eine Steuer nicht sofort erhoben werden darf, ist auch eine Steuerfestsetzung im Entstrickungszeitpunkt nach der hier vertretenen Auffassung nicht erforderlich und geht über das zur Erreichung des Ziels erforderliche Maß hinaus. Mit dem Ziel einer ausgewogenen Aufteilung der Besteuerungsbefugnisse ist lediglich die Dokumentation des Werts des Wirtschaftsguts im Zeitpunkt der Überführung oder Einbringung vereinbar, etwa durch eine Bewertung des Wirtschaftsguts und dessen (gesonderte) Feststellung. Einer Festsetzung der Steuer, die sich aus der Multiplikation des fiktiven Veräußerungspreises mit dem individuellen Steuertarif ergibt, bedarf es zur Wahrung einer ausgewogenen Aufteilung der Besteuerungsbefugnisse nicht. Diese Berechnung kann auch zum späteren pauschalen Realisationszeitpunkt zu dem dann gültigen tariflichen Steuersatz vorgenommen werden.

Hierzu hat die Bundesregierung bereits eine vorbildliche Lösung entwickelt. Denn § 4g EStG sieht nicht die Festsetzung der Steuer, sondern die innerbilanzielle aufwandswirksame Neutralisation des mit der Entstrickungshandlung vorgenommenen Entstrickungsgewinns durch Bildung eines steuerlichen Ausgleichspostens vor.[613] Dieser wiederum führt erst im Zeitpunkt seiner Auflösung zu einer Steuerfestsetzung und -erhebung. Damit vermeidet die Bundesregierung die vorgenannten Nachteile und wirkt praktischen Problemen – wie beispielsweise der rückwirkenden Bewertung, der Behandlung nachträglich eingetretener Veränderungen und der Tatsache, dass ein veräußertes Wirtschaftsgut nicht mehr zur Inaugenscheinnahme zur Verfügung steht – entgegen.[614]

---

612 Steuerberater-Handbuch/*Künkele*, Kapitel B. Die Posten des Jahres- und Konzernabschlusses, Rn. 1367.

613 Zur buchhalterischen Umsetzung vgl. *Atilgan*, NWB direkt 13/2016, 307, 307.

614 Auch in Österreich konnte die Festsetzung der Entstrickungssteuer durch einen Nichtfestsetzungsantrag bis zur tatsächlichen Realisation verschoben werden. Seit dem 1.1.2016 wurde diese Rechtslage jedoch dahingehend geändert, dass die Steuer im Entstrickungszeitpunkt festgesetzt wird und bei Wirtschaftsgütern des Anlagevermögens in sieben und bei Wirtschaftsgütern des Umlaufvermögens in zwei Jahresraten erhoben wird. In Umwandlungsfallen sieht das österreichische Umgründungssteuergesetz keine Stundung vor (*Fugger*, IStR 2016, 574, 580 f.).

c) Berücksichtigung späterer Wertminderungen

Es entspricht dem Prinzip der steuerlichen Territorialität, dass ein Staat Wertsteigerungen besteuern darf und Wertminderungen zu berücksichtigen hat, die jeweils während des Bestehens seines Besteuerungsrechts entstanden sind. Es liefe der Symmetrie der Besteuerung zuwider, wenn ein Staat nur das Besteuerungsrecht an den stillen Reserven innehätte, die in seinem Hoheitsbereich entstanden sind, und zusätzlich noch Verluste, die nach dem Wegzugszeitpunkt entstanden sind, zu berücksichtigen hätte. Dies ist Aufgabe des Zuzugsstaats. Entsprechend verpflichtet die ATAD in Art. 5 Abs. 5 die Mitgliedstaaten auch zum Ansatz des steuerverstrickten Wirtschaftsguts zum gemeinen Wert. Andernfalls würde zudem ein doppelter Verlustabzug drohen, wenn später eintretende Wertminderungen im Wegzugsstaat und über eine Teilwertabschreibung vom gemeinen Verstrickungswert im Zuzugsstaat Berücksichtigung fänden.[615] Folglich ist es europarechtlich legitim, dass der Ursprungsstaat die nach dem Entstrickungszeitpunkt eintretenden Wertminderungen nicht mehr berücksichtigt.[616]

d) Erhebung von Zinsen

Es wurde gezeigt, dass die vorzeitige Steuerfestsetzung einen Verstoß gegen die Grundfreiheiten darstellt und erst zum Zeitpunkt der Steuererhebung erfolgen darf. Wenn es an einer Steuerfestsetzung fehlt, kann die Erhebung von Steuerzinsen folgerichtig nicht grundfreiheitenkonform sein.[617] Außerdem würde der Wegzugsstaat bei einem Verbleib des Wirtschaftsguts im Inland ebenfalls keine Zinsen erhalten.

e) Inanspruchnahme von Sicherheiten

Zur Klärung der Frage, ob der Ursprungsstaat für die noch nicht vereinnahmte Steuer eine Sicherheit – z.B. in der Form einer Bankgarantie – verlangen darf, stelle man sich ein deutsches Stammhaus vor, das ein Wirtschaftsgut zum Kaufpreis von EUR 100 erworben hat, das innerhalb kurzer Zeit auf einen Verkehrswert von EUR 1.000 steigt. Mit dem Wirtschaftsgut kann nun wie folgt verfahren werden:

---

615 Zur europarechtlich anerkannten Rechtfertigung von Maßnahmen zur Vermeidung des doppelten Verlustabzugs siehe S. 126 f. und S. 139.

616 EuGH v. 29.11.2011 – C-371/10, *National Grid Indus*, EuZW 2011, 951, Rn. 61 f.; EuGH v. 21.12.2016 – C-503/14, *Kommission/Portugal*, ECLI:EU:C:2016:979, Rn. 55; EuGH v. 14.9.2017 – C-646/15, *Trustees of the P Panayi Accumulation & Maintenance Settlements*, ECLI:EU:C:2017:682, Rn. 58.

617 A.A. EuGH v. 29.11.2011 – C-371/10, *National Grid Indus*, EuZW 2011, 951, Rn. 73; EuGH v. 23.1.2014 – C-164/12, *DMC*, ECLI:EU:C:2014:20, Rn. 61.

- Es wird in dem deutschen Stammhaus belassen und in fünf Jahren zum Kaufpreis von EUR 1.000 veräußert.
- Es wird steuerlich entstrickt, und zwar in der Form, dass die Bundesrepublik Deutschland auch das Besteuerungsrecht an den bis dahin geschaffenen stillen Reserven in Höhe von EUR 900 verliert. Nach fünf Jahren wird es im Ausland zum Kaufpreis von EUR 1.000 veräußert.

Es ist offensichtlich, dass das Beitreibungsrisiko der Bundesregierung in beiden Fällen gleich hoch ist. Durch eine Entstrickung des Wirtschaftsguts alleine mindert sich in aller Regel nicht das Risiko des Ursprungsstaats an der Vereinnahmung der Steuer. Daher kann die Bildung eines Ausgleichspostens grundsätzlich nur in absoluten Ausnahmefällen von der Gestellung einer Sicherheitsleistung abhängig gemacht werden[618], beispielsweise wenn in dem Zuzugsstaat eine Durchsetzung des Steueranspruchs mit Hilfe der Beitreibungsrichtlinie nicht möglich ist und der Steuerpflichtige nicht ausreichend Vermögen im Inland zurücklässt.[619]

C. Bedeutung des Sekundärrechts

I. Einführung

Im vorausgegangenen Abschnitt wurde dargestellt, dass die Überführung eines Wirtschaftsguts in die Betriebsstätte eines anderen Mitgliedstaats auch dann keine Sofortbesteuerung der stillen Reserven auslösen darf, wenn dadurch das Besteuerungsrecht des Ursprungsstaats ausgeschlossen oder beschränkt wird. Das Gleiche gilt für die Fälle des Wegzugs einer Gesellschaft und die Einbringung für Betriebsstättenvermögen.

Allerdings fußt dieses Ergebnis ausschließlich auf der Berücksichtigung der Grundfreiheiten und damit auf dem Primärrecht. Es verbleibt damit die Prüfung, welche Auswirkungen das Sekundärrecht auf die vorgenannte Beurteilung hat. Relevant sind hier die FRL[620] und die ATAD[621].

---

618 *Körner*, IStR 2012, 1, 4; *Thömmes*, IWB 2012, 515, 519; a.A. *Mitschke*, DStR 2012, 629, 635.

619 *Thömmes/Linn*, IStR 2012, 282, 288.

620 Richtlinie 2009/133/EG des Rates v. 19.10.2009 über das gemeinsame Steuersystem für Fusionen, Spaltungen, die Einbringung von Unternehmensteilen und den Austausch von Anteilen, die Gesellschaften verschiedener Mitgliedstaaten betreffend, sowie für die Verlegung des Sitzes einer Europäischen Gesellschaft oder einer Europäischen Genossenschaft von einem Mitgliedstaat in einen anderen Mitgliedstaat, ABl. 2009 Nr. L 310, S. 34, zuletzt geändert durch Art. 1 ÄndRL 2013/13/EU vom 13.5.2013, ABl. 2013 Nr. L 141, S. 30.

621 Richtlinie 2016/1164/EU des Rates v. 12.7.2016 mit Vorschriften zur Bekämpfung von Steuervermeidungspraktiken mit unmittelbaren Auswirkungen auf das Funktionieren des Binnenmarkts, ABl. 2016 Nr. L 193, S. 1.

Die FRL verpflichtet den nationalen Gesetzgeber, in seinem UmwStG Regelungen vorzusehen, die die Steuerneutralität von EU-Einbringungen in solchen Fällen gewährleisten, in denen das eingebrachte Betriebsvermögen auch nach der Einbringung zur Erzielung des steuerlich zu berücksichtigenden Ergebnisses dieser Betriebsstätte beiträgt, Art. 4 Abs. 1 und 2, Art. 9 FRL. Im Umkehrschluss erlaubt der Richtliniengeber den Mitgliedstaaten das Betriebsstättenvermögen, das nach der Einbringung keiner inländischen Betriebsstätte mehr zuzuordnen ist, einer (Sofort-)Besteuerung zu unterwerfen. Es verbleibt die Frage, ob die FRL damit die Grundfreiheiten verdrängen und dem Gesetzgeber damit in Entstrickungsfällen eine Besteuerung zugestehen kann.

Zur harmonisierten Missbrauchsabwehr verpflichtet die ATAD die Mitgliedstaaten, bis zum 31.12.2019 Vorschriften zu erlassen, die die Erhebung einer Exitsteuer in fünf Jahresraten vorsehen, wenn die Entstrickung durch eine nachgelagerte Entstrickungshandlung des Steuerpflichtigen (tatsächliche Entstrickung) erfolgt. Damit steht die ATAD im Widerspruch zu den oben genannten Zielen des Primärrechts[622] – insbesondere der Harmonisierung des Binnenmarkts – und es ist zu klären, ob dem Primärrecht der Vorrang einzuräumen ist oder ob die konkreten Vorgaben der ATAD die allgemeingültigen Grundfreiheiten verdrängen können.

II. Fusionsrichtlinie (FRL)

Mit der FRL gibt der Unionsgesetzgeber den Mitgliedstaaten klare Vorgaben, wie die Mitgliedstaaten grenzüberschreitende Umwandlungsvorgänge zu besteuern haben. Hiernach sind die Mitgliedstaaten verpflichtet, eine nationale Regelung zu erlassen, worin Verschmelzungen, Spaltungen, Einbringungen und der Tausch von Anteilen auch dann möglich sind, wenn hieran Kapitalgesellschaften verschiedener Mitgliedstaaten beteiligt sind. Die nationalen Umwandlungsvorschriften der einzelnen Mitgliedstaaten sollen dabei sowohl die Besteuerung der Umwandlungsvorgänge vermeiden als auch die finanziellen Interessen der beteiligten Mitgliedstaaten wahren.[623] Im Zuge des SEStEG hat der Gesetzgeber daher sowohl das UmwG als auch das UmwStG europäisiert. Dies dient der Harmonisierung des Binnenmarkts, sodass Grundfreiheiten, Fusionsrichtlinie und UmwStG im Dreiklang laufen sollten. Im vorangehenden Abschnitt wurde jedoch gezeigt, dass die gegenwärtigen allgemeinen Entstrickungsvorschriften, insbesondere hinsichtlich des Regelungsbeispiels, mit den Grundfreiheiten unvereinbar sind. Daran schließen sich die folgenden Fragestellungen an.

---

622 Zu den Zielen des Primärrechts vgl. S. 101 ff.

623 5. Erwägungspunkt der FRL.

1. Vereinbarkeit des UmwStG mit der FRL

Fraglich ist, ob die Entstrickungsbesteuerung des UmwStG überhaupt mit der FRL vereinbar ist. Sollte sich im Nachfolgenden herausstellen, dass die im UmwStG verankerte Sofortbesteuerung gegen die Vorgaben der FRL verstößt, könnte sich der einbringende Rechtsträger wegen fehlerhafter Umsetzung ungeachtet der nationalen Regelungen unmittelbar auf die FRL berufen.[624]

Nach Art. 4 Abs. 1 S. 1 FRL darf eine Fusion, Spaltung oder Abspaltung keine Besteuerung der in den übergehenden Wirtschaftsgütern ruhenden stillen Reserven auslösen. Dies gilt gem. Art. 9 FRL auch für die Einbringung von Unternehmensteilen[625] in eine Kapitalgesellschaft. Allerdings wird die Pflicht zur Steuerneutralität durch Art. 4 Abs. 2 lit. b FRL dahingehend eingeschränkt, dass die Gewährung einer Buchwertfortführung nur für jenes Wirtschaftsgut verpflichtend ist, das nach der Umwandlung *„tatsächlich einer Betriebsstätte der übernehmenden Gesellschaft im Mitgliedstaat der einbringenden Gesellschaft zugerechnet wird“* (Betriebsstättenbedingung) und *„zur Erzielung des steuerlich zu berücksichtigenden Ergebnisses dieser Betriebsstätte beiträgt“* (Steuerverhaftungsbedingung).

Mit der Betriebsstättenbedingung soll gewährleistet werden, dass die eingebrachten Wirtschaftsgüter einer Betriebsstätte des Mitgliedstaats des einbringenden Rechtsträgers zugerechnet bleiben und damit unter seiner Steuerhoheit verbleiben.[626] Mangels Definition des Begriffs Betriebsstätte in der FRL gilt für sie die Begriffsbestimmung des maßgebenden DBA.[627] Die nationale Begriffsbestimmung nach § 12 AO ist insoweit ohne Bedeutung.

Mit der Steuerverhaftungsbedingung möchte der Richtliniengeber sicherstellen, dass die aus den Wirtschaftsgütern erzielten Erträge in ihrer Ursprungbetriebsstätte auch einer Besteuerung unterliegen. Damit muss die Steuerneutralität in solchen Fällen nicht gewährt werden, in denen die mit den Wirtschaftsgütern erzielten Gewinne aufgrund einer nationalen Steuerbefreiungsvorschrift oder aufgrund von fehlenden nationalen Steuerverhaftungsregelungen für Betriebsstätten im Mitgliedstaat des einbringenden Rechtsträgers unbesteuert bleiben.[628] Die FRL zwingt die Mitgliedstaaten damit nicht mehr zur Steuerneutralität des Einbringungsvorgangs, wenn die Erträge aus dem Wirtschaftsgut nach der Einbringung

---

624 FG Köln v. 14.8.2008 – 13 K 3592/04, EFG 2008, 1854; MüKoAktG/*Fischer*, Band 7, Die Besteuerung der Europäischen Aktiengesellschaft/Societas Europaea (SE), Rn. 27; Manz/Mayer/Schröder/ *Lammel*, Teil D, Kapitel 2, Rn. 198; *Schön/Schindler*, Die SE im Steuerrecht, S. 249.

625 Bei einem Unternehmensteil i.S.d. FRL handelt es sich um einen ganzen Betrieb oder einen oder mehrere Teilbetriebe (Art. 2 lit. d. FRL). Fiktive Teilbetriebe – wie einen Mitunternehmeranteil oder einen das gesamte Nennkapital umfassende Beteiligung an einer Kapitalgesellschaft – kennt die FRL dabei nicht.

626 *Albert*, IFSt-Schrift Nr. 487 2005, S. 59; *Herzig/Griemla*, StuW 2002, 55, 62.

627 *Albert*, IFSt-Schrift Nr. 487 2005, S. 59; *Rödder*, DStR 2005, 893, 894.

628 *Albert*, IFSt-Schrift Nr. 487 2005, S. 60.

steuerbefreit sind.[629] Das Gleiche muss gelten, wenn die Erträge nach nationalem Steuerrecht nicht in die Bemessungsgrundlage einbezogen werden – etwa weil sie trotz Betriebsstättenzuordnung von der beschränkten Steuerpflicht nicht erfasst werden.

Nach h.L. soll durch die Betriebsstätten- und Steuerverhaftungsbedingung sichergestellt werden, dass die Umwandlung für den Mitgliedstaat des einbringenden Rechtsträgers nicht zu einem Verlust bzw. einer Beschränkung des Besteuerungsrechts führt.[630] Allerdings geht Art. 4 Abs. 2 lit. b FRL deutlich über das mit ihr verfolgte Ziel hinaus. Zur Verdeutlichung stelle man sich eine deutsche M-GmbH vor, deren einzige Betriebsstätte sich am Stammhaus der Gesellschaft in der Bundesrepublik Deutschland befindet. Nach § 20 UmwStG (bzw. Art. 9 i.V.m. Art. 4 FRL) bringt die M-GmbH sowohl ihre materiellen als auch ihre immateriellen Wirtschaftsgüter gegen Gewährung neuer Anteile in die spanische T-SL ein. Eine steuerliche Rückwirkung nach § 20 Abs. 5 und 6 UmwStG wird nicht in Anspruch genommen. Grafisch stellt sich der Einbringungsvorgang wie folgt dar:

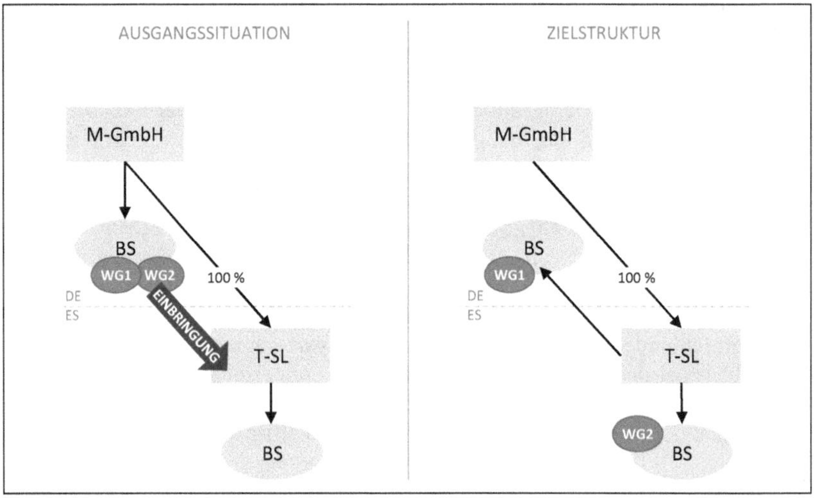

Abbildung 4: *Einbringung der im Inland steuerverhafteten Wirtschaftsgüter in eine ausländische Kapitalgesellschaft unter Berücksichtigung des Funktionszusammenhangs zu inländischen und ausländischen Betriebsstätten*

629 *Albert*, IFSt-Schrift Nr. 487 2005, S. 61; *Herzig/Dautzenberg/Heyeres*, DB Beilage 12/1991, 1, 7; *Rosenbach*, PIStB 2003, 323, 326.

630 *Albert*, IFSt-Schrift Nr. 487 2005, S. 59; *Hahn*, IStR 2006, 797, 798; *Herzig/Dautzenberg/Heyeres*, DB Beilage 12/1991, 1, 7 ff.; *Herzig/Griemla*, StuW 2002, 55, 62; *Schwenke*, DStZ 2007, 235, 238; *Thiel*, DB 2005, 2316, 2317; *Ungemach*, Ubg 2011, 251, 251.

Während die materiellen Wirtschaftsgüter (WG1) aufgrund tatsächlicher funktionaler Kriterien[631] weiterhin der deutschen Betriebsstätte zuzuordnen sind, werden die immateriellen Wirtschaftsgüter (WG2) aufgrund der Zentralfunktion des Stammhauses[632] der in Spanien belegenen Stammhausbetriebsstätte zugeordnet. Durch die veränderte Zuordnung der immateriellen Wirtschaftsgüter ist das Besteuerungsrecht an den stillen Reserven zwischen der Bundesrepublik Deutschland und Spanien aufzuteilen. Aufgrund des geänderten abkommensrechtlichen Verständnisses sind der Bundesrepublik Deutschland dabei weiterhin die stillen Reserven zuzurechnen, die während der Zuordnung der immateriellen Wirtschaftsgüter zur inländischen Betriebsstätte entstanden sind (Art. 13 Abs. 2 OECD-MA).[633] Denn aus deutscher Abkommenssicht steht Spanien nur ein Besteuerungsrecht an dem WG 2 für die nach der Überführung entstandenen stillen Reserven zu.[634]

Da das deutsche Besteuerungsrecht an den zum Einbringungsstichtag bestehenden stillen Reserven im Zuge der Einbringung weder ausgeschlossen noch beschränkt wird, steht § 20 Abs. 2 S. 2 Nr. 3 UmwStG der Buchwerteinbringung der materiellen und immateriellen Wirtschaftsgüter in die spanische T-SL nicht entgegen. Nach nationalem Recht wäre damit eine steuerneutrale Einbringung möglich.

Die FRL knüpft – anders als das UmwStG – nicht nur an Besteuerungsrechte an, sondern auch an die Zuordnung der Wirtschaftsgüter. Weil die immateriellen Wirtschaftsgüter nach der Einbringung nicht mehr einer deutschen Betriebsstätte zugerechnet werden, würde Art. 9 i.V.m. Art. 4 FRL dem deutschen Gesetzgeber eine Besteuerung der stillen Reserven erlauben. Damit wird deutlich, dass der Anwendungsbereich der Entstrickungsnorm der FRL (Art. 9 i.V.m. Art. 4 FRL) über den der Entstrickungsnorm des UmwStG (§ 20 Abs. 2 S. 2 Nr. 3) weit hinausgeht und in mehr Fällen eine Besteuerung der stillen Reserven erlaubt, als es das UmwStG vorsieht. Im Ergebnis ist der Anwendungsbereich der speziellen Entstrickungsnormen des UmwStG kleiner als die Vorgabe der FRL und ist damit durch die FRL gedeckt.[635]

Aus den in Abschnitt B. dargestellten Gründen ergibt sich allerdings, dass die Grundfreiheiten der Regelung eines Mitgliedstaats entgegenstehen, die anlässlich der Überführung oder Einbringung von Wirtschaftsgütern sowie des Wegzugs von Gesellschaften in andere Mitgliedstaaten die sofortige Besteuerung stiller

631 Vgl. zur tatsächlichen funktionalen Zuordnung auch S. 55 ff.

632 Zur Zentralfunktion des Stammhauses und der damit im Zusammenhang stehenden Kritik vgl. S. 57 ff.

633 Vgl. hierzu auch S. 66 f. und S. 76 f.

634 Vgl. hierzu S. 69 f.

635 Ebenso MüKoAktG/*Fischer*, Band 7, Die Besteuerung der Europäischen Aktiengesellschaft/ Societas Europaea (SE), Rn. 23.

Reserven vorsieht. Dies wirft zwangsläufig die Frage auf, ob die FRL den Vorgaben der Grundfreiheiten entspricht bzw. die FRL das Recht des Unionsbürgers auf freie Niederlassung oder freien Kapitalverkehr reduzieren kann.

2. Vereinbarkeit der FRL mit der Niederlassungsfreiheit und der Kapitalverkehrsfreiheit

a) Widerspruch zur Niederlassungsfreiheit

Die vorgenannten Gründe und auch die nunmehr ständige Rechtsprechung des EuGH[636] zeigen, dass die Überführung eines Wirtschaftsguts oder die Sitzverlegung einer Gesellschaft in einen anderen Mitgliedstaat keine sofortige Besteuerung der sich in den entstrickten Wirtschaftsgütern befindlichen stillen Reserven auslösen darf. Wie gezeigt wurde, ist die zu den allgemeinen Entstrickungsvorschriften verschiedener Mitgliedstaaten ergangene EuGH-Rechtsprechung auf die speziellen Entstrickungsvorschriften des UmwStG übertragbar[637], sodass auch eine grenzüberschreitende Einbringung vor dem Hintergrund der Grundfreiheiten keine Sofortbesteuerung auslösen darf.

Auf der anderen Seite erlaubt Art. 9 i.V.m. 4 Abs. 2 lit. b FRL dem deutschen Steuergesetzgeber bei grenzüberschreitenden Einbringungen sehr wohl eine Sofortbesteuerung, soweit Wirtschaftsgüter nach der Einbringung tatsächlich keiner deutschen Betriebsstätte mehr zuzuordnen sind (Betriebsstättenbedingung). Damit stehen die FRL und die Niederlassungsfreiheit in einem klaren Widerspruch zueinander.

b) Widerspruch zur Kapitalverkehrsfreiheit

Während die Überführung eines Wirtschaftsguts von einer Betriebsstätte in eine andere Betriebsstätte an den Vorgaben der Niederlassungsfreiheit zu messen ist, gilt für die grenzüberschreitende Einbringung die Kapitalverkehrsfreiheit. Dies liegt darin begründet, dass die Vorschriften zur Einbringung auch Beteiligungen erfasst, die der Kapitalanlage dienen (Portfoliobeteiligungen) und bei denen der Gesellschafter keine herrschende Stellung einnimmt. Nach der hier vertretenen Auffassung verpflichtet die Kapitalverkehrsfreiheit den Gesetzgeber daher, auch Einbringungsvorgänge unter Beteiligung von Drittstaatenvermögen und -beteiligungen in den Anwendungsbereich des UmwStG aufzunehmen.[638]

Die FRL findet jedoch nur auf EU-Körperschaften Anwendung (Art. 3 lit. a), die in einem Mitgliedstaat steuerlich ansässig sind (Art. 3 lit. b). Die FRL wird damit

---

636 EuGH v. 29.11.2011 – C-371/10, *National Grid Indus*, EuZW 2011, 951; EuGH v. 23.1.2014 – C-164/12, *DMC*, ECLI:EU:C:2014:20; EuGH v. 21.5.2015 – C-657/13, *Verder LabTec*, ECLI:EU:C:2015:331.

637 Vgl. hierzu S. 80 ff.

638 Vgl. hierzu im Detail S. 116 f.

nicht den Anforderungen der Kapitalverkehrsfreiheit an den räumlichen Geltungsbereich gerecht.

c) *Verhältnis zwischen FRL und Grundfreiheiten*

Die Grundfreiheiten sind Teil des Primärrechts und dienen damit der Verwirklichung eines gemeinsamen Binnenmarkts (Art. 3 Abs. 3 S. 1 EUV). Zwar wird der Unionsgesetzgeber durch die Artt. 46, 50, 53, 114 und 115 AEUV ermächtigt, Richtlinien als Sekundärrecht zu erlassen, doch haben diese der Verwirklichung und Sicherung der Grundfreiheiten zu dienen und dürfen der Errichtung eines Binnenmarkts nicht entgegenstehen. Entsprechend kommt der FRL (ebenso wie der MTR[639]) ein die Grundfreiheiten verstärkender – und nicht beschränkender – Charakter zu.[640]

Den Erlass der FRL hat der Unionsgesetzgeber zudem auf Art. 50 Abs. 2 lit. d AEUV gestützt[641] und sich damit besonders der Verwirklichung der Niederlassungsfreiheit verpflichtet (Art. 50 Abs. 1 AEUV). Damit kann die sekundärrechtliche FRL die unmittelbare Geltung der Niederlassungsfreiheit für den Bürger nicht verdrängen[642], sodass ein Widerspruch zwischen der FRL und Niederlassungsfreiheit stets zugunsten der Niederlassungsfreiheit ausfällt.[643] Aufgrund des Primärrechtsvorrangs soll nach *Frotscher* sogar „*europarechtswidriges Europarecht*" möglich sein.[644]

Entsprechend bestätigte die Generalanwältin *Kokott*, dass die FRL im Bereich von Umwandlungsvorgängen keine abschließende Harmonierungsmaßnahme darstellt[645] und eine Entstrickungsbesteuerung auch in den Fällen unter Berücksichtigung des Primärrechts zu prüfen ist, in denen die FRL eine Entstrickungsbesteuerung nicht verbietet.[646] Sie bestätigte zudem ausdrücklich, dass der nationale

---

639 Richtlinie 90/435/EWG des Rates v. 23.7.1990 über das gemeinsame Steuersystem der Mutter- und Tochtergesellschaften verschiedener Mitgliedstaaten, ABl. 1990 Nr. L 225, S. 6; zuletzt geändert durch Richtlinie 2003/123/EG des Rates v. 22.12.2003, ABl. 2004 Nr. L 7, S. 41.

640 SE-Recht/*Jochum*, SteuerR der SE, Rn. 37; *Kraft/Bron*, IStR 2006, 26, 26.

641 2. Erwägungspunkt der FRL; Grabitz/Hilf/Nettesheim/*Forsthoff*, Art. 50 AEUV, Rn. 15; von der Groeben/Schwarze/Hatje/*Tiedje*, Art. 50 AEUV, Rn. 53.

642 Grabitz/Hilf/Nettesheim/*Forsthoff*, Art. 45 AEUV, Rn. 131; Grabitz/Hilf/Nettesheim/*Forsthoff*, Art. 49 AEUV, Rn. 69; SE-Recht/*Jochum*, SteuerR der SE, Rn. 34; *Werner*, Systemgerechte Entstrickung im Steuerrecht, S. 149.

643 So im Grunde auch: MüKoAktG/*Fischer*, Band 7, Die Besteuerung der Europäischen Aktiengesellschaft/Societas Europaea (SE), Rn. 23; *Girlich/Philipp*, Ubg 2012, 150, 159; *Hahn*, DStZ 2005, 433, 535; *Jacobs/Endres/Spengel*, Internationale Unternehmensbesteuerung, S. 187; SE-Recht/*Jochum*, SteuerR der SE, Rn. 34; *Meilicke/Raback*, GmbHR 2006, 123, 126; *Schön/ Schindler*, Die SE im Steuerrecht, Rn. 25 ff., 240.

644 *Frotscher*, IStR 2006, 65, 68.

645 Schlussanträge der Generalanwältin *Kokott* v. 13.7.2017 – C-292/16, *A Oy*, Rn. 19 ff.

646 Schlussanträge der Generalanwältin *Kokott* v. 8.9.2011 – C-371/10, *National Grid Indus*, Rn. 50.

Gesetzgeber bei der Umsetzung des Sekundärrechts (hier: FRL) parallel an die Grundfreiheiten gebunden ist.[647] Ebenso hat der EuGH den Verstoß der finnischen Einbringungsvorschriften gegen die Grundfreiheiten (Niederlassungsfreiheit) bestätigt, gleichwohl diese Regelung im Einklang mit Art. 10 Abs. 2 FRL stand.[648]

3. *Auswirkungen für die speziellen Entstrickungsnormen*

Zwar entspricht die FRL damit im Bereich der sofortigen Entstrickungsbesteuerung nicht dem Primärrecht, doch kann m.E. hier nicht von einem Verstoß gegen die Grundfreiheiten gesprochen werden. Denn die Existenz der Richtlinie alleine kann die grenzüberschreitende Umwandlung gegenüber einer rein nationalen Umwandlung nicht benachteiligen und Unionsbürger damit nicht von ihrem Recht auf freie Niederlassung oder auf freien Kapitalverkehr abhalten. Die Richtlinie muss nach Art. 288 AEUV in nationales Recht umgesetzt werden, damit sie eine Wirkung für bzw. gegen den Bürger entfaltet. Eine unmittelbare Anwendung der Richtlinie für Unionsbürger ist grundsätzlich ausgeschlossen.[649] Ähnlich einem DBA, das ein Besteuerungsrecht nur einschränken und nicht begründen kann, wird durch die Richtlinie selbst keine Sofortbesteuerung ausgelöst, die den Unionsbürger in seiner Niederlassungs- oder Kapitalverkehrsfreiheit beschränken könnte. Folglich kann die FRL nicht gegen die Grundfreiheiten verstoßen.[650] Das kann nur das nationale UmwStG.[651]

---

647 Schlussanträge der Generalanwältin *Kokott* v. 13.7.2017 – C-292/16, *A Oy*, Rn. 19 ff.; a.A. *Mitschke*, IStR 2017, 711, 717.

648 EuGH v. 23.11.2017 – C-292/16, *A Oy*, ECLI:EU:C:2017:888, Rn. 38.

649 Nach Art. 288 AEUV richten sich Richtlinien ausschließlich an die Mitgliedstaaten und verpflichten diese, eine nationale Regelung zu erlassen, mit der die verfolgten Ziele auf nationaler Ebene umgesetzt werden. Damit ist sie gerade nicht unmittelbar anwendbar. Eine Ausnahme hiervon kann sich nur ergeben, wenn sie nicht fristgerecht oder nicht hinreichend genau und inhaltlich unbedingt umgesetzt wurde. Im Rahmen des SEStEG ist dies jedoch geschehen, sodass eine unmittelbare Anwendung der FRL zu verneinen ist. Vgl. hierzu auch EuGH v. 5.4.1979 – C-148/78, *Ratti*, Slg. 1979, 1629, Rn. 23; EuGH v. 19.1.1982 – C-8/81, *Becker*, Slg. 1982, 53, Rn. 25; EuGH v. 26.2.1986 – C-152/84, *Marshall*, Slg. 1986, 723, Rn. 46; EuGH v. 19.11.1991 – C-9/90, *Frankovich*, Slg. 1991, I-5357, Rn. 11; *Jarass/Beljin*, JZ 2003, 768, 768 ff.

650 A.A. *Jochum* und *Meilicke/Raback*, die von einer Diskriminierung der Richtlinie bzw. von einem Verstoß gegen die Niederlassungsfreiheit sprechen (SE-Recht/*Jochum*, SteuerR der SE, Rn. 35; *Meilicke/Raback*, GmbHR 2006, 123, 126).

651 Dies gilt nur für die FRL. Sie wirkt ausschließlich zugunsten des Unionsbürgers. Anders verhält es sich hingegen bei der sogenannten Tabakrichtlinie. Mit ihr wollte der Unionsgesetzgeber die Tabakwerbung vollständig verbieten. Der damit verbundene massive Eingriff in die Warenverkehrs- und Dienstleistungsfreiheit könnte als rechtswidrig gewertet werden (vgl. zum Meinungsstreit auch Grabitz/Hilf/Nettesheim/*Tiedje*, Art. 114 AEUV, Rn. 49 m.w.N.).

Letztendlich hat der Unionsgesetzgeber mit der FRL (nur) die Mindestanforderungen an die Mitgliedstaaten formuliert, deren Einhaltung noch keine unionskonforme Rechtslage garantiert.[652] Die FRL kann die Vorgaben der Grundfreiheiten daher nicht verdrängen. Eine nationale Regelung muss – neben den Vorgaben der FRL – auch die Grundfreiheiten wahren.[653] Daher reicht es nicht aus, wenn sich der nationale Gesetzgeber ausschließlich an dem Handlungsspielraum der FRL (Art. 4 Abs. 2 lit. b) orientiert, ohne dabei die Niederlassungs- und Kapitalverkehrsfreiheit zu berücksichtigen. Im Ergebnis sind die unter Abschnitt B. genannten primärrechtlichen Vorgaben – ungeachtet der Existenz und der Vorgaben der FRL – durch den nationalen Gesetzgeber zu beachten.

III. Anti-Tax-Avoidance-Directive (ATAD)

1. Regelungsinhalt

Bisher lag der Fokus der EU auf der Harmonisierung des Binnenmarkts und dem damit verbundenen Abbau von Hemmnissen für den Binnenmarkt. Mit der am 12.7.2016 verabschiedeten *„Richtlinie mit Vorschriften zur Bekämpfung von Steuervermeidungspraktiken mit unmittelbaren Auswirkungen auf das Funktionieren des Binnenmarkts“*[654] hat sich die EU zum Ziel gesetzt, ausgewählte BEPS-Maßnahmen der OECD in das Sekundärrecht zu übernehmen und damit letztendlich auch in die nationalen Vorschriften der 28 Mitgliedstaaten einheitlich zu transformieren.[655] Insbesondere mit den in Art. 5 ATAD normierten – ab dem 1.1.2020 für die Mitgliedstaaten verpflichtenden – Entstrickungsvorschriften wirkt sie dem steuerneutralen Wirtschaftsgütertransfer und damit der Harmonisierung nun teilweise wieder entgegen.

Nach Art. 5 Abs. 1 lit. a und b ATAD haben die Mitgliedstaaten Rechtsvorschriften zu erlassen, die eine Finalbesteuerung vorsehen, wenn Vermögenswerte von einer EU-Betriebsstätte in einen anderen Staat transferiert werden und der Ursprungsstaat aufgrund der Übertragung nicht mehr das Besteuerungsrecht für die übertragenen Vermögenswerte innehat. Nach Art. 5 Abs. 2 ATAD soll der Steuerpflichtige sodann das Recht erhalten, in EU-/EWR-Sachverhalten die hieraus entstandene Steuer in fünf Jahresraten zu entrichten. Anwendung findet die Richtlinie gem. Art. 1 ATAD nur auf Körperschaftsteuersubjekte.

---

652 AusKapG/*Engert*, § 8 Steuerrecht, Rn. 6.

653 EuGH v. 18.9.2003 – C-168/01, *Bosal*, Slg. 2003, I-9409, Rn. 25; AusKapG/*Engert*, § 8 Steuerrecht, Rn. 8.

654 Richtlinie 2016/1164/EU des Rates v. 12.7.2016 mit Vorschriften zur Bekämpfung von Steuervermeidungspraktiken mit unmittelbaren Auswirkungen auf das Funktionieren des Binnenmarkts, ABl. 2016 Nr. L 193, S. 1.

655 *Eilers/Oppel*, IStR 2018, 361, 362; *Oppel*, IStR 2016, 797, 797; vgl. hierzu auch die Erwägungsgründe der ATAD.

Neben den vorgenannten Entstrickungsfällen durch den Transfer der Wirtschaftsgüter (Art. 5 Abs. 1 lit. a und b ATAD) soll die Exitsteuer durch den Mitgliedstaat auch in Fällen des Wegzugs (lit. c) und der Funktionsverlagerung (lit. d) erhoben werden. In Umwandlungsfällen bleibt die Entstrickungsbesteuerung durch die ATAD ausdrücklich unberührt[656]; vermutlich wollte der Richtliniengeber mit der ATAD nicht in den Anwendungsbereich der FRL eindringen. Damit beschränkt sich der Einfluss der ATAD auf die allgemeinen Entstrickungsnormen des KStG, während die speziellen Entstrickungsnormen des UmwStG den Vorgaben der FRL unter Wahrung der Grundfreiheiten gerecht werden müssen und die allgemeinen Entstrickungsnormen des EStG keinen sekundärrechtlichen Vorgaben unterliegen.

2. *Verhältnis zwischen Mindestschutzkonzept und Grundfreiheiten*

a) *Vorrang der Grundfreiheiten*

Einerseits enthält die Richtlinie in Artikel 5 klare Vorgaben, wie die Mitgliedstaaten den Transfer von Wirtschaftsgütern zu besteuern haben. Die ATAD verpflichtet die Mitgliedstaaten damit zum Erlass von Rechtsnormen, die die Grundfreiheiten – insbesondere die Niederlassungsfreiheit – ihrer Bürger beschränken. Art. 3 ATAD stellt zudem klar, dass es sich dabei nur um Mindeststandards handelt und es den Mitgliedstaaten unbenommen bleibt, „*die Anwendung nationaler oder vertraglicher Bestimmungen zur Wahrung eines höheren Maßes an Schutz der inländischen Körperschaftsteuerbemessungsgrundlagen*“ zu erlassen. Zur Klarstellung sei nochmal betont, dass die Richtlinie nicht den Unionsbürger, sondern ausnahmsweise den Mitgliedstaat zu schützen beabsichtigt. Laut Richtlinie scheint es damit nach obenhin keine Begrenzung zu geben, die Rechte der Unionsbürger durch weitere Maßnahmen einzuschränken.

Andererseits haben die Mitgliedstaaten bei der Richtlinienumsetzung stets die Grundfreiheiten zu wahren, d.h., trotz Richtlinie dürfen sie mit einer nationalen Norm die Grundfreiheiten nur so weit beschränken, wie dies durch zwingende Gründe des Allgemeininteresses gerechtfertigt ist. Die Mitgliedstaaten befinden sich damit in einem Zwiespalt, da ihnen einerseits die Umsetzungspflicht der Richtlinie zukommt, sie aber andererseits mit der nationalen Gesetzgebung keinen Grundfreiheitenverstoß auslösen dürfen.

Das Besteuerungskonzept und das Steuerstundungsmodell des Art. 5 ATAD lassen deutlich erkennen, dass sich der Richtliniengeber streng an der bisherigen Rechtsprechung des EuGH[657] zu Entstrickungsvorgängen orientiert hat.[658] Mit einer Sofortbesteuerung in Drittstaatensachverhalten und einer auf fünf Jahre

656 So ausdrücklich der 10. Erwägungsgrund der ATAD für den Wirtschaftsguttransfer von einer Mutter- auf ihre Tochtergesellschaft (Einbringungsfälle).

657 Zur bisherigen Rechtsprechung des EuGH vgl. im Detail S. 168 ff.

658 So auch *Oppel*, IStR 2016, 797, 801.

gestreckten Besteuerung in EU-/EWR-Fällen, die die Erhebung von Zinsen und in Abhängigkeit von der Risikobeurteilung des Einzelfalls die Sicherheitsleistung erlaubt, entspricht der Mindesteingriff der Richtlinie in die Grundfreiheiten dem maximal zulässigen Eingriff in die Grundfreiheiten nach der bisherigen EuGH-Rechtsprechung. Der nationale Gesetzgeber befindet sich damit – aktuell – in einem maßgeschneiderten Korsett; bei (geringem) Unterschreiten der Richtlinienvorgaben droht der Vorwurf des Richtlinienverstoßes, während bei (geringem) Überschreiten das Risiko des Grundfreiheitenverstoßes im Raum steht.

Die ATAD geht im 2. Erwägungsgrund zunächst davon aus, dass ihre Vorgaben im Einklang mit dem Unionsrecht stehen.[659] Im Konfliktfall unterliegt die Richtlinie jedoch der Überprüfung nach Maßgabe des Primärrechts[660] und ist im Zweifel unionrechtskonform auszulegen. Bei einer Primärrechtswidrigkeit der Richtlinie können sich Steuerpflichtige gegenüber der ATAD auf die Grundfreiheiten berufen.[661] Im Rahmen von Vorabentscheidungsverfahren (Art. 267 AEUV) entscheidet der EuGH über die Auslegung der Handlungen der Organe und damit auch über die Richtlinie. In Fällen des klaren Primärrechtsverstoßes kann der EuGH die Richtlinie daher verwerfen.[662] Bei einem zu starken Eingriff der Richtlinie in die Grundfreiheiten ist den Grundfreiheiten als Teil des Primärrechts daher der Vorrang zu gewähren, sodass dem nationalen Gesetzgeber die Umsetzung unionswidriger Richtlinienpassagen verboten ist.[663]

b) Keine Legitimation zum Grundfreiheitenverstoß durch Art. 3 ATAD

In Artikel 3 erlaubt die Richtlinie den Mitgliedstaaten auch den Erlass von Regelungen, die über den Mindestschutz der Richtlinie hinausgehen. Die Richtlinie gibt den Mitgliedstaaten damit aber keinen *„Freifahrtschein"* zum Erlass willkürlicher Normen. Denn diese über den Mindestschutz der Richtlinie hinausgehenden Normen bleiben – ebenso wie die im Rahmen der Richtlinie erlassenen Normen – einer uneingeschränkten Kontrolle durch das Primärrecht zugänglich.[664]

Allerdings scheint das Mindestschutzkonzept der Richtlinie insbesondere im Bereich der Steuerentstrickung nicht ausgereift zu sein. Denn gleichwohl die Richtlinie nur ein Mindestmaß an Sicherung des inländischen Körperschaftsteuersubstrats vorgeben möchte, müssen die Mitgliedstaaten zum Nachteil ihres Steueranspruchs nach Art. 5 Abs. 2 ATAD dem Steuerpflichtigen in EU-/EWR-Fällen das Recht gewähren, die Steuer in fünf Jahresraten zu entrichten. Diese Bestimmung, die offenkundig der gegenwärtigen EuGH-Rechtsprechung gerecht werden soll, steht im Widerspruch zum Mindestschutzcharakter der Richtlinie. Bei nüchterner

---

659 So ebenfalls *Hey*, StuW 2017, 248, 254.
660 *Oppel*, IStR 2016, 797, 798; *Schönfeld*, IStR 2017, 721, 722.
661 *Hey*, StuW 2017, 248, 254.
662 *Oppel*, IStR 2016, 797, 799.
663 *Oppel*, IStR 2016, 797, 799.
664 *Hey*, StuW 2017, 248, 253; *Oppel*, IStR 2016, 797, 798.

Betrachtung ist das Mindestschutzkonzept zumindest im Bereich des Art. 5 Abs. 2 ATAD daher außer Kraft gesetzt, da die Mitgliedstaaten sonst die Möglichkeit hätten, eine Sofortbesteuerung *„zur Wahrung eines höheren Maßes an Schutz“* vorzunehmen.

Stattdessen wird der deutsche Gesetzgeber in § 4g EStG, der nach § 12 Abs. 1 S. 1 KStG auch auf die körperschaftsteuerliche Entstrickung Anwendung findet, eine Erweiterung vornehmen müssen. Künftig darf der deutsche Gesetzgeber die Anwendung des § 4g EStG nicht unter die Voraussetzung stellen, dass die Entstrickung durch einen unbeschränkt Steuerpflichtigen erfolgt und es sich um ein Wirtschaftsgut des Anlagevermögens handelt. Außerdem hat der Gesetzgeber den Anwendungsbereich von EU-Sachverhalten um EWR-Sachverhalte zu erweitern.[665]

c) Keine Exitsteuer bei Erhalt des Besteuerungsrechts

Die Richtlinie sieht eine Besteuerung vor, wenn der Ursprungsstaat im Anschluss an die Überführung des Wirtschaftsguts *„nicht mehr das Besteuerungsrecht für die übertragenen Vermögenswerte hat“*. Diese Formulierung ist nicht eindeutig und führt zwangsläufig zu Spekulationen, ob die Finalbesteuerung eintritt, sobald sämtliche stille Reserven der Besteuerung des Ursprungsstaats entzogen wurden, oder ob bereits der Entzug des Besteuerungsrechts an künftigen stillen Reserven ausreicht.

In Anbetracht der primärrechtskonformen Auslegung der Richtlinie kann eine Finalbesteuerung aufgrund der Ausführungen auf den S. 127 f. nur gerechtfertigt werden, wenn der Ursprungsstaat auch das Besteuerungsrecht an den bis zum Entstrickungszeitpunkt in seinem Hoheitsgebiet entstandenen stillen Reserven verliert. Bleibt dem Ursprungsstaat das Besteuerungsrecht an den in seinem Territorium entstandenen stillen Reserven erhalten, ist das Ziel einer ausgewogenen Aufteilung der Besteuerungsbefugnisse auch ohne Finalbesteuerung gewahrt. Eine Finalbesteuerung würde in solchen Fällen mangels Rechtfertigungsgrund eine ungerechtfertigte Beschränkung der Niederlassungsfreiheit darstellen. In Anbetracht einer primärrechtskonformen Auslegung der Richtlinie darf die nationale Entstrickungsnorm nur in solchen Fällen eine Finalbesteuerung vorsehen, in denen der Ursprungsstaat das Besteuerungsrecht sowohl an den künftigen Wertsteigerungen als auch an den in seinem Hoheitsgebiet entstandenen Wertsteigerungen verliert.

d) Keine pauschale Pflicht zur Erhebung von Teilzahlungen bei Verlust des Besteuerungsrechts

Nach der Richtlinie erhält der Steuerpflichtige zwar das Recht, in EU-/EWR-Sachverhalten die Steuerzahlung aufzuschieben (Art. 5 Abs. 2 ATAD). Doch soll die

665 *Oppel*, IStR 2016, 797, 801 f.

Steuererhebung nach Richtlinienvorgaben nicht in einer Summe nach Ablauf von fünf Jahre erfolgen, sondern in fünf gleichmäßigen Jahresraten. Damit möchte der Richtliniengeber offensichtlich der EuGH-Rechtsprechung Genüge tun.[666] Zwar sieht der EuGH in zwei Urteilen eine ratierliche Steuererhebung in fünf bzw. zehn gleichmäßigen Jahresraten als angemessen an, doch erging diese Rechtsprechung zu abnutzbaren Wirtschaftsgütern, die im Aufnahmestaat einer Abschreibung vom Verkehrswert zugänglich waren.[667]

Nach der hier vertretenen Auffassung ist bei Wirtschaftsgütern des Anlagevermögens eine ratierliche Steuererhebung vor dem fiktiven Realisationszeitpunkt aber nur verhältnismäßig und mit dem Primärrecht vereinbar, wenn sie im Aufnahmestaat – wie in den zwei oben genannten Urteilen – durch eine korrespondierende Steuerentlastung in der Form einer Abschreibung vom Verkehrswert neutralisiert wird. Es wird die Ausnahme sein, dass in EU/EWR-Sachverhalten im Aufnahmestaat keine Abschreibung vom Verkehrswert möglich ist, schließlich bestimmt die ATAD in EU/EWR-Fällen nach Art. 5 Abs. 5 ATAD für den Aufnahmestaat die Steuerverstrickung zum Verkehrswert. Aufgrund des umfassenden DBA-Netzes in der EU/EWR und des damit verbundenen Belegenheitsprinzips nach Artt. 6, 12 Abs. 1 OECD-MA werden Grundstücke – als Regelfall für nicht abnutzbare Wirtschaftsgüter des Anlagevermögens – in aller Regel nicht steuerlich entstrickt werden.

Es verbleibt daher ein kleiner Anwendungsbereich, bei dem bewegliche Wirtschaftsgüter des Anlagevermögens keiner planmäßigen Abschreibung unterliegen, wie beispielsweise Domains oder Kapitalgesellschaftsbeteiligungen. Der nationale Gesetzgeber hat die ATAD jedoch nur insoweit umzusetzen, als diese rechtmäßig ist und nicht gegen Primärrecht verstößt.[668] In diesen Fällen ist nach der hier vertretenen Auffassung eine primärrechtskonforme Auslegung der Richtlinie geboten und die Steuer nicht in fünf Jahresraten zu erheben, sondern in einer Summe, und zwar erst nach Ablauf des fiktiven Realisationszeitraums von fünf Jahren.[669]

Es sei noch erwähnt, dass es unproblematisch ist, dass es in Drittstaatenfällen ohnehin zu einer Sofortbesteuerung kommt. Schließlich ist die Überführung von Wirtschaftsgütern nach Maßgabe der Niederlassungsfreiheit zu beurteilen, deren Schutzbereich sich nicht auf Drittstaaten erstreckt. Auch verstößt die ATAD nicht gegen die Kapitalverkehrsfreiheit, da die ATAD auf den Transfer von

666 *Oppel*, IStR 2016, 797, 801.

667 EuGH v. 23.1.2014 – C-164/12, *DMC*, ECLI:EU:C:2014:20; EuGH v. 21.5.2015 – C-657/13, *Verder LabTec*, ECLI:EU:C:2015:331; vgl. hierzu ebenfalls S. 185 ff. und S. 189 ff.

668 *Oppel*, IStR 2016, 797, 798; *Schönfeld*, IStR 2017, 721, 722.

669 Zu den Folgen einer überschießenden Wirkung der ATAD im Bereich der Hinzurechnungsbesteuerung vgl. auch *Hey*, StuW 2017, 248, 253; *Schönfeld*, IStR 2017, 721, 722.

Wirtschaftsgütern und damit auf Anwendungsfälle der Niederlassungsfreiheit beschränkt ist.[670] Die auch auf Drittstaatensachverhalte anwendbare Kapitalverkehrsfreiheit ist nur bei Einbringungsfällen zu prüfen, die wiederum nicht unter die ATAD fallen.

D. Kritische Analyse der bisherigen EuGH-Rechtsprechung

I. Rs. X und Y – Az. C-436/00[671]

1. Sachverhalt und Entscheidung

Bereits im Jahr 2002 befasste sich der EuGH in der Rs. *X und Y AB* mit der Vereinbarkeit von Steuerentstrickungsnormen und dem Europarecht. Im Rahmen eines verbindlichen Auskunftsersuchens begehrten die natürlichen Personen X und Y in Schweden die Zusage, dass die Einbringung ihrer Beteiligungen an der schwedischen X AB in die Tochtergesellschaft einer belgischen Kapitalgesellschaft zu Buchwerten erfolgen kann. Das schwedische Steuerrecht sah eine Steuerneutralität für diese Art der Einbringung nur vor, wenn es sich um eine rein schwedische Beteiligungskette handelt.

Der EuGH stellte fest, dass die in Frage stehende Norm geeignet ist, sowohl die Niederlassungsfreiheit als auch die Kapitalverkehrsfreiheit zu beschränken. Welche der beiden Grundfreiheiten zur Anwendung kommt, hing damals jedoch ausschließlich von der Frage ab, ob *„diese Beteiligung einen Einfluss auf die Entscheidungen dieser Gesellschaft ermöglicht und sie deren Tätigkeiten bestimmen können“*[672], und weist die Klärung dieser Sachverhaltsfragen an das vorlegende Gericht zurück.

Unabhängig davon, welche der beiden Grundfreiheiten zur Anwendung kommt, kann eine mögliche Beschränkung bei beiden Grundfreiheiten durch die gleichen zwingenden Gründe des Allgemeininteresses gerechtfertigt werden.[673] Der EuGH stellte in diesem Zusammenhang fest, dass das Ziel der Vermeidung der Verringerung von Steuereinnahmen eine Beschränkung der Grundfreiheiten nicht rechtfertigen kann.[674] Auch der pauschale Verdacht der Steuerhinterziehung oder die gebotene Wirksamkeit der Steuerkontrolle waren keine ausreichenden Gründe für die in Frage stehende Entstrickungssteuer, schließlich war die betroffene Norm nicht speziell auf die Vermeidung künstlicher Strukturen der Steuerumgehen gerichtet.[675]

---

670 Vgl. zur Anwendung der Niederlassungsfreiheit auf den reinen Wirtschaftsguttransfer S. 110 ff.

671 EuGH v. 21.11.2002 – C-436/00, *X und Y*, Slg. 2002, I-10847.

672 EuGH v. 21.11.2002 – C-436/00, *X und Y*, Slg. 2002, I-10847, Rn. 37, 68.

673 EuGH v. 21.11.2002 – C-436/00, *X und Y*, Slg. 2002, I-10847, Rn. 38, 67.

674 EuGH v. 21.11.2002 – C-436/00, *X und Y*, Slg. 2002, I-10847, Rn. 50.

675 EuGH v. 21.11.2002 – C-436/00, *X und Y*, Slg. 2002, I-10847, Rn. 60 ff.

Zudem verneinte der EuGH die Erforderlichkeit und Verhältnismäßigkeit der Maßnahme zur Wahrung der Kohärenz der Steuerregelungen im konkreten Einzelfall. Die steuerliche Kohärenz könne nur verhältnismäßig sein, wenn der Steuernachteil im unmittelbaren Zusammenhang mit einem Steuervorteil derselben Person besteht (personenbezogene Kohärenz). Im vorliegenden Fall wollte die schwedische Regierung jedoch einen staatenbezogenen Kohärenzgedanken geltend machen, indem die durch die schwedische Verwaltung zunächst geduldete Anhäufung stiller Reserven (Steuervorteil) durch die Einbringungsbesteuerung (Steuernachteil) neutralisiert wird.[676]

2. Stellungnahme

Zur Abgrenzung zwischen Niederlassungs- und Kapitalverkehrsfreiheit stellte der EuGH damals noch auf den konkreten Sachverhalt ab. Spätestens mit der Rs. *Glaxo Welcome*[677] änderte der EuGH jedoch seine Rechtsprechung und stellt seither ausschließlich auf den Gegenstand der Norm ab.[678] Weil die vorliegende Norm neben Kontroll- auch Portfoliobeteiligungen erfasst, ist sie im Lichte der neuen Rechtsprechung an den Vorgaben der Kapitalverkehrsfreiheit zu messen. Die korrespondierende Norm im deutschen Steuerrecht (§ 21 UmwStG) wäre hingegen auch nach der Kapitalverkehrsfreiheit zu beurteilen. Dass nach § 21 Abs. 2 UmwStG die Steuerneutralität nur in Anspruch genommen werden kann, wenn die übernehmende Kapitalgesellschaft im Anschluss an den Anteilstausch die Mehrheit der Stimmrechte innehat, schließt nicht aus, dass der schutzbedürftige einbringende Rechtsträger eine Portfoliobeteiligung steuerneutral überträgt, wenn die übernehmende Kapitalgesellschaft nach der Einbringung zusammen mit anderen Anteilen über die Stimmrechtsmehrheit verfügt.

II. Rs. Lasteyrie du Saillant – Az. C-9/02[679]

1. Sachverhalt und Entscheidung

Im Jahr 2004 wurde dem EuGH mit der Rs. *Lasteyrie du Saillant* der erste Fall der Wegzugsbesteuerung vorgelegt.[680] Das französische Einkommensteuergesetz

676 Siehe zur personenbezogenen Kohärenz auch Gosch/*Lampert*, § 12 KStG, Rn. 60.
677 EuGH v. 17.9.2009 – C-182/08, *Glaxo Wellcome*, Slg. 2009, I-8591, Rn. 49; so ebenfalls EuGH v. 23.1.2014 – C-164/12, *DMC*, ECLI:EU:C:2014:20, Rn. 47.
678 Vgl. hierzu im Detail S. 110 ff.
679 EuGH v. 11.3.2004 – C-9/02, *Hughes de Lasteyrie du Saillant*, Slg. 2004, I-2409.
680 Zwar hatte der EuGH in der Rs. *Daily Mail* bereits im Jahr 1988 die Möglichkeit, zu einer grenzüberschreitenden Sitzverlegung Stellung zu beziehen. Dieses Urteil betraf jedoch die Frage, ob ein Staat den Wegzug einer in seinem Hoheitsgebiet und nach seinem Gesellschaftsrecht gegründeten Gesellschaft gestatten muss, was durch

sah damals in Art. 167 eine Besteuerung der in wesentlichen Beteiligungen (> 25 Prozent) gewachsenen stillen Reserven vor, wenn der Gesellschafter seinen Wohnsitz ins Ausland verlegte.

Der EuGH kam zu dem Schluss, dass die Besteuerung eines fiktiven Veräußerungsgewinns im Zeitpunkt des Wegzugs geeignet ist, einen französischen Steuerpflichtigen von der Niederlassung in einem anderen Mitgliedstaat (hier: Belgien) abzuhalten und ihn damit in der Ausübung seines freien Niederlassungsrechts zu beschränken.[681] Zwar erkannte der EuGH im Ausgangsverfahren das Ziel der Verhinderung von Steuerflucht grundsätzlich als Rechtfertigungsgrund an. Anstatt an eine konkret auf Steuerflucht oder Steuerhinterziehung gerichtete Handlung anzuknüpfen, stellte die Norm jedoch pauschal auf den Wegzug des Steuerpflichtigen ab und ging damit weit über das hinaus, was zur Erreichung des mit der Norm verfolgten Ziels erforderlich gewesen wäre.[682] Auch prüfte der EuGH für den vorliegenden Fall, ob die Beschränkung durch das Ziel der Kohärenz des französischen Steuersystems gerechtfertigt werden kann. Weil die französische Regierung in ihrer schriftlichen Erklärung dargelegt hatte, dass die Norm der nur vorübergehenden aus steuerlichen Erwägungen heraus getroffenen Wohnsitzverlegung ins Ausland vorbeugen soll, sah der EuGH die Beschränkung der Niederlassungsfreiheit hierdurch nicht gerechtfertigt.[683] Zudem bestätigte der EuGH erneut, dass das Ziel, steuerliche Mindereinnahmen zu vermeiden, eine Beschränkung der Niederlassungsfreiheit nicht rechtfertigen kann.[684] Auch wird die Beschränkung nicht durch eine Steuerstundung aufgehoben, wenn diese von der Gestellung einer Sicherheit abhängig ist. Denn damit wird der Steuerpflichtige an der Nutzung dieser Sicherheiten gehindert.[685]

---

den EuGH verneint wurde. Der EuGH hatte damals keine Stellung dazu bezogen, ob ein durch den Gründungsstaat genehmigter Wegzug – unter Berufung auf die Niederlassungsfreiheit – steuerneutral zu erfolgen hat (EuGH v. 27.9.1988 – 81/87, *Daily Mail*, Slg. 1988, 5483).

681 EuGH v. 11.3.2004 – C-9/02, *Hughes de Lasteyrie du Saillant*, Slg. 2004, I-2409, Rn. 48.

682 EuGH v. 11.3.2004 – C-9/02, *Hughes de Lasteyrie du Saillant*, Slg. 2004, I-2409, Rn. 50 ff.

683 EuGH v. 11.3.2004 – C-9/02, *Hughes de Lasteyrie du Saillant*, Slg. 2004, I-2409, Rn. 62 ff.

684 EuGH v. 11.3.2004 – C-9/02, *Hughes de Lasteyrie du Saillant*, Slg. 2004, I-2409, Rn. 60; So aber bereits früher EuGH v. 16.7.1998 – C-264/96, *ICI*, Slg. 1998, I-4695, Rn. 28; EuGH v. 8.3.2001 – C-397/98, C-410/98, *Metallgesellschaft*, Slg. 2001, I-1727, Rn. 59.

685 EuGH v. 11.3.2004 – C-9/02, *Hughes de Lasteyrie du Saillant*, Slg. 2004, I-2409, Rn. 47.

2. *Stellungnahme*

Es ist zunächst festzuhalten, dass der EuGH die Wegzugsteuer richtigerweise nur an der Niederlassungsfreiheit misst. Der die Beschränkung auslösende Sachverhalt ist schließlich der Wegzug des Steuerpflichtigen und die damit verbundene neue berufliche Niederlassung in Belgien. Die Beteiligung des Unionsbürgers an einer in- oder ausländischen Gesellschaft alleine führt nämlich noch zu keiner Beschränkung.

Das Urteil hat insbesondere Bedeutung für die Frage, ob mit dem Ziel der Vermeidung von Steuerflucht eine Entstrickungssteuer gerechtfertigt werden kann. Anlass der französischen Wegzugsteuer waren Fälle, in denen Anteilseigner vor der Veräußerung ihrer Geschäftsanteile ins Ausland wegzogen und den Veräußerungsgewinn damit der französischen Steuer entzogen.[686] Zwar bestätigte der EuGH, dass die Vermeidung der Steuerflucht ein legitimes Ziel zur Beschränkung der Niederlassungsfreiheit und die Exitsteuer geeignet sei, eine solche Steuerflucht zu vermeiden. Doch kann die Vermeidung der Steuerflucht auch durch Maßnahmen erreicht werden, die die Niederlassung weniger stark beeinträchtigen. Z.B. könnte die Anwendung der Wegzugsteuer speziell auf Fälle der Steuerflucht reduziert werden, indem nur Fälle erfasst werden, bei denen der Steuerpflichtige kurz nach seinem Wegzug die Geschäftsanteile veräußert, bevor er anschließend wieder nach Frankreich zurückkehrt.[687]

Bis zur vorliegenden Entscheidung im Jahr 2004 wurde kein legitimer Grund vorgetragen, der eine allgemeine Wegzugsteuer rechtfertigen konnte.

III. Rs. N – Az. C-470/04[688]

1. *Sachverhalt und Entscheidung*

Der Steuerpflichtige N war Alleingesellschafter dreier niederländischer Kapitalgesellschaften und verlegte im Jahr 1997 seinen steuerlichen Wohnsitz von den Niederlanden nach Großbritannien. Die Niederlande setzten zwar eine Wegzugsteuer fest, stundeten diese jedoch zunächst gegen Gewährung von Sicherheiten bis zum tatsächlichen Verkauf der Geschäftsanteile.

Mit seinem Urteil in der Rs. *N* bestätigte der EuGH zunächst seine Rechtsprechung in der Rs. *Lasteyrie du Saillant* insoweit, als die Festsetzung einer Wegzugsteuer eine Beschränkung der Niederlassungsfreiheit darstellt.[689] Jedoch erkannte der EuGH in der Rs. *N* im Bereich der Wegzugsteuer erstmalig das Ziel einer

686 EuGH v. 11.3.2004 – C-9/02, *Hughes de Lasteyrie du Saillant*, Slg. 2004, I-2409, Rn. 25.
687 EuGH v. 11.3.2004 – C-9/02, *Hughes de Lasteyrie du Saillant*, Slg. 2004, I-2409, Rn. 54.
688 EuGH v. 7.9.2006 – C-470/04, *N*, Slg. 2006, I-7409.
689 Vgl. hierzu auch *Frobenius*, DStR 2009, 487, 487; *Müller-Thomczik*, Umwandlungsbedingte Entstrickung, S. 97.

ausgewogenen Aufteilung der Besteuerungsbefugnisse als legitimes Ziel zur Festsetzung einer Entstrickungssteuer an, wenn der Wegzugsstaat das Besteuerungsrecht an den in seinem Hoheitsgebiet entstandenen stillen Reserven verliert.[690] Im vorliegenden Fall war die Maßnahme zur Erreichung des legitimen Ziels auch geeignet, jedoch insoweit nicht verhältnismäßig, als die niederländische Regierung zur Stundung eine Sicherheit verlangte. Zur Gewährleistung des niederländischen Besteuerungsrechts hätte es nämlich nicht der Inanspruchnahme von Sicherheiten bedurft, da die Niederlande aufgrund der damaligen Amtshilferichtlinie[691] alle notwendigen Informationen von Großbritannien über einen möglichen Verkauf der Gesellschaftsanteile einholen und den Steueranspruch aufgrund der damaligen Beitreibungsrichtlinie[692] auch bei einem in Großbritannien ansässigen Steuerpflichtigen erheben konnten.[693]

Darüber hinaus sah der EuGH im vorliegenden Fall, der wohlbetont die Entstrickung von Privatvermögen erfasst, die Berücksichtigung nachträglicher Wertminderungen im Zuzugsstaat durch den Wegzugsstaat als geboten an.[694]

2. *Stellungnahme*

Indem der EuGH im Jahr 2006 das Ziel der Wahrung einer ausgewogenen Aufteilung der Besteuerungsbefugnisse auch in Entstrickungsfällen als Rechtfertigungsgrund anerkannte, gab er den Mitgliedstaaten damit das einzige probate Mittel, ihr inländisches Steueraufkommen zu schützen. Von Bedeutung ist insbesondere Rn. 46 des Urteils, wonach sich der Verlust des niederländischen Besteuerungsrechts im Wegzugszeitpunkt aus Art. 13 Abs. 5 DBA ergab, der den Niederlanden bekanntlich auch das Besteuerungsrecht an den in ihrem Hoheitsgebiet erwachsenen stillen Reserven entzog. Die Entscheidung gibt daher keinen Rückschluss darauf, dass der Wegzugsstaat auch eine Wegzugsteuer erheben darf, wenn dieser das Besteuerungsrecht an den in seinem Hoheitsgebiet entstandenen stillen Reserven behält, wie es etwa nach dem geänderten Abkommensverständnis im Betriebsvermögen der Fall ist.

---

690 EuGH v. 7.9.2006 – C-470/04, *N*, Slg. 2006, I-7409, Rn. 42 ff.; *Schnitger*, IFSt-Schrift Nr. 487 2013, S. 73.

691 Richtlinie 77/799/EWG des Rates v. 19.12.1977 über die gegenseitige Amtshilfe zwischen den zuständigen Behörden der Mitgliedstaaten im Bereich der direkten Steuern, ABl. EG 1977 Nr. L 336, S. 15.

692 Richtlinie 2001/44/EG des Rates v. 15.6.2001 zur Änderung der Richtlinie 76/308/EWG über die gegenseitige Unterstützung bei der Beitreibung von Forderungen im Zusammenhang mit Maßnahmen, die Bestandteil des Finanzierungssystems des Europäischen Ausrichtungs- und Garantiefonds für die Landwirtschaft sind, sowie von Abschöpfungen und Zöllen und bezüglich der Mehrwertsteuer und bestimmter Verbrauchsteuern, ABl. EG 2001 Nr. L 175, S. 17.

693 EuGH v. 7.9.2006 – C-470/04, *N*, Slg. 2006, I-7409, Rn. 51 ff.

694 EuGH v. 7.9.2006 – C-470/04, *N*, Slg. 2006, I-7409, Rn. 54.

Im vorliegenden Verfahren blieb darüber hinaus die Frage offen, ob die Pflicht des Wegzugsstaats zur Berücksichtigung nachträglicher Wertminderungen auch für Entstrickungssteuern im Betriebsvermögen gilt. Während die steuerliche Berücksichtigung von Wertminderungen im Privatvermögen nur im engen Anwendungsbereich vorzunehmen ist, nämlich dann, wenn auch Wertsteigerungen steuerpflichtig sind[695], ist es im Betriebsvermögen der Standardfall, dass Wirtschaftsgüter – insbesondere des Anlagevermögens – nach einer gewissen Nutzungsdauer aufgezehrt sind. Außerdem führt eine Steuerverstrickung zum gemeinen Wert im Aufnahmestaat ohnehin zur Berücksichtigung von Wertminderungen, sodass der Wegzugsstaat von einer solchen Pflicht tendenziell freigestellt werden könnte.

IV. Rs. National Grid Indus – Az. C-371/10[696]

1. Sachverhalt

Die nach niederländischem Recht gegründete National Grid Indus BV unterhielt bis zum 15.12.2000 ihren statuarischen Sitz und ihren tatsächlichen Verwaltungssitz in den Niederlanden und war dort unbeschränkt körperschaftsteuerpflichtig. Seit dem 10.6.1996 hatte die Gesellschaft eine Fremdwährungsforderung über GBP 33.113.000 gegen die britische National Grid Company plc. Aufgrund von Währungsdifferenzen entwickelten sich in dem Darlehen bis zum 15.12.2000 Kursgewinne und damit stille Reserven in Höhe von NLG 22.128.160.

Zum 15.12.2000 verlegte die National Grid Indus BV ihren tatsächlichen Verwaltungssitz in das Vereinigte Königreich. Das niederländische Gesellschaftsrecht folgt der Gründungstheorie, sodass die Verlegung des tatsächlichen Verwaltungssitzes gesellschaftsrechtlich nicht zum Erlöschen der Gesellschaft und damit nicht zur Liquidationsbesteuerung führte. In steuerlicher Hinsicht begründete die Kapitalgesellschaft jedoch in zwei Mitgliedstaaten einen steuerlichen Nexus: der sich in den Niederlanden befindliche statuarische Sitz der Gesellschaft sowie der sich in dem Vereinigten Königreich befindliche tatsächliche Verwaltungssitz. Diese führten zu einer Doppelansässigkeit der Gesellschaft und damit zur unbeschränkten Körperschaftsteuerpflicht in beiden Staaten. Die sich daraus ergebende Doppelbesteuerung wurde durch die in Art. 4 Abs. 3 DBA Niederlande/Vereinigtes Königreich Großbritannien verankerte Tie Breaker Rule vermieden, wonach die Gesellschaft für abkommensrechtliche Zwecke ausschließlich im Staat ihres tatsächlichen Verwaltungssitzes und damit im Vereinigten Königreich als ansässig galt.

---

695 Blümich/*Ratschow*, § 23 EStG, Rn. 10.
696 EuGH v. 29.11.2011 – C-371/10, *National Grid Indus*, EuZW 2011, 951.

Aufgrund der Vorlageentscheidung ist der EuGH davon ausgegangen, dass das Besteuerungsrecht an der Forderung nach Art. 13 Abs. 4 DBA Niederlande/Vereinigtes Königreich Großbritannien zu beurteilen ist. Danach sollen Gewinne aus dem Verkauf von sonstigem Vermögen *„nur in dem Staat besteuert werden, in dem der Veräußerer ansässig ist"*. Diese Regelung entspricht Art. 13 Abs. 5 OECD-MA. Folglich ist der EuGH in einer Urteilsbegründung davon ausgegangen, dass das Besteuerungsrecht an dem Fremdwährungsdarlehen durch die Verlegung des tatsächlichen Verwaltungssitzes zum 15.12.2000 vollumfänglich auf das Vereinigte Königreich übergegangen ist.[697] Damit folgte der EuGH der Annahme, dass das Recht der Niederlande hinsichtlich der Besteuerung des Gewinns aus der Veräußerung der Darlehensforderung durch die Verlegung des Verwaltungssitzes ausgeschlossen wurde.

Weil die National Grid Indus BV damit aufhörte, *„in den Niederlanden steuerpflichtige Gewinne zu erzielen"*, hatte die Gesellschaft nach niederländischem Steuerrecht eine Schlussrechnung aufzustellen, die zur Finalbesteuerung der bis dahin entstandenen latenten Wertzuwächse führte (Art. 8 Wet VPB i.V.m. Art. 16 Wet IB).

2. Entscheidung

a) Beschränkung der Niederlassungsfreiheit

Der EuGH stellte fest, dass eine niederländische Kapitalgesellschaft einen Liquiditätsnachteil erleidet, wenn sie ihren Verwaltungssitz in einen anderen Mitgliedstaat verlegt. Denn für den vorliegenden Sachverhalt sieht das nationale Recht eine sofortige Besteuerung der nicht realisierten Wertzuwächse vor, wohingegen die Verlegung des Verwaltungssitzes innerhalb der Niederlande erst bei einer tatsächlichen Realisation zur Besteuerung geführt hätte.[698] Wie bereits in den Urteilen in der Rs. *Lasteyrie de Saillant*[699] und Rs. *N*[700] sah der EuGH die unterschiedliche Besteuerung der Wertzuwächse auch hier als geeignet an, um eine Gesellschaft von der Verlegung ihres Verwaltungssitzes in einen anderen Mitgliedstaat abzuhalten.[701]

b) Rechtfertigung der Beschränkung der Niederlassungsfreiheit

Zur Rechtfertigung der Beschränkung trug die niederländische Regierung vor, dass durch die Festsetzung und die sofortige Einziehung der Steuer eine ausgewogene

697 Diese Auffassung teilt auch das niederländische höchste Finanzgericht (Hoge Raad), was aus den Schlussanträgen erkennbar ist (Schlussanträge der Generalanwältin *Kokott* v. 8.9.2011 – C-371/10, *National Grid Indus*, Rn. 48).

698 EuGH v. 29.11.2011 – C-371/10, *National Grid Indus*, EuZW 2011, 951, Rn. 37.

699 EuGH v. 11.3.2004 – C-9/02, *Hughes de Lasteyrie du Saillant*, Slg. 2004, I-2409, Rn. 46.

700 EuGH v. 7.9.2006 – C-470/04, *N*, Slg. 2006, I-7409, Rn. 35.

701 EuGH v. 29.11.2011 – C-371/10, *National Grid Indus*, EuZW 2011, 951, Rn. 37.

Aufteilung der Besteuerungsbefugnisse zwischen den Mitgliedstaaten nach dem Territorialitätsprinzip sichergestellt wird. Ebenso wie in den Rs. *Marks & Spencer*[702], *N*[703], *Oy AA*[704], und *Lidl Belgium*[705] erkannte der EuGH auch im vorliegenden Fall die Wahrung einer ausgewogenen Aufteilung der Besteuerungsbefugnisse grundsätzlich als Rechtfertigung für einen Verstoß gegen die Niederlassungsfreiheit an.[706] Denn grundsätzlich steht jedem Mitgliedstaat nach dem Territorialitätsprinzip das Recht zur Besteuerung der in seinem Hoheitsgebiet herangewachsenen Wertzuwächse zu. Scheidet eine Gesellschaft durch die Verlegung ihres Verwaltungssitzes aus dem Hoheitsgebiet eines Mitgliedsgebiets aus, kann dies nicht dazu führen, dass der Herkunftsstaat auf sein Besteuerungsrecht an den bis dahin entstandenen stillen Reserven zu verzichten hat.[707] Im Ausgangsverfahren hat der EuGH daher festgestellt, dass die Niederlande als Wegzugsstaat berechtigt sind, eine nationale Regelung zu erlassen, mit der die niederländischen Besteuerungsinteressen gesichert werden. Diese Regelungen müssen aber geeignet sein, die Besteuerungsinteressen zu wahren, und dürfen nicht über das Maß hinausgehen, das zur Erreichung dieses Ziels erforderlich ist.

c) Verhältnismäßigkeit der Maßnahme

Durch die Verlegung des Verwaltungssitzes sind die Richter davon ausgegangen, dass das Besteuerungsrecht an den zuvor in den Niederlanden entstandenen stillen Reserven nach Art. 13 Abs. 4 des Abkommens (dies entspricht Art. 13 Abs. 5 OECD-MA) auf das Vereinigte Königreich übergeht. In Anbetracht dieser bilateralen Vereinbarung und des damit verbundenen Verlusts des niederländischen Besteuerungsrechts ist die im Wege der Schlussrechnung vorgenommene Festsetzung und sofortige Erhebung der auf diese stillen Reserven entfallenden Steuer geeignet, die niederländischen Besteuerungsbefugnisse zu wahren.

Fraglich ist jedoch, ob die in Art. 8 Wet VPB i.V.m. Art. 16 Wet IB geregelte Schlussrechnung zur Wahrung der Besteuerungsbefugnisse zwingend erforderlich ist oder ob das verfolgte Ziel nicht auch durch eine mildere Maßnahme erreicht werden kann. Hierzu ist anzumerken, dass mit der Schlussrechnung nicht nur die Festsetzung der Schlusssteuer einhergeht, sondern auch deren sofortige Erhebung. Das niederländische Steuerrecht kennt in diesem Zusammenhang weder eine Stundungsregelung noch eine Streckung der Zahlung auf mehrere Jahresraten.

---

702 EuGH v. 13.12.2005 – C-446/03, *Marks & Spencer*, Slg. 2006, I-10837, Rn. 45.

703 EuGH v. 7.9.2006 – C-470/04, *N*, Slg. 2006, I-7409, Rn. 42.

704 EuGH v. 18.7.2007 – C-231/05, *Oy AA*, Slg. 2007, I-6373, Rn. 51.

705 EuGH v. 15.5.2008 – C-414/06, *Lidl Belgium*, Slg. 2008, I-13601, Rn. 31.

706 EuGH v. 29.11.2011 – C-371/10, *National Grid Indus*, EuZW 2011, 951, Rn. 45.

707 EuGH v. 7.9.2006 – C-470/04, *N*, Slg. 2006, I-7409, Rn. 46; EuGH v. 13.3.2007 – C-524/04, *Test Claimants in the Thin Cap Group Regulation*, Slg. 2007, I-12107, Rn. 59; EuGH v. 29.11.2011 – C-371/10, *National Grid Indus*, EuZW 2011, 951, Rn. 46.

Entsprechend unterscheidet der EuGH für Zwecke der Verhältnismäßigkeitsprüfung zwischen der Festsetzung und der Erhebung der Schlussrechnungssteuer wie folgt:

Die Festsetzung der Steuer zum Zeitpunkt des Wegzugs ist nach Auffassung des EuGH verhältnismäßig, obwohl der EuGH in der Rs. *N* zum Wegzug einer natürlichen Person bereits entschieden hatte, dass der Wegzugsstaat später eintretende Wertminderungen zu berücksichtigen hat, soweit die Wertminderungen keine Berücksichtigung im Aufnahmestaat finden.[708] Offensichtlich ging der EuGH davon aus, dass der Aufnahmestaat Wertschwankungen von Wirtschaftsgütern des Privatvermögens nicht in jedem Fall berücksichtigt.[709] Im Ausgangsverfahren sah der EuGH den Wegzugsstaat hingegen nicht in der Pflicht, später eintretende Wertminderungen zu berücksichtigen. Im Betriebsvermögen schien der EuGH standardmäßig eine Steuerverstrickung zum gemeinen Wert im Aufnahmestaat zwar nicht zur Voraussetzung zu machen, aber als üblich anzunehmen. Bei einer Steuerverstrickung zum gemeinen Wert würde der Aufnahmestaat die übernommenen Wirtschaftsgüter zum gemeinen Wert in der Steuerbilanz aktivieren und Wertminderungen durch steuerlich anerkannte planmäßige und außerplanmäßige Abschreibungen sowie im Veräußerungsfall durch erhöhte Anschaffungskosten berücksichtigen.[710] Damit sind im betrieblichen Bereich die Besteuerungsbefugnisse ausgewogen aufgeteilt. Denn bis zum Zeitpunkt des Wegzugs obliegt dem Wegzugsstaat sowohl das Recht, eingetretene Werterhöhungen zu besteuern, als auch die Pflicht, Wertminderungen steuerreduzierend zu berücksichtigen. Durch den Wegzug gehen diese Rechte und Pflichten auf den Aufnahmestaat über. Im Übrigen soll damit auch die Gefahr einer doppelten Besteuerung oder einer doppelten Verlustberücksichtigung vermieden werden.[711] Allerdings ergibt sich aus dem AEUV für den Aufnahmestaat keine Pflicht, in Zuzugsfällen seine Besteuerung auf das Steuersystem anderer Staaten abzustimmen und damit eine Verstrickung der Wirtschaftsgüter zum gemeinen Wert vorzunehmen. Der Aufnahmestaat

708 EuGH v. 7.9.2006 – C-470/04, *N*, Slg. 2006, I-7409, Rn. 54.

709 Für das deutsche Steuerrecht ist diese Annahme jedoch unzutreffend. Werden Anteile an Kapitalgesellschaften durch den Zuzug einer natürlichen Person im Inland steuerlich verhaftet, berücksichtigt die Bundesrepublik Deutschland im Falle einer späteren Veräußerung anstelle der tatsächlichen Anschaffungskosten den gemeinen Wert der Anteile im Zeitpunkt des Zuzugs, wenn der Wegzugsstaat eine dem § 6 AStG vergleichbare Wegzugsbesteuerung vorgenommen hat (§ 17 Abs. 2 S. 3 EStG). Liegt der Veräußerungspreis unterhalb des gemeinen Werts im Zeitpunkt des Zuzugs, ergäbe sich hieraus ein Veräußerungsverlust im Sinne des § 17 EStG.

710 Für das deutsche Steuerrecht ist diese Annahme zutreffend, da die Bundesrepublik Deutschland steuerverstrickte Wirtschaftsgüter in der Tat nach §§ 4 Abs. 1 S. 8, 6 Abs. 1 Nr. 5a EStG zum gemeinen Wert aktiviert und damit später eintretende Wertminderungen berücksichtigt.

711 EuGH v. 29.11.2011 – C-371/10, *National Grid Indus*, EuZW 2011, 951, Rn. 58 f.

würde damit nicht gegen die Grundfreiheiten verstoßen, wenn er die überführten Wirtschaftsgüter lediglich mit dem Buchwert aktiviert und damit künftige Wertminderungen eben nicht berücksichtigt.[712] Die sich hieraus nun doch ergebende systemwidrige Doppelbesteuerung – bestehend aus der Differenz zwischen Buchwert und gemeinem Wert jeweils zum Zeitpunkt des Wegzugs – wird nicht durch die Grundfreiheiten vermieden. Nach Auffassung des EuGH sind solche verbleibenden steuerlichen Vor- und Nachteile das mit der Sitzverlegung verbundene und von der Gesellschaft zu tragende Risiko.[713]

Die mit der niederländischen Schlussrechnung verbundene sofortige Erhebung der Finalsteuer wahrt jedoch nicht den Grundsatz der Verhältnismäßigkeit. Denn eine nachgelagerte Einziehung der Steuer – z.B. im Zeitpunkt der tatsächlichen Realisation des Wertzuwachses – wahrt die Aufteilung der Besteuerungsbefugnisse zwischen den Mitgliedstaaten gleichermaßen, ist aber die weniger einschneidende Maßnahme.[714] Damit besteht zwar für den Wegzugsstaat hinsichtlich der Überwachung der betroffenen Wirtschaftsgüter ein zusätzlicher Verwaltungsaufwand, doch kann dieser reduziert werden, indem der Gesellschaft die Pflicht auferlegt wird, in einer jährlich abzugebenden Erklärung die Eigentumsverhältnisse an den betroffenen Wirtschaftsgütern darzulegen.[715] Je nach Umfang sämtlicher sich im Anlage- und Umlaufvermögen befindlichen Wirtschaftsgüter kann diese Nachweispflicht jedoch auch eine größere Beschränkung darstellen als die sofortige Entrichtung der Finalsteuer. Daher ist es nach Auffassung des EuGH erforderlich, der Gesellschaft die Wahl zwischen der sofortigen Entrichtung der Finalsteuer und der jährlichen Nachweispflicht über den Verbleib der Wirtschaftsgüter zu gewähren, sodass diese sich für die Variante entscheiden kann, durch die ihre Niederlassungsfreiheit die geringste Beschränkung erfährt.[716]

Damit erklärt sich auch, dass eine aufgeschobene Steuererhebung für die Steuerverwaltung des Herkunftsstaats keinen übermäßigen Verwaltungsaufwand darstellen kann. Nimmt die Gesellschaft für eine spätere Steuererhebung bewusst zusätzliche Nachweispflichten in Kauf, kann auch der Aufwand der Behörde hinsichtlich der Kontrolle der Nachweise nicht als übermäßig eingestuft werden.[717]

---

712 Nach Umsetzung der ATAD (Richtlinie 2016/1164/EU des Rates v. 12.7.2016 mit Vorschriften zur Bekämpfung von Steuervermeidungspraktiken mit unmittelbaren Auswirkungen auf das Funktionieren des Binnenmarkts, ABl. 2016 Nr. L 193, S. 1) hat der Aufnahmestaat jedoch nach Art. 5 Abs. 5 ATAD die Pflicht zur Verstrickung des Wirtschaftsguts zum gemeinen Wert.

713 EuGH v. 29.11.2011 – C-371/10, *National Grid Indus*, EuZW 2011, 951, Rn. 59, 62.

714 EuGH v. 29.11.2011 – C-371/10, *National Grid Indus*, EuZW 2011, 951, Rn. 65.

715 EuGH v. 29.11.2011 – C-371/10, *National Grid Indus*, EuZW 2011, 951, Rn. 66 ff.

716 EuGH v. 29.11.2011 – C-371/10, *National Grid Indus*, EuZW 2011, 951, Rn. 73.

717 EuGH v. 29.11.2011 – C-371/10, *National Grid Indus*, EuZW 2011, 951, Rn. 77.

Im Übrigen ist es nach Auffassung des EuGH noch verhältnismäßig, die Steuerstundung von der Gestellung einer Bankbürgschaft[718] und der Erhebung von Zinsen abhängig zu machen.[719]

3. *Stellungnahme*

a) *Fehlende Berücksichtigung nachträglicher Betriebsstätteneinkünfte und das Gebot der Folgerichtigkeit*

Bei einer detaillierten Betrachtung des dem Ausgangsverfahren zugrundeliegenden Sachverhalts wird jedoch deutlich, dass der EuGH seiner Entscheidung einen Sachverhalt zugrunde gelegt hat, wonach der Gewinn aus der Veräußerung des überführten Wirtschaftsguts (hier: Forderung) in vollem Umfang dem Zuzugsstaat zustand: „*Da National Grid Indus nach der Verlegung ihres Sitzes nicht mehr über eine Betriebsstätte im Sinne des Abkommens in den Niederlanden verfügte, kam die Befugnis zur Besteuerung des Unternehmensgewinns und der Vermögenserträge nach dieser Sitzverlegung nach den Art. 7 Abs. 1 und 13 Abs. 4 des Abkommens ausschließlich dem Vereinigten Königreich zu*“[720]. Dieser Annahme liegen die Ausführungen des vorlegenden niederländischen Gerichts zugrunde, das sich wiederum auf die ständige Rechtsprechung des Hoge Raad der Niederlande bezieht. Danach soll die Verlegung des Orts der Geschäftsleitung einer niederländischen Gesellschaft in das Vereinigte Königreich dazu führen, dass die Gesellschaft unter Anwendung des DBA aufhört, „*in den Niederlanden steuerbaren Gewinn aus Unternehmen zu erzielen*“[721]. Die Generalanwältin ging daher davon aus, dass das DBA „*in den Niederlanden also offenbar so verstanden [wird], dass die Niederlande das Besteuerungsrecht an diesen stillen Reserven für die Zukunft verlieren*“[722].

Dieses DBA-Verständnis widerspricht jedoch dem neuen Abkommensverständnis des BFH, wonach der Wegzugsstaat an der späteren Besteuerung der im Inland entstandenen stillen Reserven auch nicht „*aufgrund abkommensrechtlicher Bestimmungen*“[723] gehindert ist.[724] Entsprechend führt auch *Wassermeyer* aus, dass „*entweder die Rechtsauffassung des BFH oder die der Generalanwältin richtig sein*“[725] könne.

Dennoch hat der EuGH auf der Basis des vorgetragenen und von ihm der Entscheidung zugrunde gelegten Sachverhalts aufgrund des Gebots der Folgerichtigkeit zutreffend entschieden, dass ein finaler Ausschluss des niederländischen

---

718 EuGH v. 29.11.2011 – C-371/10, *National Grid Indus*, EuZW 2011, 951, Rn. 74.

719 EuGH v. 29.11.2011 – C-371/10, *National Grid Indus*, EuZW 2011, 951, Rn. 73.

720 EuGH v. 29.11.2011 – C-371/10, *National Grid Indus*, EuZW 2011, 951, Rn. 13.

721 Schlussanträge der Generalanwältin *Kokott* v. 8.9.2011 – C-371/10, *National Grid Indus*, Rn. 48.

722 Schlussanträge der Generalanwältin *Kokott* v. 8.9.2011 – C-371/10, *National Grid Indus*, Rn. 48.

723 BFH v. 28.10.2009 – I R 99/08, BStBl. II 2011, 1019, Rn. 25.

724 Vgl. hierzu im Detail S. 66 ff.

725 *Wassermeyer*, IStR 2011, 813, 815.

Besteuerungsrechts eine vorzeitige Festsetzung der Steuer rechtfertigen kann. Die Grundsätze dieses Urteils sind damit aber nur auf Sachverhalte übertragbar, in denen das Besteuerungsrecht des Ursprungsstaats auch an den bis zum Entstrickungszeitpunkt entstandenen stillen Reserven ausgeschlossen wird. Denn eine Beschränkung der Niederlassungsfreiheit kann durch die Sicherstellung einer ausgewogenen Aufteilung der Besteuerungsbefugnisse nur dann gerechtfertigt werden, wenn die Besteuerungsbefugnis eines Staats (hier: die Niederlande) gefährdet ist[726], das Besteuerungsrecht des Ursprungsstaats also auch an den bis zum Wegzug entstandenen stillen Reserven verloren geht. Für Fälle, in denen nach Maßgabe des neuen DBA-Verständnisses des BFH das inländische Besteuerungsrecht auch nach dem Wegzug erhalten bleibt, kommt den Entscheidungsgrundsätzen daher keine Relevanz zu.

b) *Steuerfestsetzung und Sicherheitsleistungen als Beschränkung*

Mit der Rs. *National Grid Indus* bestätigte der EuGH erstmalig, dass er die vorzeitige Festsetzung der Steuer bei Entstrickungsvorgängen im betrieblichen Bereich – ebenso wie im Privatvermögen – als verhältnismäßig ansieht, wenn das Besteuerungsrecht final ausgeschlossen wird. Im Gegensatz zu seiner früheren Rechtsprechung zu privaten Entstrickungsfällen brauchte der Wegzugsstaat in der Rs. *National Grid Indus* später eintretende Wertminderungen nicht zu berücksichtigen und durfte für den Stundungsbetrag sowohl Sicherheiten als auch Zinsen verlangen. Es war zunächst unklar, ob diese Verschärfung der bisherigen Rechtsprechung nur den betrieblichen Bereich betrifft oder auch für private Entstrickungsvorgänge eine Änderung der Rechtsprechung mit sich brachte.[727]

Dabei verkannte der EuGH nach der hier vertretenen Auffassung, dass sowohl die Festsetzung der Steuer als auch die Gestellung einer Bankgarantie zu einer nicht unbedeutenden Beschränkung der Niederlassungsfreiheit führen. Denn zum einen stellt eine festgesetzte Steuer eine Verbindlichkeit des Unternehmens dar und mindert als solche das bilanzielle Vermögen der Gesellschaft. Zum anderen nimmt eine Bankgarantie die Kreditlinie des Unternehmens (unnötig) in Anspruch und kann damit künftige Investitionsvorhaben unmöglich machen. Die Gründe hierfür sind nicht nachvollziehbar, schließlich änderten sich durch den mit der Verlegung des Verwaltungssitzes nach Großbritannien verbundenen Verlust des Besteuerungsrechts nicht die Möglichkeiten

726 So auch ausdrücklich EuGH v. 23.1.2014 – C-164/12, *DMC*, ECLI:EU:C:2014:20, Rn. 56.

727 Erst mit der Entscheidung *Kommission/Portugal* (EuGH v. 21.12.2016 – C-503/14, *Kommission/ Portugal*, ECLI:EU:C:2016:979) machte der EuGH deutlich, dass es sich hierbei um eine Neuausrichtung seiner bisherigen Rechtsprechung handelt und die vorgenannte Verschärfung fortan auch für Privatvermögen gelten wird (vgl. hierzu im Detail S. 193 ff.).

der niederländischen Regierung, ihre Steueransprüche bei der National Grid Indus BV als Gesellschaft niederländischen Rechts zu vollstrecken. Auch handelte es sich bei der Forderung nicht um ein materielles Wirtschaftsgut, das physisch aus dem Hoheitsgebiet der Niederlande heraustransportiert wurde und damit die Vollstreckungsmöglichkeiten reduzierte. Zudem sicherte die EU-Beitreibungsrichtlinie[728] auch die Forderungsbeitreibung des niederländischen Steueranspruchs in Großbritannien.[729] Aufgrund ihres statuarischen Sitzes in den Niederlanden blieb die Gesellschaft dort steuererklärungspflichtig, was den Zugang der niederländischen Finanzverwaltung zu steuerrelevanten Informationen, wie etwa über den Verkauf oder die Einziehung der Forderung, sicherte. Nach der hier vertretenen Auffassung reicht daher eine gesonderte Feststellung des Werts des Wirtschaftsguts oder die Neutralisation des Veräußerungsgewinns durch einen steuerlichen Ausgleichsposten im Entstrickungszeitpunkt aus, damit die Niederlande hinsichtlich der bis zum Wegzug entstandenen stillen Reserven nicht schlechter gestellt werden, als wenn der Verwaltungssitz der Gesellschaft im Inland verblieben wäre.

V. Kommission/Spanien – Az. C-269/09[730]

1. Sachverhalt und Entscheidung

Das spanische Einkommensteuerrecht sah in Art. 14 Abs. 3 des Gesetzes 35/2006 vor, dass Steuerpflichtige sämtliche noch nicht zugeordnete Einkünfte spätestens in das Veranlagungsjahr einzubeziehen haben, in dem ihre Steuerpflicht aufgrund der Verlegung ihres Wohnsitzes endet. Im Falle eines Wegzugs hatten Steuerpflichtige ihre bereits erzielten Einkünfte daher einer Besteuerung zu unterwerfen, während sie dies bei einem Verbleib in Spanien erst zu einem späteren Zeitpunkt hätten vornehmen müssen.

Aufgrund des mit dem Wegzug verbundenen Liquiditätsnachteils sah der EuGH hierin eine Beschränkung der Ausübung der Freizügigkeit und der Niederlassungsfreiheit. Zwar waren die Maßnahmen geeignet, das legitime Ziel einer effektiven Einziehung der Steuerschuld zu gewährleisten, doch gehen sie über das erforderliche Maß hinaus. Schließlich ist die Beitreibung der Steuerschuld auch EU-weit durch die Beitreibungsrichtlinie gewährleistet. Der EuGH betonte unter Bezugnahme auf die Rs. *C-334/02*[731], dass die Mitgliedstaaten aus den praktischen Schwierigkeiten bei der Umsetzung der Richtlinie keine Rechtfertigung für die

---

728 Richtlinie 2010/24/EU des Rates v. 16.3.2010 über die Amtshilfe bei der Beitreibung von Forderungen in Bezug auf bestimmte Steuern, Abgaben und sonstige Maßnahmen, ABl. 2010 Nr. L 84, S. 1.

729 Vgl. hierzu im Detail auch S. 141 ff.

730 EuGH v. 12.7.2012 – C-269/09, *Kommission/Spanien*, EuZW 2013, 34.

731 EuGH v. 4.3.2004 – C-334/02, *Kommission/Frankreich*, Slg. 2004, I-2229, Rn. 33.

Beschränkung von Grundfreiheiten herleiten können.[732] Daher ist der Eingriff in die Grundfreiheiten unverhältnismäßig.

Darüber hinaus hatte der EuGH für die vorliegende Beschränkung das Ziel, eine ausgewogene Aufteilung der Besteuerungsinteressen zu wahren, als Rechtfertigungsgrund abgelehnt. Dies lag darin begründet, dass die Einkünfte als solche bereits feststanden und das spanische Besteuerungsrecht gesichert war; es ging lediglich um die Art und den Zeitpunkt der Steuererhebung.[733]

2. *Stellungnahme*

Den ersten vier Verfahren lag jeweils eine nationale Norm zugrunde, die im Entstrickungszeitpunkt die Besteuerung noch nicht realisierter Wertzuwächse vorsah. Dabei stand die Sicherung des inländischen Besteuerungssubstrats der Mitgliedstaaten im Mittelpunkt, in dem die Steuer festgesetzt und erhoben werden sollte. Auf Ebene der Rechtfertigungsgründe wurde die Wahrung einer ausgewogenen Aufteilung der Besteuerungsbefugnisse als legitimes Ziel anerkannt, wobei die Maßnahmen nicht in jedem Fall den Grundsatz der Verhältnismäßigkeit wahrten.

Im vorliegenden Verfahren ging es jedoch nicht um die Sicherung des spanischen Besteuerungsrechts durch Festsetzung einer Steuer. Ganz im Gegenteil: Die Einkünfte des Steuerpflichtigen standen im Zeitpunkt des Wegzugs bereits fest, sodass das spanische Besteuerungsrecht durch den Wegzug nicht bedroht wurde. Die spanische Regierung begehrte mit der in Frage stehenden Norm ausschließlich die vorzeitige Steuererhebung.[734]

Durch das Ziel einer ausgewogenen Aufteilung der Besteuerungsbefugnisse können jedoch nur solche Maßnahmen gerechtfertigt werden, mit denen die Mitgliedstaaten die Besteuerung derjenigen Wertzuwächse sicherstellen wollen, die während des Bestehens der inländischen Steuerpflicht entstanden sind und die ohne eine solche Maßnahme dem Besteuerungsrecht des wertschöpfenden Mitgliedstaats entzogen würden.[735] Weil die Maßnahme der spanischen Regierung im vorliegenden Verfahren nicht der Wahrung des spanischen Besteuerungsrechts diente, sondern lediglich der vorzeitigen Steuererhebung, lehnte der EuGH die Begründung, die Norm verfolge das Ziel einer ausgewogenen Aufteilung der Besteuerungsbefugnisse, bereits auf Ebene der Rechtfertigungsprüfung ab.[736] Er ließ es erst gar nicht zu einer Verhältnismäßigkeitsprüfung kommen.

---

732 EuGH v. 12.7.2012 – C-269/09, *Kommission/Spanien*, EuZW 2013, 34, Rn. 72; BFH v. 28.10.2009 – I R 99/08, BStBl. II 2011, 1019; *Hey*, StuW 2004, 193, 200; *Girlich/Philipp*, Ubg 2012, 150, 157.

733 EuGH v. 12.7.2012 – C-269/09, *Kommission/Spanien*, EuZW 2013, 34, Rn. 82.

734 EuGH v. 12.7.2012 – C-269/09, *Kommission/Spanien*, EuZW 2013, 34, Rn. 79, 81.

735 EuGH v. 12.7.2012 – C-269/09, *Kommission/Spanien*, EuZW 2013, 34, Rn. 77 ff.

736 EuGH v. 12.7.2012 – C-269/09, *Kommission/Spanien*, EuZW 2013, 34, Rn. 82.

Aus dem Urteil kann damit die entscheidende allgemeingültige Schlussfolgerung gezogen werden, dass eine Entstrickungssteuer nur dann durch das Ziel der Wahrung einer ausgewogenen Aufteilung der Besteuerungsbefugnisse gerechtfertigt werden kann, wenn der Ursprungsstaat das Besteuerungsrecht an den in seinem Hoheitsgebiet entstandenen Wertzuwächsen verliert.[737]

VI. Kommission/Portugal – Az. C-38/10[738]

Verlegt eine portugiesische Kapitalgesellschaft ihren Sitz oder ihre tatsächliche Leitung in einen anderen Staat, sind nach Art. 76 A des portugiesischen Körperschaftsteuergesetzes die Wirtschaftsgüter einer Sofortbesteuerung zu unterwerfen, die nach dem Wegzug nicht mehr einer portugiesischen Betriebsstätte zugeordnet bleiben. Damit entspricht die portugiesische Finalbesteuerung in Wegzugsfällen der niederländischen Regelung (Art. 8 Wet VPB i.V.m. Art. 16 Wet IB).[739] Zudem sieht Art. 76 B des portugiesischen Körperschaftsteuergesetzes vor, dass ebenfalls eine sofort fällige Finalsteuer erhoben wird, wenn ein ausländischer Rechtsträger seine portugiesischen Wirtschaftsgüter in eine ausländische Betriebsstätte überführt.

Es verwundert nicht, dass der EuGH unter Bezugnahme auf das Urteil *National Grid Indus*[740] feststellte, dass die sich aus Art. 76 A und Art. 76 B des portugiesischen Körperschaftsteuergesetzes ergebende Sofortbesteuerung eine Beschränkung der Niederlassungsfreiheit darstellt.[741] Ebenso wie im Urteil *National Grid Indus* konnte der Eingriff in die Niederlassungsfreiheit durch die Wahrung einer ausgewogenen Aufteilung der Besteuerungsbefugnisse zwischen den Mitgliedstaaten nicht gerechtfertigt werden, weil der Aufschub der Zahlung vorliegend ein milderes Mittel zur Erreichung des verfolgten Ziels darstellt.[742] Mangels Verhältnismäßigkeit der Maßnahme verstößt die portugiesische Regierung mit Art. 76 A und Art. 76 B gegen die Niederlassungsfreiheit.[743]

Unerwähnt blieb die Frage, ob sich das portugiesische DBA-Verständnis mit dem niederländischen oder dem deutschen deckt. Bleibt das portugiesische Besteuerungsrecht an den in Portugal erwirtschafteten stillen Reserven nach portugiesischem Steuerrecht und Abkommensverständnis auch nach dem Wegzug der Kapitalgesellschaft bzw. nach dem Transfer der Wirtschaftsgüter erhalten, hätte der EuGH für die in Rede stehende Maßnahme nicht die Rechtfertigung zulassen dürfen, es solle eine ausgewogene Aufteilung der Besteuerungsbefugnisse gewahrt werden.

---

737 Die Wertung des EuGH entspricht somit den Ausführungen auf S. 132 ff.
738 EuGH v. 6.9.2012 – C-38/10, *Kommission/Portugal*, IStR 2012, 763.
739 Vgl. hierzu auch den Sachverhalt zur Rs. *National Grid Indus*, S. 173 f.
740 EuGH v. 29.11.2011 – C-371/10, *National Grid Indus*, EuZW 2011, 951.
741 EuGH v. 6.9.2012 – C-38/10, *Kommission/Portugal*, IStR 2012, 763, Rn. 30.
742 EuGH v. 6.9.2012 – C-38/10, *Kommission/Portugal*, IStR 2012, 763, Rn. 31.
743 EuGH v. 6.9.2012 – C-38/10, *Kommission/Portugal*, IStR 2012, 763, Rn. 3, 35.

Dass es dem Urteil insgesamt an Tiefe fehlt, wird auch daran deutlich, dass der EuGH den Transfer von Handelsware in seine Entscheidungsfindung überhaupt nicht einbezogen hat; schließlich ist für die Aufteilung der laufenden Gewinne zwischen zwei Betriebsstätten nach Art. 7 Abs. 2 OECD-MA einheitlich geklärt, dass jeder Betriebsstätte der Anteil am Gesamtgewinn aus dem Verkauf der Handelsware zuzugestehen ist, den die Betriebsstätte als eigenständiges Unternehmen hätte erzielen können, und in solchen Fällen das portugiesische Besteuerungsrecht an den Gewinnen ohnehin erhalten bleibt, die in der portugiesischen Betriebsstätte erwirtschaftet wurden.

VII. Kommission/Spanien – Az. C-64/11[744]

Das spanische Körperschaftsteuergesetz sah in Art. 17 Abs. 1 eine Besteuerung nicht realisierter Wertzuwächse vor, wenn (1) eine ausländische Gesellschaft ihre im spanischen Hoheitsgebiet betriebenen Unternehmensteile aufgab bzw. (2) eine in Spanien ansässige Gesellschaft ihren Sitz oder (3) ihre Wirtschaftsgüter in einen anderen Mitgliedstaat transferierte. Der EuGH stellte zunächst fest, dass keine Benachteiligung grenzüberschreitender Sachverhalte und damit kein Verstoß gegen die Niederlassungsfreiheit vorliegen kann, wenn die Betriebsaufgabe einer ausländischen Gesellschaft ebenso zu einer Besteuerung führt wie die Aufgabe durch einen inländischen Steuerpflichtigen (Variante 1). Hinsichtlich des Wegzugs der Gesellschaft (Variante 2) und des Transfers einzelner Wirtschaftsgüter (Variante 3) schloss sich der EuGH an die Entscheidung in der Rs. *Kommission/Portugal*[745] an und sah in beiden Regelungen insoweit eine nicht gerechtfertigte Beschränkung der Niederlassungsfreiheit, als die festgesetzte Steuer ohne die Möglichkeit einer Stundung sofort erhoben wird.[746]

Der EuGH schien in eine Art Automatismus verfallen zu sein und alle Entstrickungsvorgänge einheitlich als europarechtswidrig einzustufen, die keine Stundungsregelung vorsahen. Auch hier wäre wünschenswert gewesen, die Entscheidung von der Frage abhängig zu machen, ob das spanische Besteuerungsrecht an den bis zum Entstrickungszeitpunkt erwirtschafteten stillen Reserven entsprechend dem niederländischen DBA-Verständnis endgültig verloren geht oder Spanien – ebenso wie die Bundesrepublik Deutschland – in der Kombination nachträglicher inländischer Betriebsstätteneinkünfte und des Abkommensverständnisses einen Erhalt seines Besteuerungsrechts auch nach dem Wegzug bzw. dem Wirtschaftsgütertransfer sieht. Selbstredend wäre auch hier eine differenzierte Betrachtung für Wirtschaftsgüter des Umlaufvermögens wünschenswert gewesen, für die die spanische Regierung nach Art. 7 Abs. 2 OECD-MA das Besteuerungsrecht behält.

744 EuGH v. 25.4.2013 – C-64/11, *Kommission/Spanien*, BeckRS 2013, 80339.
745 EuGH v. 6.9.2012 – C-38/10, *Kommission/Portugal*, IStR 2012, 763.
746 EuGH v. 25.4.2013 – C-64/11, *Kommission/Spanien*, BeckRS 2013, 80339; Vgl. hierzu auch *Mitschke*, IStR 2013, 393, 393.

VIII. Rs. 3D I – Az. C-207/11[747]

Die 3D I Srl war eine Kapitalgesellschaft italienischen Rechts, die ihre in Italien belegene Betriebsstätte unter Erhalt des italienischen Besteuerungsrechts in eine luxemburgische Kapitalgesellschaft eingebracht hat. Die erhaltenen Anteile setzte die 3D I Srl mit ihrem Verkehrswert an, ohne hierfür einen steuerlichen Ausgleichsposten zu bilden. Die sich hieraus ergebende Aufdeckung stiller Reserven war nach italienischem Steuerrecht steuerpflichtig. Unter Verweis auf die in Artt. 2, 4 und 9 FRL vorgesehene Steuerneutralität von Einbringungsvorgängen begehrte die 3D I Srl die Steuerfreistellung für die aufgedeckten stillen Reserven.

Der EuGH stellte hingegen fest, dass die FRL die nationalen Gesetzgeber zwar verpflichtet, Einbringungsvorgänge steuerneutral zu ermöglichen, es sich hierbei aber nicht um eine Steuerfreistellung, sondern um einen Steueraufschub handelt. Entsprechend sind die Mitgliedstaaten berechtigt, die Steuerneutralität an weitere Voraussetzungen zu knüpfen, insbesondere an eine Buchwertfortführung für die erhaltenen Anteile. Entsprechend verneinte der EuGH einen Verstoß der italienischen Regelungen gegen die FRL, weil dieser nach nationalem Recht zur Buchwertfortführung verpflichtete Ausgleichsposten nicht gebildet wurde. Schließlich ist nicht der grenzüberschreitende Charakter der Umwandlung ursächlich für die Besteuerung, sondern das Fehlen nationaler buchhalterischer Voraussetzungen, namentlich die Bildung des Ausgleichspostens.

IX. Kommission/Dänemark – Az. C-261/11[748]

§ 8 Abs. 4 des dänischen Körperschaftsteuergesetzes sah eine sofortige Besteuerung von nicht realisierten stillen Reserven vor, soweit Wirtschaftsgüter durch ein Unternehmen mit Sitz in Dänemark ins Ausland überführt wurden. Auch hier knüpfte der EuGH an die Leitentscheidung in der Rs. *National Grid Indus* an und sah den Verstoß gegen EU-Recht erneut darin begründet, dass die von Dänemark vorgesehene Sofortbesteuerung – ohne Wahlrecht zur Steuerstundung – eine unverhältnismäßige Maßnahme zur Wahrung einer ausgewogenen Besteuerungsbefugnis zwischen den Mitgliedstaaten darstellt. Ob es überhaupt einer Maßnahme zur Wahrung der ausgewogenen Besteuerungsbefugnis bedarf oder ob die Besteuerungsinteressen des dänischen Königsreichs nicht bereits aufgrund der abkommensrechtlichen Interpretation der dänischen Gerichtsbarkeit gewahrt waren, wurde durch den EuGH in die Entscheidungsfindung nicht miteinbezogen.

Der EuGH steht damit im Einklang mit den Ausführungen auf S. 144 ff. und stellte fest, dass der Ursprungsstaat einen anderen Fälligkeitszeitpunkt der gestundeten Steuer bestimmen darf, wenn es sich um nicht abschreibbare oder zur Veräußerung bestimmte Wirtschaftsgüter handelt.[749] Weiterhin unbestimmt bleiben jedoch die Kriterien, an denen sich der Fälligkeitszeitpunkt bestimmen soll.

---

747 EuGH v. 19.12.2012 – C-207/11, *3D I*, ECLI:EU:C:2012:818.

748 EuGH v. 18.7.2013 – C-261/11, *Kommission/Dänemark*, BeckRS 2013, 81546.

749 EuGH v. 18.7.2013 – C-261/11, *Kommission/Dänemark*, BeckRS 2013, 81546, Rn. 35 ff.; vgl. auch *Müller-Thomczik*, Umwandlungsbedingte Entstrickung, S. 105; *Sydow*, IStR 2013, 663, 664.

X. Kommission/Niederlande – Az. C-301/11[750]

Dieses Verfahren betrifft die niederländische Schlusssteuer, die anlässlich des Wegzugs einer Gesellschaft oder anlässlich des Transfers einzelner Wirtschaftsgüter jeweils aus den Niederlanden in einen anderen Staat erhoben wird. Da die niederländische Regelung damit den Art. 76 A und Art. 76 B des portugiesischen Körperschaftsteuergesetzes ähnelt, verwundert es nicht, dass die Entscheidung insoweit mit dem Tenor in der Sache Kommission gegen Portugal[751] vergleichbar ist, sodass an dieser Stelle eine separate Wiedergabe entbehrlich ist.[752]

XI. Rs. DMC – Az. C-164/12[753]

1. *Sachverhalt und Entscheidung*

In der Rs. *DMC* haben zwei in Österreich ansässige Kapitalgesellschaften (S-GmbH und K-GmbH) ihre Kommanditbeteiligungen an der deutschen DMC KG gegen Gewährung neuer Anteile in die ebenfalls deutsche DMC GmbH eingebracht.

Grafisch stellt sich der Einbringungsvorgang vereinfacht wie folgt dar:

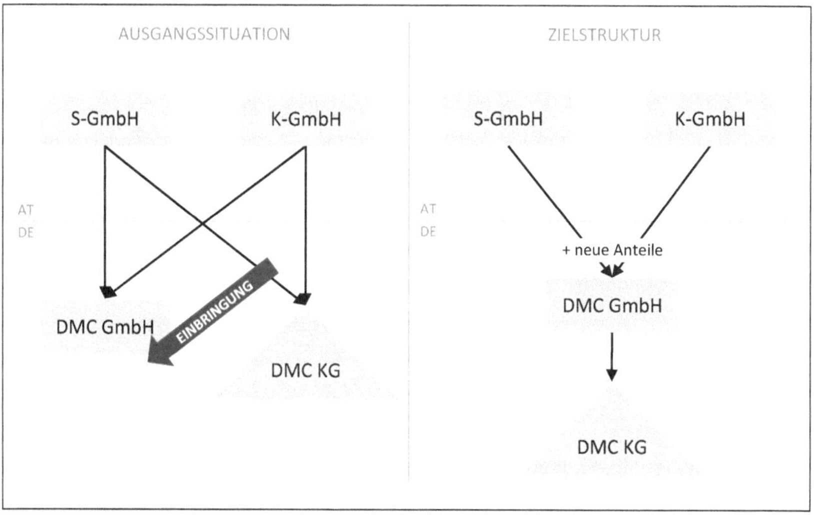

Abbildung 5: *Vereinfachte grafische Darstellung der Ausgangssituation in der Rs.* DMC: *Einbringung der DMC KG in die DMC GmbH*

750 EuGH v. 31.1.2013 – C-301/11, *Kommission/Niederlande*, 2013, 80253.
751 EuGH v. 6.9.2012 – C-38/10, *Kommission/Portugal*, IStR 2012, 763.
752 Vgl. hierzu S. 182 f.
753 EuGH v. 23.1.2014 – C-164/12, *DMC*, ECLI:EU:C:2014:20.

Nach damaligen Umwandlungssteuerrecht war die Einbringung nur dann zu Buchwerten möglich, *„wenn das Besteuerungsrecht der Bundesrepublik Deutschland hinsichtlich des Gewinns aus der Veräußerung der dem Einbringenden gewährten Gesellschaftsanteile im Zeitpunkt der Sacheinlage [nicht] ausgeschlossen ist"* (§ 20 Abs. 3 UmwStG 1995). Da das Besteuerungsrecht an den gewährten Anteilen im konkreten Sachverhalt nach Art. 7 Abs. 1 DBA Österreich[754] im Ansässigkeitsstaat der beiden einbringenden Kapitalgesellschaften (Österreich) lag, hat die Finanzverwaltung die Einbringung – nach zutreffender Anwendung des nationalen Rechts – zum Teilwert vollzogen und entsprechend auf Ebene der einbringenden Kapitalgesellschaften einen Einbringungsgewinn besteuert.[755]

Weil die vorgenannten steuerlichen Folgen unabhängig von der Höhe der Beteiligungen eingetreten sind, sind im vorliegenden Fall sowohl der Anwendungsbereich der Niederlassungsfreiheit (Art. 49 AEUV) als auch der der Kapitalverkehrsfreiheit (Art. 63 AEUV) eröffnet.[756] Da im Ausgangsverfahren weniger die Niederlassung von Unternehmen als die Übertragung einer Kommanditgesellschaft auf eine Kapitalgesellschaft beeinflusst wird, hat der EuGH im Ausgangsverfahren einen Verstoß gegen die Kapitalverkehrsfreiheit geprüft.[757]

Der mit der Sofortbesteuerung verbundene Liquiditätsnachteil kann Investoren von einer Beteiligung an einer Kommanditgesellschaft nach deutschem Recht abhalten und damit den freien Kapitalverkehr beschränken.[758] Unter Bezugnahme auf die Urteile in den Rs. *National Grid Indus*[759] und *Kommission/Portugal*[760] erkannte der EuGH auch im vorliegenden Verfahren das Ziel der Wahrung der Aufteilung der Besteuerungsbefugnisse zwischen den Mitgliedstaaten als Rechtfertigungsgrund für die Beschränkung der Grundfreiheit an.[761]

---

754 Die Verteilung der Besteuerungsrechte nach Art. 7 Abs. 1 DBA Österreich entspricht inhaltlich Art. 13 Abs. 5 OECD-MA. Infolgedessen war das deutsche Besteuerungsrecht an den erhaltenen Anteilen vollumfänglich ausgeschlossen. Daran ändert auch das geänderte abkommensrechtliche Verständnis des BFH (BFH v. 17.7.2008 – I R 77/06, BStBl. II 2009, 464; BFH v. 28.10.2009 – I R 99/08, BStBl. II 2011, 1019) nichts, da dieses zu Art. 13 Abs. 2 OECD-MA ergangen ist und die Regelungen des Art. 13 Abs. 5 OECD-MA ausdrücklich ausgenommen hat.

755 EuGH v. 23.1.2014 – C-164/12, *DMC*, ECLI:EU:C:2014:20, Rn. 15 f.

756 EuGH v. 23.1.2014 – C-164/12, *DMC*, ECLI:EU:C:2014:20, Rn. 31; So auch EuGH v. 26.3.2009 – C-326/07, *Kommission/Italien*, Slg. 2009, I-2291, Rn. 36; EuGH v. 11.11.2010 – C-543/08, *Kommission/Portugal*, Slg. 2010, I-11241, Rn. 43.

757 EuGH v. 23.1.2014 – C-164/12, *DMC*, ECLI:EU:C:2014:20, Rn. 37 f.

758 EuGH v. 23.1.2014 – C-164/12, *DMC*, ECLI:EU:C:2014:20, Rn. 41, 43.

759 EuGH v. 29.11.2011 – C-371/10, *National Grid Indus*, EuZW 2011, 951.

760 EuGH v. 6.9.2012 – C-38/10, *Kommission/Portugal*, IStR 2012, 763.

761 EuGH v. 23.1.2014 – C-164/12, *DMC*, ECLI:EU:C:2014:20, Rn. 58.

Im Hinblick auf die sofortige Erhebung der Steuer hat der EuGH in der Rs. *National Grid Indus* entschieden, dass die unbefristete Stundung der Steuer das mildere Mittel zur Erreichung des mit der Entstrickungssteuer verfolgten Ziels ist.[762] Ebenfalls stellte der EuGH damals fest, dass das mit der Zeit steigende Risiko der Nichteinbringung der Steuer den Wegzugsstaat berechtigt, die unbefristete Stundung der Steuer von der Stellung einer Banksicherheit abhängig zu machen.[763] Im vorliegenden Fall schränkte der EuGH die Grundfreiheiten jedoch weiter ein. Er war der Auffassung, dass die Erhebung in fünf Jahresraten (§ 21 Abs. 2 S. 3 UmwStG 1995) vor dem Hintergrund des mit der Zeit steigenden Risikos der Nichteinbringung noch verhältnismäßig sei und der Wegzugsstaat zusätzlich die Stellung von Banksicherheiten verlangen könne, wenn die Bewertung des Risikos der Nichteinbringung zu einer Gefährdung des Steueranspruchs führt.[764]

2. Stellungnahme

Zunächst ist festzustellen, dass der EuGH zutreffenderweise in Fällen der rechtlichen Entstrickung die Anwendbarkeit der Kapitalverkehrsfreiheit bestätigte.[765] Dies macht deutlich, dass Einbringungsvorgänge auch unter Einbeziehung von Drittstaaten grundsätzlich steuerneutral möglich sein müssen.

Allerdings stellt sich die Frage, wie die Einbringungsbesteuerung durch das Ziel einer ausgewogenen Aufteilung der Besteuerungsgrundlagen gerechtfertigt werden kann, wenn für die Bundesrepublik Deutschland überhaupt kein Besteuerungsrecht an den eingebrachten Wirtschaftsgütern verloren geht. Die Bundesrepublik Deutschland hat sowohl vor als auch nach der Einbringung das vollumfängliche Besteuerungsrecht an dem Betriebsvermögen der eingebrachten deutschen DMC KG. Schließlich waren die beiden österreichischen Gesellschafter (zwei Kapitalgesellschaften) vor der Einbringung mit dem inländischen Betriebsstätteneinkünften aus der DMC KG beschränkt körperschaftsteuerpflichtig; und dieses Besteuerungssubstrat wird im Rahmen der Einbringung auf die deutsche DMC GmbH übertragen, wo es sodann sogar im Rahmen der unbeschränkten Körperschaftsteuerpflicht erfasst wird. Der EuGH verkannte, dass § 20 Abs. 3 UmwStG 1995 im vorliegenden Fall eine Verdopplung des deutschen Besteuerungsrechts begehrt. Schließlich forderte der Gesetzgeber für die Steuerneutralität neben dem Besteuerungsrecht an den eingebrachten Wirtschaftsgütern auch das Besteuerungsrecht an den erhaltenen Anteilen, obwohl Letztere auch vor der Einbringung nicht bestanden hatte. Bedauerlicherweise

762 EuGH v. 29.11.2011 – C-371/10, *National Grid Indus*, EuZW 2011, 951, Rn. 65 ff.
763 EuGH v. 29.11.2011 – C-371/10, *National Grid Indus*, EuZW 2011, 951, Rn. 74.
764 EuGH v. 23.1.2014 – C 164/12, *DMC*, ECLI.EU:C:2014:20, Rn. 62 ff.
765 Vgl. hierzu auch im Detail S. 110 ff.

interpretierte der EuGH in Rn. 50 die erhaltenen Anteile an der DMC GmbH als Aliud der eingebrachten Wirtschaftsgüter und sah darin fälschlicherweise den Verlust des deutschen Besteuerungsrechts. Richtigerweise bleiben die Wirtschaftsgüter und das daran bestehende deutsche Besteuerungsrecht jedoch unverändert. Der vorgenannte Rechtfertigungsgrund hätte damit erst gar nicht zugelassen werden dürfen.[766]

Auch überzeugt das Urteil hinsichtlich der Verhältnismäßigkeit nicht, und zwar aus nachfolgenden Gründen:

- Bei genauer Betrachtung des Urteils fällt auf, dass der EuGH dem Wegzugsstaat zur Reduzierung seines Risikos der Nichteinbringung der Steuer sowohl die Erhebung der Steuer in fünf Jahresraten bewilligte als auch – bei begründetem Risiko – zusätzlich die Stellung einer Banksicherheit verlangen kann.[767] Eine Parallelität beider Maßnahmen zur Sicherstellung des Steueranspruchs ist aber nicht erforderlich, schließlich ist mit der Gewährung einer Banksicherheit der Ausfall des Steueranspruchs quasi ausgeschlossen. Dem Steuerpflichtigen neben der Bankbürgschaft dann noch die vorzeitige Erhebung der Steuer in fünf Jahresraten abzuverlangen, kann in solchen Fällen nicht mit dem Ziel der Vermeidung von Steuerausfällen begründet werden.
- Die DMC KG unterliegt nach der Einbringung unverändert ihren Steuererklärungspflichten, sodass der Informationszugang der deutschen Finanzverwaltung hinsichtlich des Verbleibs der Wirtschaftsgüter im Zuge der Einbringung unverändert fortbesteht.
- Die Möglichkeiten der deutschen Finanzverwaltung, Körperschaftsteuerforderungen aus dem Verkauf der Wirtschaftsgüter der DMC KG zu vollstrecken, werden nicht bedroht, sondern verbessert. Schließlich hätten vor der Einbringung Körperschaftsteuerforderungen bei den beschränkt steuerpflichtigen österreichischen Anteilseignern beigetrieben werden müssen (S-GmbH und K-GmbH). Nach der Einbringung ist die deutsche DMC GmbH Körperschaftsteuersteuersubjekt für die steuerlichen Gewinne der DMC KG. Fraglich ist insoweit auch, wer nach Auffassung des EuGH eine Banksicherheit zu stellen hat; da es sich um eine Steuerverbindlichkeit der DMC GmbH handelt, wären Sicherheiten der DMC KG oder der österreichischen Gesellschafter nur verwertbar, wenn sie mit einem Schuldbeitritt oder einer Bürgschaft verbunden wären.

766 Ähnlich kritisch auch Gosch/*Lampert*, § 12 KStG, Rn. 63.
767 EuGH v. 23.1.2014 – C-164/12, *DMC*, ECLI:EU:C:2014:20, Rn. 62 ff.

Umso bedauerlicher ist es, dass das Urteil mittelbaren Einfluss auf die europarechtliche Beurteilung des § 4g EStG und der ATAD hat. Denn im Lichte eben dieser Entscheidung scheinen sowohl der § 4g EStG[768] als auch die Entstrickungsregelungen in Art. 5 ATAD den Grundsatz der Verhältnismäßigkeit zu wahren, was aber – wie gezeigt wurde – eben nicht der Fall ist.

XII. Rs. Verder LabTec – Az. C-657/13[769]

1. *Sachverhalt und Entscheidung*

Gegenstand der Rs. *Verder LabTec* war ebenfalls die deutsche Entstrickungssteuer. An der in der Bundesrepublik Deutschland ansässigen Verder LabTec GmbH & Co. KG waren zwei niederländische Kommanditisten beteiligt. Die Verder LabTec GmbH & Co. KG übertrug im Jahr 2005 ihre Patent-, Marken- und Gebrauchsmusterrechte von ihrer deutschen Stammhausbetriebsstätte in ihre Betriebsstätte in den Niederlanden. Grafisch stellt sich der Überführungsvorgang vereinfacht wie folgt dar:

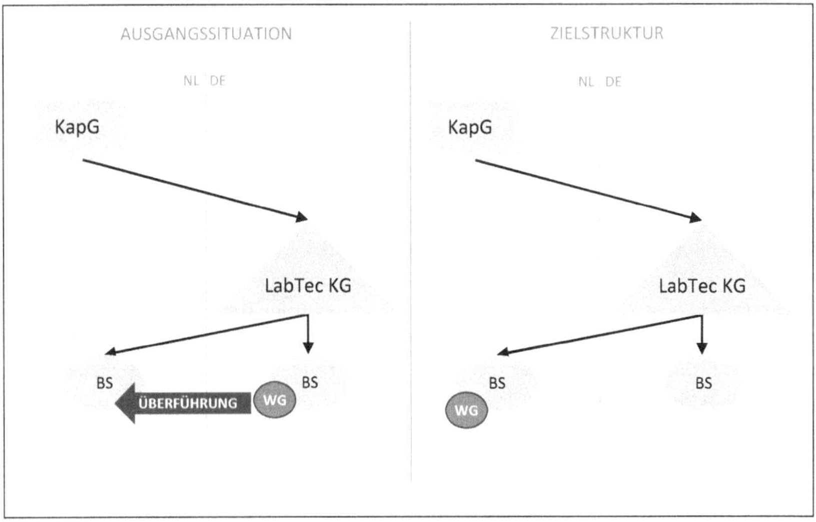

Abbildung 6: *Vereinfachte grafische Darstellung der Ausgangssituation in der Rs.* Verder LabTec: *Überführung der immateriellen Wirtschaftsgüter der Verder LabTec GmbH & Co. KG in eine niederländische Betriebsstätte*

768 So z.B. *Isselmann*, BB 2014, 492, 496.
769 EuGH v. 21.5.2015 – C-657/13, *Verder LabTec*, ECLI:EU:C:2015:331.

Gleichwohl der Satz 3 des § 4 Abs. 1 EStG erst im Rahmen des SEStEG und der Satz 4 erst mit dem Jahressteuergesetz 2010 eingeführt wurden, gelten beide Normen nach § 52 Abs. 8b EStG bereits für Überführungsfälle vor dem 1.1.2006 und damit auch für das dem Ausgangsverfahren zugrundeliegende Streitjahr.[770] Entsprechend wurden auch die im Veranlagungszeitraum 2005 überführten immateriellen Wirtschaftsgüter einer Finalbesteuerung unterworfen, die aufgrund der damaligen Billigkeitsregelung in den damaligen Betriebsstätten-Verwaltungsgrundsätzen[771] auf zehn Jahresraten verteilt werden konnte.

Der EuGH schloss sich seiner bisherigen Rechtsprechung[772] an und stellte erneut fest, dass die durch die Sofortbesteuerung ausgelöste Beschränkung der Niederlassungsfreiheit durch die Wahrung der Aufteilung der Besteuerungsbefugnisse zwischen den Mitgliedstaaten gerechtfertigt sein kann. Folglich kann die Vornahme einer Sofortbesteuerung ein legitimes Mittel sein, wenn damit das Ziel verfolgt wird, die Besteuerung der im Inland entstandenen stillen Reserven sicherzustellen. Unter Bezugnahme auf die im DMC-Verfahren[773] noch als verhältnismäßig beurteilte Erhebung der Steuer in fünf Jahresraten musste der EuGH die Erhebung der Steuer in zehn Jahresraten zwangsläufig ebenfalls als eine verhältnismäßige Maßnahme beurteilen.[774]

2. Stellungnahme

Bei genauer Betrachtung des Sachverhalts und der Rechtslage ist jedoch fraglich, ob im vorliegenden Fall die Beschränkung der Niederlassungsfreiheit tatsächlich durch das verfolgte Ziel, nämlich die Wahrung der Aufteilung der Besteuerungsbefugnisse zwischen den Mitgliedstaaten, gerechtfertigt werden kann. Denn in Rn. 46 geht der EuGH unter Bezugnahme auf die Vorlageentscheidung irrtümlicherweise davon aus, dass die Erträge aus den in die niederländische Betriebsstätte überführten Wirtschaftsgütern in der Bundesrepublik Deutschland von der Steuer befreit seien. Ausgehend hiervon gesteht der EuGH der Bundesrepublik Deutschland das Recht zu, Maßnahmen zu ergreifen, die dem Ziel dienen, *„die Besteuerung dieser stillen Reserven, die vor der Überführung im Rahmen der Steuerhoheit der Bundesrepublik Deutschland entstanden sind, sicherzustellen"*.[775] Allerdings kann eine solche Maßnahme nur dann durch das Ziel der Wahrung einer ausgewogenen

---

770 Zur verfassungsrechtlichen Zulässigkeit der Rückwirkung vgl. FG Köln v. 16.2.2016 – 10 K 2335/11, EFG 2016, 793.

771 BMF v. 24.12.1999 – IV B 4 – S 1300 – 111/99, BStBl. I 1999, 1076, Tz. 2.6.1.

772 So z.B. EuGH v. 29.11.2011 – C-371/10, *National Grid Indus*, EuZW 2011, 951, Rn. 42; EuGH v. 23.1.2014 – C-164/12, *DMC*, ECLI:EU:C:2014:20, Rn. 45.

773 EuGH v. 23.1.2014 – C-164/12, *DMC*, ECLI:EU:C:2014:20, Rn. 63.

774 EuGH v. 21.5.2015 – C-657/13, *Verder LabTec*, ECLI:EU:C:2015:331, Rn. 52.

775 EuGH v. 21.5.2015 – C-657/13, *Verder LabTec*, ECLI:EU:C:2015:331, Rn. 47.

Aufteilung der Besteuerungsbefugnisse zwischen den Mitgliedstaaten gerechtfertigt sein, wenn die Bundesrepublik Deutschland durch die Überführung des Wirtschaftsguts an der tatsächlichen Ausübung ihrer Steuerbefugnis über die Einkünfte gehindert ist.[776]

Im Übrigen ist fraglich, wie es zu solch widersprüchlichen Urteilen des BFH zur Gewinnaufteilung einerseits und des EuGH zur Steuerentstrickung andererseits kommen konnte. In der Rs. *Verder LabTec* hat die Kommission den Zusammenhang des streitigen Sachverhalts mit der BFH-Judikatur erkannt und hervorgebracht, dass die Bundesrepublik Deutschland durch die Überführung des Wirtschaftsguts das Besteuerungsrecht an den bis dahin entstandenen stillen Reserven aufgrund des geänderten DBA-Verständnisses nicht verloren hat und es damit keiner Maßnahme bedürfe, um das deutsche Besteuerungsrecht zu sichern.[777] Der Generalanwalt *Jääskinen* griff diese Argumentation in seinem Schlussantrag zwar auf, übertrug dann jedoch die Präzedenzentscheidung des EuGH in der Rs. *National Grid Indus* auf das vorliegende deutsche Verfahren[778], da nach seiner Auffassung beide Fälle miteinander vergleichbar seien. Dabei verkannte *Jääskinen* jedoch, dass beide Mitgliedstaaten (Niederlande und Deutschland) ein grundlegend unterschiedliches Abkommensverständnis haben, sodass die Entscheidungsgrundsätze aus dem Urteil *National Grid Indus* eben nicht auf das vorliegende Verfahren übertragbar sind.[779]

Aufgrund der mit der BFH-Entscheidung verbundenen Unsicherheit gab der Generalanwalt dem Gericht letztendlich die Empfehlung, „*zu dem Vorbringen der Kommission keine Stellung zu beziehen, weil es auf ihrer Interpretation von Änderungen in der Rechtsprechung des Bundesfinanzhofs zu der Frage beruht, ob eine Überführung von Wirtschaftsgütern in eine ausländische Betriebsstätte eine Entstrickung des Vermögens bedeutet, die zu einem Verlust der Besteuerungsbefugnis des betreffenden Staats führt*“[780]. Der EuGH berief sich letztendlich auf die Vorlageentscheidung, woraus sich ergeben hat, dass die Erträge aus der in den Niederlanden belegenen Betriebsstätte „*in der Bundesrepublik Deutschland von der Steuer befreit sind*“[781], und kam nur unter dieser falschen Prämisse zu dem Ergebnis, dass die in Frage stehende Entstrickungsvorschrift mit dem Ziel einer ausgewogenen Aufteilung der

776 So ausdrücklich EuGH v. 23.1.2014 – C-164/12, *DMC*, ECLI:EU:C:2014:20, Rn. 56.

777 Schlussanträge des Generalanwalts *Jääskinen* v. 26.2.2015 – C-657/13, *Verder Lab Tec*, Rn. 53.

778 Schlussanträge des Generalanwalts *Jääskinen* v. 26.2.2015 – C-657/13, *Verder Lab Tec*, Rn. 61.

779 A.A. *Mitschke*, IStR 2015, 206, 214.

780 Schlussanträge des Generalanwalts *Jääskinen* v. 26.2.2015 – C-657/13, *Verder Lab Tec*, Rn. 54.

781 EuGH v. 21.5.2015 – C-657/13, *Verder LabTec*, ECLI:EU:C:2015:331, Rn. 46. Eine entsprechende Ausführung findet sich in der Vorlageentscheidung des FG Düsseldorf hingegen nicht (FG Düsseldorf v. 5.12.2013 – 8 K 3664/11 F, EFG 2014, 119).

Besteuerungsbefugnisse gerechtfertigt ist. Das FG Düsseldorf wies die Klage der Verder LabTec GmbH & Co. KG daraufhin mit Urteil vom 19.11.2015 ab. Dabei ging das FG zwar auf das geänderte Abkommensverständnis des BFH ein, stellte jedoch in Frage, ob dieses auch international anerkannt sei. Aufgrund der Unsicherheit, dass der Betriebsstättenstaat die deutsche Auslegung der DBA-Vorschrift möglicherweise nicht teilen könne, würde das deutsche Besteuerungsrecht von der Sichtweise des Aufnahmestaats abhängen; es bestünde mithin eine abstrakte Möglichkeit, die den deutschen Steueranspruch im Realisationszeitpunkt gefährden könnte.[782] Dies ist nach der hier vertretenen Auffassung jedoch zu weit gegriffen. Für die Auslegung von DBA ist in Deutschland der BFH zuständig.[783] Für den Fall, wie er dem Ausgangsverfahren zugrunde liegt, hat der BFH eben entschieden, dass das deutsche Besteuerungsrecht auch nach der Überführung nicht untergeht.[784] Dies führt zu einer späteren Besteuerung in der Bundesrepublik Deutschland, unabhängig davon, ob der Aufnahmestaat diese DBA-Auslegung teilt oder eine zusätzliche Besteuerung anordnet. Selbst wenn der BFH bei der Auslegung des DBA falsch läge und die Bundesrepublik Deutschland das Besteuerungsrecht nicht behielte, wird durch seine Rechtsprechung – ähnlich wie durch ein Treaty Override – eine Besteuerung im Inland begründet. Das deutsche Besteuerungsrecht ist – solange der BFH seine Rechtsprechung nicht erneut ändert – damit nicht gefährdet.[785] Die vom FG Düsseldorf geschaffene Situation führt hingegen nun zu einer inländischen Mehrfachbesteuerung, weil das FG in Verbindung mit der Entscheidung des EuGH im Zeitpunkt der Überführung der Wirtschaftsgüter eine Finalbesteuerung und der BFH im Zeitpunkt der Gewinnrealisierung ein zweites Mal eine Besteuerung zulässt. Entsprechend sieht auch *Wassermeyer* bei Anwendung des Regelungsbeispiels im Zusammenhang mit einer späteren Finalbesteuerung das Risiko einer durch den EuGH legitimierten Doppelbesteuerung durch einen Staat.[786] Wenn nun – wie das FG befürchtete – auch der Aufnahmestaat noch eine Besteuerung vorsähe, wären die in Rede stehenden stillen Reserven gar dreifach besteuert.

Aber selbst wenn sich herausgestellt hätte, dass das geänderte abkommensrechtliche Verständnis des BFH unzutreffend sein sollte und die vorgenannte Maßnahme mit dem Ziel einer ausgewogenen Aufteilung der Besteuerungsbefugnisse

---

782 FG Düsseldorf v. 19.11.2015 – 8 K 3664/11 F, EFG 2016, 209, Rn. 51 f.

783 BFH v. 17.7.2008 – I R 77/06, BStBl. II 2009, 464. Zwar kann der Steuerpflichtige nach Art. 25 OECD-MA ein Verständigungsverfahren beantragen, doch kann die Behörde dieses nach Art. 25 Abs. 2 OECD-MA zurückweisen, wenn sie die Einwendungen für nicht begründet hält. Die Möglichkeit des Steuerpflichtigen zur Einberufung eines Schiedsverfahrens wird daran scheitern, dass zur Frage, ob im Realisationszeitpunkt noch ein deutsches Besteuerungsrecht besteht, bereits höchstrichterlich entschieden ist, Art. 25 Abs. 5 S. 2 OECD-MA.

784 BFH v. 17.7.2008 – I R 77/06, BStBl. II 2009, 464.

785 Vgl. hierzu auch im Detail S. 83 f.

786 *Wassermeyer*, IStR 2010, 461, 466.

hätte gerechtfertigt werden können, hätte der EuGH die Maßnahme als nicht verhältnismäßig einstufen müssen:

- Durch den Verbleib des Stammhauses im Inland und die damit in der Bundesrepublik Deutschland verbleibende steuerliche Deklarationspflicht der Verder LabTec GmbH & Co. KG auch für Auslandsvermögen und -einkommen behält die Bundesrepublik Deutschland sämtliche Informationsrechte über den Verbleib des Wirtschaftsguts.
- Ebenfalls bleiben die Möglichkeiten der Finanzverwaltung zur Steuererhebung – insbesondere der Vollstreckung beim deutschen Stammhaus – unverändert. Es wurden keine Wirtschaftsgüter physisch ins Ausland transportiert und damit nicht den deutschen Vollstreckungsmöglichkeiten entzogen.
- Generell ist die Betrachtungsweise des EuGH zu ungenau. Aufgrund des im deutschen Steuerrecht geltenden Transparenzprinzips bei Mitunternehmerschaften[787] entsteht die Körperschaftsteuerschuld aus einem etwaigen Verkauf der überführten Wirtschaftsgüter schließlich nicht auf Ebene der Kommanditgesellschaft, sondern auf Ebene der Kommanditisten. Diese sind laut Vorlageverfahren zwei niederländische Kapitalgesellschaften,[788] was für den EuGH jedoch keine nennenswerte Bedeutung hatte und von ihm nicht wiedergegeben wurde. Die Erhebung von Körperschaftsteuerschulden bei den niederländischen Kommanditistinnen wird durch die veränderte, rein buchhalterische Zuordnung der Wirtschaftsgüter keinem größeren Risiko ausgesetzt, als es ohne Überführung der Fall war.

Im Ergebnis wurde das deutsche Besteuerungsrecht an den im Inland erwirtschafteten stillen Reserven durch die Zuordnungsveränderung weder ausgeschlossen noch beschränkt. Auch verliert die Bundesrepublik Deutschland keinen Informationszugang über den Verbleib der Wirtschaftsgüter und wird in ihren Möglichkeiten der Beitreibung von Steuerforderungen nicht beeinträchtigt. Die ratierliche Exitbesteuerung kann m.E. damit entgegen der Urteilsbegründung weder gerechtfertigt werden noch den Grundsatz der Verhältnismäßigkeit wahren.

XIII. Kommission/Portugal – Az. C-503/14[789]

1. Sachverhalt und Entscheidung

Im Jahr 2016 standen sowohl die portugiesischen Regelungen zum Anteilstausch als auch zu Einbringungsvorgängen auf dem Prüfstand des EuGH.

---

787 Zum Transparenzprinzip siehe Tipke/Lang/*Hennrichs*, § 10 Besteuerung von Mitunternehmerschaften, Rn. 10 ff.

788 FG Düsseldorf v. 5.12.2013 – 8 K 3664/11 F, EFG 2014, 119, Rn. 3.

789 EuGH v. 21.12.2016 – C-503/14, *Kommission/Portugal*, ECLI:EU:C:2016:979.

Das portugiesische Steuerrecht (Art. 10 CIRS) erlaubte einen steuerneutralen Anteilstausch, nahm jedoch eine rückwirkende Besteuerung des Übertragungsvorgangs vor, wenn der Anteilsinhaber zu einem späteren Zeitpunkt seinen Sitz im portugiesischen Hoheitsgebiet aufgibt. Ferner sah das portugiesische Steuerrecht in Art. 38 CIRS die steuerneutrale Einbringung von Betriebsvermögen nur in Kapitalgesellschaften vor, die ihren satzungsmäßigen Sitz und ihre tatsächliche Geschäftsleitung im portugiesischen Hoheitsgebiet haben.

Das portugiesische Steuerrecht gewährte die Steuerneutralität beim Anteilstausch unabhängig davon, zu welchem Umfang die übertragende natürliche Person anschließend an der übernehmenden Gesellschaft beteiligt ist. Bei der Einbringung von Betriebsvermögen gewährte Portugal die Steuerneutralität hingegen nur, wenn nach der Einbringung eine Mindestbeteiligungsquote von 50 Prozent bestand.

In beiden Fällen stellte der EuGH fest, dass der mit der jeweiligen Handlung (Wegzug bzw. Einbringung) verbundene Liquiditätsnachteil eine Beschränkung der Niederlassungsfreiheit darstellt. Zwar erkannte er das Ziel einer ausgewogenen Aufteilung der Besteuerungsbefugnisse als legitimes Ziel an, sah aber im Einklang mit seiner bisherigen Rechtsprechung in der Sofortbesteuerung einen nicht verhältnismäßigen Eingriff. Unter Bezugnahme auf die Grundsatzentscheidung in der Rs. *National Grid Indus* sah er die portugiesische Regierung in der Pflicht, dem Unionsbürger die Wahl zwischen einer Sofortbesteuerung und einem Steueraufschub u.U. mit der Erhebung von Zinsen und der Inanspruchnahme von Sicherheitsleistungen zu gewähren.[790]

2. Stellungnahme

Dass der EuGH beide Normen einheitlich im Lichte der Niederlassungsfreiheit prüfte, vermag auf den ersten Blick verwunderlich sein, ist bei genauer Betrachtung aber zutreffend. Für Art. 10 CIRS (Anteilstausch) folgt die Beschränkung der Niederlassungsfreiheit daraus, dass sich die vorzeitige Besteuerung nicht aus dem Anteilstausch alleine, sondern nur in Verbindung mit dem Wegzug des Anteilseigners und damit mit der Begründung einer neuen Niederlassung in einem anderen Mitgliedstaat ergibt. Bei Art. 38 CIRS (Einbringung in ausländische Kapitalgesellschaft) entsteht die Beschränkung durch die Tatsache, dass die Steuerneutralität erst ab einer Mindestbeteiligungsquote von 50 Prozent gewährt wird und damit Kontrollbeteiligungen erfasst, die vorrangig in den Schutzbereich der Niederlassungsfreiheit fallen.[791]

Zudem stand nun fest, dass sich der EuGH von den früheren Entscheidungen in den Rs. *Lasteyrie du Saillant*[792] und *N*[793] abwandte und künftig nicht mehr

790 EuGH v. 21.12.2016 – C-503/14, *Kommission/Portugal*, ECLI:EU:C:2016:979, Rn. 59, 87.

791 EuGH v. 21.12.2016 – C-503/14, *Kommission/Portugal*, ECLI:EU:C:2016:979, Rn. 80; vgl. zur Abgrenzung von Niederlassungs- und Kapitalverkehrsfreiheit auch S. 110 ff.

792 EuGH v. 11.3.2004 – C-9/02, *Hughes de Lasteyrie du Saillant*, Slg. 2004, I-2409.

793 EuGH v. 7.9.2006 – C-470/04, *N*, Slg. 2006, I-7409.

zwischen der Entstrickung im Privatvermögen (personelle Entstrickung durch Wegzug) und der Entstrickung im Betriebsvermögen (gegenständliche Entstrickung durch Überführung) unterscheidet.[794] Der EuGH gewährte dem Ursprungsstaat nunmehr – in Abweichung von der hier vertretenen Auffassung –, sowohl im Privat- als auch im Betriebsvermögen die Steuer von der Gestellung von Sicherheiten und der Erhebung von Zinsen abhängig zu machen. Außerdem hat der Ursprungsstaat nachträglich eintretende Wertminderungen nicht zu berücksichtigen.[795]

Auch ist dieses Urteil Bestätigung für die bislang nur in der Literatur herrschende Vermutung[796], dass die durch den EuGH in der Rs. *National Grid Indus* aufgestellten Grundsätze auf die speziellen Entstrickungsnormen des UmwStG übertragbar sind. Es steht nunmehr fest, dass auch die Entstrickungsnorm nach § 20 Abs. 2 S. 2 Nr. 3 UmwStG eine Stundungsregelung entsprechend den vorgenannten Anforderungen vorsehen muss.[797]

XIV. Rs. A Oy – Az. C-292/16[798]

1. *Sachverhalt und Entscheidung*

Gegenstand der Rs. *A Oy* war im November 2017 die Einbringung einer österreichischen Anrechnungsbetriebsstätte in eine österreichische Kapitalgesellschaft durch den in Finnland ansässigen A. Das DBA Finnland/Österreich sieht anders als das OECD-MA für den Verkauf einer in Österreich belegenen Betriebsstätte nach Art. 13 Abs. 3 i.V.m. Art. 23 Abs. 2 lit. b nur die Anrechnungsmethode vor, sodass Finnland vor dem Einbringungsvorgang ein beschränktes Besteuerungsrecht an den in Österreich belegenen Wirtschaftsgütern hatte, welches im Zuge der Einbringung gänzlich ausgeschlossen wurde. Infolgedessen nahm Finnland eine Sofortbesteuerung der eingebrachten Wirtschaftsgüter zum Verkehrswert vor. Dabei rechnete Finnland entsprechend den Vorgaben nach Art. 10 Abs. 2 FRL einen fiktiven Steuerbetrag an, der der österreichischen Steuer bei einem Verkauf entsprach.

Hierin sah der EuGH eine Beschränkung der Niederlassungsfreiheit[799] und erkannte im Einklang mit seiner nunmehr ständigen Rechtsprechung die Wahrung einer ausgewogenen Aufteilung der Besteuerungsbefugnisse als legitimes

794 Zu den bisherigen Unterschieden der Entstrickung im Privat- und Betriebsvermögen: *Ellenrieder/Kahlenberg*, BB 2018, 1815, 1820; Kritisch zu einer Gleichbehandlung: *Jabrayilov*, SAM 2017, 83, 92.

795 *Micker/Schwarz*, IWB 2017, 344, 350; *Wacker*, IStR 2017, 926, 927 f.

796 So z.B. *Benz/Böhmer*, DStR 2016, 145, 147; *Heerdt*, IStR 2012, 866, 867; *Hruschka*, DStR 2012, Beihefter zu Heft 2, 4, 6; *Schönhaus/Müller*, IStR 2013, 174, 179.

797 *Micker/Schwarz*, IWB 2017, 344, 349.

798 EuGH v. 23.11.2017 – C-292/16, *A Oy*, ECLI:EU:C:2017:888.

799 EuGH v. 23.11.2017 – C-292/16, *A Oy*, ECLI:EU:C:2017:888, Rn. 27.

Ziel an.[800] Gleichwohl die Sofortbesteuerung zur Erreichung des legitimen Ziels eine geeignete Maßnahme darstellt, sei sie nicht verhältnismäßig. Darüber hinaus müsse dem Steuerpflichtigen die Wahl zwischen einer Sofortbesteuerung und einem Steueraufschub unter Hinnahme von Nachweispflichten und Zinsen gewährt werden.[801]

2. Stellungnahme

Mit seinem Urteil in der Rs. *A Oy* bestätigte der EuGH erneut, dass die sich aus der Rs. *National Grid Indus* ergebenden Grundsätze neben Wegzugs- und Überführungsfällen auch auf Einbringungsfälle anzuwenden sind.

Darüber hinaus wird aus dem Schlussantrag der Generalanwältin *Kokott* deutlich, dass eine beschränkende Maßnahme nur dann durch das Ziel einer ausgewogenen Aufteilung der Besteuerungsbefugnisse gerechtfertigt werden kann, wenn die niederländische *„Besteuerungsbefugnis endet"*[802] und damit *„der Zugriff auf die in der Betriebsstätte entstandenen stillen Reserven endgültig verloren geht"*[803]. Weil die Einbringung einer Anrechnungsbetriebsstätte in der Tat einer der wenigen Anwendungsfälle ist, in denen das Besteuerungsrecht des Staats des einbringenden Rechtsträgers in vollem Umfang verloren geht,[804] konnte die Sofortbesteuerung dem Grunde nach durch das Ziel eine ausgewogenen Aufteilung der Besteuerungsbefugnisse gerechtfertigt werden.

Kritisch ist das Urteil insbesondere im Hinblick auf die in Frage stehende Grundfreiheit. In der Rs. *DMC* hat der EuGH bereits festgestellt, *„dass eine nationale Regelung, die nicht nur auf Beteiligungen anwendbar ist, die es ermöglichen, einen sicheren Einfluss auf die Entscheidungen der Gesellschaft auszuüben und deren Tätigkeiten zu bestimmen, sondern unabhängig vom Umfang der Beteiligung eines Aktionärs an einer Gesellschaft gilt, sowohl unter Art. 49 AEUV als auch unter Art. 63 AEUV fallen kann"*[805]. Da die finnischen Einbringungsvorschriften eine Steuerneutralität in Inlandsfällen auch erlauben, wenn der Einbringende anschließend keinen sicheren Einfluss auf die Entscheidungen der übernehmenden Gesellschaft ausüben kann, hätte der EuGH in Frage stehende Regelungen konsequenterweise

---

800 EuGH v. 23.11.2017 – C-292/16, *A Oy*, ECLI:EU:C:2017:888, Rn. 30.

801 EuGH v. 23.11.2017 – C-292/16, *A Oy*, ECLI:EU:C:2017:888, Rn. 35.

802 Schlussanträge der Generalanwältin *Kokott* v. 13.7.2017 – C-292/16, *A Oy*, Rn. 33.

803 Schlussanträge der Generalanwältin *Kokott* v. 13.7.2017 – C-292/16, *A Oy*, Rn. 36.

804 So bereits ausführlich auf S. 75 dargestellt.

805 EuGH v. 23.1.2014 – C-164/12, *DMC*, ECLI:EU:C:2014:20, Rn. 31; so ebenfalls EuGH v. 26.3.2009 – C-326/07, *Kommission/Italien*, Slg. 2009, I-2291, Rn. 36; EuGH v. 17.9.2009 – C-182/08, *Glaxo Wellcome*, Slg. 2009, I-8591, Rn. 50; EuGH v. 11.11.2010 – C-543/08, *Kommission/Portugal*, Slg. 2010, I-11241, Rn. 43; EuGH v. 11.9.2014 – C-47/12, *Kronos International*, ECLI:EU:C:2014:2200, Rn. 53; a.A. Grabitz/Hilf/Nettesheim/*Ress/Ukrow*, Art. 63 AEUV, Rn. 314, 318.

auch an den Vorgaben der Kapitalverkehrsfreiheit prüfen müssen, mit der Folge, dass diese auch für Drittstaateneinbringungen einen Steueraufschub zu gewähren haben.

XV. Rs. Panayi-Trusts – Az. C-646/15[806]

1. *Sachverhalt und Entscheidung*

Herr Panico Panayi gründete im Jahr 1992 vier englische Trusts, deren Begünstigte seine Kinder und andere Familienangehörige waren. In Ländern des Common Law werden Trusts als Treuhandschaften behandelt, bei denen ein Treuhänder das Vermögen treuhänderisch nach Vorgaben der Treuhandurkunde verwaltet. Besteuern müssen die Begünstigten (hier die in Großbritannien ansässigen Kinder) die Erträge erst, wenn ihnen das Kapital ausgezahlt wird. Das gilt unabhängig davon, wo sich der Verwaltungssitz der Trusts befindet.

Als im Jahr 2006 die Mehrzahl der Treuhänder der Panayi-Trusts nicht mehr in Großbritannien, sondern in Zypern steuerlich ansässig waren, erfolgte damit automatisch die Verlegung des Verwaltungssitzes der Panayi-Trust von Großbritannien nach Zypern. Nach Section 80 TCGA wurde damit eine sofortige Finalbesteuerung der sich in den Trusts befindlichen stillen Reserven ausgelöst.

Der EuGH sah in dieser Regelung des britischen Steuerrechts eine Beschränkung der Niederlassungsfreiheit. Diese kann zwar durch das Ziel einer ausgewogenen Aufteilung der Besteuerungsbefugnisse gerechtfertigt werden; soweit die Steuer aber sofort erhoben wird, ist die Maßnahme unverhältnismäßig.

2. *Stellungnahme*

Das Urteil verwundert nicht, führt es doch die bisherige Rechtsprechung des EuGH stringent fort. Die Besonderheit besteht jedoch darin, dass durch die Verlegung des Verwaltungssitzes die Auszahlungen künftigen Kapitals weiterhin bei den in Großbritannien ansässigen Begünstigten der Besteuerung unterliegen und damit das britische Besteuerungsrecht (zunächst) nicht beschränkt oder ausgeschlossen wird. Daher prüften sowohl die Generalanwältin *Kokott* als auch der EuGH[807] richtigerweise bereits auf Rechtfertigungsebene, ob eine Sofortbesteuerung überhaupt durch das Ziel einer ausgewogenen Aufteilung der Besteuerungsbefugnisse gerechtfertigt werden kann. Schließlich setzt dieser Rechtfertigungsgrund voraus, *„dass der Wegzug die Besteuerungsbefugnis des Wegzugsstaats auch tatsächlich gefährdet“*, wozu es grundsätzlich einer Beendigung der Besteuerungsbefugnis

---

806 EuGH v. 14.9.2017 – C-646/15, *Trustees of the P Panayi Accumulation & Maintenance Settlements*, ECLI:EU:C:2017:682.

807 EuGH v. 14.9.2017 – C-646/15, *Trustees of the P Panayi Accumulation & Maintenance Settlements*, ECLI:EU:C:2017:682, Rn. 54 f.

bedarf.[808] Mit anderen Worten bestätigten sowohl der EuGH als auch die Generalanwältin, dass das Ziel einer ausgewogenen Aufteilung der Besteuerungsbefugnisse nur solche Maßnahmen rechtfertigen kann, bei denen der Ursprungsstaat sein Besteuerungsrecht an den bis zum Wegzug entstandenen stillen Reserven verliert. Sofern das Besteuerungsrecht des Ursprungsstaats erhalten bleibt, hält die vorgenannte Maßnahme bereits der Rechtfertigungsprüfung nicht stand.

Im vorliegenden Fall sahen sowohl die Generalanwältin als auch der EuGH die in Rede stehende Maßnahme dennoch durch das Ziel einer ausgewogenen Aufteilung der Besteuerungsbefugnisse als gerechtfertigt an. Denn bei genauer Prüfung steht Großbritannien nach der Verlegung des Verwaltungssitzes kein Recht mehr auf Besteuerung der stillen Reserven zu. Großbritannien darf lediglich aufgrund günstiger Umstände ausschließlich den Teil der Erträge besteuern, der nach freiem Ermessen der Beteiligten ausgezahlt wird – und dies nur insoweit, als er auf in Großbritannien ansässige Begünstigte entfällt. Da die Beteiligten die Besteuerung in Großbritannien durch Thesaurierung oder Wegzug nach freiem Ermessen steuern können, kann von einem *„Besteuerungsrecht"* keine Rede sein. Richtigerweise kann die beschränkende Entstrickungssteuer damit zwar gerechtfertigt werden, aber mangels Stundungsmöglichkeit nicht der Verhältnismäßigkeitsprüfung standhalten.

E. Zwischenergebnis

Zusammenfassend kann danach Folgendes festgehalten werden:

1. Die allgemeinen Entstrickungsnormen fallen in den Anwendungsbereich der Niederlassungsfreiheit. Die speziellen Entstrickungsnormen sind hingegen an den Vorgaben der Kapitalverkehrsfreiheit zu messen, da sie auch Beteiligungen erfassen, die dem Anteilseigner keinen sicheren Einfluss auf die Entscheidungen der Gesellschaft verleihen. Damit sind die Entstrickungsvorschriften des UmwStG grundsätzlich auch für Drittstaatensachverhalte diskriminierungs- und beschränkungsfrei auszugestalten.
2. Eine Beschränkung der Grundfreiheiten kann nur dann durch das Ziel einer ausgewogenen Aufteilung der Besteuerungsgrundlagen gerechtfertigt werden, wenn das deutsche Besteuerungsrecht auch an den bis zum Entstrickungszeitpunkt entstandenen stillen Reserven ausgeschlossen oder beschränkt wird.
3. Führt die Entstrickung aufgrund des geänderten Abkommensverständnisses nicht zu einem Verlust des Besteuerungsrechts an den bis dahin entstandenen stillen Reserven, wird ein Besteuerungsverlust aber durch das Regelungsbeispiel nach § 12 Abs. 1 S. 2 KStG angenommen, dient die Maßnahme lediglich der vorzeitigen Steuererhebung und kann folgerichtig nicht durch das Ziel

808 Schlussanträge der Generalanwältin *Kokott* v. 21.12.2016 – C-646/15, *Panayi-Trusts*, Rn. 49.

gerechtfertigt werden, es solle eine ausgewogene Aufteilung der Besteuerungsbefugnisse gewahrt werden.

4. Entgegen der bisherigen EuGH-Rechtsprechung stellt eine vorzeitige rechtskräftige Steuerfestsetzung aufgrund der damit verbundenen Bilanzierungsnachteile eine unverhältnismäßige Beschränkung der Grundfreiheiten dar. Die Entstrickungsbesteuerung kann den Grundsatz der Verhältnismäßigkeit nur wahren, wenn der fiktive Veräußerungsgewinn durch einen steuerlichen Ausgleichsposten neutralisiert wird, der erst mit seiner Auflösung zu einer Steuerfestsetzung und -erhebung führt.
5. Die Auflösung des steuerlichen Ausgleichspostens und die damit im Zusammenhang stehende Steuererhebung haben sich grundsätzlich an dem Realisationszeitpunkt des entstrickten Wirtschaftsguts zu orientieren. Da der Zeitpunkt der Steuererhebung dann aber in das Belieben des Steuerpflichtigen gestellt würde, kann von einem pauschalen Realisationszeitpunkt von fünf Jahren bei Wirtschaftsgütern des Anlagevermögens und von unter einem Jahr bei Wirtschaftsgütern des Umlaufvermögens nach dem Entstrickungszeitpunkt ausgegangen werden. Eine vorzeitige ratierliche Auflösung des steuerlichen Ausgleichspostens ist unverhältnismäßig, sofern das Wirtschaftsgut im Aufnahmestaat keiner Abschreibung vom gemeinen Wert zugänglich gemacht wird; insoweit ist auch § 4g Abs. 2 EStG europarechtswidrig.
6. Die bisherige EuGH-Judikatur hat viele der hier herausgearbeiteten Argumente noch nicht berücksichtigt und steht daher nicht im vollständigen Einklang mit den hier dargestellten Arbeitsergebnissen. Insbesondere fanden das geänderte (deutsche) Abkommensverständnis des Art. 13 Abs. 2 OECD-MA, die Gewinnaufteilungsgrundsätze des Art. 7 Abs. 2 OECD-MA sowie das Besteuerungsverfahren bei Anrechnungsbetriebsstätten noch keine Beachtung. Zudem differenzierte der EuGH bei Entstrickungsnormen nicht zwischen Anlage- und Umlaufvermögen und verbindet irrtümlicherweise mit einer Steuerentstrickung auch stets ein steigendes Risiko des Ausfalls des Steueranspruchs. Unglücklicherweise bildet diese nicht vollendete Rechtsprechung zugleich die Grundlage der Mindestanforderung für Art. 5 ATAD.

KAPITEL IV: Auswirkungen der Niederlassungs- und Kapitalverkehrsfreiheit auf die umwandlungsbedingte Steuerentstrickung sowie notwendige gesetzgeberische Maßnahmen

A. Europarechtskonforme Auslegung und Europarechtsinkonformität

Es wurde gezeigt, dass sowohl die allgemeinen als auch die speziellen Entstrickungsnormen im deutschen Steuerrecht in vielen Anwendungsfällen mit dem Europarecht unvereinbar sind. Es stellt sich die Frage, wie mit diesen Normen zu verfahren ist.

Vorrang ist der europarechtskonformen Auslegung zu gewähren. Ist der Wortlaut einer Norm sowohl einer europarechtswidrigen als auch einer europarechtskonformen Interpretation zugänglich, ist im Rahmen der europarechtskonformen Auslegung durch die nationalen Gerichte die europarechtskonforme Interpretation zu wählen.[809] Diese Verpflichtung der nationalen Gerichte ergibt sich aus dem Grundsatz der Normenerhaltung (favor legis) und dient dem Schutz des nationalen Rechts vor übermäßigen europarechtsbedingten Ausfällen nationaler Vorschriften.[810] Vorteil der europarechtskonformen Auslegung ist, dass die Norm im Grundsatz erhalten bleibt und auch ihre Rechtsfolgen weiterhin Anwendung finden. Die europarechtskonforme Auslegung hat ihre Grenzen in dem Wortlaut der Norm. Ist der Wortlaut so eng gefasst, dass er offenkundig keine andere Interpretation mehr erlaubt, scheidet eine europarechtskonforme Auslegung zwangsläufig aus.[811]

Bei fehlender Auslegungsmöglichkeit bewirkt der Anwendungsvorrang des Primärrechts gegenüber mitgliedstaatlichem Recht die Europarechtsinkonformität der staatlichen Norm.[812] In diesen Fällen ist die in Rede stehende Norm in vollem Umfang sowohl für vergangene als auch für künftige Sachverhalte nicht anwendbar. Wurden auf Basis dieser unanwendbaren Regelung bereits Steuerbescheide

809 *Körner*, IStR 2011, 527, 531.
810 Franzen/Gallner/Oetker/*Höpfner*, Art. 288 AEUV, Rn. 15.
811 *Hahn*, DStZ 2005, 433, 534; *Körner*, IStR 2011, 527, 531.
812 Calliess/Ruffert/*Ruffert*, Art. 1 AEUV, Rn. 21.

erlassen, sind diese ungeachtet nationaler Änderungsvorschriften zurückzunehmen.[813]

Soweit die deutschen Entstrickungsnormen gegen die Niederlassungs- oder Kapitalverkehrsfreiheit verstoßen, ergeben sich nachfolgende Konsequenzen:

- Ist der Wortlaut der Entstrickungsnorm einer europarechtskonformen Auslegung zugänglich, erlaubt die Niederlassungsfreiheit der EU-Kapitalgesellschaft zunächst den steuerneutralen Transfer ins EU-Ausland. Im Rahmen einer geltungserhaltenden Reduktion erfolgt anschließend die Nachversteuerung nach Maßgabe der europarechtlichen Mindestanforderungen (Bildung eines Ausgleichspostens im Überführungszeitpunkt mit nachgelagerter Steuerfestsetzung und -erhebung zum pauschalen Realisationszeitpunkt von fünf Jahren).
- Im Falle einer Europarechtsinkonformität der Entstrickungsnorm wird diese gänzlich unanwendbar. Dies hätte zur Folge, dass der Wirtschaftsguttransfer steuerneutral erfolgt und eine Nachversteuerung zum (pauschalen) Realisationszeitpunkt nicht mehr auf diese Norm gestützt werden kann. Dem Steuerpflichtigen wäre damit der steuerfreie Exit gelungen.

Die vorgenannten Konsequenzen sind wie folgt auf die deutschen Entstrickungsnormen anzuwenden und führen zu den anschließend beschriebenen gesetzgeberischen Maßnahmen:

B. Szenario 1: Kein Verlust des Besteuerungsrechts

Wird das deutsche Besteuerungsrecht im Zuge der grenzüberschreitenden Einbringung weder ausgeschlossen noch beschränkt, greifen die allgemeinen und speziellen Entstrickungsvorschriften nicht ein, mit der Folge, dass der Unionsbürger in seinen Grundfreiheiten nicht beschränkt wird. Mangels Grundfreiheitenverstoß besteht für den Gesetzgeber keine Handlungsnotwendigkeit.

C. Szenario 2: Fingierter Verlust des Besteuerungsrechts

I. Status quo

Behält die Bundesrepublik Deutschland im Rahmen des Einbringungsvorgangs das Besteuerungsrecht und wird das Wirtschaftsgut anschließend aufgrund einer tatsächlichen Handlung des Steuerpflichtigen in eine ausländische Betriebsstätte überführt, unterstellt § 12 Abs. 1 S. 2 KStG einen Ausschluss des deutschen Besteuerungsrechts auch in den Fällen, in denen die Bundesrepublik Deutschland das Besteuerungsrecht an den bis dahin geschaffenen stillen Reserven behält. Wenn im Rahmen der Steuerentstrickung das deutsche Besteuerungsrecht nicht

813 Calliess/Ruffert/*Ruffert*, Art. 1 AEUV, Rn. 23 m.w.N.

ausgeschlossen oder beschränkt wird, fehlt es an einem legitimen Ziel, die Steuer festzusetzen und zu erheben. Weil die Bundesrepublik Deutschland in diesen Fällen ihr Besteuerungsrecht behält, kann die durch den Liquiditätsnachteil herbeigeführte Beschränkung nicht durch das Ziel gerechtfertigt werden, es solle eine ausgewogene Aufteilung der Besteuerungsbefugnisse gesichert werden.[814] Folglich scheidet die Verteidigung dieser Norm auf dem europarechtlichen Prüfstand bereits auf Rechtfertigungsebene aus, sodass eine Verhältnismäßigkeitsprüfung – und damit insbesondere auch die Bedeutung der Stundungsregelung des § 4g EStG – obsolet ist.

Weil die allgemeine Entstrickungsnorm ganz vordergründig auf Niederlassungen abzielt, verdrängt der Anwendungsbereich der Niederlassungsfreiheit den der Kapitalverkehrsfreiheit[815], mit der Folge, dass nur EU-Kapitalgesellschaften in den Schutzbereich gelangen, nicht jedoch Drittstaatengesellschaften. Von der Steuerbelastung betroffen und schutzwürdig ist die übernehmende Kapitalgesellschaft, nicht der einbringende Rechtsträger.

II. Auswirkungen des Grundfreiheitenverstoßes de lege lata

Durch die Unvereinbarkeit des Regelungsbeispiels mit den Grundfreiheiten kann sich die übernehmende Gesellschaft unmittelbar auf die Schutzwirkung der Niederlassungsfreiheit berufen. Aufgrund des starken Widerspruchs des Regelungsbeispiels mit der Niederlassungsfreiheit und der Tatsache, dass das Regelungsbeispiel auch in den Fällen eine Beschränkung der Niederlassungsfreiheit herbeiführt, in denen eine ausgewogene Aufteilung der Besteuerungsbefugnisse rechtlich nicht gefährdet ist, ist diese Norm einer europarechtskonformen Auslegung nicht mehr zugänglich und damit europarechtsinkonform.[816] Dies hat zur Folge, dass das Regelungsbeispiel des § 12 Abs. 1 S. 2 KStG bei einer Überführung des Wirtschaftsguts im Nachgang zur Einbringung weder eine Sofortbesteuerung noch eine nachgelagerte Besteuerung auslösen kann. Das deutsche Besteuerungsrecht ist in diesen Fällen nicht mehr durch § 12 Abs. 1 KStG geschützt.[817]

Dennoch bleibt das Besteuerungssubstrat der Bundesrepublik Deutschland nach der hier vertretenen Auffassung erhalten. Schließlich besteht das deutsche Besteuerungsrecht auch nach der Überführung fort, ohne dass es einer europarechtskonformen Auslegung bedarf. Im Lichte des geänderten Abkommensverständnisses bleiben die stillen Reserven des überführten Wirtschaftsguts in der Bundesrepublik Deutschland – entweder bei unbeschränkter Steuerpflicht im

814 Vgl. hierzu S. 134.

815 Vgl. hierzu S. 110 ff.

816 So auch *Körner*, IStR 2011, 527, 529, 531; *Körner*, IStR 2012, 1, 4; ebenfalls ernsthafte Zweifel an der Europarechtskonformität: FG Rheinland-Pfalz v. 7.1.2011 – 1 V 1217/10, EFG 2011, 1096, Rn. 73.

817 *Körner*, IStR 2011, 527, 531.

Rahmen des Welteinkommensprinzips oder bei beschränkter Steuerpflicht durch das Prinzip nachträglicher Betriebsstätteneinkünfte – steuerlich verhaftet. Das bedeutet, dass das Wirtschaftsgut zunächst steuerneutral überführt wird und bei einem späteren Realisationsakt durch die deutsche Bundesregierung jene Steuer erhoben wird, die ihr nach dem Aufteilungsmaßstab des DBA oder nach Anrechnung der ausländischen Steuer zusteht.[818]

III. Gesetzgeberische Maßnahmen de lege ferenda

De lege ferenda ist für einen europarechtskonformen Gesetzeswortlaut das Regelungsbeispiel in § 12 Abs. 1 S. 2 KStG und auch in § 4 Abs. 1 S. 4 EStG ersatzlos zu streichen. Dem stehen auch Art. 5 Abs. 1 lit. a) und b) ATAD nicht entgegen, da diese den Mitgliedstaat nur in den Fällen zu einer Finalbesteuerung verpflichten, in denen der Ursprungsstaat *„aufgrund der Übertragung nicht mehr das Besteuerungsrecht für die übertragenen Vermögenswerte hat“*.[819]

D. Szenario 3: Verlust des Besteuerungsrechts im Zuge der tatsächlichen Steuerentstrickung

I. Status quo

Führt die dem Einbringungsstichtag nachgelagerte Überführung des Wirtschaftsguts zu einer Beschränkung oder einem Ausschluss des deutschen Besteuerungsrechts[820], löst die allgemeine Entstrickungsvorschrift des § 12 Abs. 1 S. 1 KStG eine Finalbesteuerung aus. Die mit dem Liquiditätsnachteil verbundene Beschränkung der Niederlassungsfreiheit kann dann grundsätzlich durch das Ziel gerechtfertigt werden, es soll eine ausgewogene Aufteilung der Besteuerungsbefugnisse gewahrt werden. Schließlich gesteht der EuGH dem Ursprungsstaat in ständiger Rechtsprechung das Recht zu, die in seinem Hoheitsstaat entstandenen stillen Reserven zu besteuern.[821]

---

818 Sollte es sich um ein Wirtschaftsgut mit Substanzverzehr (z.B. des abschreibbaren Anlagevermögens) handeln, würde der Wert nach der Entstrickung u.U. auf null sinken. In diesen Fällen ist der Ursprungsstaat im Rahmen einer abkommensrechtlichen Gewinnaufteilung auch an den durch den Werteverzehr generierten Erträgen zu beteiligen (vgl. hierzu im Detail S. 85).

819 Vgl. hierzu im Detail S. 166 f.

820 Zu den möglichen Anwendungsfällen siehe S. 92 ff.

821 EuGH v. 7.9.2006 – C-470/04, *N*, Slg. 2006, I-7409, Rn. 46; EuGH v. 29.11.2011 – C-371/10, *National Grid Indus*, EuZW 2011, 951, Rn. 45 f.; EuGH v. 23.1.2014 – C-164/12, *DMC*, ECLI:EU:C:2014:20, Rn. 49; EuGH v. 21.5.2015 – C-657/13, *Verder LabTec*, ECLI:EU:C:2015:331, Rn. 43.

Während eine Steuerfestsetzung zum Entstrickungszeitpunkt unverhältnismäßig wäre, ist die vom deutschen Gesetzeber in § 4g EStG vorgesehene gewinnerhöhende Auflösung der stillen Reserven europarechtskonform, soweit der Ertrag bei EU-Sachverhalten durch die aufwandswirksame Bildung eines steuerlichen Ausgleichspostens neutralisiert wird und weder zu einer Steuerfestsetzung noch zu einer Steuererhebung führt. Europarechtswidrig ist jedoch die Begrenzung des persönlichen Anwendungsbereichs auf unbeschränkt Steuerpflichtige.[822] Darüber hinaus darf die Norm nicht per se die Auflösung des Ausgleichspostens in fünf gleichmäßigen Teilbeträgen vorsehen und auf Entstrickungsfälle begrenzt sein, die durch eine Überführung zwischen zwei EU-Betriebsstätten ausgelöst wird.

II. Auswirkungen des Grundfreiheitenverstoßes de lege lata

Führt die zu strenge Ausgestaltung des § 4g EStG – insbesondere wegen des engen persönlichen und sachlichen Anwendungsbereichs und der ratierlichen Auflösung – jedoch zu einer unangemessenen Beschränkung der Niederlassungsfreiheit, kann sich die übernehmende EU-Kapitalgesellschaft unmittelbar auf die Schutzwirkung der Niederlassungsfreiheit berufen. Dies führt dazu, dass die Entstrickung dann zunächst steuerneutral möglich ist. Zudem ist die ratierliche Auflösung des Ausgleichspostens unzulässig.

Es ist deutlich erkennbar, dass der deutsche Gesetzgeber mit § 4g EStG eine primärrechtskonforme Regelung für Entstrickungssachverhalte schaffen wollte. Dabei hat er die Kernvorgaben des Primärrechts – insbesondere die Vermeidung einer Sofortbesteuerung durch eine fünfjährige Stundung – zutreffend umgesetzt. Auch wird die Besteuerungssystematik teilweise durch die gegenwärtige EuGH-Judikatur[823] und Literatur[824] gedeckt. Weil die deutsche Regelung daher nur in Nuancen fehlerhaft ausgestaltet ist, bleibt sie nach der hier vertretenen Auffassung einer europarechtskonformen Auslegung zugänglich mit der Folge, dass auch in europarechtswidrigen Entstrickungsfällen § 4g EStG zur Bildung eines Ausgleichspostens führt und dessen Auflösung nach Maßgabe der europarechtlichen Mindestanforderungen erfolgt. Das deutsche Besteuerungsrecht bleibt damit – zumindest in nachgelagerter Form – auch in den Fällen erhalten, in denen die allgemeine Entstrickungsnorm gegen die Niederlassungsfreiheit verstößt.[825]

---

822 Vgl. hierzu im Detail S. 95 f. und S. 152 f.

823 EuGH v. 21.5.2015 – C-657/13, *Verder LabTec*, ECLI:EU:C:2015:331, Rn. 52.

824 So z.B. *Mitschke*, IStR 2017, 69, 77.

825 A.A. *Körner*, IStR 2011, 527, 531; *Körner*, IStR 2012, 1, 4.

III. Gesetzgeberische Maßnahmen de lege ferenda

Der deutsche Gesetzgeber hat die Primärrechtswidrigkeit durch eine Gesetzesanpassung in § 4g EStG zu beheben. Dazu muss die neue Regelung nachfolgenden Anforderungen gerecht werden:

- Bei Wirtschaftsgütern des Umlaufvermögens ist eine Festsetzung und Erhebung der Exitsteuer im Veranlagungsjahr der Entstrickung europarechtskonform.
- Bei Wirtschaftsgütern des Anlagevermögens darf keine Festsetzung der Exitsteuer (z.B. per Steuerbescheid) erfolgen, sondern der Differenzbetrag zwischen gemeinem Wert und Buchwert des entstrickten Wirtschaftsguts ist in einen steuerlichen Ausgleichsposten einzustellen.
- Der steuerliche Ausgleichsposten ist grundsätzlich erst im Realisationszeitpunkt gewinnerhöhend aufzulösen. Um die Einflussnahme des Steuerpflichtigen auf den Steuerentstehungszeitpunkt zu vermeiden, kann ein pauschaler Realisationszeitpunkt von fünf Jahren nach dem Entstrickungszeitpunkt vorgegeben werden. Wird das Wirtschaftsgut im Aufnahmestaat mit dem gemeinen Wert steuerverstrickt und dort einer Abschreibung zugänglich gemacht, kann der Wegzugsstaat die gewinnerhöhende Auflösung des steuerlichen Ausgleichspostens in fünf gleichen Jahresraten vorsehen; es bestehen keine Bedenken, die Beweislast für das Nichtbestehen des Step-Ups und der Abschreibung dem Steuerpflichtigen aufzulegen.
- Das Recht zum Ansatz eines steuerlichen Ausgleichspostens muss allen EU-Gesellschaften für abnutzbare und nicht abnutzbare Wirtschaftsgüter zustehen. Es ist nicht zulässig, den Anwendungsbereich auf unbeschränkt Steuerpflichtige und auf abnutzbare Wirtschaftsgüter zu beschränken, wie es § 4g EStG in seiner jetzigen Fassung vornimmt.
- Ebenfalls darf die Norm nicht die Überführung eines Wirtschaftsguts als Anwendungsvoraussetzung haben. Vielmehr müssen alle Entstrickungsvorgänge begünstigt sein, so beispielsweise auch die Entstrickung durch Wegzug oder durch Revision eines DBA[826].

Problematisch wird die primärrechtskonforme Anpassung in den Bereichen, in denen die EuGH-Judikatur die Hintergründe zu den oben genannten Vorgaben bisher nicht erkannt und daher noch nicht bestätigt hat. Schließlich hat der Sekundärrechtsgeber in Anlehnung an diese noch nicht vollendete Rechtsprechung mit Wirkung zum 1.1.2020 die ATAD erlassen, die die Mitgliedstaaten zu einer Entstrickungsbesteuerung nach strengen Mindestvorgaben verpflichtet. Im Widerspruch zu den obigen Anforderungen sieht die ATAD nach Art. 5 Abs. 1 nunmehr die Festsetzung der Steuer im Entstrickungszeitpunkt vor.

---

826 Die passive Entstrickung durch Revision eines DBA wird nunmehr durch die Finanzverwaltung bestätigt: BMF v. 26.10.2018 – IV B 5 – S 1348/07/10002-01, BStBl. I 2018,1104.

Nach Art. 5 Abs. 2 ATAD kann die festgesetzte Steuer in fünf Jahresraten nur dann entrichtet werden, wenn die Entstrickung auf dem Wirtschaftsguttransfer oder dem Wegzug innerhalb zweier EU-/EWR-Staaten erfolgt. Außerdem gestattet die ATAD den Mitgliedstaaten in Art. 5 Abs. 3, die Steuerstundung von der Erhebung von Zinsen und in begründeten Fällen von der Gestellung von Sicherheitsleistungen abhängig zu machen. Der sich nun ergebende Widerspruch zwischen den primärrechtlichen Grundfreiheiten einerseits und der sekundärrechtlichen ATAD andererseits kann zweifelsfrei nur zugunsten der Grundfreiheiten gelöst werden[827], mit der Folge, dass der deutsche Gesetzgeber die Vorgaben der ATAD nur insoweit umzusetzen hat, als diese nicht gegen die Grundfreiheiten verstoßen. Es verbleibt jedoch die Einflussnahme der ATAD im Bereich der Steuerentstrickung von Wirtschaftsgütern des Umlaufsvermögens, da die ATAD hier (ausnahmsweise) einen größeren Schutzbereich für den Unionsbürger entfaltet als das Primärrecht. Daher müssen bei der Neukonzipierung des § 4g EStG die Stundungsmöglichkeiten auf Wirtschaftsgüter des Umlaufvermögens ausgeweitet werden. Außerdem sieht Art. 5 Abs. 4 lit. e ATAD noch einen Widerruf der Stundung vor, wenn der Steuerpflichtige in Zahlungsverzug gerät.

E. Szenario 4: Verlust des Besteuerungsrechts im Zuge der rechtlichen Steuerentstrickung

I. Status quo

Einbringungen sind im Anwendungsbereich des § 20 UmwStG grundsätzlich steuerneutral möglich. Die Norm begünstigt die Einbringung von Sachgesamtheiten in Kapitalgesellschaften unabhängig davon, ob der Einbringende einen sicheren Einfluss auf die Entscheidungen der eingebrachten Sachgesamtheit (z.B. Minderheitenmitunternehmeranteil) oder der übernehmenden Kapitalgesellschaft (z.B. Portfoliobeteiligungen) innehat.

Wird als Rechtsfolge der Verwirklichung des Einbringungsvertrags ohne das Dazutun des Steuerpflichtigen das deutsche Besteuerungsrecht zum steuerlichen Einbringungsstichtag ausgeschlossen oder beschränkt, löst das die rechtliche Steuerentstrickung nach § 20 Abs. 2 S. 2 Nr. 3 UmwStG mit der Folge aus, dass insoweit das übernommene Betriebsvermögen durch die Kapitalgesellschaft mit dem gemeinen Wert anzusetzen ist und dieser gemeine Wert wiederum für den Einbringenden als steuerpflichtiger Veräußerungspreis gilt. Weil die rechtliche Entstrickung unabhängig von der Beteiligungsquote greift, beschränkt sie vorrangig den freien Kapitalverkehr und nicht die freie Niederlassung.[828]

827 Vgl. hierzu im Detail S. 164 f.
828 Vgl. hierzu im Detail S. 116 ff.

Im Unterschied zur tatsächlichen Entstrickung ist die Steuerneutralität bei rechtlichen Entstrickungsvorgängen daher auch in Drittstaatenfällen geboten, beispielsweise wenn ein unbeschränkt Steuerpflichtiger eine Drittstaatenanrechnungsbetriebsstätte in eine übernehmende EU-Kapitalgesellschaft einbringt. Ein weiterer Unterschied ergibt sich daraus, dass § 4g EStG de lege lata auf die rechtliche Entstrickung keine Anwendung findet.[829] Außerdem löst die rechtliche Steuerentstrickung die Exitsteuer auf Ebene des einbringenden Rechtsträgers und nicht auf Ebene der übernehmenden Kapitalgesellschaft aus.

II. Auswirkungen des Grundfreiheitenverstoßes de lege lata

Weil § 20 Abs. 2 S. 2 Nr. 3 UmwStG grenzüberschreitende Einbringungen damit gegenüber rein nationalen Einbringungsvorgängen nachteilig besteuert, verstößt die Bundesregierung aktuell gegen die Kapitalverkehrsfreiheit.[830] Folglich kann sich der einbringende Rechtsträger auf die unmittelbare Anwendung der Kapitalverkehrsfreiheit berufen, mit der Folge, dass die Einbringung (zunächst) steuerneutral möglich sein muss. Der theoretische Anspruch auf Steuerneutralität scheint in der Praxis de lege lata jedoch kaum realisierbar zu sein, schließlich sind beide dem Steuerpflichtigen sich bietenden Vorgehensweisen nicht zielführend:

- Die übernehmende Kapitalgesellschaft verzichtet auf den Buchwertantrag und setzt das eingebrachte Betriebsvermögen zum gemeinen Wert an. Dieser gemeine Wert gilt gem. § 20 Abs. 3 S. 1 UmwStG für den einbringenden Rechtsträger als Veräußerungspreis und löst damit einen Einbringungsgewinn i.S.d. § 16 EStG aus. Unter Berufung auf den Verstoß gegen die Kapitalverkehrsfreiheit begehrt der Steuerpflichtige sodann die Neutralisation des Einbringungsgewinns. Dies wird jedoch daran scheitern, dass die Voraussetzungen der Steuerneutralität im Übrigen nicht erfüllt sind, schließlich fehlt es nach § 20 Abs. 2 S. 2 UmwStG an einem Buchwertansatz und nach § 20 Abs. 2 S. 3 UmwStG an dem obligatorischen Buchwertantrag. Hierzu hat der EuGH in der Rs. *3d I* bereits entschieden, dass der Mitgliedstaat eine unionsrechtlich gebotene Steuerneutralität des Einbringungsvorgangs nicht gewähren muss, wenn im Übrigen die nationalen Vorschriften nicht erfüllt sind.[831] Die Steuerneutralität ist damit zu versagen.

---

829 Vgl. hierzu im Detail S. 92 f.

830 Vgl. hierzu im Detail S. 116 ff.

831 EuGH v. 19.12.2012 – C-207/11, *3D I*, ECLI:EU:C:2012:818. Ebenso hat auch das FG Niedersachen zur Berücksichtigung finaler Auslandsverluste einer EU-Tochterkapitalgesellschaft durch die deutsche Anteilseignerin entschieden, dass dies nur unionsrechtlich geboten ist, wenn zwischen der deutschen Muttergesellschaft und der ausländischen Tochtergesellschaft ein Gewinnabführungsvertrag i.S.d. § 291 Abs. 1 AktG oder zumindest ein schuldrechtlich vergleichbarer Vertrag mit Verlustübernahmeverpflichtung abgeschlossen wurde (vgl. *Rublack*, IFSt-Schrift Nr. 472 2011, S. 32, FG Niedersachen v. 11.02.2010 – 6 K 406/08, EFG 2010, 815, Rn. 3).

- Alternativ kann die übernehmende Kapitalgesellschaft das eingebrachte Betriebsvermögen zu Buchwerten ansetzen und den dazugehörigen Buchwertantrag stellen. Damit sind die nationalen Voraussetzungen zur Steuerneutralität erfüllt. Aufgrund primärrechtlicher Vorgaben ist der Einbringungsvorgang sodann steuerneutral möglich. Da auch die speziellen Entstrickungsnormen des UmwStG nach *Körner*[832] einer europarechtskonformen Auslegung zugänglich sein sollen, ist § 20 Abs. 2 S. 2 Nr. 3 UmwStG dahingehend auszulegen, dass die Entstrickungsbesteuerung nicht zum Einbringungsstichtag, sehr wohl aber zu einem in fünf Jahren danach liegenden pauschalen Realisationszeitpunkt erfolgt. In Anbetracht der damit verbundenen Nachversteuerung der stillen Reserven entlarvt sich die vermeintliche Steuerneutralität für den Einbringenden nach Ablauf der Aufstockungsfrist schließlich doch als Einbringung zum gemeinen Wert, jedoch mit dem zusätzlichen Nachteil, dass die im Tausch erhaltenen Geschäftsanteile mit dem Buchwert angesetzt wurden. Außerdem hat die übernehmende Kapitalgesellschaft die Buchwerte des übernommenen Betriebsvermögens fortgeführt und verfügt damit letztendlich über ein geringeres Abschreibungsvolumen. Es ergäben sich zwei erneute Beschränkungen der Kapitalverkehrsfreit, und zwar auf Ebene des Einbringenden und auf Ebene der übernehmenden Kapitalgesellschaft. Ob nun auch § 20 Abs. 3 S. 1 UmwStG (Buchwertverknüpfung der erhaltenen Anteile) und § 20 Abs. 2 S. 2 UmwStG (Buchwertansatz durch die übernehmende Kapitalgesellschaft) einer zusätzlichen europarechtskonformen Auslegung zugänglich sind, erscheint fraglich.

In der steuerrechtlichen Gestaltungspraxis ist die gegenwärtige Rechtslage damit kaum zu bewältigen: Entscheidet sich der Steuerpflichtige für einen Buchwertantrag auf Ebene der Kapitalgesellschaft, droht das Risiko der ewigen Buchwertfortführung für das Betriebsvermögen und die erhaltenen Anteile, gleichwohl unbestritten bleibt, dass der Ausgleichsposten zu Lasten des Einbringenden aufzulösen ist. Entscheidet er sich hingegen für einen Ansatz zum gemeinen Wert, droht das Risiko, dass die Buchwertfortführung bereits mangels Vorliegens der übrigen Voraussetzungen verworfen wird.

Die gegenwärtige Rechtslage bleibt daher ungeklärt. Auch wenn der Rs. *DMC*[833] ein ähnlicher Einbringungsfall zugrunde lag, war die Rechtslage doch eine andere. Denn nach § 20 Abs. 3 UmwStG 1995 erfolgte die Einbringung zum gemeinen

832 *Körner*, IStR 2009, 741, 749; *Körner*, IStR 2012, 1, 4; für die Umwandlungsvorgänge i.S.d. §§ 2 bis 19 UmwStG wird diese Auffassung geteilt, da in diesen Fällen die Buchwertfortführung durch den übertragenden Rechtsträger beantragt wird und unabhängig davon ist, wie die Wirtschaftsgüter durch den übernehmenden Rechtsträger tatsächlich bilanziert werden. Für § 20 UmwStG wird die europarechtskonforme Auslegung kritisch gesehen. Eine unionsrechtskonforme Auslegung ablehnend: *Beutel/Rehberg*, IStR 2012, 94, 97. Für eine europarechtskonfome Auslegung des § 22 Abs. 1 S. 6 Nr. 6 UmwStG vgl. *Körner*, DStR 2010, 897, 905.

833 EuGH v. 23.1.2014 – C-164/12, *DMC*, ECLI:EU:C:2014:20.

Wert, bevor § 21 Abs. 2 S. 3 UmwStG 1995 eine Steuererhebung in fünf Jahresraten vorsah.

III. Gesetzgeberische Maßnahmen de lege ferenda

Die Anforderungen an einen europarechtskonformen Gesetzeswortlaut entsprechen im Grundsatz den Anforderungen an einen angepassten § 4g EStG[834], jedoch mit der Maßgabe, dass die Steuerneutralität auch auf Drittstaateneinbringungen anzuwenden ist und die Bewertung des eingebrachten Betriebsvermögens bei der übernehmenden Kapitalgesellschaft und die Bewertung der erhaltenen Anteile mit dem gemeinen Wert erfolgen und nur auf Ebene des Einbringenden die aufgedeckten stillen Reserven durch einen Ausgleichsposten neutralisiert werden. Es empfiehlt sich daher ein Besteuerungskonzept, das dem des UmwStG 1995 entspricht. Danach wurde die Einbringung zunächst zum gemeinen Wert vorgenommen, bevor der Einbringende den Einbringungsgewinn nachgelagert besteuern musste.

Bei der gesetzlichen Anpassung der speziellen Entstrickungsvorschriften sind die Vorgaben der ATAD nicht zu berücksichtigen, da diese nur für Überführungs- und Wegzugsfälle verpflichtend sind, nicht jedoch für Einbringungsfälle. Zudem stellen die Vorgaben der FRL nur einen Mindestschutz dar, der hinsichtlich der Entstrickungsregelungen unterhalb der primärrechtlichen Anforderungen liegt. Daher reicht die Berücksichtigung primärrechtlicher Vorgaben aus, um allen europarechtlichen Ansprüchen gerecht zu werden.

F. Szenario 5: Einbringung außerhalb des UmwStG

I. Status quo

Nach § 1 Abs. 3 Nr. 1 bis 4, Abs. 4 Nr. 1, Abs. 4 Nr. 2 lit. a lit. aa und Abs. 2 Nr. 1 UmwStG ist der Anwendungsbereich der steuerneutralen Einbringung nach § 20 UmwStG nur eröffnet, wenn sowohl der übernehmende als auch der einbringende Rechtsträger jeweils die EU-/EWR-Gründungs- und Ansässigkeitsvoraussetzungen erfüllen.[835] Ist der Einbringende eine natürliche Person, muss diese nach § 1 Abs. 3 Nr. 1 bis 4, Abs. 4 Nr. 2 lit. a lit. aa und Abs. 2 Nr. 2 UmwStG ihren Wohnsitz oder gewöhnlichen Aufenthalt im EU-/EWR-Raum haben und darf abkommensrechtlich nicht außerhalb dieser Staaten als ansässig gelten.[836]

---

834 Vgl. hierzu im Detail S. 206 f.

835 Vgl. hierzu im Detail S. 36 ff.

836 Vgl. hierzu im Detail und für die Ausnahmemöglichkeit bei Drittstaatenansässigen: S. 38 f.; für Personengesellschaften als Einbringender siehe S. 40 f.

Damit wird Einbringungsvorgängen die Steuerneutralität verweigert, wenn an ihnen Personen außerhalb der EU-/EWR-Staaten beteiligt sind. Betroffen sind hiervon beispielsweise die Einbringung einer deutschen Betriebsstätte eines US-amerikanischen Unternehmens in eine deutsche GmbH sowie der umgekehrte Fall der Einbringung einer US-amerikanischen Betriebsstätte eines deutschen Unternehmens in eine US-amerikanische Corporation. Gleichwohl im erstgenannten Fall das deutsche Besteuerungsrecht nicht ausgeschlossen bzw. beschränkt wird und im zweiten Fall ohnehin kein Besteuerungsrecht besteht, das verloren gehen könnte, erfolgt die Einbringung unter Aufdeckung sämtlicher stiller Reserven. Es ist geklärt, dass grenzüberschreitende Einbringungsvorgänge in den Anwendungsbereich der Kapitalverkehrsfreiheit fallen und damit auch Drittstaatensachverhalte begünstigen müssen.[837] Im erstgenannten Fall führt der mit der Einbringung verbundene Liquiditätsnachteil zu einer Beschränkung der Kapitalverkehrsfreiheit, der wie eine EU-/EWR-Einbringung für den Einbringenden einen auf fünf Jahre zu bildenden Ausgleichsposten vorsehen muss. Im zweiten Fall ist die Beschränkung der Kapitalverkehrsfreiheit nicht offenkundig, da der mit der Einbringung verbundene fiktive Einbringungsgewinn in einer US-amerikanischen Betriebsstätte nach Art. 13 Abs. 3 DBA USA in Deutschland steuerfrei zu stellen ist und damit in Deutschland zunächst keine Besteuerung auslöst. Bei genauer Betrachtung wird jedoch deutlich, dass ein Veräußerungsgewinn, selbst wenn er steuerfrei ist, das bilanzielle Eigenkapital einer einbringenden Körperschaft erhöht. Dies kann Folgenachteile auslösen, beispielsweise eine nachteilige Veränderung der Auszahlungsreihenfolge aus dem steuerlichen Einlagekonto nach § 27 KStG oder eine erhöhte Besteuerung offener Rücklagen nach § 7 UmwStG bei einer späteren Umwandlung in ein Personenunternehmen.[838]

II. Auswirkungen des Grundfreiheitenverstoßes de lege lata

Mit dem eingeschränkten Anwendungsbereich nach § 1 UmwStG für Einbringungsvorgänge verstößt die Bundesregierung gegen die Kapitalverkehrsfreiheit, sodass sich sowohl Unionsbürger als auch Drittstaatenbürger bzw. -gesellschaften auf die Grundfreiheiten berufen können. In diesen Fällen ist § 1 UmwStG europarechtskonform dahingehend auszulegen, dass auch Drittstaateneinbringungen in den steuerneutralen Anwendungsbereich des § 20 UmwStG gelangen. Infolgedessen treten die bereits unter Abschnitt E.II. genannten Rechtsfolgen ein.

---

837 Vgl. hierzu im Detail S. 187 ff.

838 Dem steht zwar der Wortlaut des § 20 Abs. 3 S. 2 UmwStG entgegen, der in Fällen der Einbringung steuerfreigestellten Auslandsvermögens den Ansatz des gemeinen Werts vorsieht, doch fehlt auch dieser Beschränkung jegliche Rechtfertigungsmöglichkeit mit der Folge der Europarechtsinkonformität und Unanwendbarkeit dieser Vorschrift.

III. Gesetzgeberische Folgen de lege ferenda

Mit der ersatzlosen Streichung des § 1 Abs. 4 UmwStG entfällt die Eingrenzung des räumlichen Anwendungsbereichs und erlaubt die steuerneutrale Einbringung auch unter Beteiligung von Personen und Gesellschaften außerhalb der EU-/EWR-Staaten. Die weiteren Rechtsfolgen richten sich dann nach § 20 UmwStG.

G. Wortlaut einer unionsrechtskonformen Neuregelung

I. Änderungen in § 12 Abs. 1 KStG

Auf der Basis der vorangegangenen Ausarbeitung und Erläuterungen ist § 12 Abs. 1 KStG wie folgt anzupassen, um den Anforderungen der Niederlassungsfreiheit und der ATAD gerecht zu werden:

Bisherige Rechtslage / Änderungen	Gesetzesvorschlag
(1) [1]Wird bei der Körperschaft, Personenvereinigung oder Vermögensmasse das Besteuerungsrecht der Bundesrepublik Deutschland hinsichtlich des Gewinns aus der Veräußerung oder der Nutzung eines Wirtschaftsguts ausgeschlossen oder beschränkt, gilt dies als Veräußerung oder Überlassung des Wirtschaftsguts zum gemeinen Wert; § 4 Absatz 1 Satz 5, § 4g und § 15 Abs. 1a des Einkommensteuergesetzes gelten entsprechend. [2]~~Ein Ausschluss oder eine Beschränkung des Besteuerungsrechts hinsichtlich des Gewinns aus der Veräußerung eines Wirtschaftsguts liegt insbesondere vor, wenn ein bisher einer inländischen Betriebsstätte einer Körperschaft, Personenvereinigung oder Vermögensmasse zuzuordnendes Wirtschaftsgut einer ausländischen Betriebsstätte dieser Körperschaft, Personenvereinigung oder Vermögensmasse zuzuordnen ist.~~	(1) [1]Wird bei der Körperschaft, Personenvereinigung oder Vermögensmasse das Besteuerungsrecht der Bundesrepublik Deutschland hinsichtlich des Gewinns aus der Veräußerung oder der Nutzung eines Wirtschaftsguts ausgeschlossen oder beschränkt, gilt dies als Veräußerung oder Überlassung des Wirtschaftsguts zum gemeinen Wert; § 4 Absatz 1 Satz 5, § 4g und § 15 Abs. 1a des Einkommensteuergesetzes gelten entsprechend.

II. Änderungen in § 4g Abs. 1 und 2 EStG

Auf der Basis der vorangegangenen Ausarbeitung und Erläuterungen ist § 4g Abs. 1 und 2 EStG wie folgt anzupassen, um vorrangig den Anforderungen der Niederlassungsfreiheit und nachrangig der ATAD gerecht zu werden:

Bisherige Rechtslage / Änderungen	**Gesetzesvorschlag**
(1) [1]~~Ein unbeschränkt~~ [Der] Steuerpflichtige~~r~~ kann in Höhe des Unterschiedsbetrags zwischen dem Buchwert und dem nach § 6 Absatz 1 Nummer 4 Satz 1 zweiter Halbsatz anzusetzenden Wert eines Wirtschaftsguts ~~des Anlagevermögens~~ auf Antrag einen Ausgleichsposten bilden, soweit das Wirtschaftsgut infolge ~~seiner Zuordnung zu einer Betriebsstätte desselben Steuerpflichtigen in einem anderen Mitgliedstaat der Europäischen Union~~ [des Ausschlusses oder der Beschränkung des Besteuerungsrechts der Bundesrepublik Deutschland hinsichtlich des Gewinns aus der Veräußerung oder der Nutzung eines Wirtschaftsguts] gemäß § 4 Absatz 1 Satz 3 als entnommen gilt. [2]Der Ausgleichsposten ist für jedes Wirtschaftsgut getrennt auszuweisen. [3]Das Antragsrecht kann für jedes Wirtschaftsjahr nur einheitlich für sämtliche Wirtschaftsgüter ausgeübt werden. [4]Der Antrag ist unwiderruflich. [5]~~Die Vorschriften des Umwandlungssteuergesetzes bleiben unberührt.~~ [Der Ausgleichsposten kann nur gebildet werden, soweit das Wirtschaftsgut nach dem Ausschluss oder der Beschränkung des Besteuerungsrechts einer in der Europäischen Union oder dem Europäischen Wirtschaftsraum belegenen Betriebsstätte zuzuordnen ist.]	(1) [1]Der Steuerpflichtige kann in Höhe des Unterschiedsbetrags zwischen dem Buchwert und dem nach § 6 Absatz 1 Nummer 4 Satz 1 zweiter Halbsatz anzusetzenden Wert eines Wirtschaftsguts auf Antrag einen Ausgleichsposten bilden, soweit das Wirtschaftsgut infolge des Ausschlusses oder der Beschränkung des Besteuerungsrechts der Bundesrepublik Deutschland hinsichtlich des Gewinns aus der Veräußerung oder der Nutzung eines Wirtschaftsguts gemäß § 4 Absatz 1 Satz 3 als entnommen gilt. [2]Der Ausgleichsposten ist für jedes Wirtschaftsgut getrennt auszuweisen. [3]Das Antragsrecht kann für jedes Wirtschaftsjahr nur einheitlich für sämtliche Wirtschaftsgüter ausgeübt werden. [4]Der Antrag ist unwiderruflich. [5]Der Ausgleichsposten kann nur gebildet werden, soweit das Wirtschaftsgut nach dem Ausschluss oder der Beschränkung des Besteuerungsrechts einer in der Europäischen Union oder dem Europäischen Wirtschaftsraum belegenen Betriebsstätte zuzuordnen ist.

Bisherige Rechtslage / Änderungen	**Gesetzesvorschlag**
(2) [1]Der Ausgleichsposten ist im Wirtschaftsjahr der Bildung und in den vier folgenden Wirtschaftsjahren zu jeweils einem Fünftel gewinnerhöhend aufzulösen. [2]Er ist in vollem Umfang gewinnerhöhend aufzulösen, 1. wenn das als entnommen geltende Wirtschaftsgut aus dem Betriebsvermögen des Steuerpflichtigen ausscheidet, 2. wenn das als entnommen geltende Wirtschaftsgut aus der Besteuerungshoheit der Mitgliedstaaten der Europäischen Union [und der Staaten, auf den das Abkommen über den Europäischen Wirtschaftsraum Anwendung findet] ausscheidet oder	(2) [1]Der Ausgleichsposten ist im Wirtschaftsjahr der Bildung und in den vier folgenden Wirtschaftsjahren zu jeweils einem Fünftel gewinnerhöhend aufzulösen. [2]Er ist in vollem Umfang gewinnerhöhend aufzulösen, 1. wenn das als entnommen geltende Wirtschaftsgut aus dem Betriebsvermögen des Steuerpflichtigen ausscheidet, 2. wenn das als entnommen geltende Wirtschaftsgut aus der Besteuerungshoheit der Mitgliedstaaten der Europäischen Union und der Staaten, auf den das Abkommen über den Europäischen Wirtschaftsraum Anwendung findet ausscheidet oder
3. wenn die stillen Reserven des als entnommen geltenden Wirtschaftsguts im Ausland aufgedeckt werden oder in entsprechender Anwendung der Vorschriften des deutschen Steuerrechts hätten aufgedeckt werden müssen. [4. der Steuerpflichtige seinen Verpflichtungen im Zusammenhang mit den aus der Auflösung des Ausgleichspostens resultierenden Zahlungsverpflichtungen nicht nachkommt und über einen angemessenen Zeitraum, der zwölf Monate nicht überschreiten darf, eine Abhilfe für seine Situation schafft.] [[3]Weist der Steuerpflichtige nach, dass das Wirtschaftsgut im Ausland keiner Abschreibung vom gemeinen Wert zugänglich gemacht wird, kann der Ausgleichsposten abweichend von Satz 1 erst im vierten Wirtschaftsjahr nach seiner Bildung gewinnerhöhend aufgelöst werden.]	3. wenn die stillen Reserven des als entnommen geltenden Wirtschaftsguts im Ausland aufgedeckt werden oder in entsprechender Anwendung der Vorschriften des deutschen Steuerrechts hätten aufgedeckt werden müssen. 4. der Steuerpflichtige seinen Verpflichtungen im Zusammenhang mit den aus der Auflösung des Ausgleichspostens resultierenden Zahlungsverpflichtungen nicht nachkommt und über einen angemessenen Zeitraum, der zwölf Monate nicht überschreiten darf, keine Abhilfe für seine Situation schafft. [3]Weist der Steuerpflichtige nach, dass das Wirtschaftsgut im Ausland keiner Abschreibung vom gemeinen Wert zugänglich gemacht wird, kann der Ausgleichsposten abweichend von Satz 1 erst im vierten Wirtschaftsjahr nach seiner Bildung gewinnerhöhend aufgelöst werden.

III. Änderungen in § 20 Abs. 3 UmwStG

Auf der Basis der vorangegangenen Ausarbeitung und Erläuterungen ist § 20 Abs. 3 UmwStG im Zusammenhang mit § 4g EStG wie folgt anzupassen, um den Anforderungen der Kapitalverkehrsfreiheit und der FRL gerecht zu werden:

Bisherige Rechtslage / Änderungen	Gesetzesvorschlag
(3) [1]Der Wert, mit dem die übernehmende Gesellschaft das eingebrachte Betriebsvermögen ansetzt, gilt für den Einbringenden als Veräußerungspreis und als Anschaffungskosten der Gesellschaftsanteile. ~~[2]Ist das Recht der Bundesrepublik Deutschland hinsichtlich der Besteuerung des Gewinns aus der Veräußerung des eingebrachten Betriebsvermögens im Zeitpunkt der Einbringung ausgeschlossen und wird dieses auch nicht durch die Einbringung begründet, gilt für den Einbringenden insoweit der gemeine Wert des Betriebsvermögens im Zeitpunkt der Einbringung als Anschaffungskosten der Anteile~~. [Soweit die erhaltenen Anteile beim Einbringen einem Betriebsvermögen zuzuordnen sind, gilt § 4g EStG für Wirtschaftsgüter des Anlagevermögens entsprechend. [3]Andernfalls kann die auf den Veräußerungsgewinn von Wirtschaftsgütern des Anlagevermögens entfallende Einkommen- oder Körperschaftsteuer in jährlichen Teilbeträgen von mindestens je einem Fünftel entrichtet werden; soweit der Einbringende nachweist, dass das eingebrachte Betriebsvermögen bei der übernehmenden Gesellschaft im Ausland keiner Abschreibung vom gemeinen Wert zugänglich gemacht wird, kann die Steuer bis zum Ablauf von fünf Jahren nach dem Einbringungsstichtag gestundet werden.]	(3) [1]Der Wert, mit dem die übernehmende Gesellschaft das eingebrachte Betriebsvermögen ansetzt, gilt für den Einbringenden als Veräußerungspreis und als Anschaffungskosten der Gesellschaftsanteile. [2] Soweit die erhaltenen Anteile beim Einbringen einem Betriebsvermögen zuzuordnen sind, gilt § 4g EStG für Wirtschaftsgüter des Anlagevermögens entsprechend. [3]Andernfalls kann die auf den Veräußerungsgewinn von Wirtschaftsgütern des Anlagevermögens entfallende Einkommen- oder Körperschaftsteuer in jährlichen Teilbeträgen von mindestens je einem Fünftel entrichtet werden; soweit der Einbringende nachweist, dass das eingebrachte Betriebsvermögen bei der übernehmenden Gesellschaft im Ausland keiner Abschreibung vom gemeinen Wert zugänglich gemacht wird, kann die Steuer bis zum Ablauf von fünf Jahren nach dem Einbringungsstichtag gestundet werden; § 94 Abs. 2 EStG gilt entsprechend.

Bisherige Rechtslage / Änderungen	**Gesetzesvorschlag**
[4]Soweit neben den Gesellschaftsanteilen auch andere Wirtschaftsgüter gewährt werden, ist deren gemeiner Wert bei der Bemessung der Anschaffungskosten der Gesellschaftsanteile von dem sich nach den Sätzen 1 und 2 ergebenden Wert abzuziehen. [5]Umfasst das eingebrachte Betriebsvermögen auch einbringungsgeborene Anteile im Sinne von § 21 Abs. 1 in der Fassung der Bekanntmachung vom 15. Oktober 2002 (BGBl. I S. 4133, 2003 I S. 738), geändert durch Artikel 3 des Gesetzes vom 16. Mai 2003 (BGBl. I S. 660), gelten die erhaltenen Anteile insoweit auch als einbringungsgeboren im Sinne von § 21 Abs. 1 in der Fassung der Bekanntmachung vom 15. Oktober 2002 (BGBl. I S. 4133, 2003 I S. 738), geändert durch Artikel 3 des Gesetzes vom 16. Mai 2003 (BGBl. I S. 660).	[4]Soweit neben den Gesellschaftsanteilen auch andere Wirtschaftsgüter gewährt werden, ist deren gemeiner Wert bei der Bemessung der Anschaffungskosten der Gesellschaftsanteile von dem sich nach den Sätzen 1 und 2 ergebenden Wert abzuziehen. [5]Umfasst das eingebrachte Betriebsvermögen auch einbringungsgeborene Anteile im Sinne von § 21 Abs. 1 in der Fassung der Bekanntmachung vom 15. Oktober 2002 (BGBl. I S. 4133, 2003 I S. 738), geändert durch Artikel 3 des Gesetzes vom 16. Mai 2003 (BGBl. I S. 660), gelten die erhaltenen Anteile insoweit auch als einbringungsgeboren im Sinne von § 21 Abs. 1 in der Fassung der Bekanntmachung vom 15. Oktober 2002 (BGBl. I S. 4133, 2003 I S. 738), geändert durch Artikel 3 des Gesetzes vom 16. Mai 2003 (BGBl. I S. 660).

IV. Änderungen in § 1 Abs. 4 UmwStG

Auf der Basis der vorangegangenen Ausarbeitung und Erläuterungen ist § 1 Abs. 4 UmwStG wie folgt anzupassen, um den Anforderungen der Kapitalverkehrsfreiheit und der FRL gerecht zu werden:

Bisherige Rechtslage / Änderungen	**Gesetzesvorschlag**
4) ~~Absatz 3 gilt nur, wenn~~ ~~1. der übernehmende Rechtsträger eine Gesellschaft im Sinne von Absatz 2 Satz 1 Nr. 1 ist und~~ ~~2. in den Fällen des Absatzes 3 Nr. 1 bis 4~~ ~~a) beim Formwechsel der umwandelnde Rechtsträger, bei der Einbringung durch Einzelrechtsnachfolge der einbringende Rechtsträger oder bei den anderen Umwandlungen der übertragende Rechtsträger~~ ~~aa) eine Gesellschaft im Sinne von Absatz 2 Satz 1 Nr. 1 ist und, wenn es sich um eine Personengesellschaft handelt, soweit an dieser Körperschaften, Personenvereinigungen, Vermögensmassen oder natürliche Personen unmittelbar oder mittelbar über eine oder mehrere Personengesellschaften beteiligt sind, die die Voraussetzungen im Sinne von Absatz 2 Satz 1 Nr. 1 und 2 erfüllen, oder~~ ~~bb) eine natürliche Person im Sinne von Absatz 2 Satz 1 Nr. 2 ist~~ ~~oder~~ ~~b) das Recht der Bundesrepublik Deutschland hinsichtlich der Besteuerung des Gewinns aus der Veräußerung der erhaltenen Anteile nicht ausgeschlossen oder beschränkt ist.~~ ~~Satz 1 ist in den Fällen der Einbringung eines Betriebs, Teilbetriebs oder Mitunternehmeranteils in eine Personengesellschaft nach § 24 nicht anzuwenden.~~	(4) (weggefallen)

KAPITEL V: Zusammenfassung der Ergebnisse

Im Einzelnen lassen sich die Ergebnisse wie folgt zusammenfassen:

1. Die Verlagerung der in der Bundesrepublik Deutschland erwirtschafteten, aber noch nicht realisierten Gewinne (stille Reserven) ins Ausland werden im deutschen Steuerrecht durch sogenannte Entstrickungsnormen gesichert. Diese Normen sehen eine vorgelagerte Finalbesteuerung vor, wenn das deutsche Besteuerungsrecht ausgeschlossen oder beschränkt wird. Bei grenzüberschreitenden Einbringungen sind die spezielle Entstrickungsnorm des § 20 Abs. 2 S. 2 Nr. 3 UmwStG und die allgemeine Entstrickungsnorm des § 12 Abs. 1 S. 1 KStG relevant.
2. Jedoch behält die Bundesrepublik auch nach der Überführung eines inländischen Wirtschaftsguts in eine ausländische Betriebsstätte das Besteuerungsrecht an den im Inland erwirtschafteten, aber noch nicht realisierten Wertzuwächsen. Dies galt schon immer für Fälle des Art. 7 Abs. 2 OECD-MA sowie für Anrechnungsbetriebsstätten und wurde durch die geänderte Rechtsprechung des BFH im Jahr 2008 auch auf den Bereich des Art. 13 Abs. 2 OECD-MA ausgedehnt. Da diese Grundsätze auch für den mit der Einbringung verbundenen Rechtsträgerwechsel zur Anwendung kommen, bleibt das Besteuerungsrecht der Bundesrepublik Deutschland in den meisten Fällen erhalten und sichert damit bereits nach nationalem Recht die Steuerneutralität grenzüberschreitender Einbringungen.
3. Gleichwohl die tatsächliche Entstrickung (§ 12 Abs. 1 S. 1 KStG), die naturgemäß die Folge des Transfers von Wirtschaftsgütern im zeitlichen und sachlichen Zusammenhang mit der Einbringung ist, nur in der Theorie zum Verlust des deutschen Besteuerungsrechts führen kann, löst das Regelungsbeispiel in solchen Fällen eine Entstrickungsbesteuerung aus. Hier wurde ausführlich gezeigt, dass eine solche die Niederlassung beschränkende Maßnahme europarechtlich nicht durch das Ziel gerechtfertigt werden kann, die Bundesregierung wolle eine ausgewogene Aufteilung der Besteuerungsbefugnisse wahren. Auch ist das Regelungsbeispiel keiner europarechtskonformen Auslegung zugänglich und folglich europarechtswidrig sowie unanwendbar.
4. Durch das in Ziffer 2 genannte Abkommensverständnis ist auch der Anwendungsbereich der rechtlichen Entstrickung (§ 20 Abs. 2 S. 2 Nr. 3 UmwStG) stark eingeschränkt. Von vier verbleibenden Fallgruppen stellt die Einbringung einer ausländischen Anrechnungsbetriebsstätte in eine übernehmende Auslandskapitalgesellschaft den für die Praxis häufigsten Anwendungsfall rechtlicher Entstrickung dar. Eine sich daraus ergebende Sofortbesteuerung kann europarechtlich zwar mit dem Ziel gerechtfertigt werden, dass die Maßnahme der Sicherung der Besteuerungsbefugnisse der im Inland erwirtschafteten, aber

noch nicht realisierten Gewinne dient, doch wurde gezeigt, dass eine Steuerfestsetzung und -erhebung erst nach Ablauf eines pauschalen Realisationszeitraums von fünf Jahren den Grundsatz der Verhältnismäßigkeit wahren kann. Eine ratierliche Steuerfestsetzung und -erhebung in fünf gleichmäßigen Jahresraten ist nur dann ausnahmsweise verhältnismäßig, wenn die Wirtschaftsgüter im Aufnahmestaat einer Abschreibung vom gemeinen Wert zugänglich gemacht werden; diese Auffassung widerspricht auch nicht den hierzu ergangenen beiden Entscheidungen des EuGH. Entgegen der Auffassung des EuGH stellt die Steuerfestsetzung im Entstrickungszeitpunkt jedoch eine unverhältnismäßige Benachteiligung für Unternehmen dar. Die damit verbundene Steuerverbindlichkeit führt schließlich zu Nachteilen bei der Beurteilung der Vermögens-, Finanz- und Ertragslage des Unternehmens, welche durch die Bildung eines einfachen steuerlichen Ausgleichspostens vermieden werden können unter gleichzeitiger Wahrung der Besteuerungsinteressen des Ursprungsstaats. Die vorgenannten Grundsätze gelten nicht für Wirtschaftsgüter des Umlaufvermögens, die ohnehin binnen eines Jahres realisiert werden; auch wenn der EuGH diesbezüglich noch keine differenzierte Betrachtung vorgenommen hat, verletzt die Sofortbesteuerung bei solchen Wirtschaftsgütern nach der hier vertretenen Auffassung nicht den Grundsatz der Verhältnismäßigkeit.

5. § 20 UmwStG gewährt dem Einbringenden die Steuerneutralität unabhängig von seiner Beteiligungshöhe am Einbringungsgegenstand (z.B. Mitunternehmeranteil) und an der übernehmenden Kapitalgesellschaft. Die entstrickungsbedingte Versagung der Steuerneutralität würde damit renditeorientierte Investitionen in ausländische Personen- und Kapitalgesellschaften benachteiligen und weniger attraktiv machen. Neben der Niederlassungsfreiheit beschränkt die spezielle Entstrickungsnorm des § 20 Abs. 2 S. 2 Nr. 2 UmwStG daher vorrangig den freien Kapitalverkehr, mit der Folge, dass auch Drittstaatensachverhalte schutzwürdig sind. Folglich ist auch § 1 Abs. 2 und 4 UmwStG insoweit europarechtswidrig, als er grenzüberschreitende Einbringungen unter Beteiligung von Drittstaatenbeteiligten – sei es als einbringender Rechtsträger oder als übernehmende Kapitalgesellschaft – vom persönlichen Anwendungsbereich des § 20 UmwStG ausschließt.
6. Die vorgenannten primärrechtlichen Feststellungen gelten ungeachtet anders lautender Vorgaben der FRL und ATAD. Als Sekundärrecht unterliegen schließlich beide Richtlinien einer Überprüfung nach Maßgabe des Primärrechts. Die Richtlinien können das Primärrecht damit nicht einschränken, sondern nur stärken, was im Bereich der Entstrickungsbesteuerung jedoch nicht der Fall ist.

Im Ergebnis wird die Steuerneutralität grenzüberschreitender Einbringungsvorgänge vorrangig durch das (geänderte) nationale Abkommensverständnis und die Europarechtswidrigkeit des Regelungsbeispiels gesichert. In den übrigen Fällen ist europarechtlich ein Besteuerungsaufschub von fünf Jahren geboten. Dabei bleibt das deutsche Steuersubstrat trotz erheblicher europarechtlicher Verstöße der nationalen Entstrickungsvorschriften weiterhin erhalten, da eine spätere Besteuerung sowohl durch das geänderte Abkommensverständnis als auch durch eine europarechtskonforme Auslegung der in Frage stehenden Normen gesichert ist. Im Hinblick auf eine europarechtsfreundliche Gesetzeslage sind im EStG die §§ 4 Abs. 1 S. 4, 4g, im KStG der § 12 Abs. 1 sowie im UmwStG die §§ 1 Abs. 2 und 4, 20 Abs. 2 S. 2 Nr. 3 anzupassen.

Literaturverzeichnis

Adrian, Gerrit/Deubert, Michael (Begr.); Grottel, Bernd/Schmidt, Stefan/Schubert, Wolfgang J./Winkeljohann, Norbert/Budde, Wolfgang (Hrsg.), Beck'scher Bilanz-Kommentar, Handels- und Steuerbilanz: §§ 238 bis 339, 342 bis 342e HGB, 11. Auflage, München 2018 (zitiert: Beck'scher Bilanz-Kommentar/*Bearbeiter)*

Albert, Markus, Gesellschafts- und steuerrechtliche Grundfragen der Europäischen Aktiengesellschaft (Societas Europaea), IFSt-Schrift Nr. 487 2005

Anger, Christiane/Wagemann, Thorsten, Zweifelsfragen bei der Auslegung von Doppelbesteuerungsabkommen, Praktische Hinweise unter Berücksichtigung der Rechtsprechung des BFH, IStR 2014, 611–616

Atilgan, Erdogan, Die bilanziellen Auswirkungen der Steuerentstrickung, NWB direkt 13/2016, 307

Baldamus, Ernst-August, Neues zur Betriebsstättengewinnermittlung, IStR 2012, 317–324

Baumbach, Adolf (Begr.); Baumbach, Adolf/Hueck, Alfred (Hrsg.), Gesetz betreffend die Gesellschaften mit beschränkter Haftung, GmbHG, Band 20, 21. Auflage, München 2017 (zitiert: GmbHG/*Bearbeiter)*

Becker, Helmut, Die Besteuerung von Betriebsstätten, DB 1989, 10–16

Becker-Pennrich, Christian, Die Sofortversteuerung nach § 21 Abs. 2 Satz 2 UmwStG beim grenzüberschreitenden Anteilstausch, IStR 2007, 684–693

Beermann, Albert/Gosch, Dietmar (Hrsg.), Abgabenordnung, Finanzgerichtsordnung, Kommentar mit Nebengesetzen und EuGH-Verfahrensrecht, 143. Aktualisierung, Stand: Dezember 2018, Bonn 2018 (zitiert: Beermann/Gosch/Bearbeiter)

Beinert, Stefanie/Benecke, Andreas, Internationale Aspekte der Umstrukturierungen von Unternehmen, Erster Teil: Entstrickung bei Umwandlungen sowie FusionsRL und Teilbetriebsbegriff im UmwStG 2006, FR 2010, 1009–1023

Beinert, Stefanie/Benecke, Andreas, Internationale Aspekte der Umstrukturierung von Unternehmen, Zweiter Teil: Umwandlungen nach §§ 3 ff. und §§ 11 ff. UmwStG sowie Anwendung des § 50d Abs. 9 EStG, FR 2010, 1120–1130

Benecke, Andreas/Schnitger, Arne, Neuregelung des UmwStG und der Entstrickungsnormen durch das SEStEG, IStR 2006, 765–779

Benecke, Andreas/Schnitger, Arne, Letzte Änderungen der Neuregelungen des UmwStG und der Entstrickungsnormen durch das SEStEG, Beschlussempfehlung und Bericht des Finanzausschusses, IStR 2007, 22–28

Benz, Sebastian/Böhmer, Julian, Das BMF-Schreiben zu § 50i Abs. 2 EStG, DStR 2016, 145–153

Benz, Sebastian/Rosenberg, Oliver, Einbringungsvorgänge nach dem Regierungsentwurf des SEStEG, BB Special 8/2006, 51–77

Beutel, David/Rehberg, Martin, National Grid Indus – Schlusspunkt der Diskussion oder Quell neuer Kontroverse zur Entstrickungsbesteuerung?, IStR 2012, 94–97

Bilitewski, Andrea, Gesetz über steuerliche Begleitmaßnahmen zur Einführung der Europäischen Gesellschaft und zur Änderung weiterer steuerlicher Vorschriften (SEStEG), FR 2007, 57–65

Blumers, Wolfgang, DBA-Betriebsstätten-Zurechnungen in der jüngsten BFH-Rechtsprechung, DB 2008, 1765–1771

Blumers, Wolfgang, Die Europarechtswidrigkeit der Betriebsstättenzurechnung im Betriebsstättenerlass, DB 2006, 856–860

Blumers, Wolfgang, Zur möglichen Holdingfunktion einer ausländischen Tochter-Personengesellschaft, DB 2007, 312–314

Blümich, Walter (Begr.); Heuermann, Bernd/Brandis, Peter (Hrsg.), EStG, KStG, GewStG, Einkommensteuergesetz, Körperschaftsteuergesetz, Gewerbesteuergesetz, Kommentar, 144. Ergänzungslieferung, Stand: Oktober 2018, München 2018 (zitiert: Blümich/*Bearbeiter)*

Böhmer, Julian/Wegener, Christian, Zum Verhältnis der Verstrickung zu sonstigen Vorschriften des nationalen Rechts, Ubg 2015, 69–75

Bösing, Stefan/Sejdya, Feriz, Grenzüberschreitende Entstrickung: Ein probates Mittel zur Wahrung des deutschen Besteuerungsrechts, Ubg 2013, 636–641

Boujong, Karlheinz/Ebenroth, Carsten Thomas/Joost, Detlev (Begr.); Joost, Detlev/ Strohn, Lutz (Hrsg.), Handelsgesetzbuch Kommentar, Band 1 §§ 1-342e, 3. Auflage, München 2014 (zitiert: Ebenroth/Boujong/Joost/ Strohn/*Bearbeiter)*

Brähler, Gernot, Steuerlich optimale Gestaltung von grenzüberschreitenden Umstrukturierungen, Wiesbaden 2006

Brinkmann, Jan/Reiter, Peter, National Grid Indus: Auswirkungen auf die deutsche Entstrickungsbesteuerung, DB 2012, 16–20

Bron, Jan. F., Zum Risiko der Entstrickung durch den Abschluss bzw. die Revision von DBA, Überlegungen zu Outbound-Investitionen unter besonderer Berücksichtigung von Art. 13 Abs. 4 OECD-MA, § 6 AStG sowie von Umstrukturierungen, IStR 2012, 904–910

Bungert, Hartwin/Wansleben, Till, Die grenzüberschreitende Verschmelzung auf Personengesellschaften ist Wirklichkeit, DB 2019, 49–52

Calliess, Christian/Ruffert, Matthias (Hrsg.), EUV/AEUV, Das Verfassungsrecht der Europäischen Union mit Europäischer Grundrechtecharta, Kommentar, 5. Auflage, München 2016 (zitiert: Calliess/Ruffert/*Bearbeiter)*

Dauses, Manfred A. (Begr.); Ludwigs, Markus (Hrsg.), Handbuch des EU-Wirtschaftsrechts, 44. Ergänzungslieferung, Stand: Februar 2018, München 2018 (zitiert: EU-Wirtschaftsrecht/*Bearbeiter)*

Ditz, Xaver, Aufgabe der finalen Entnahmetheorie – Analyse des BFH-Urteils vom 17.7.2008 und seiner Konsequenzen, IStR 2009, 115–121

Dörfler, Oliver/Adrian, Gerrit/Oblau, Markus, Europäisierung des deutschen Steuerrechts durch das SEStEG, RIW 2007, 266–274

Dötsch, Ewald (Begr.); Dötsch, Ewald/Patt, Joachim/Pung, Alexandra/Möhlenbrock, Rolf (Hrsg.), Umwandlungssteuerrecht, Umstrukturierung von Unternehmen, Verschmelzung, Spaltung, Formwechsel, Einbringung, 7. Auflage, Stuttgart 2012 (zitiert: UmwStR/*Bearbeiter)*

Dötsch, Ewald/Pung, Alexandra/Möhlenbrock, Rolf (Hrsg.), Die Körperschaftsteuer, 94. Aktualisierung, Stand: Oktober 2018, Stuttgart 2018 (zitiert: Dötsch/Pung/Möhlenbrock/*Bearbeiter)*

Drinhausen, Florian/Eckstein, Hans-Martin (Hrsg.), Beck'sches Handbuch der AG, Gesellschaftsrecht – Steuerrecht – Börsengang, 3. Auflage, München 2018 (zitiert: Handb. d. AG/*Bearbeiter)*

Dürrschmidt, Daniel/Schiller, Martin, Die Rechtssache Marks & Spencer und ihre Folgen – Anmerkung zum Urteil des EuGH v. 13.12.2005, Rs. C-446/03, EuR 2006, 275–284

Ehlers, Dirk/Becker, Ulrich (Hrsg.), Europäische Grundrechte und Grundfreiheiten, 4. Auflage, Berlin/Boston 2014 (zitiert: Ehlers/Becker/*Bearbeiter)*

Eicker, Klaus/Orth, Tilmann, Dokument SEStEG: Überblick über die wesentlichen Änderungen gegenüber dem Regierungsentwurf vom 12.7.2006, IWB 2006, Gruppe 1, Fach 3, Deutschland Allgemeines, 2135–2142

Eidenmüller, Horst (Hrsg.), Ausländische Kapitalgesellschaften im deutschen Recht, München 2004 (zitiert: AusKapG/*Bearbeiter)*

Eilers, Stephan/Oppel, Florian, Die Besteuerung der digitalen Wirtschaft: Trends und Diskussionen, Überblick über die Arbeiten der OECD und EU mit kritischer Einordnung, IStR 2018, 361–370

Ellenrieder, Benedikt/Kahlenberg, Christian, BB-Rechtsprechungsreport: Europäisches Steuerrecht (direkte Steuern) 2017 – Teil I, BB 2018, 1815–1825

*Faber, Stephan/*et al. *(Hrsg.),* Beck'sches Steuer- und Bilanzrechtslexikon, 44. Online-Edition, München 2018 (zitiert: SteuerBilanzLex/*Bearbeiter)*

Feldgen, René, Der Teilbetrieb im Steuerrecht, Ubg 2012, 459–465

Festgabe Wassermeyer: Doppelbesteuerung, Festgabe zum 75. Geburtstag von Prof. Dr. Dr. h.c. Franz Wassermeyer; 75 Beiträge zum Recht der DBA, München 2015 (zitiert: FSWassermeyer/*Bearbeiter)*

Flick Gocke Schaumburg (FGS)/ Bundesverband der deutschen Industrie e.V. (BDI) *(Hrsg.),* Der Umwandlungssteuer-Erlass 2011, Erläuterungen aus Unternehmens- und Beratungspraxis, Bonn 2012 (zitiert: FGS/BDI/*Bearbeiter)*

Förster, Guido, SEStEG: Rechtsänderungen im EStG, DB 2007, 72–80

Förster, Guido/Wendland, Jan, Einbringung von Unternehmensteilen in Kapitalgesellschaften, BB 2007, 631–639

Forsthoff, Ulrich, Treaty Override und Europarecht, IStR 2006, 509–512

Franzen, Martin/Gallner, Inken/Höpfner, Clemens (Begr.); Franzen, Martin/Gallner, Inken/Oetker, Hartmut (Hrsg.), Kommentar zum europäischen Arbeitsrecht, 2. Auflage, München 2018 (zitiert: Franzen/Gallner/Oetker/*Bearbeiter)*

Frobenius, Tilmann, „Cartesio": Partielle Wegzugsfreiheit für Gesellschaften in Europa, DStR 2009, 487–492

Frotscher, Gerrit, Zur Vereinbarkeit der „Betriebsstättenbedingung" bei Sitzverlegung und grenzüberschreitender Umwandlung mit den Grundfreiheiten, IStR 2006, 65–72

Frotscher, Gerrit/Drüen, Klaus-Dieter (Hrsg.), KStG/GewSt/UmwStG Kommentar, 147. Ergänzungslieferung, Stand: November 2018, Freiburg im Breisgau 2018 (zitiert: Frotscher/Drüen/*Bearbeiter)*

Fugger, Roland, Verschärfungen in der österreichischen Wegzugsbesteuerung ab 1.1.2016, IStR 2016, 574–582

Geiger, Rudolf/Khan, Daniel-Erasmus/Kotzur, Markus (Hrsg.), EUV/AEUV, Vertrag über die Europäische Union und Vertrag über die Arbeitsweise der Europäischen Union, Kommentar, 6. Auflage, München 2017 (zitiert: Geiger/Kahn/Kotzur/*Bearbeiter)*

Gillessen, Frederick, Europäische transnationale Sitzverlegung und Fusion im Vereinigten Königreich und in Irland, Frankfurt am Main 2000

Girlich, Gerhard/Philipp, Moritz, Entstrickungsaspekte bei der Hinausverschmelzung von Kapitalgesellschaften, Ubg 2012, 150–161

Goette, Wulf/Habersack, Mathias (Hrsg.), Münchener Kommentar zum Aktiengesetz, Band 7, Europäisches Aktienrecht, 4. Auflage, München 2017 (zitiert: MüKo-AktG/*Bearbeiter)*

Gosch, Dietmar, Keine Steuerentstrickung bei Übertragung eines Einzelwirtschaftsguts in eine ausländische Betriebsstätte, BFH-PR 2008, 499–501

Gosch, Dietmar, Über die Zeit im Abkommensrecht, IStR 2015, 709–717

Gosch, Dietmar, Über Entstrickungen, Stand des unnötig komplexen „Entstrickungssteuerrechts" und absehbare Entwicklungen, IWB 2012, 779–789

Gosch, Dietmar (Hrsg.), Körperschaftsteuergesetz, Kommentar, 3. Auflage, München 2015 (zitiert: Gosch/*Bearbeiter)*

Gosch, Dietmar/Schönfeld, Jens, Kapitalverkehrsfreiheit und Drittstaaten – Ein (vorläufiger) Zwischenstand, IStR 2015, 755–760

Gosch, Dietmar/Schwedhelm, Rolf/Spiegelberger, Sebastian (Hrsg.), GmbH-Beratung, Gesellschaftsrecht und Steuerrecht, 52. Aktualisierung, Stand: November 2018, Köln 2018 (zitiert: GmbHBerat./*Bearbeiter)*

Grabitz, Eberhard/Hilf, Meinhard/Nettesheim, Martin (Hrsg.), Das Recht der Europäischen Union, 65. Ergänzungslieferung, Stand: August 2018, München 2018 (zitiert: Grabitz/Hilf/Nettesheim/*Bearbeiter)*

Graw, Christian, Der Teilbetrieb im Umwandlungssteuerrecht nach dem Umwandlungssteuer-Erlass 2011, IFSt-Schrift Nr. 488 2013

Graw, Christian, Der Teilbetriebsbegriff im UmwSt-Recht nach dem UmwStE 2011, DB 2013, 1011–1015

Habersack, Mathias/Drinhausen, Florian (Hrsg.), SE-Recht, Mit grenzüberschreitender Verschmelzung, Band 66, 2. Auflage, München 2016 (zitiert: SE-Recht/*Bearbeiter)*

Hahn, Hartmut, Kritische Erläuterungen und Überlegungen zum Entwurf des SEStEG, IStR 2006, 797–805

Hahn, Hartmut, Gemeinschaftsrecht und Recht der direkten Steuern, DStZ 2005, 433–442

Haratsch, Andreas/Koenig, Christian/Pechstein, Matthias, Europarecht, 11. Auflage, Tübingen 2018

Haritz, Detlef/Menner, Stefan (Hrsg.), Umwandlungssteuergesetz, Kommentar, 4. Auflage, München 2015 (zitiert: Haritz/Menner/*Bearbeiter)*

Haun, Jürgen/Reiser, Hagen/Mödinger, Jörg, Zweifelsfragen bei der Anwendung von Doppelbesteuerungsabkommen auf Personengesellschaften, GmbHR 2010, 637–642

Heerdt, Tobias, Steuersubjektqualifikationskonflikte bei Einbringung in eine Kapitalgesellschaft, IStR 2012, 866–872

Hemmelrath, Alexander/Kepper, Philipp, Die Bedeutung des „Authorized OECD Approach" (AOA) für die deutsche Abkommenspraxis, IStR 2013, 37–42

Herbst, Christian, Die Entstrickung stiller Reserven, Unter besonderer Berücksichtigung des Gesetzes über steuerliche Begleitmaßnahmen zur Einführung der Europäischen Gesellschaft und zur Änderung weiterer steuerrechtlicher Vorschriften (SEStEG), Frankfurt am Main 2011

Herrmann, Carl/Heuer, Gerhard/Raupach, Arndt (Hrsg.), Einkommensteuer- und Körperschaftsteuergesetz, Kommentar, 289. Aktualisierung, Stand: Januar 2019, Köln 2019 (zitiert: H/H/R/*Bearbeiter)*

Herzig, Norbert/Dautzenberg, Norbert/Heyeres, Ralf, System und Schwächen der Fusionrichtlinie, DB Beilage 12/1991, 1–19

Herzig, Norbert/Griemla, Stefan, Steuerliche Aspekte der Europäischen Aktiengesellschaft/Societas Europaea (SE), StuW 2002, 55–77

Herzig, Norbert/Wagner, Thomas, EuGH-Urteil „Marks & Spencer" – Begrenzter Zwang zur Öffnung nationaler Gruppenbesteuerungssysteme für grenzüberschreitende Sachverhalte, DStR 2006, 1–12

Hey, Johanna, Perspektiven der Unternehmensbesteuerung in Europa, StuW 2004, 193–211

Hey, Johanna, Harmonisierung der Missbrauchsabwehr durch die Anti-Tax-Avoidance-Directive (ATAD), Rechtsmethodische, kompetenzielle und verfassungsrechtliche Fragen unter besonderer Berücksichtigung der Auswirkungen auf § 42 AO, StuW 2017, 248–265

Hruschka, Franz, Umwandlung Kapital- auf Personengesellschaften (§§3 ff. UmwStG), DStR 2012, Beihefter zu Heft 2, 4–9

Hruschka, Franz, Die Zuordnung von Beteiligungen zu Betriebsstätten von Personengesellschaften, IStR 2016, 437–443

Hruschka, Franz/Hellmann, Dieter, Bewertungswahlrechte bei grenzüberschreitenden Umwandlungen, DStR 2010, 1961–1965

Hüffer, Uwe (Begr.); Hüffer, Uwe/Koch, Jens (Hrsg.), Aktiengesetz, Band 53, 13. Auflage, München 2018 (zitiert: AktG/*Bearbeiter)*

IDW *(Hrsg.)*, Reform des Umwandlungsrechts, wirtschafts- und gesellschaftsrechtliche, arbeitsrechtliche und steuerrechtliche Aspekte unter besonderer Berücksichtigung von Fragen der Bewertung, Rechnungslegung und Prüfung; Vorträge und Diskussionen, IDW-Umwandlungssymposium am 8./9. Oktober 1992 (Boppard am Rhein), Düsseldorf 1993 (zitiert: IDW/*Bearbeiter)*

Isselmann, Marcel, EuGH: Zwingender Teilwertansatz bei Einbringung von KG-Anteilen ist europarechtskonform, BB 2014, 492–496

Jabrayilov, Elvin, Die europarechtliche Würdigung der Wegzugsbesteuerung nach § 6 AStG: Ist in naher Zukunft mit der Verschärfung des § 6 AStG zu rechnen?, SAM 2017, 83–92

Jacobs, Otto H./Endres, Dieter/Spengel, Christoph, Internationale Unternehmensbesteuerung, Deutsche Investitionen im Ausland, Ausländische Investitionen im Inland, 8. Auflage, München 2016

Jarass, Hans D./Beljin, Saša, Unmittelbare Anwendung des EG-Rechts und EG-rechtskonforme Auslegung, JZ 2003, 768–777

Jung, Sandra/Nahm, Matthias/Söllner, René, Unternehmen unter ausländischer Kontrolle, Neue Ergebnisse der Inward-FATS-Statistik, Statistisches Bundesamt, WiSta 12/2012, 1100–1107

Kahle, Holger/Mödinger, Jörg, Erfolgs- und Vermögensabgrenzung bei ausländischen Betriebsstätten, DB 2011, 2338–2343

Kahle, Holger/Vogel, Thorsten, Steuerbilanzielle Aspekte bei der Einbringung von Unternehmensteilen in Kapitalgesellschaften, Ubg 2012, 493–504

Kallmeyer, Harald (Hrsg.), Umwandlungsgesetz, Verschmelzung, Spaltung und Formwechsel bei Handelsgesellschaften, 6. Auflage, Köln, Saarbrücken 2017 (zitiert: UmwG/*Bearbeiter)*

Kessler, Wolfgang/Förster, Guido/Watrin, Christoph (Hrsg.), Unternehmensbesteuerung, Festschrift für Norbert Herzig zum 65. Geburtstag, München 2010 (zitiert: FSHerzig/*Bearbeiter)*

Kessler, Wolfgang/Huck, Friedericke, Grenzüberschreitender Transfer von Betriebsvermögen, StuW 2005, 193–215

Kessler, Wolfgang/Philipp, Moritz, Rechtssache National Grid Indus BV – Ende oder Bestätigung der Entstrickungsbesteuerung?, DStR 2012, 267–272

Kirchhof, Paul (Hrsg.), Einkommensteuergesetz, Kommentar, 17. Auflage, Heidelberg 2018 (zitiert: KSM/*Bearbeiter)*

Klein, Andreas (Hrsg.), Unternehmenssteuerung mit Kennzahlen – Auswahl, Ermittlung, Analyse, Kommunikation, München 2015 (zitiert: Klein/*Bearbeiter)*

Klein, Franz/Orlopp, Gerd (Begr.); Klein, Franz (Hrsg.), Abgabenordnung, einschließlich Steuerstrafrecht, 14. Auflage, München 2018 (zitiert: Klein/*Bearbeiter)*

Klingberg, Dietgard/Nitzschke, Dirk, Grenzüberschreitende Umwandlungen am Beispiel grenzüberschreitender Verschmelzungen, Ubg 2011, 451–459

Kloster, Lars, Grenzüberschreitende Unternehmenszusammenschlüsse, Eine verfassungs-, europa- und steuersystematische Untersuchung, Hamburg 2004

Koch, Christoph, Gewinnrealisierungen anlässlich der unentgeltlichen Übertragung betrieblicher Einheiten, Unter besonderer Berücksichtigung des Geschäftswerts, Frankfurt am Main 2011

Koenig, Ulrich (Hrsg.), Abgabenordnung, §§ 1 bis 368, Kommentar, 3. Auflage, München 2014 (zitiert: Koenig/*Bearbeiter)*

Kofler, Georg, Kapitalverkehrsfreiheit, Kontrollbeteiligungen und Drittstaaten, taxlex. Wien 2008, 326–330

Kokott, Juliane/Ost, Hartmut, Europäische Grundfreiheiten und nationales Steuerrecht, EuZW 2011, 496–503

Königer, Andreas, Ertragsteuerrechtliche Behandlung grenzüberschreitender Spaltungen von Rechtsträgern, Unter besonderer Beachtung der Vorgaben des Unionsrechts, Frankfurt am Main 2014

Körner, Andreas, Ent- und Verstrickung, IStR 2009, 741–751

Körner, Andreas, Reduktionsbedürftige Tatbestände der Nachversteuerungsregelung des § 22 UmwStG, DStR 2010, 897–905

Körner, Andreas, Sofortige Entstrickungsbesteuerung bei Sitzverlegung?, Anmerkung zum Aussetzungsbeschluss des FG Rheinland-Pfalz vom 7.1.2011, 1 V 1217/10, IStR 2011, 308 ff. – Zugleich Erwiderung zu Mitschke, IStR 2011, 294 ff., IStR 2011, 527–532

Körner, Andreas, Europarechtliches Verbot der Sofortbesteuerung stiller Reserven beim Transfer ins EU-Ausland, Anmerkung zum Urteil des EuGH vom 29.11.2011, C-371/10, IStR 2012, 1–5

Kraft, Gerhard (Hrsg.), Außensteuergesetz, Kommentar, 2. Auflage, München 2019 (zitiert: Außensteuergesetz/*Bearbeiter)*

Kraft, Gerhard/Bron, Jan, Grundfreiheiten und grenzüberschreitende Verschmelzung im Lichte aktueller EuGH-Rechtsprechung (Sevic), IStR 2006, 26–32

Kraft, Gerhard/Hohage, Uwe, Die Itelcar-Entscheidung des EuGH – ein Ausreißer? Eine Entgegnung zu Mitschke, IStR 2014, 174–178

Kraft, Gerhard/Mengel, Andreas, Anwendbarkeit der Kapitalverkehrsfreiheit auf Drittstaatendividenden in DBA-Situationen, IStR 2014, 309–313

Krauß, Wilfried W./Köstler, Stephan, Aktuelles zur steuerlichen Behandlung von Drittstaatenumwandlungen: Drittstaatenverschmelzungen und Drittstaatenspaltungen, BB 2017, 924–930

Lehner, Moris, Treaty Override im Anwendungsbereich des § 50d EStG, IStR 2012, 389–404

Ley, Ursula, Einbringungen nach §§ 20, 24 UmwStG in der Fassung des SEStEG, FR 2007, 109–121

Lindauer, Jürgen/Kutschka, Gabriela, Verstrickung von Beteiligungen an deutschen Immobiliengesellschaften durch Einfügung der Grundbesitzklausel gem. Art. 13 Abs. 4 OECD-MA in deutsche Doppelbesteuerungsabkommen, BB 2016, 669–671

Lohmar, Oliver, Aktuelle Fragen umwandlungssteuerlicher Entstrickung, FR 2013, 591–599

Lüdicke, Jürgen, Probleme der Besteuerung beschränkt Steuerpflichtiger im Inland, DStR 2008, Beihefter zu Heft 17, 25–34

Lutter, Marcus/Bayer, Walter/Hommelhoff, Peter/Kleindiek, Detlef (Hrsg.), GmbH-Gesetz, Kommentar, 19. Auflage, Köln 2016 (zitiert: Lutter/Hommelhoff/*Bearbeiter)*

Manz, Gerhard/Mayer, Barbara/Schröder, Albert (Hrsg.), Europäische Aktiengesellschaft, SE, 2. Auflage, Baden-Baden 2010 (zitiert: Manz/Mayer/Schröder/*Bearbeiter)*

Meilicke, Heinz/Hohlfeld, Klaus, Der Bundesfinanzhof und die Bundesregierung – Neue Steuergesetzgeber im Außensteuerrecht?, BB 1972, 505–516

Meilicke, Wienand/Raback, Dieter E., Die EuGH-Entscheidung in der Rechtssache Sevic und die Folgen für das deutsche Umwandlungsrecht nach Handels- und Steuerrecht, GmbHR 2006, 123–127

Micker, Lars/Schwarz, Rabea, Europarechtskonforme Entstrickung von Privat- und Betriebsvermögen – EuGH, Urteil vom 21.12.2016 – Rs. C-503/14, Kommission gegen Portugal, IWB 2017, 344–352

Mitschke, Wolfgang, BFH: Treaty Override verfassungswidrig? Anmerkung zum Urteil vom 10.1.2012 – I R 66/09 (BFHE 236, 304), IStR 2015, 627–630

Mitschke, Wolfgang, Sofortige Entstrickungssteuer in Spanien verstößt gegen die Niederlassungsfreiheit, IStR 2013, 393

Mitschke, Wolfgang, Zur gesetzlichen Entstrickungsregelung des § 4 Abs. 1 S. 3 EStG, DB 2009, 1376–1379

Mitschke, Wolfgang, Das EuGH-Urteil „National Grid Indus" vom 29.11.2011 – Eine Bestandsaufnahme und eine Bewertung aus Sicht der Finanzverwaltung, DStR 2012, 629–636

Mitschke, Wolfgang, National Grid Indus – Ein Phyrrussieg für die Gegner der Sofortversteuerung?, Zugleich eine Erwiderung auf Körner, in diesem Heft S. 1, IStR 2012, 6–12

Mitschke, Wolfgang, Direktes Europäisches Steuerrecht auf Schlingerkurs?, Eine Bestandsaufnahme zum Jahreswechsel 2013/2014, IStR 2014, 37–45

Mitschke, Wolfgang, Schlussanträge des Generalanwalts Niilo Jääskinen: Deutsche Entstrickungsregelung europarechtskonform? – Verder LabTec GmbH & Co. KG/Finanzamt Hilden, IStR 2015, 206–216

Mitschke, Wolfgang, EuGH: Besteuerung der Wertzuwächse aus einem Tausch von Gesellschaftsanteilen bei natürlichen Personen – Europäische Kommission/Portugiesische Republik, IStR 2017, 69–77

Mitschke, Wolfgang, EuGH: Sofortige Besteuerung stiller Reserven bei Einbringung einer ausländischen Betriebsstätte einer inländischen Gesellschaft in eine ausländische Gesellschaft – Veronsaajien oikeudenvalvontayksikkö; Vorabentscheidungsersuchen des Helsingin hallinto-oikeus (VG Helsinki), IStR 2017, 711–719

Mouldi, Kais/Loose, Thomas, Greift eine Switch-Over-Klausel bei Einbringung der US-Betriebsstätte einer deutschen Kapitalgesellschaft in eine US-Corporation?, Ubg 2012, 829–834

Müller, Claudia, Besteuerung stiller Reserven bei Auslandsbezug im Spannungsfeld zwischen Verfassung, Abkommens- und Europarecht, Zu ausgewählten Entstrickungsregelungen nach dem SEStEG, Baden-Baden 2012

Müller, Thomas, Pauschale gesetzliche Vermutung für Steuerumgehungsabsicht in Umwandlungsfällen unionsrechtswidrig, DB 2017, 814

Müller-Graff, Peter-Christian (Hrsg.), Enzyklopädie Europarecht, Europäisches Wirtschaftsordnungsrecht, Band 4, Baden-Baden 2015 (zitiert: Müller-Graff/*Bearbeiter)*

Müller-Thomczik, Sandra, Umwandlungsbedingte Entstrickung, Eine interdisziplinäre Analyse im abkommens- und europarechtlichen Kontext anhand ausgewählter Verschmelzungskonstellationen innerhalb der EU, Lohmar 2015

Musil, Andreas, Die Ergänzung des Entstrickungstatbestands durch § 4 Abs. 1 Satz 4 EStG – Herrscht nun endlich Klarheit?, FR 2011, 545–551

Musil, Andreas, Rechtsprechungswende des EuGH bei den Ertragsteuern?, Eine Analyse aktueller Leitentscheidungen des EuGH, DB 2009, 1037–1043

Musil, Andreas, Keine Steuervergünstigung auf Nachlass in Form der Beteiligung an einer Kapitalgesellschaft mit Sitz in Drittstaat, EuZW 2012, 751–753

Nahm, Matthias, Die wirtschaftliche Bedeutung auslandskontrollierter Unternehmen in Deutschland 2015, Statistisches Bundesamt, WiSta 6/2017, 26–39

Noack, Ulrich/Kraft, Julia, Grenzüberschreitende Unternehmensmobilität – der Richtlinienvorschlag im Company Law Package, DB 2018, 1577–1582

Oppel, Florian, BEPS in Europa: (Schein-)Harmonisierung der Missbrauchsabwehr durch neue Richtlinie 2016/1164 mit Nebenwirkungen, IStR 2016, 797–803

Oppermann, Thomas/Classen, Claus Dieter/Nettesheim, Martin, Europarecht, 8. Auflage, München 2018

Pelka, Jürgen/Petersen, Karl (Hrsg.), Beck'sches Steuerberater-Handbuch 2017/2018, 16. Auflage 2017 (zitiert: Steuerberater-Handbuch/*Bearbeiter)*

Piltz, Detlef J., Veräußerung von Sonderbetriebsvermögen unter den Doppelbesteuerungsabkommen (OECD-Musterabkommen und DBA-Schweiz), IStR 1996, 457–462

Pinkernell, Reimar, Internationale Steuergestaltung im Electronic Commerce, IFSt-Schrift Nr. 494 2014

Pohl, Carsten, Besteuerung grenzüberschreitender Sondervergütungen gem. § 50d Abs. 10 EStG i. d. F. des AmtshilfeRLUmsG, DB 2013, 1572–1578

Preißer, Michael/Pung, Alexandra (Hrsg.), Die Besteuerung der Personen- und Kapitalgesellschaften, Kommentar, 2. Auflage, Weil im Schönbuch 2012 (zitiert: Preißer/Pung/*Bearbeiter)*

Prinz, Ulrich, Gesetzgeberische Wirrungen um Betriebsstättenbesteuerung, DB 2009, 807–812

Prinz, Ulrich, Grundlagen zum internationalen Umwandlungssteuerrecht, DB 2012, 820–829

Prinz, Ulrich (Hrsg.), Umwandlungen im Internationalen Steuerrecht, Köln 2013 (zitiert: Intl. Umwandlungen/*Bearbeiter)*

Rasche, Ralf, Einbringungen von Unternehmensteilen in Kapitalgesellschaften oder Genossenschaften nach dem UmwSt-Erlass 2011, GmbHR 2012, 149–157

Richter, Lutz/Heyd, Steffen, Die Konkretisierung der Entstrickungsregelungen und Kodifizierung der finalen Betriebsaufgaben durch das Jahressteuergesetz 2010, Ubg 2010, 172–177

Richter, Stefan, Grenzüberschreitende Mitunternehmerschaften – Hybride Umstrukturierungen, GmbHR 2012, 1117–1128

Rödder, Thomas, Gründung und Sitzverlegung der Europäischen Aktiengesellschaft (SE) – Ertragsteuerlicher Status quo und erforderliche Gesetzesänderungen, DStR 2005, 893–898

Rödder, Thomas, Verschmelzung von Kapital- auf Kapitalgesellschaften – Kritische Anmerkungen zu den einschlägigen Textziffern des UmwSt-Erlass-Entwurfs vom 2.5.2011, DStR 2011, 1059–1065

Rödder, Thomas/Herlinghaus, Andreas/van Lishaut, Ingo (Hrsg.), Umwandlungssteuergesetz, 2. Auflage, Köln 2013 (zitiert: R/H/vL/*Bearbeiter)*

Rödder, Thomas/Schumacher, Andreas, Das kommende SEStEG – Teil I: Die geplanten Änderungen des EStG, KStG und AStG, Der Regierungsentwurf eines Gesetzes über steuerliche Begleitmaßnahmen zur Einführung der Europäischen Gesellschaft und zur Änderung weiterer steuerrechtlicher Vorschriften, DStR 2006, 1481–1494

Rödder, Thomas/Schumacher, Andreas, Das SEStEG – Überblick über die endgültige Fassung und die Änderungen gegenüber dem Regierungsentwurf, DStR 2007, 369–377

Rosenbach, Georg, Die grenzüberschreitende Verschmelzung der Europäischen Aktiengesellschaft, PIStB 2003, 323–328

Rublack, Carolin, Berücksichtigung finaler Auslandsverluste, Ein Vorschlag zur Umsetzung der unionsrechtlichen Anforderungen im deutschen Steuerrecht, IFSt-Schrift Nr. 472 2011

Ruiner, Christoph, Überlegungen zur deutschen Wegzugsbesteuerung von Gesellschaften im Licht des EuGH-Urteils in der Rs. National Grid Indus BV, IStR 2012, 49–51

Sagasser, Bernd/Bula, Thomas/Brünger, Thomas (Hrsg.), Umwandlungen, Verschmelzung – Spaltung – Formwechsel – Vermögensübertragung, 5. Auflage, München 2017 (zitiert: Sagasser/Bula/Brünger/*Bearbeiter)*

Schaumburg, Harald (Begr.); Schaumburg, Harald/von Freeden, Arne/Häck, Nils (Hrsg.), Internationales Steuerrecht, Außensteuerrecht, Doppelbesteuerungsrecht, 4. Auflage, Köln 2017 (zitiert: Schaumburg/von Freeden/Häck/*Bearbeiter)*

Schaumburg, Harald/Englisch, Joachim (Hrsg.), Europäisches Steuerrecht, Köln 2015 (zitiert: Schaumburg/Englisch/*Bearbeiter)*

Schel, Matthias, Internationale Bezüge bei Verschmelzungen zwischen Körperschaften, FR 2012, 101–109

Schindler, Clemens P., Hughes de Lasteyrie du Saillant als Ende der (deutschen) Wegzugsbesteuerung?, IStR 2004, 300–310

Schmidt, Ludwig (Begr.); Weber-Grellet, Heinrich (Hrsg.), Einkommensteuergesetz, Kommentar, 37. Auflage, München 2018 (zitiert: Schmidt/*Bearbeiter)*

Schmitt, Joachim, Auf- und Abspaltung von Kapitalgesellschaften, Anmerkungen zum Entwurf des Umwandlungssteuererlasses, DStR 2011, 1108–1113

Schmitt, Joachim/Hörtnagl, Robert/Stratz, Rolf-Christian (Hrsg.), Umwandlungsgesetz, Umwandlungssteuergesetz, 8. Auflage, München 2018 (zitiert: S/H/S/*Bearbeiter)*

Schnitger, Arne, Änderung des § 1 AStG und Umsetzung des AOA durch das JStG 2013, IStR 2012, 633–645

Schnitger, Arne, Die Entstrickung im Steuerrecht, IFSt-Schrift Nr. 487 2013

Schön, Wolfgang/Schindler, Clemens Philipp, Die SE im Steuerrecht, Sonderausgabe aus: Lutter/Hommelhoff, SE Kommentar, 2008, Köln 2008

Schönfeld, Jens, Entstrickung über die Grenze aus Sicht des § 4 Abs. 1 Satz 3 EStG anhand von Fallbeispielen, Zugleich Besprechung der jüngsten BFH-Rechtsprechung zur Aufgabe der „Theorie der finalen Entnahme" sowie zur „finalen Betriebsaufgabe", IStR 2010, 133–138

Schönfeld, Jens, Hinzurechnungsbesteuerung und Anti-Tax-Avoidance-Directive, IStR 2017, 721–729

Schönfeld, Jens/Ditz, Xaver (Hrsg.), Doppelbesteuerungsabkommen, Köln 2013 (zitiert: Schönfeld/Ditz/*Bearbeiter)*

Schönhaus, Mathias/Müller, Michael, Grenzüberschreitender Formwechsel aus gesellschafts- und steuerrechtlicher Sicht, IStR 2013, 174–179

Schönherr, Frank/Lemaitre, Claus, Grundzüge und ausgewählte Aspekte bei Einbringungen in Kapitalgesellschaften nach dem SEStEG, GmbHR 2007, 459–467

Schulze, Reiner/Zuleeg, Manfred/Kadelbach, Stefan (Hrsg.), Europarecht, Handbuch für die deutsche Rechtspraxis, 3. Auflage, Baden-Baden 2015 (zitiert: Schulze/Zuleeg/Kadelbach/*Bearbeiter)*

Schwarze, Jürgen/Becker, Ulrich/Hatje, Achim/Schoo, Johann (Hrsg.), EU-Kommentar, 4. Auflage, Baden-Baden 2019 (zitiert: Schwarze/*Bearbeiter)*

Schwenke, Michael, Europarechtliche Vorgaben und deren Umsetzung durch das SEStEG, DStZ 2007, 235–247

Spindler, Wolfgang/Tipke, Klaus/Rödder, Thomas (Hrsg.), Steuerzentrierte Rechtsberatung, Festschrift für Harald Schaumburg zum 65. Geburtstag, Köln 2009 (zitiert: FSSchaumburg/*Bearbeiter)*

Stadler, Rainer/Elser, Thomas/Bindl, Elmar, Vermögensübergang bei Verschmelzungen auf eine Personengesellschaft oder auf eine natürliche Person und Formwechsel einer Kapitalgesellschaft in eine Personengesellschaft, Kritische Anmerkungen zum Umwandlungssteuererlass, DB Beilage 1/2012, 14–25

Stapperfend, Thomas, Der Einfluss der Grundfreiheiten und der Diskriminierungsverbote des EG-Vertrags auf die inländische Besteuerung, FR 2003, 165–174

Stewen, Tobias, Europäische Niederlassungsfreiheit und deutsches internationales Steuerrecht, Zuzug und Wegzug von Gesellschaften nach „Daily Mail", „Centros", „Überseering", „Inspire Art" und „Lasteyrie du Saillant", Baden-Baden 2007

Stewen, Tobias, Der EuGH und die nationale Steuerhoheit – Spannungsverhältnis und Konfliktlösung, EuR 2008, 445–467

Streinz, Rudolf (Hrsg.), EUV/AEUV, Vertrag über die Europäische Union, Vertrag über die Arbeitsweise der Europäischen Union, Charta der Grundrechte der Europäischen Union, Band 57, 3. Auflage, München 2018 (zitiert: Streinz/ *Bearbeiter)*

Sydow, Sabine, Das EuGH-Urteil Kommission/Dänemark, C-261/11 vom 18.7.2013 zur Exit Tax, IStR 2013, 663–667

Thiel, Jochen, Europäisierung des Umwandlungssteuerrechts: Grundprobleme der Verschmelzung, DB 2005, 2316–2321

Thömmes, Otmar, Wegzugsbesteuerung von Gesellschaften verstößt gegen Unionsrecht, IWB 2011, 896–904

Thömmes, Otmar, Verzinsung und Sicherheitsleistungen in Entstrickungsfällen im Unionsrecht, IWB 2012, 515–522

Thömmes, Otmar/Linn, Alexander, Deferment of Exit Taxes after National Grid Indus: Is the Requirement to Provide a Bank Guarantee and the Charge of Interest Proportionate?, Intertax 2012, 485–493

Thömmes, Otmar/Linn, Alexander, Verzinsung und Sicherheitsleistung bei aufgeschobener Fälligkeit von Steuern im Wegzugsfall, IStR 2012, 282–289

Tipke, Klaus, Über Grenzen der Auslegung und Analogie, behandelt am Beispiel der „Entstrickung", Zugleich Rezension der BFH-Urteile vom 19.7.1969, I R 55/66 vom 28.4.1971 und I R 205/66 vom 9.2.1972, StuW 1972, 264–269

Tipke, Klaus (Begr.); Tipke, Klaus/Lang, Joachim (Hrsg.), Steuerrecht, 23. Auflage, Köln, Saarbrücken 2018 (zitiert: Tipke/Lang/*Bearbeiter)*

*Tipke, Klaus/*Kruse (Begr.); *Brandis, Peter/Drüen, Klaus-Dieter/Kruse, Heinrich Wilhelm/Loose, Matthias, et al. (Hrsg.)*, Abgabenordnung, Finanzgerichtsordnung, Kommentar zur AO (ohne Steuerstrafrecht) und FGO; 154. Aktualisierung, Stand: Dezember 2018, Köln, Saarbrücken 2018 (zitiert: Tipke/Kruse/*Bearbeiter)*

Troll, Max (Begr.); Gebel, Dieter/Jülicher, Marc/Gottschalk, Paul R. (Hrsg.), Erbschaftsteuer- und Schenkungsteuergesetz, Kommentar, 55. Ergänzungslieferung, Stand: 31. Mai 2018, München 2018 (zitiert: Troll/Gebel/Jülicher/Gottschalk/ *Bearbeiter)*

Ungemach, Markus, Europarechtliche und abkommensrechtliche Beurteilung der Entstrickungsregelungen des deutschen Umwandlungssteuerrechts, Ubg 2011, 251–261

Viskorf, Stephan/Philipp, Christoph, Bericht zum 3. Münchner Unternehmenssteuer-forum: „Umwandlungen und der neue Umwandlungssteuererlass – Alle Zweifelsfragen geklärt?", DStR 2010, Beihefter zu Heft 46, 75–80

Vogel, Klaus (Begr.); Lehner, Moris (Hrsg.), Doppelbesteuerungsabkommen der Bundesrepublik Deutschland auf dem Gebiet der Steuern vom Einkommen und

Vermögen, Kommentar auf der Grundlage der Musterabkommen, 6. Auflage, München 2015 (zitiert: Lehner/Vogel/*Bearbeiter)*

von der Groeben, Hans/Schwarze, Jürgen/Hatje, Armin (Hrsg.), Europäisches Unionsrecht, Vertrag über die Europäische Union – Vertrag über die Arbeitsweise der Europäischen Union – Charta der Grundrechte der Europäischen Union, 7. Auflage, Baden-Baden 2015 (zitiert: von der Groeben/Schwarze/Hatje/*Bearbeiter)*

Voß, Klaus, Die Globalisierung der Betriebseinbringung und des Anteilstausches durch den Entwurf des Gesetzes über steuerliche Begleitmaßnahmen zur Einführung der Europäischen Gesellschaft und zur Änderung weiterer steuerrechtlicher Vorschriften (SEStEG), BB 2006, 469–475

Wacker, Roland, Hat der EuGH seine Rechtsprechung zu den unionsrechtlichen Grenzen der Wegzugsbesteuerung geändert?, IStR 2017, 926–928

Wassermeyer, Franz, Das Besteuerungsrecht für nachträgliche Einkünfte im internationalen Steuerrecht, IStR 2010, 461–466

Wassermeyer, Franz, Entstrickung durch Beschränkung des deutschen Besteuerungsrechts, DB 2006, 2420–2424

Wassermeyer, Franz, Entstrickung innerhalb der Hinzurechnungsbesteuerung, IStR 2012, 804–809

Wassermeyer, Franz, Entstrickungsbesteuerung und EU-Recht, IStR 2011, 813–816

Wassermeyer, Franz, Nachträgliche „ausländische" Einkünfte, IStR 2011, 361–368

Wassermeyer, Franz, Steuerliche Konsequenzen aus dem EuGH-Urteil „Hughes de Lasteyrie du Saillant", GmbHR 2004, 613–618

Wassermeyer, Franz, Verliert Deutschland im Fall der Überführung von Wirtschaftsgütern in eine ausländische Betriebsstätte das Besteuerungsrecht?, DB 2006, 1176–1180

Wassermeyer, Franz, Die abkommensrechtliche Aufteilung von Unternehmensgewinnen zwischen den beteiligten Vertragsstaaten, IStR 2012, 277–282

Wassermeyer, Franz/Drüen, Klaus-Dieter/Kaeser, Christian/Schwenke, Michael (Hrsg.), Doppelbesteuerung, Kommentar zu allen deutschen Doppelbesteuerungsabkommen, 143. Ergänzungslieferung, Stand: September 2018, 74. Auflage, München 2018 (zitiert: Wassermeyer/*Bearbeiter)*

Wassermeyer, Franz/Kempermann, Michael/Flick, Hans (Hrsg.), Doppelbesteuerungsabkommen Deutschland-Schweiz, Steuern vom Einkommen und Vermögen, Nachlass- und Erbschaftsteuern; Kommentar, 49. Aktualisierung, Stand: November 2018, Köln 2018 (zitiert: Flick/Wassermeyer/Kempermann/*Bearbeiter)*

Wassermeyer, Franz/Richter, Stefan/Schnittker, Helder (Hrsg.), Personengesellschaften im Internationalen Steuerrecht, 2. Auflage, Köln 2015 (zitiert: W/R/S/*Bearbeiter)*

Weber, Klaus, Verstößt die Hinzurechnungsbesteuerung bei Drittstaatensachverhalten gegen die europarechtlich verbürgte Kapitalverkehrsfreiheit?, Zugleich

Anmerkung zum Vorlagebeschluss des BFH v. 12.10.2016 – I R 80/14, DStR 2017, 1302–1306

Werner, Jürgen, Systemgerechte Entstrickung im Steuerrecht, Entwurf einer abgestuften Rechtsfolgenkonzeption für das deutsche steuerliche Entstrickungssystem vor dem Hintergrund von Grundgesetz, EG-Vertrag und völkerrechtlichen Abkommen am Beispiel von § 6 AStG, Frankfurt am Main 2010

Wernsmann, Rainer/Nippert, Allit, Altersbesteuerung beim Wegzug und Europäisches Gemeinschaftsrecht, FR 2005, 1123–1134

Werra, Matthias/Teiche, Andreas, Das SEStBeglG aus der Sicht international tätiger Unternehmen, DB 2006, 1455–1462

Widmann, Siegfried/Mayer, Dieter (Hrsg.), Umwandlungsrecht, Umwandlungsgesetz, Umwandlungssteuergesetz, Kommentar, 174. Aktualisierung, Stand: Oktober 2018, Bonn 2018 (zitiert: Widmann/Mayer/*Bearbeiter)*

Winkeljohann, Norbert/Prinz, Ulrich (Hrsg.), Beck'sches Handbuch der GmbH, Gesellschaftsrecht, Steuerrecht, 5. Auflage, München 2014 (zitiert: Prinz/Winkeljohann/*Bearbeiter)*

Wissenschaftlicher Beirat von Ernst & Young tax, Die Systematik der sog. Entstrickungsbesteuerung, Eine kritische Gesamtbetrachtung anhand von praktischen Einzelfällen, DB 2010, 1776–1789

Rechtsprechungsverzeichnis

Europäischer Gerichtshof

Datum	Aktenzeichen	Rechtssache	Fundstelle
15.7.1964	6/64	Costa/ENEL	Slg. 1964, 1251
10.12.1968	7/68	Kunstschätze	Slg. 1968, 633
11.7.1974	8/74	Dassonville	Slg. 1974, 837
7.2.1979	C-115/78	Knoors	Slg. 1979, 399
20.2.1979	C-120/78	Rewe/Bundesmonopolverwaltung für Branntwein	Slg. 1979, 649
5.4.1979	C-148/78	Ratti	Slg. 1979, 1629
6.10.1981	C-246/80	Broekmeulen	Slg. 1981, 2311
19.1.1982	C-8/81	Becker	Slg. 1982, 53
3.2.1983	C-29/82	van Luipen	Slg. 1983, I-151
26.2.1986	C-152/84	Marshall	Slg. 1986, 723
26.4.1988	C-352/85	Bond van Adverteerders/ Niederlande	Slg. 1988, 2085
27.9.1988	81/87	Daily Mail	Slg. 1988, 5483
3.10.1990	C-61/89	Bochoucha	Slg. 1990, I-3551
26.2.1991	C-154/89	Kommission/Frankreich	Slg. 1991, I-659
26.2.1991	C-198/89	Kommission/Griechenland	Slg. 1991, I-727
26.2.1991	C-180/89	Kommission/Italien	Slg. 1991, I-659
10.7.1991	C-294/89	Kommission/Frankreich	Slg. 1991, I-3591
25.7.1991	C-288/89	Gouda	Slg. 1991, I-4007
25.7.1991	C-76/90	Säger/Dennemeyer	Slg. 1991, I-4221
25.7.1991	C-221/89	Factortame II	Slg. 1991, I-3905
19.11.1991	C-9/90	Frankovich	Slg. 1991, I-5357
28.1.1992	C-204/90	Bachmann	Slg. 1992, I-249
25.6.1992	C-147/91	Ferrer	Slg. 1992, I-4097
4.5.1993	C-17/92	Fedicine	Slg. 1993, I-2239
14.2.1995	C-279/93	Schumacker	Slg. 1995, I-225
11.8.1995	C-80/94	Wielockx	Slg. 1995, I 2493

Datum	Aktenzeichen	Rechtssache	Fundstelle
14.11.1995	C-484/93	Svensson und Gustavsson	Slg. 1995, I-3955
30.11.1995	C-55/94	Gebhard	Slg. 1995, I-14165
15.5.1997	C-250/95	Futura Participations und Singer/Administration des contributions	Slg. 1997, I-2471
5.6.1997	C-398/95	Ergasias	Slg. 1997, I-3091
17.6.1997	C-70/95	Sodemare	Slg. 1997, I-3395
16.7.1998	C-264/96	ICI	Slg. 1998, I-4695
9.3.1999	C-212/97	Centros	Slg. 1999, I-1459
1.6.1999	C-302/97	Konle	Slg. 1999, I-3099
21.9.1999	C-307/97	Saint-Gobain	Slg. 1999, I-6161
26.10.1999	C-294/97	Eurowings	Slg. 1999, I-7447
13.4.2000	C-251/98	Baars	Slg. 2000, I-2787
16.5.2000	C-87/99	Zurstrassen	Slg. 2000, I-3337
3.10.2000	C-58/98	Corsten	Slg. 2000, I-7919
8.3.2001	C-397/98, C-410/98	Metallgesellschaft	Slg. 2001, I-1727
4.6.2002	C-483/99	Kommission/Frankreich (Golden Shares II)	Slg. 2002, I-4781
5.11.2002	C-208/00	Überseering	Slg. 2002, I-9919
21.11.2002	C-436/00	X und Y	Slg. 2002, I-10847
12.12.2002	C-324/00	Lankhorst-Hohorst	Slg. 2002, I-11779
18.9.2003	C-168/01	Bosal	Slg. 2003, I-9409
30.9.2003	C-167/01	Inspire Art	Slg. 2003, I-10155
11.12.2003	C-215/01	Schnitzer	Slg. 2003, I-14847
4.3.2004	C-334/02	Kommission/Frankreich	Slg. 2004, I-2229
11.3.2004	C-9/02	Hughes de Lasteyrie du Saillant	Slg. 2004, I-2409
7.4.2004	C-319/02	Manninen	Slg. 2004, I-7477
5.10.2004	C-442/02	CaixaBank France	Slg. 2004, I-8961
13.12.2005	C-446/03	Marks & Spencer	Slg. 2006, I-10837
7.9.2006	C-470/04	N	Slg. 2006, I-7409
12.9.2006	C-196/04	Cadburry Schweppes	Slg. 2006, I-7995

Datum	Aktenzeichen	Rechtssache	Fundstelle
14.9.2006	C-386/04	Stauffer	Slg. 2006, I-8203
3.10.2006	C-290/04	Scorpio	Slg. 2006, I-9461
3.10.2006	C-452/04	Fidium Finanz	Slg. 2006, I-9521
12.12.2006	C-374/04	ACT Group Ligitation	Slg. 2006, I-11673
12.12.2006	C-446/04	Test Claimants in the FII Group Litigation	Slg. 2006, I-11753
15.2.2007	C-345/04	Centro Equestre	Slg. 2007, I-1425
13.3.2007	C-524/04	Test Claimants in the Thin Cap Group Regulation	Slg. 2007, I-12107
29.3.2007	C-347/04	Rewe Zentralfinanz	Slg. 2007, I-2647
10.5.2007	C-492/04	Lasertec	Slg. 2007, I-3775
24.5.2007	C-157/05	Holböck	Slg. 2007, I-4051
18.7.2007	C-231/05	Oy AA	Slg. 2007, I-6373
13.9.2007	C-260/04	Kommission/Italien	Slg. 2007, I-7083
23.10.2007	C-112/05	Kommission/Deutschland	Slg. 2007, I-8995
6.11.2007	C-415/06	Stahlwerk Ergste Westig	Slg. 2007, I-151
6.12.2007	C-298/05	Columbus Container Services	Slg. 2007, I-10451
13.12.2007	C-465/05	Kommission /Italien	Slg. 2007, I-11091
15.5.2008	C-414/06	Lidl Belgium	Slg. 2008, I-13601
26.6.2008	C-284/06	Burda	Slg. 2008, I-4571
17.7.2008	C-389/05	Kommission/Frankreich	Slg. 2008, I-5337
23.10.2008	C-157/07	Krankenheim Ruhesitz am Wannsee-Seniorenheimstatt	Slg. 2008, I-8061
16.12.2008	C-210/06	Cartesio	Slg. 2008, I-9641
26.3.2009	C-326/07	Kommission/Italien	Slg. 2009, I-2291
18.6.2009	C-303/07	Aberdeen Proberty Finivest Alpha	Slg. 2009, I-5145
17.9.2009	C-182/08	Glaxo Wellcome	Slg. 2009, I-8591
21.1.2010	C-546/07	Kommission/Deutschland	Slg. 2010, I-439
21.1.2010	C-311/08	SGI	ECLI: EU: C:2010:26
11.3.2010	C-384/08	Attanasio Group	Slg. 2010, I-2055
1.7.2010	C-233/09	Dijkman und Dijkman-Lavaleije	Slg. 2010, I-6645

Datum	Aktenzeichen	Rechtssache	Fundstelle
28.10.2010	C-72/09	Établissements Rimbaud	DB 2010, 2483
11.11.2010	C-543/08	Kommission/Portugal	Slg. 2010, I-11241
10.2.2011	C-436/08	Haribo Lakritzen Hans Riegel und Österreichische Salinen	Slg. 2011, I-305
20.10.2011	C-284/09	Kommission/Deutschland	Slg. 2001, I-9879
29.11.2011	C-371/10	National Grid Indus	EuZW 2011, 951
12.7.2012	C-269/09	Kommission/Spanien	EuZW 2013, 34
12.7.2012	C-378/10	VALE	ECLI: EU: C:2012:440
6.9.2012	C-38/10	Kommission/Portugal	IStR 2012, 763
18.10.2012	C-498/10	X	EuZW 2013, 156
19.12.2012	C-207/11	3D I	ECLI: EU: C:2012:818
31.1.2013	C-301/11	Kommission/Niederlande	BeckRS 2013, 80253
25.4.2013	C-64/11	Kommission/Spanien	BeckRS 2013, 80339
6.6.2013	C-383/10	Kommission/Belgien	ECLI: EU: C:2013:364
18.7.2013	C-261/11	Kommission/Dänemark	BeckRS 2013, 81546
3.10.2013	C-282/12	Itelcar	ECLI: EU: C:2013:629
23.1.2014	C-164/12	DMC	ECLI: EU: C:2014:20
19.6.2014	C-53/13, C-80/13	Strojírny Prostejov	ECLI: EU: C:2014:2011
17.7.2014	C-48/13	Nordea Bank Danmark	ECLI: EU: C2014:2087
11.9.2014	C-47/12	Kronos International	ECLI: EU: C:2014:2200
18.12.2014	C-87/13	X	ECLI: EU: C:2014:2459
24.2.2015	C-559/13	Grünewald	ECLI: EU: C:2015:109
21.5.2015	C-657/13	Verder LabTec	ECLI: EU: C:2015:331
17.12.2015	C-388/14	Timac Agro	ECLI: EU: C:2015:829
13.7.2016	C-18/15	Brisal und KBC Finance Ireland	ECLI: EU: C:2016:549
21.12.2016	C-503/14	Kommission/Portugal	ECLI: EU: C:2016:979
8.3.2017	C-14/16	Euro Park Service	ECLI: EU: C:2017:177
14.9.2017	C-646/15	Panayi-Trusts	ECLI: EU: C:2017:682
25.10.2017	C-106/16	Polbud	ECLI: EU: C:2017:804
23.11.2017	C-292/16	A Oy	ECLI: EU: C:2017:888
12.6.2018	C-650/16	Bevola und Jens W. Trock	ECLI: EU: C:2018:424

Bundesfinanzhof

Datum	Aktenzeichen	Fundstelle
15.7.1964	I 415/61 U	BStBl. III 1964, 551
16.7.1969	I 266/65	BStBl. II 1970, 175
28.4.1971	I R 55/66	BStBl. II 1971, 630
8.11.1971	GrS 2/71	BStBl. I 1972, 63
30.5.1972	VIII R 111/69	BStBl. II 1972, 760
19.9.1973	I R 170/71	BStBl. II 1973, 873
13.2.1974	I R 218/71	BStBl. II 1974, 416
7.10.1974	GrS 1/73	BStBl. II 1975, 168
9.10.1974	I R 128/73	BStBl. II 1975, 203
16.12.1975	VIII R 3/74	BStBl. II, 1977, 76
12.10.1978	I R 69/75	BStBl. II, 1979, 64
26.4.1979	IV R 119/76	BStBl. II 1979, 557
17.3.1982	I R 189/72	BStBl. II 1982, 624
24.11.1982	VIII R 111/96	BStBl. II 1983, 113
25.6.1984	GrS 4/82	BStBl. II 1984, 751
3.10.1984	I R 119/81	BStBl. II 1985, 245
15.7.1986	VIII R 134/83	BStBl. II 1986, 744
28.8.1986	V R 20/79	BStBl. II 1987, 162
24.3.1987	I R 202/83	BStBl. II 1987, 705
1.4.1987	II R 186/80	BStBl. II 1987, 550
14.6.1988	VIII R 387/83	BStBl. II 1989, 187
14.3.1989	I R 39/85	BStBl. II 1989, 599
12.4.1989	I R 105/85	BStBl. II 1989, 653
18.12.1990	VIII R 17/85	BStBl. II 1991, 512
27.2.1991	I R 15/89	BStBl. II 1991, 444
29.7.1992	II R 39/89	BStBl. II 1993, 63
14.1.1993	IV R 121/91	BFH/NV 1993, 525
3.2.1993	I R 80-81/91	BStBl. II 1993, 462
28.7.1993	I R 15/93	BStBl. II 1994, 148
24.2.1994	IV R 8-9/93	BStBl. II 1994, 466

Datum	Aktenzeichen	Fundstelle
31.5.1995	I R 74/93	BStBl. II 1995, 683
13.2.1996	VIII R 39/92	BStBl. II 1996, 409
26.6.1996	XI R 18/94	BStBl. II 1998, 278
1.8.1996	VIII R 12/94	BStBl. II 1997, 272
30.10.1996	II R 12/92	BStBl. II 1997, 12
13.2.1997	IV R 15/96	BStBl. II 1997, 535
25.5.2000	III R 20/97	BStBl. II 2001, 365
24.10.2000	VIII R 25/98	BStBl. II 2001, 321
5.6.2002	I R 81/00	BStBl. II 2004, 344
5.6.2002	I R 6/01	BFH/NV 2003, 88
5.6.2003	IV R 18/02	BStBl. II 2003, 838
27.4.2005	I R 112/04	BFH/NV 2005, 1756
09.8.2006	II R 59/05	BStBl. II 2009, 758
17.10.2007	I R 5/06	BStBl. II 2009, 356
19.12.2007	I R 66/06	BStBl. II 2008, 510
13.2.2008	I R 63/06	BStBl. II 2009, 414
17.7.2008	I R 77/06	BStBl. II 2009, 464
28.10.2009	I R 99/08	BStBl. II 2011, 1019
7.4.2010	I R 55/09	BStBl. II 2010, 1094
28.4.2010	I R 81/09	BStBl. II 2014, 754
5.5.2010	I R 105/08	BFH/NV 2010, 2043
19.5.2010	I R 70/09	BFH/NV 2010, 2072
9.12.2010	I R 49/09	BStBl. II 2011, 482
4.5.2011	II R 51/09	BStBl. II 2014, 751
29.8.2012	I R 7/12	BStBl. II 2013, 89
26.2.2014	I R 56/12	BStBl. II 2014, 703
20.5.2015	I R 75/14	BFH/NV 2015, 1687
12.10.2016	I R 80/14	BStBl. II 2017, 615
22.2.2017	I R 2/15	BStBl. II 2017, 709

Reichsfinanzhof

Datum	Aktenzeichen	Fundstelle
9.3.1932	VI A 1848/31	RStBl. 1932, 513
19.12.1935	I A 236/35	RFHE 1939, 1

Finanzgerichte

Gericht	Datum	Aktenzeichen	Fundstelle
FG Hessen	26.3.1982	VIII 326/78	EFG 1983, 34
FG Hessen	21.1.1998	3 K 1535/96	EFG 2001, 1535
FG Münster	6.11.2000	9 K 6931/98 K	EFG 2001, 234
FG Köln	14.8.2008	13 K 3592/04	EFG 2008, 1854
FG Rheinland-Pfalz	7.1.2011	1 V 1217/10	EFG 2011, 1096
FG Köln	6.9.2011	13 K 482/07	EFG 2012, 973
FG Düsseldorf	5.12.2013	8 K 3664/11 F	EFG 2014, 119
FG Düsseldorf	19.11.2015	8 K 3664/11 F	EFG 2014, 209
FG Köln	16.2.2016	10 K 2335/11	EFG 2016, 793

Sonstige

Gericht	Datum	Aktenzeichen	Fundstelle
OLG Nürnberg	19.6.2013	12 W 520/13	DStR 2014, 812
KG	21.3.2016	22 W 64/15	DStR 2016, 1427

Danksagung

Die vorliegende Arbeit ist im Wintersemester 2019/20 als Dissertation durch die Rechtswissenschaftliche Fakultät der Universität zu Köln angenommen worden. Gesetzgebung, Literatur und Rechtsprechung konnten bis einschließlich März 2019 berücksichtigt werden.

Über den mehr als vier Jahre währenden Zeitraum der Entstehung dieser Arbeit – parallel zu meiner Tätigkeit als selbständiger Steuerberater – haben mich viele Menschen begleitet und unterstützt, denen ich an dieser Stelle aufrichtig danken möchte.

An erster Stelle danke ich meiner Doktormutter Frau Professorin Dr. Johanna Hey für die Anregung des Themas und die vorbildliche Betreuung meiner Arbeit. Herrn Prof. Dr. Christian Dorenkamp danke ich ganz herzlich für die zügige Erstellung des Zweitgutachtens.

Für die umfassende Unterstützung und Entlastung bei den täglichen Kanzleiaufgaben, die die Fertigstellung der Dissertation erst ermöglicht haben, bedanke ich mich bei allen Mitarbeiterinnen und Mitarbeitern unserer Kanzlei. Zudem gilt mein Dank allen Freunden und Kollegen, die mich mit ihren wertvollen Anregungen und konstruktiven Ratschlägen bei der Erstellung der Dissertation unterstützt haben.

Meine Eltern, Monika und Klaus-Jürgen Juhn, haben mir bei meinem beruflichen Werdegang stets viel Verständnis entgegengebracht und mich seit jeher in tatkräftiger Weise gefördert, wodurch diese Arbeit erst ermöglicht wurde. Ihnen ist diese Schrift gewidmet.

Bonn, im März 2020 Christoph Juhn

FSC
www.fsc.org
MIX
Papier | Fördert gute Waldnutzung
FSC® C083411

Kolibri 360 GmbH
Ferdinand-Jühlke-Straße 7
99095 Erfurt, Deutschland
produktsicherheit@kolibri360.de

Druck:
CPI Druckdienstleistungen GmbH
im Auftrag der
Kolibri 360 GmbH
Ferdinand-Jühlke-Str. 7
99095 Erfurt